U0572999

BLUE BOOK

智 库 成 果 出 版 与 传 播 平 台

共享经济蓝皮书

BLUE BOOK OF SHARING ECONOMY

中国共享出行发展报告（2022~2023）

ANNUAL REPORT ON THE DEVELOPMENT OF SHARED
MOBILITY IN CHINA (2022-2023)

北方工业大学

主　编／中国汽车技术研究中心战略与政策研究中心
　　　　世界资源研究所

社会科学文献出版社
SOCIAL SCIENCES ACADEMIC PRESS（CHINA）

图书在版编目（CIP）数据

中国共享出行发展报告 .2022-2023 / 北方工业大学，
中国汽车技术研究中心战略与政策研究中心，世界资源研
究所主编 . --北京：社会科学文献出版社，2023.4
（共享经济蓝皮书）
ISBN 978-7-5228-1589-3

Ⅰ.①中…　Ⅱ.①北…　②中…　③世…　Ⅲ.①城市交
通运输-交通运输发展-研究报告-中国-2022-2023
Ⅳ.①F512.3

中国国家版本馆 CIP 数据核字（2023）第 050730 号

共享经济蓝皮书

中国共享出行发展报告（2022~2023）

主　　编／北方工业大学
　　　　　中国汽车技术研究中心战略与政策研究中心
　　　　　世界资源研究所

出 版 人／王利民
责任编辑／吴　敏
责任印制／王京美

出　　版／社会科学文献出版社·皮书出版分社（010）59367127
　　　　　地址：北京市北三环中路甲 29 号院华龙大厦　邮编：100029
　　　　　网址：www.ssap.com.cn
发　　行／社会科学文献出版社（010）59367028
印　　装／天津千鹤文化传播有限公司

规　　格／开本：787mm×1092mm　1/16
　　　　　印张：31.75　字数：472 千字
版　　次／2023 年 4 月第 1 版　2023 年 4 月第 1 次印刷
书　　号／ISBN 978-7-5228-1589-3
定　　价／158.00 元

读者服务电话：4008918866

主编单位简介

北方工业大学　成立于 1946 年，是隶属于北京市教委的一所涵盖理、工、文、经、管、法、艺七大学科，以工为主、特色鲜明的高等院校。

中国汽车技术研究中心战略与政策研究中心　中国汽车技术研究中心成立于 1985 年，是隶属于国务院国资委的中央企业，在国内外汽车行业具有广泛影响力。中国汽车战略与政策研究中心是其直属二级单位。

世界资源研究所　成立于 1982 年，是全球性环境与发展智库，致力于环境与社会经济的共同发展。总部位于美国华盛顿特区，2008 年在北京设立第一个长期国别办公室。

联合编写单位简介

哈啰　成立于 2016 年 9 月，是国内专业的本地出行及生活服务平台，致力于应用数字技术的红利，为人们提供更便捷的出行以及更好的普惠生活服务。

轩辕之学　成立于 2020 年 3 月，以成就新汽车人为使命，致力于在全球汽车产业转型和升级时代，发现、培养和打造具有专业能力、国际视野的汽车商界领袖和高级管理者。

每日经济新闻　创办于 2004 年 12 月，拥有报纸、网站、移动新媒体、财经资讯产品、会议论坛、电子商务推广网络和视频直播等七大核心产品，是具有广泛影响力、权威性和公信力的财经智媒。

序　言

在各位顾问和编委老师的支持下，《共享经济蓝皮书：中国共享出行发展报告》已经出版第三本了，本蓝皮书的出版在行业内引起了很大的反响，在此对大家的辛苦付出表示衷心感谢。本书致力于为共享出行行业相关的决策机构、学术界、企业界打造一个共创、共建、共享的出行交流平台，同时也为各位读者及时了解行业发展动态提供参考。

随着智能手机和智能交通系统技术的发展，作为一种创新的交通出行模式，共享出行对城市交通和城市规划产生了变革性影响，也受到了越来越多的关注。共享出行（Shared Mobility）一词源自美国，其发展大致可分为三个阶段：1975~2008 年是缓慢发展阶段，主要为顺风车和共享汽车；2009~2016 年是平稳增长阶段，主要为顺风车、共享汽车、公共自行车；2017 年至今是高速增长阶段，主要为顺风车、共享（电）单车、网约车等。

考虑到全面性和可读性，结合交通运输新业态发展现状，本蓝皮书研究内容既涵盖了人的出行，也包括了货物的流通，如网约车、顺风车、汽车租赁、共享（电）单车、需求响应型公交、网络货运等。此外，对于行业有关热点话题，如聚合模式、MaaS、自动驾驶、新能源汽车发展等也有所探讨，希望对各位读者有一定帮助。

吴洪洋

编委会主任

交通运输部科学研究院研究员

摘　要

　　《中国共享出行发展报告（2022～2023）》是关于中国共享出行领域的年度发展报告。全书分为总报告、环境篇、业态篇、专题篇、案例篇五个部分。总报告分析了 2022 年度共享出行主要业态的总体特征、发展现状及发展趋势等。环境篇描述了我国城市交通，特别是客运交通发展现状，以及国际共享出行（汽车）发展情况与特征等。业态篇具体分析了网约车、私人小客车合乘、汽车短期租赁、互联网租赁自行车、互联网租赁电动自行车、需求响应公交服务的主要特点、政策管理及发展趋势。专题篇分析了 2022 年度共享出行的热点事件和焦点问题，如城市居民交通出行调查、共享出行的经济与社会价值分析、聚合打车平台调查、网约车立法、出租车电动化、共享两轮车市场容量测算、共享两轮车停放技术发展、"出行即服务"、无人驾驶出租车等。案例篇选择了典型城市案例，对其政策创新和模式创新开展了研究。

　　本报告剖析了 2022 年度共享出行领域的大量数据，探讨了共享出行领域的相关政策和发展趋势，提出了推动共享出行健康持续发展的若干建议。本书对政府的政策制定、企业出行业务的开展，以及科研院校的研究工作开展等都具有一定的参考价值。

专　家　观　点

（按姓氏笔画排序）

关于我国平台经济发展趋势的三个判断

2022 年中央经济工作会议分析了当前经济形势并部署了 2023 年经济工作，强调要切实落实"两个毫不动摇"，依法保护民营企业产权和企业家权益，支持平台企业在引领发展、创造就业、国际竞争中大显身手。未来几年我国平台经济发展将呈现以下新趋势。

第一，平台经济发展的政策环境更加优化。国家层面关于平台经济和平台企业发展的政策基调更加积极。关于平台经济发展，2022 年国务院发布《扎实稳住经济的一揽子政策措施》，对平台经济发展的重要作用及其定位做了详细阐述。平台企业营商环境更加完善。2022 年 11 月 1 日起正式施行的《促进个体工商户发展条例》，将"放管服"改革成果制度化、规范化，提出了 19 条具体的扶持政策，明确表态"国家引导和支持个体工商户加快数字化发展、实现线上线下一体化经营"。

第二，平台经济发展有了更丰富的数据资源支撑。数据作为新型生产要素，是数字化、网络化、智能化的基础，是平台经济模式下实现网络效应和规模效应、加强交易安全和信用保障、完善平台治理等不可或缺的支撑。《关于构建数据基础制度更好发挥数据要素作用的意见》在推进数据开放方面做了探索和创新，为最大限度激励市场主体参与，提出数据要素收益分配制度，

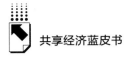

兼顾效率和公平，扩大数据要素市场化配置范围和按价值贡献参与分配渠道。这些制度创新有望进一步推动数据开放、有序流动和深度开发利用，从而大大增加数据资源的供给，为平台经济创新发展注入源源不断的"数据动力"。

第三，常态化、法治化、跨部门协同的平台经济治理体系加快构建。一是覆盖全链条、多种监管方式相结合的监管体系加快建立。首先，相关部门将充分考虑平台企业的不同领域、不同发展阶段等特点，在市场准入、平台运营、数据管理、用户服务、用工管理等重点环节进一步明确监管事项和流程。其次，不断优化政务服务，清理和规范不合理的行政许可、资质资格等事项，为各类主体进入相关市场提供便捷、高效的准入和营商服务。再次，相关部门将在进一步厘清监管职责的基础上，加强部门之间、区域之间、央地之间的治理联动。全链条监管还意味着多种措施相结合的综合性监管，既包括以外部调查、民事制裁甚至刑事制裁等为主的强制性措施，也包括以教育、劝解、警告等为主的非强制性措施；相关部门还将更重视采用合规指引、行政约谈指导、通报警示等多种监管方式，督促平台主动开展自查自纠。二是大数据、区块链等技术支撑下的监管模式创新加快。未来我国将积极推进和依托国家"互联网+监管"等系统，开展信息检测、在线证据保全、在线识别、源头追溯，"以网管网、线上线下一体化监管"是大势所趋。首先，大数据技术应用方面，相关部门可通过创新数据抓取、模型计算、智能分析等方法，对重点平台、重点行为、重点风险等实施广覆盖、全天候、多方位的监测、感知、分析和预警，推动平台治理从静态走向动态、从被动走向主动。其次，区块链支撑下的协同治理将持续深入推进。平台经济具有网络运行、多主体参与等特性。区块链技术在保障数据传输和使用中的安全、明确数据权属等方面具有重要作用，能够有力推动平台之间、政府与企业之间的数据共享。在司法方面，区块链技术应用能有效支撑案件数据的可信记录、电子证据的高效验证。

于凤霞

国家信息中心信息化和产业发展部处长

分享经济研究中心副主任

厘清共享出行概念，促进行业健康发展

Mobility 的词义是移动性和流动，这个术语被广泛用于社会科学与人文科学领域，用以探索人员、物品和信息流动的当代范式，并逐渐形成一门学科——移动学（Mobilities，移动性）。移动学研究的运输问题涉及可持续出行和运动出行、私人交通和个人出行，以及旅行等主题，将 Mobility 直译为移动性就很难描述由信息与通信技术支持的新型运输方式特征，特别是基于汽车使用和拥有权的范式转换。十多年前刚接触 Mobility 概念是在一次学术交流中，在介绍欧美国家交通运输行业在信息与通信技术驱动下发展起来的共享出行（Shared Mobility）和运动出行（Active Mobility），并与传统的私人交通（Private Transport）和公共交通（Public Transport）展开并列分析时，试图从理论角度梳理并区分运输与出行概念，而后在主持和参与翻译欧盟委员会《可持续城市出行规划的开发与实施指南》（SUMP Guidelines）的两个版本时，我提议将 Mobility 翻译为出行而不是交通，如今共享出行已发展成为一个重要的市场和产业，人们也越来越习惯使用"出行"来替代"交通"。

2021 年全球共享出行市场规模为 1663 亿美元，预计未来十年将保持 16.9% 的年均复合增长率，这种新兴的出行方式是在用户之间同时或依次共享运输资源和服务，除性价比高和环保之外，也很便捷，正因为如此，共享出行可部分取代私人车辆；在人口密度相对较低的地区，用户对穿梭巴士和自动驾驶出租车的需求都有所上升。事实上，各国都关注人口增长，并鼓励市民尽可能减少使用私人车辆，选择共享出行；不断增加的车辆拥有成本也

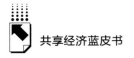

促使人们选择更具成本效益和吸引力的出行方式；人们可以利用应用程序实时预订、更改和取消出行服务，这些因素都有助于加速全球共享出行市场增长。

美国联邦公共交通管理局将共享出行定义为用户之间共享的运输服务，包括公共交通、出租汽车和豪华轿车、共享自行车、共享汽车、共乘服务、共享滑板车、穿梭车服务、邻里捷运，以及提供灵活货物运输的商业配送；美国汽车工程师协会发布的《共享出行和赋能技术相关术语的定义和分类》指出共享出行包括共享单车、共享汽车、微型公共交通、共享踏板车、共乘和网约服务。

《欧洲共享出行指数》（季报）统计了 33 个城市的共享单车、共享踏板车、共享轻便摩托车和共享汽车的客流和车队规模，并在 2022 版中修订了共享汽车的定义，即只包括按小时或按天计算的租车，不包括多日租车，也不包括网约服务、拼车和长期租赁服务（BlaBlaCar）。

各国共享出行的定义存在很大差异，而中国将共享出行定义为共同使用机动车辆、自行车或其他低速模式的车辆完成出行，包括出租汽车、班车、共享自行车以及其他按需乘坐和送货服务。概括来讲，共享出行是通过货币交换基于时间和距离的共享车辆服务，车辆或车队所有者以租赁方式向消费者和其他公司提供车辆，网约服务所占市场份额最大（90% 以上），而共享汽车所占份额不到 10%。在智慧城市建设中发展出行即服务（MaaS），将公共交通服务与共享出行融为一体，是学界和业界需要共同关注与研究的问题。

王　健

共享出行实验室创建人

全国公共交通学科首席科学传播专家

"共享+新能源"出行模式契合"双碳"战略

作为连接社会经济、消费生活的重要一环，交通出行在社会发展、能源转型中扮演着重要角色。了解当前人们出行需求，展望国民出行未来发展趋势，有助于为制定更智慧的城市交通出行方案建言献策。

交通拥堵成为城市出行中的大难题。一线城市的限牌限号政策，是为了减少私家车上路。网约车、顺风车、互联网汽车租赁等成为人们出行的新选择，共享出行展现出强大的生命力。在未来，共享出行与自动驾驶的深度融合将有效改变未来城市交通状况，在缓解拥堵、释放城市空间的同时，也有助于实现节能减排。

共享出行是非常具有代表性的共享经济领域，也是共享经济发展的重要组成部分。据国家信息中心统计，2022 年共享出行市场交易量为 2012 亿元，占共享经济交易总额的 5.25%，是共享经济中交易额超千亿级的 4 个主要发展领域之一。此外，共享出行作为准公共交通，以形式的私人性实现了效果的公共性。从出行者角度，共享出行满足了个性化出行需求，解决了城市交通供给短板，提供了更加便捷、高效、可靠的出行组合，推动一站式无缝衔接出行从概念走向实践。与此同时，在汽车行业"新四化"背景下，共享出行与绿色出行深度融合，成为新能源汽车的重要应用领域。"共享+新能源"的出行模式有利于实现社会资源的高效利用，同时契合了"双碳"战略的发展潮流。"共享+新能源"的本质是实现资源的可循环利用和可持续性发展，一车多人用，以碳排最低化为前提，达到多人出行的目的。共享出行与绿色出行深度融合，2022 年产生的碳减排超过了 1200 万吨。其中，

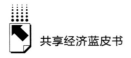

网约车电动化带来的碳减排量约为 919.4 万吨，顺风车取代小汽车出行减少碳排放约为 182.6 万吨。

面向未来，共享出行服务场景将更加多元化、技术应用将更加成熟，叠加便捷高效、绿色低碳等属性，共享出行市场潜力巨大、发展前景光明。

丛　刚

《每日经济新闻》副总编辑

汽车交通减碳、脱碳
需要多种技术路线并举

交通运输领域碳排放是当前我国仅次于电力、工业的第三大排放源。2014 年中国交通运输领域温室气体排放量为 8.28 亿吨二氧化碳当量，占全国温室气体排放总量的 6.7%。其中，道路交通领域的排放占交通运输领域排放的 84.1%。汽车是交通运输领域的主要碳排放来源，据中汽中心测算，2021 年汽车行驶碳排放约为 9 亿吨，其中乘用车碳排放约占 47%，商用车碳排放量占比达到 53%。随着经济社会的发展，交通领域碳排放将保持增长势头，其占比还将继续提升。结合国际经验来看，交通减碳难度较大，交通既是减碳的重点，也是减碳的难点。

就交通领域来看，汽车属于运输工具装备，是交通运输领域能源消耗的主要载体之一，推动运输工具装备低碳转型主要包括以下三个方面：一是车辆绿色低碳转型，主要是电气化替代（即燃油汽车替换为新能源汽车，包括乘用车和商用车的电动化），加快发展低碳燃料、新能源和清洁能源在车辆中的运用；二是构建绿色高效的交通运输体系，主要是探索"光伏＋交通"等融合发展项目推广应用，推动交通领域光伏电站及充电桩示范建设，推进路网沿线光伏发电应用；三是推进低碳交通基础设施建设，通过建设停车场专用充电站、提高快充桩占比、高速公路快充网络分阶段覆盖等措施，加快城际充换电网络建设。

为加快交通领域脱碳进程，推广以纯电动汽车为主的零排放汽车成为美国、德国等国家的共同选择。面向 2030 年前碳达峰，汽车行驶阶段碳排放

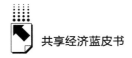

源自燃烧汽、柴油，同时传统汽、柴油汽车仍占汽车保有量的90%以上，因此，与传统汽、柴油汽车相比，能降低行驶阶段碳排放的汽车都可被视为低排放汽车。面向碳达峰，纯电动汽车、燃料电池汽车行驶阶段碳排放为零，是最重要的技术路线，插电式混合动力汽车、节能汽车（普通混合动力）、替代燃料汽车也是低碳技术路线。同时，运输结构调整也是重要的减碳路径。到2025年，当年新车销量中新能源汽车渗透率应达到25%~35%，到2030年，新车销量中新能源汽车占比应达到40%~50%，汽车保有量中新能源汽车占比应超过20%。

面向2060年前碳中和，纯电动汽车是最重要的技术路线，合成燃料和插电式混合动力汽车、燃料电池汽车也是重要的技术路线。商用车也在积极探索换电、无轨电动货车（电气化公路）、混合动力、零碳燃料等多种低碳技术路线。2040年新车销量中，新能源汽车和零碳燃料汽车占比应达到80%，保有量中60%以上是新能源汽车和零碳燃料汽车。到2050年，新车销量中纯电动汽车、燃料电池汽车、合成燃料汽车等全生命周期零碳的汽车占比达到100%；汽车保有量中纯电动汽车、燃料电池汽车、合成燃料汽车等全生命周期零碳的汽车占比达到90%以上。

刘　斌

中国汽车技术研究中心首席专家

中国汽车战略与政策研究中心副主任

共享出行助力出行即服务（MaaS）发展

　　智能移动终端的普及推动了移动互联网、移动支付技术的进步，在国家大力实施"互联网+"行动计划、鼓励发展"共享经济与平台经济"的背景下，伴随着移动互联网与交通运输的深化融合，我国网约车、共享（电）单车、定制公交、预约停车等共享化、个性化需求响应式出行服务发展迅猛，极大地丰富和提升了人们的出行选择与出行体验，但也引发了新的交通与社会问题，尤其是对传统集约化的城市公共交通系统带来了较大冲击，近几年受百年未遇之疫情、服务品质与运营模式单一、低票价政策与各级财政补贴缩减等多种因素影响，我国城市公共交通客运量降幅较大、企业运营举步维艰，部分城市公交运营企业甚至出现停摆现象，个体机动化出行呈不断上升的势头，这不利于践行国家绿色发展理念、公交优先发展战略与"双碳"目标的实现，城市交通亟须高质量发展。

　　源于共享出行快速发展，出行即服务（MaaS）的出现，为破解城市交通发展困境提供了新的思路。MaaS 的内涵是能源资源环境约束下精准响应多元化出行需求的一体化高品质运输服务供给，是充分利用数字信息技术整合和优化配置各类运输服务资源，为不同类型用户的门到门全链出行提供可供选择的一体化公共出行服务体系，并通过智能移动终端（App 等）为乘客出行过程中的路径规划、服务预定、票务支付、服务反馈提供易于访问的统一数字界面，其宗旨是减少公众对私人小汽车出行的依赖，引导和促进全社会绿色出行。

　　自 2019 年被纳入交通强国建设范畴以来，我国各级交通运输主管部门在"十四五"规划中均针对 MaaS 进行了部署，部分基础条件好的城市，如北京、上海、广州、深圳、贵阳、淮安等积极示范，在一体化运营主体建设、政企数据资源交换共享、跨模式票务套餐、碳积分碳普惠等方面进行了探索，取得了较好的效果。但鉴于 MaaS 服务体系的复杂性，MaaS 在我国仍处于初级阶段，还面临建设、运营、服务及治理等方面的难题。

作为 MaaS 服务体系的重要组成部分，共享交通由于高时效需求响应特性已成为破解公共交通"最后一公里"问题的重要方式，可与公共交通系统协同共建高质量城市公共出行服务体系，但当前共享出行与公共交通在用户资源、数据资源、运力资源、票务体系、信息服务、运营模式等方面的融合与协同发展还存在诸多问题有待突破，与 MaaS 以促进不同交通方式间资源整合为核心、促进一体化出行服务的理念尚有差距。

总之，出行是人类的基本生存需求，高品质出行服务是增强人民群众获得感、幸福感等的重要组成部分，MaaS 理念具备支撑提供高品质出行服务的潜力。共享出行在发展过程中以人为本的服务理念、对用户需求的及时在线掌握、以账户为基础的资源聚合、以流量为核心的商业化运营模式等均可为 MaaS 体系的建设和发展提供宝贵的经验借鉴，期待共享出行能更好助力我国出行即服务（MaaS）的发展。

刘向龙

交通运输部科学研究院城市交通中心智能交通室主任

世界交通运输大会出行即服务（MaaS）技术委员会主席

交通行业碳减排的主要举措

在疫情防控新阶段，中国经济持续复苏。作为经济发展中的关键因素，全社会客运量、货运量和货物周转量也大幅增加，这也将带来新的碳排放挑战。随着经济发展加快，中国的减排压力也将越来越大。国际能源署和世界资源研究所的分析显示，全球74%的碳排放集中在能源领域，能源生产、工业、交通、建筑是最主要的排放部门，而其中交通行业又是仅次于能源生产的第二大能源行业排放源。按照目前的发展态势，到2030年很多行业领域的碳排放将会达峰，而交通运输行业可能是例外。因此，对交通运输行业的碳排放进行高强度干预就显得非常重要。

全球交通运输行业的碳排放中，71%来自道路交通，其中45%来自小汽车和摩托车，12%来自轻型货车，11%来自重型货车。与其他国家不同，中国、美国、德国等国家的货运碳排放占比更高，交通减排也更加困难。例如在中国仅占所有车队2%~5%的中重型卡车排放的二氧化碳就占整个交通行业的近一半。货运交通体系的复杂性和多样性也大大增加了减排难度。

中国承诺在2030年前实现碳达峰、在2060年前实现碳中和（也称为"气候中和"），预示着推进我国交通运输业的低碳化发展是建设交通强国、绿色中国的必然选择。梳理全球针对交通行业零碳排放的措施，应避免非必要的交通出行，提高用车成本，并通过调度算法的优化，减少运营车辆的空驶里程；改变交通运输结构方式，鼓励小汽车出行向公共交通、自行车和步

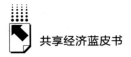

行转移，鼓励公路运输向铁路和水路运输转移；提升交通运输能源效率，鼓励使用电动乘用车、电动货车等。

刘岱宗

世界资源研究所中国可持续城市部门主任

创新推动共享出行可持续发展

现代社会出行呈多元化发展趋势，其中共享出行是重要的组成部分。共享出行在诞生至今的短短十几年中，对传统交通运输行业带来了巨大的冲击，催生了传统运输服务模式的颠覆性变革。也正因为如此，共享出行从问世伊始就遭受了各种质疑，但共享出行能杀出重围，一路走来，不断扩展业务，成为出行服务市场的中坚和有生力量，适应用户需求、不断创新发展是其根本。

充分理解和尊重用户对出行品质改善和提升的需求，是共享出行存续的基础。以往的运输服务理念和传统服务模式，囿于资源的短缺或管理手段滞后，最大的弊端是对公众出行品质和出行体验的忽视。交通运输行业从社会发展、行业管理的角度，更多的是关注行业的收益，以及出行的绿色环保、有序性、安全性等，这固然无可厚非，但从出行者的体验来说，出行品质首先体现为出行的便捷性、经济性和安全性。共享出行充分关注出行者的首要需求和体验，满足出行者便捷性、经济性方面的需求，重视个体体验，为出行者带来了前所未有的新体验和新感受，吸引了用户，赢得了空间，扩展了市场。这是理念的创新，是通过市场配置资源推动交通运输服务变革转型的创新举措。

技术创新是共享出行发展的重要保障。新的理念、新的模式离不开新技术的支撑。物联网、移动互联、大数据和人工智能等新一代信息技术不断发展，新技术与交通运输行业的融合发展，为共享出行提供了有力的支撑。基于移动互联网、高精度定位等技术，共享出行实现了对出行需求和服务资源

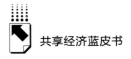

的快速精准辨识；大数据和人工智能技术实现了供需匹配、优化调度的高效和可靠性，大大提升了共享出行服务保障水平，并降低了成本；移动支付、区块链、信息安全等相关技术为共享出行在金融与信息安全方面提供了保障。共享出行也为交通行业提供了全新的数据资源，基于海量移动终端和对共享出行的深度感知，许多城市开始建立交通运行图谱，实现了对出行规律的智能化监测，丰富了智慧交通的内容。

创新生态体系建设，推动共享出行可持续发展。共享出行行业尚处于变革中，未来的出行业态还将有更大的变化。随着载运工具智能化、基础设施网联化、运行管理协同化，新型载运工具、新型基础设施、新能源等将带动新型交通运输系统发展，交通运输领域新模式、公众出行新需求不断涌现，共享出行发展将面临新的挑战和机遇。面向未来，应对新的发展要求，创新建设良好的共享出行生态体系，是共享出行可持续发展的重要保障。建设共享出行生态体系，旨在强化共享出行服务的系统性保障，涉及交通、环境、社会、经济、法律等多个层面，需要新一代信息技术、自动化技术等与交通运输服务的深度融合创新，更需要载运工具、基础设施、智能交通、智慧城市等的协同创新。在共享出行生态体系建设中，标准化也是不可忽视的重要内容。

关积珍
中国智能交通协会副理事长
国家智能交通产业技术创新战略联盟理事长

共享出行就是平台出行

早在 20 世纪 60 年代中期西方世界就兴起了左翼及无政府主义运动，在荷兰阿姆斯特丹的一些行为艺术家、社会运动人士等发起了"挑衅"运动，提出了一系列有很强乌托邦色彩的"白色计划"，其中的"白色汽车计划"就是共享汽车的前身。白色计划虽然最终失败，却是共享出行的源头。

这些理想的种子，在移动互联网时代得以生根发芽。通过移动互联网、移动支付、LBS（Location Based Service）等技术支持，共享出行的供求双方交易效率有了革命性提升，商业模式得以确立，共享出行呈现爆发式增长。进入 21 世纪的第二个十年后，专车（网约车）、顺风车、共享汽车、共享单车、动态需求响应式公交等纷纷出现，引发了一场出行革命。

有人统称这些新的出行方式为共享经济或共享出行，而究竟什么是共享出行，目前业内还莫衷一是。但上述新的出行方式，享有共享出行的名号已经久矣，探究什么才是真正的共享出行恐怕就犹如孔乙己讨论茴香豆的"茴"究竟有几种写法，不免给人迂腐之感。但无论如何，即使不能给出一个公认的定义，共享出行终归需要一个大部分人都公认的范围，不然各方的讨论恐落南辕北辙。

共享出行，作为一种社会运动，旨在公共利益；作为一种经济活动，意在整合利用已有资源的碎片价值，如车或人的闲余时间，最典型的共享出行非顺风车莫属了。基于平台的网约车服务，过去完全是职业驾驶员的出租车职业变成可以是零工或兼职驾驶员，其利用了劳动力资源的碎片时间，在这个意义上，网约车可以被纳入零工经济范畴，其被称为共享出行也算有理。

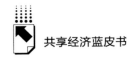

　　2016 年起站在互联网风口的中国"共享"单车，既非合作消费，也不属碎片经济（闲散资源的整合利用），更与零工经济无关（利用人的零散时间提供服务），斥之为"伪共享"声音不时传出，使得"共享"的帽子戴得不那么理直气壮。在新的平台模式和无桩模式下，传统的单车租赁市场增长了数百倍，单车的租赁时间从传统的以小时甚至日为单位变成以分钟为单位，在时间维度上，单车租赁更为碎片化、个性化。更重要的是，新的商业模式使得从价格和便利性角度可以大大减少自有单车的拥有和使用，整个社会的资源利用效率提高了，从这个意义上说，将共享单车称为共享出行也自有其逻辑。

　　无论是从发展新模式还是从实践来看，移动互联网和互联网平台都是新的交通模式的核心，是共享出行的未来，因此，凡是能通过移动互联网平台提升组织和交易效率，对公众提供无歧视服务，并且交通资源可以得到更为碎片化和精细化的利用，那么就可以将其纳入共享出行的范畴。

　　2022 年中央经济工作会议提出要"支持平台企业在引领发展、创造就业、国际竞争中大显身手"，明确共享出行就是平台出行，这将凸显共享出行平台的核心作用，在出行领域支持平台经济和数字经济就是支持平台出行或共享出行的发展。

苏　奎

广州市交通运输局公共交通处处长

共享出行迈入新的发展阶段

共享出行行业在过去几年的发展中经历了从高速发展期的价格竞争和"百家争鸣"到调整过渡期的巨头垄断和监管强化再到疫情期间的整体需求低谷。在外部环境趋稳的当下，共享出行行业在经历过以上需求、监管和竞争的快速变化后，也将进入更为成熟稳定的发展重构新阶段，以下三大发展关键词值得关注。

出行新常态：进入后疫情时代，可以预见城市居民的出行需求将快速反弹。同时，疫情期间消费者的数智化使用行为及其对安全、私密、洁净等出行体验的期待，也将持续推动出行行业的服务升级。另外，共享出行行业政策调整期已过，在监管愈发有序的当下，行业发展将更为规范化，出行市场的供给结构将愈发稳定，头部企业的垄断地位下降，未来的出行市场格局将更加多元。

"双碳"新动能：在"双碳"的大背景下，低碳、绿色和可持续将是未来推动共享出行行业发展的关键。可以预见的是，未来的共享出行市场必将迎来新一轮的更新，各类新能源驾乘工具加入网约车、长短租及 Robotaxi 的车辆资产，新能源化渗透率快速提高。同时，更符合绿色低碳的出行方式也将愈发受到重视。

智驾新生态：智能技术在汽车产业的持续创新将不断对出行行业进行赋能，Robotaxi 的商业化之路也将提速。Robotaxi 作为自动驾驶技术落地的核心场景，即将进入商业化 1.0 行业爆发前夕，其牵引的产业链变化将蕴含巨大想象空间。尽管 Robotaxi 的商业化仍面临成本、技术、服务、监管及市场

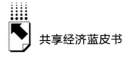

接受度等不同层面的挑战，但是我国的 Robotaxi 商业化进程有望引领全球，并独具中国特色。在各个地方政府的政策支持与推动下，以城市为单位的 Robotaxi 商业化应用探索正在如火如荼地开展中。围绕 Robotaxi 出行服务的中国特色生态体系和运营模式（地方政府、自动驾驶技术公司、出行服务运营商、车企等）也将在未来几年不断探索创新并逐步构建。

吴　钊

罗兰贝格全球合伙人兼大中华区副总裁

新时代新征程共享出行的
制度建设

　　党的二十大是中国社会进入新时代，踏上新征程的标志。共享出行领域的"身体"，无论是自觉或不自觉、情愿或者不情愿，都必然被历史车辆带入新时代、推上新征程；但共享出行领域制度体系的"灵魂"，能否与时代合拍，能否在征程上奔驰，是"开路先锋"还是"伴跑"，这是我们应当回答的。

　　从 2016 年开始的共享出行制度建设，发展至今已经奠定了较好的基础，但与新时代新征程的要求相比，仍然存在较大差距。政府在其制度建设中起着至关重要的作用。李强总理答记者问时强调新一届政府的工作中重点把握以下几个方面：一是牢固树立以人民为中心的发展思想，二是集中力量推动高质量发展，三是坚定不移深化改革开放。这恰是共享出行制度建设的方向，也为共享出行制度建设提供了可行的路径。

　　李强总理在答记者问中穿插了许多妙语，如客观地讲，绝大部分老百姓不会天天盯着看 GDP 增长了多少，大家更在乎的是住房、就业、收入、教育、就医、生态环境等身边具体事。这些妙语在共享出行领域也是完全适用的。绝大部分乘客不会天天盯着看出租汽车数量、网约车单量增长了多少，而更在乎的是"是否打得到车""花多少钱"等具体事。大家关心的是下一步共享出行"好不好"的指标，只要共享出行的制度建设按照贴近老百姓的实际感受去谋划、推进，真正做到民有所盼、政

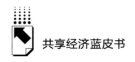

有所为，制有所建是能做到的。

相信共享出行的明天会更好！

张柱庭

中国公路学会法律工作委员会主任委员

太和智库高级研究员

建立合理分配机制，保障司机权益是
网约车行业持续发展的首要问题

当前网约车行业已全面进入合规运营竞争时代，从市场来看，网约车行业在一、二线城市渗透率趋近饱和，且一、二线城市合规化进度较快，近半数的二线以上城市的合规网约车数量大幅超过传统巡游出租车数量，且面临单量不足、车辆出租率低的问题。网约车司机普遍反映出车时间长、劳动强度大、权益保障不到位、职业归属感不强。

从平台和司机的收入分配比例看，据统计，大部分网约车平台的抽成比例占订单总额的25%～30%。2022年初，交通运输部实施交通运输新业态平台企业抽成"阳光行动"，督促网约车平台企业在确定和调整计价规则、收入分配规则等经营策略前，公开征求从业人员代表及工会组织、行业协会的意见，并提前一个月向社会公布。到2022年下半年，各主要平台公司的抽成比例上限为18%～30%。2022年底高德聚合平台内的部分网约车平台在长春、武汉等城市将抽佣比例降至16%，2023年3月广州和深圳市的多家网约车平台宣布下调抽佣比例，有平台将抽佣比例降至14%，并额外对每笔订单收取不定额的信息服务费。此外，还有平台为了争夺合规运力，推出阶段性的全天免佣和节日免佣措施。随着高德、滴滴、美团、百度、腾讯、华为等各大互联网流量超级平台的入场，网约车"全聚合"时代已经到来，未来流量费用会持续降低，司机收入将进一步提升。

在2023年全国两会期间，对于网约车司机等新业态劳动者权益保障问题的提案，人力资源和社会保障部回应由多部门联合制定的维护新就业形态

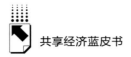

劳动者劳动保障权益的指导意见已经印发，对企业与劳动者间签订劳动合同和书面协议的情形作了规定，明确了平台企业和合作企业的用工责任。

　　网约车行业仍是一个新业态，从商业的底层逻辑来看，任何一家企业想要健康长远地发展下去，始终需要一个合理稳定的经营模式。平台企业在带动就业方面有很大的贡献，但面对从业人员的大量涌入，平台治理能力和管理智慧受到多方考验，只有守法合规经营、脚踏实地保障每一位司机的合法权益，才能让司机群体不再有"困在系统"里的焦虑，才能让司机群体更有认同感和满足感，才能让司机群体用心服务每一位乘客，最终才能让网约车行业走得更远。

范越甲

石家庄道路运输行业协会专家委员会出行新业态组组长

交通运输部、 中华全国总工会"2021 年最美出租汽车司机"

重视运输化与信息化融合发展的必要性

　　信息化与各个产业融合的步伐进一步加快，特别是运输化3.0阶段强调的物信关系与时空结构改善，必然促使信息化与运输化的融合。在需求侧，无论客运还是货运，对优质运输服务的需求一直都在增加，而且不断产生新需求；在技术支持层面，4G和5G移动通信技术、北斗技术，外加互联网平台公司在大数据及算法领域的进展，对交通物流时空结构与物信关系改善发挥着关键性作用，并将进一步推进自动驾驶等技术发展；在企业层面，一批以平台运作为主要特色的创新型企业，不断发现新商机，创新创业十分活跃，而且得到资本市场青睐；在政策层面，国家对交通和物流各类新业态采取审慎包容的鼓励原则，不断优化营商环境。

　　"新基建"也为运输化3.0阶段的数字化转型进一步奠定了基础。新型基础设施是以新发展理念为引领，以技术创新为驱动，以信息网络为基础，面向高质量发展需要，提供数字转型、智能升级、融合创新等服务的基础设施体系。特别是基于新一代信息技术演化生成的基础设施，即以5G、物联网、工业互联网、卫星互联网为代表的通信网络基础设施，以人工智能、云计算、区块链等为代表的新技术基础设施，以数据中心、智能计算中心为代表的算力基础设施等，以及基于互联网、大数据、人工智能等技术的深度应用，传统基础设施转型升级而成的融合基础设施，如智能交通基础设施、智慧能源基础设施等。在运输化前期阶段，以"铁（路）公（路）机（场）"为代表的基础设施建设为我国经济的快速发展做出了重要贡献，而在数字经济时代，基础设施建设被赋予了新的内涵，运输业今后的发展也必

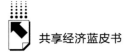

然从传统基建转向新基建，让人与货物的实体位移与信息化不断融合，构建起更可靠、更高效的社会经济交往体系。

交通运输在社会经济发展中属于基础性交往活动的组成部分，影响社会经济基本交往功能的支配变量物信关系一旦发生换元，那么新交往革命必然会促使社会经济与交通运输的关系发生重大调整，而交通运输子系统物信关系的阶段性改变也在很大程度上决定着交通运输的内容与变化方向。

荣朝和

北京交通大学教授

无人驾驶出租车商业化将是
一个漫长的过程

    2017 年斯坦福大学的托尼·塞巴预测，到 2030 年美国私家车数量将减少 80%，数以百万计的自动驾驶车辆将让人们的出行成本下降为原来的 10%~25%。目前来看，这一预测还仍是一种美好的愿望，在 2030 年以前无人驾驶出租车基本不具备商业化的可能。

    尽管国内外很多城市正在开展无人驾驶出租车示范，但无人驾驶出租车面临的关键挑战无法得到有效解决，包括一些 Corner Case（极端场景）问题，以及无人驾驶出租车的实际运营里程与技术成熟所需要的测试里程之间存在巨大的差距。

    谷歌旗下的无人驾驶团队早在 2009 年就开展了相关探索，但公司 2015~2019 年运营亏损超过 200 亿美元。Waymo 的市场估值不断下滑，从高达 1700 亿美元以上到现在的 300 亿美元。

    从中国企业来看，目前智能驾驶的主战场在高级智能辅助驾驶领域，集中为 L2+ 和 L2++ 级别，真正的 L3 也并未完全落地。因此，以网约车为主导的共享出行模式短期并不会被颠覆。

贾 可

轩辕之学校长

汽车商业评论总编辑

汽场联合创始人

2023，网约车行业平台经济模式再出发

　　2022 年 10 月 30 日，中央经济工作会议明确指出，要大力发展数字经济，提升常态化监管水平，支持平台企业在引领发展、创造就业、国际竞争中大显身手。

　　中央层面对平台经济的重新定位，对于网约车行业的直接影响就是被强制下架一年多的"滴滴出行"App 于 2023 年 1 月 16 日恢复新用户注册，重新上架。这既是滴滴出行一年多整改效果得到主管部门认可，经主管部门同意后恢复原状的直接表现，也是中央经济工作会议支持平台经济发展的精神于网约车行业得到落实的具体体现。滴滴出行也提出要与所有合作伙伴一起共建"稳定、透明、尊重、共赢"的产业链生态，从而创建一个良好的司机生态，共同为乘客提供更美好的出行服务，形成良性循环。真正的平台经济，一定是服务双（多）边市场的平台经济。对于网约车平台而言，就是既要面对乘客，也要面对网约车司机，更要面对为司机提供车辆的汽车租赁公司，而相关的车辆生产企业与金融机构也不可或缺。

　　网约车聚合平台的发展，则是网约车行业平台经济发展的另一典型现象。所谓"网约车聚合平台"，是指以地图软件、生活服务等既有大流量的移动应用服务程序如高德地图、美团等 App 接入多个网约车平台，公众通过聚合平台 App 同时呼叫多家网约车平台公司的车辆获得相应网约车服务，而不需要单独下载多个网约车平台的 App。2019 年至今，网约车聚合平台发展迅速。据相关媒体报道，2022 年 8 月，网约车聚合平台的龙头——高德地图日均呼单量约 1300 万单，日均接单量约 680 万单，成单率约为 52%，

而同期滴滴出行的日均呼单量约 2200 万单，成单率为 75%～79%，日均接单量约 1700 万单。目前，高德占据中国网约车市场近 30% 的份额，以高德地图为代表的网约车聚合平台成为网约车行业平台经济的另一重要模式。

与此同时，顺应网约车行业平台经济模式的发展，网约车行业的"运力平台"地位日渐凸显。所谓"运力平台"是指以自有车辆或者与自有车辆的网约车租赁公司深度合作，并在此基础上与滴滴出行的大平台或高德、美团、腾讯等聚合平台合作的网约车平台公司。目前，与高德地图形成深度合作的运力平台主要包括携华出行、及时用车、妥妥 E 行、365 出行等，而部分以车企为背景的网约车平台公司如祺出行、东风出行等也作为滴滴出行的第三方服务商，共同开展聚合出行业务，形成了基于聚合出行的运力供给系统，共同促成网约车行业平台经济发展。

顾大松

东南大学交通法治与发展研究中心执行主任

中国城市公共交通协会网约车分会会长

成长中不断规范，期待展现成熟魅力

没了原来的快速扩张和激烈竞争，没了眼花缭乱的模式创新、技术创新，没了相关学理上针锋相对的辩论，过去两年，以网约车和共享（电）单车为代表的共享出行行业在相对稳定中不断演进、规范，这也是所有事物发展的一般规律：快速成长后的逐步成熟。

国家对网约车头部企业的数据安全检查是标志性事件，这是人、车市场要素合规外的另一重要规范领域，甚至被解读为政府对整个互联网平台经济的态度的代表性事件之一。在此期间，网约车聚合市场格局也得以改善。作为行业管理的理论基础，对聚合模式及相关企业主体的属性与责任等尚未形成共识。同时，在国家定期公布企业合规化排名和各地城市的共同努力下，人、车合规化水平稳步提升。

共享单车形成了稳定的市场格局，投放数量也保持稳定，在政府协助下，企业主体不断优化停放秩序。共享电单车基于强大的市场需求较快发展的同时，定位技术和电子围栏使得停放基本规范有序，有效保障了城市市容市貌。在交通安全、百姓认可等综合权衡下，设定投放数量额度及其投标、拍卖等方式值得进一步探讨商榷。

另外，顺风车市场格局也基本稳定，逐步回归真顺风而非假营运；汽车分时租赁可能更多的是汽车租赁线上化、业务精细化；而对于定制和响应式公交则期待更好的营商环境带来更大的发展。

随着对网约车头部企业数据信息安全检查的结束，特别是 2022 年经济工作会议强调支持推动平台经济健康发展，毫不动摇鼓励、支持、引导非公有制经济发展，给平台经济、共享出行行业带来了更大的信心。共享出行行业应不断创新、持续规范，为公众出行和城市环境更美好贡献更大力量。

程世东

国家发展和改革委员会综合运输研究所城市交通中心主任

促进出租汽车行业新老业态融合发展

　　作为中央层面深化出租汽车行业改革的顶层设计，《关于深化改革推进出租汽车行业健康发展的指导意见》和《网络预约出租汽车经营服务管理暂行办法》确立了"新业态错位服务、融合发展，构建多样化、差异性出行服务体系"总体改革思路。

　　近年来，部分地方开展了促进新老业态融合发展的积极尝试。驾驶员从业资格方面，实现巡游出租车驾驶员从业资格和网约出租车驾驶员从业资格证件"两证合一"，统一资格证件，促进驾驶员自由择业和劳动力市场打通。价格管理方面，将巡游车运价管理由政府定价转为政府指导价，调整优化运价水平和结构，建立与居民消费价格指数等因素联动的运价动态调整机制。探索应用基于移动互联网技术的新型计程计价装置，实现对计价标准的远程、高效调整，为实现巡游车政府指导价创造技术条件。服务方式方面，在机场、车站等重点交通枢纽设立网约车专用停车位或候客区域，允许网约车在出租车临时泊位上下客。通过"聚合"平台，不仅可以叫到网约车，还可以叫到巡游车，乘客的出行选择更加多元。探索"巡游车+网约"服务模式，巡游车在为乘客提供传统扬召服务的基础上，依托手机 App 软件提供网络约车服务。经营主体方面，允许存量巡游车经营权转让交易，满足相应条件的企业和驾驶员均可受让车辆经营权，巡游车市场准入由封闭转向开放，为网约车平台公司想要从事巡游车经营或者巡游车企业要转型从事网约车经营清除制度障碍。但同时也要看到，与巡游车企业相比，目前网约车平台公司在价格、保险、从业人员保障等方面的责任依然相对模糊，新老业态公平竞争的市场环境尚未形成。

2019 年中共中央、国务院出台《交通强国建设纲要》，明确大力发展共享交通，加速新业态新模式发展。2022 年 12 月印发的《扩大内需战略规划纲要（2022—2035 年）》指出，支持线上线下商品消费融合发展，加快传统线下业态数字化改造和转型升级，依法规范平台经济发展，提升新业态监管能力。就巡游车、网约车而言，融合发展并不意味着非此即彼，融合发展的前提既要肯定多样化、差异性，也要坚持因势利导，注重发挥各自优势，共同满足公众多样化、个性化出行需求。其中，营造公平竞争的市场环境则是关键。

从未来看，促进出租汽车新老业态融合发展应重点做好以下工作：持续深化巡游车运价改革，落实《交通运输部 国家发展改革委关于深化道路运输价格改革的意见》，理顺巡游车运价形成机制，建立常态化出租汽车运价评估、论证和调整机制，增强运价的灵活性、时效性，加强与市场监管部门的沟通，探索推广使用新型计程计价设备。稳步推动巡游车和网约车价格机制接轨，激发巡游车转型升级内生动力。加强行业监管能力建设，发挥新业态协同监管部门联席会议制度的作用，发挥部门职能优势，加强网约车事中事后联合监管，反对资本无序扩张，营造公平竞争的市场环境。发挥网约车行业监管信息交互平台作用，探索通过数字化、信息化手段提高监督和执法的针对性和精细化，提升"以网管网"网约车监管能力。建立网约车行业诚信评价体系，加强市场信用体系建设。加强法规制度建设，在国家层面逐步形成以条例为龙头，相关配套规章制度为补充，层级化、立体化的出租汽车行业政策法规体系。积极争取将巡游车和网约车纳入地方道路运输条例、客运管理条例等地方性法规，提高行业政策法规层级和约束力、威慑力，为促进出租汽车新老业态融合发展提供法规保障。

程国华

交通运输部公路科学研究院副研究员

关于巡游车与网约车的六个观点

从幼稚到成熟、从粗放到集约、从单模式到多模式、从走得了到走得好、从基础到品质、从单领域向多领域、从一家独大到一超多强、从燃油车到新能源、从菜鸟到专业、从简易聚合到生态聚合、从分享到共享，出行领域经过多年竞合，呈现出一派万马奔腾的新气象。

其一，新形势下需要组织专家研究问题、解决问题，让出行领域多一些理论支撑。当前的研究多侧重于管制的定性分析及细分市场的定量研究，缺乏基于准入规则及商业模式的差别来研究二者服务水平的演化及市场结构的变化。其二，传统出租车业有缺点，但也并非落后的代名词，传统是基石，是前进的动力。传统出租车行业本应是经济学教科书中一个自由竞争的典范，但是传统出租车行业给人留下一种僵化、腐朽、笨重的印象，缺少竞争，缺少发展活力，发展定位不清，供需长期失衡，劳资矛盾突出，缺乏变革创新，但是，同时其拥有专业司机培养能力、丰富的机务管理能力、线下营运经验、规模化的合规车辆等优势，如果能够合作共生，将有助于规避零和博弈。其三，出行领域讲故事的能力强，对合理商业模式的考量弱。新业态发展不能过度依赖资本，追求流量与估值要适度，应该寻找差异化经营路径，形成核心竞争力，形成清晰、透明的盈利模式，建立优质的出行生态。其四，巡游车与网约车的监管政策、定价规则、运营模式趋同，走向共生、聚合。当前，出现了"两证合一"、互相参考定价、就业保障与薪酬分配统一的趋势，新老业态融合发展得到极大认可，并涌现出一批先行军，如上海模式、深圳模式、浙江模式等。下一步，应改革巡游车，规范网约车，逐步消除不公平竞争，实现更大规模的融合。聚合平台对海量需求进行整合优化，是行业服务能级提升的重要助力，从出行本身聚合走向生态聚合，打破更多边界，可以提升各家平台的运力价值。其五，巡游出租车必须拥抱创新，抓住机遇，爬坡过坎，实现数字化转型。假设市场准入和盈利模式不变，网约车的优良体验必然导致巡游车市场被蚕食，这是一种市场现象。但是，我们面临的问题是超出市场和经济范畴的，涉及弱势群体等诸多领域，管理者需要规避社会风险，让行业存在制衡的力量，不断督促巡游车市场拥抱变革，实现数字化转型，让竞合从流量过渡到服务能力，提升线下体验，推动巡游车的运力扩容、网约平台建设、规模化经营、品牌再造，规避巡游车"全军覆没"。其六，坚决推动合规化、精细化、标准化，建立长效监管机制。安全合规的监管趋严，倒逼平台重视合法合规、安全运营。但是，"包容审慎"不是"放任不管"，管理部门不能容忍"治外法权"，不论线上线下，监管标准和力度都应该一致，必须堵上监管漏洞，守住底线、规范发展，坚定保护信息安全、合规化、反垄断以及反资本无序扩张的治理决心，提高职业网约车司机占比，引导市场走上可持续发展之路。

征途如虹，大道在前，变革创新，正气为先。希望巡游车与网约车在提升服务与融入新发展格局中继续担当作为，成为更加靓丽的城市风景线。

熊燕舞
交通运输部科学研究院首席研究员

目 录 ⟨⟩

Ⅰ 总报告

Ⅱ 环境篇

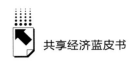
Ⅲ 业态篇

Ⅳ 专题篇

Ⅴ　案例篇

皮书数据库阅读**使用指南**

总 报 告

B.1

2022~2023年中国共享出行发展
形势分析与展望

纪雪洪*

摘　要： 本报告阐述了 2022 年我国共享出行发展的基本情况。整体上看，受疫情影响，2022 年我国共享出行领域承载的出行人数整体回落。但与此同时，共享出行优化了城市交通结构，创造了重要的经济价值和社会价值，推动了低碳绿色出行理念的落地，促进了产业转型升级。网约车和互联网租赁自行车的合规化运营水平和监督治理能力不断提升，但相关政策体系仍需完善。展望未来，共享出行仍然具有较大的增长潜力，与低碳化、智能化的融合将不断深入。

关键词： 共享出行　政策体系　行业治理

---

* 纪雪洪，北方工业大学共享出行研究团队负责人、汽车产业创新研究中心主任、教授。

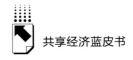

共享出行（Shared Mobility）是指共同使用机动车辆、自行车或其他低速模式的车辆完成出行。共享出行的具体形式多样，包括出租汽车、班车、共享自行车及其他按需乘坐和送货服务等。本报告关注的共享出行是借助互联网技术，实现供需高效匹配的交通新业态，主要包括网约车、私人小客车合乘、互联网汽车租赁、互联网租赁自行车、互联网租赁电动自行车、需求响应公交及互联网同城货运等新兴出行方式。① 2022 年我国共享出行的总体发展情况如下。

一 共享出行优化了城市交通结构，创造了重要的经济价值和社会价值

共享出行不仅对城市居民出行、交通结构优化产生了重要的影响，而且推动了社会经济发展，扩大了就业。

（一）共享出行成为城市出行中不可或缺的组成部分

根据交通运输部的统计，我国城市客运 2021 年完成客运量 993.84 亿人次，公共汽电车完成客运量 489.16 亿人次，城市轨道交通完成客运量 237.27 亿人次，巡游出租车完成客运量 266.90 亿人次。2022 年受疫情影响，全国 36 个中心城市完成客运人数为 405.6 亿人次，同比下降 23.4%，对比 2019 年下降约 40%。其中公共汽电车完成客运量 166.22 亿人次，城市轨道交通完成客运量 185.86 亿人次，巡游出租车完成客运量 53.09 亿人次。预计 2022 年全国城市客运量为 700 亿~800 亿人次。②

2022 年全国网约车日均订单约 1900 万单，互联网租赁自行车日均订单约 3000 万单，互联网租赁电动自行车日均订单约 2000 万单。③ 据估算，

① 关于共享出行的分类与内容，可以详见《共享经济蓝皮书：中国共享出行发展报告（2019）》。
② 此数据根据交通运输部网站上公布的 2022 年中心城市客运量数据推算得到。
③ 互联网租赁自行车日峰值订单约为 4700 万单，互联网租赁电动自行车日峰值订单约为 3000 万单。

2022年网约车、互联网租赁（电动）自行车等共享出行新业态服务超过300亿人次。

共享出行属于准公共交通，以形式的私人性实现了效果的公共性目的。从出行者的角度看，共享出行满足了部分个性化的特定出行需求，解决了城市交通"最后一公里"问题，提供了更加便捷、高效、可靠的出行组合。共享出行方式已经成为多层次城市出行体系的重要组成部分，优化了城市居民交通出行方式。

（二）共享出行创造了巨大的经济价值

2022年我国国民经济运行整体稳定，达到120万亿元，同比增长3%。根据国家信息中心的统计，2022年，我国共享经济市场交易规模约为38320亿元，同比增长3.9%，增长速度略高于国民经济增长速度。

共享出行是非常具有代表性的共享经济领域，也是共享经济发展的重要组成部分。根据国家信息中心统计，2022年共享出行市场交易量为2012亿元，在共享经济总交易额中占5.25%，是共享经济中四个超过千亿交易额的发展领域之一。

（三）共享出行与绿色出行、低碳出行深度融合

共享出行与绿色出行的深度融合趋势不断强化。网约车电动化成为大势所趋，据《2022年中国网约车市场发展报告》，截至2022年10月，全国运营网约车电动化占比达到45.82%；全国大中城市中纯电动汽车占比最高的城市为三亚、深圳、海口，分别占当地当月运营车辆的92.68%、92.23%、87.21%。截至2021年底，全国拥有巡游车139.13万辆，新能源巡游车20.78万辆，渗透率达到14.9%，其中纯电动车辆为19.89万辆。

据测算，2022年网约车电动化带来的碳减排量约为919.4万吨，顺风车取代小汽车出行减少碳排放约为182.6万吨，2022年两轮车共享带来的碳减排量约为169万吨。共享出行与绿色出行深度融合而带来的碳减排量超过了1200万吨。共享出行为我国交通行业"双碳"目标的实现做出了重要的贡献。

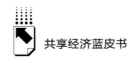

（四）共享出行的发展创造了大量就业岗位

共享出行创造了大量的专职机会和灵活就业机会。共享出行的发展不仅增加了车辆产品研发、大数据分析、AI智能硬件研发等高科技岗位人员的需求，也创造了司机、司机服务经理、自动驾驶路测安全管理员、自动驾驶测试驾驶员、车辆运维和车辆租赁等新的就业岗位。其中包括大量面向基层劳动者的普通岗位，成为"40""50"人员、下岗职工、退伍军人、农村剩余劳动力和低技能人员等群体的重要就业途径。

网约车依然在就业方面发挥着重要的"蓄水池"和"稳定器"作用。根据交通运输部发布的网约车驾驶员数据，估计到2022年底网约车司机人数达到670万人。此外，网约车平台还能依托企业自身业务的发展，带动上下游汽车生产、销售、加油及维保等关联产业的发展，增加间接就业机会。

共享两轮车行业也创造了大量的就业岗位。哈啰2021年企业社会责任报告显示，成立至今，哈啰已累计为近40万人提供全职或零工运维岗位，包括兼职车辆运维人员、调度人员、仓库人员等。通过整合电池、换电柜、半导体、五金、通信等产业近300个生态伙伴资源，直接创造了5万多个就业岗位和间接解决了20多万人的就业问题。

（五）平台企业赋能传统出行方式变革，带动行业转型升级

互联网出行平台在政策引导下积极拥抱传统出行企业，哈啰、滴滴、高德和美团等先后接入一线城市公共出行服务平台，与公共出行协力构建一站式规划、一次性支付和一体化出行的MaaS出行方式，在创新实践中摸索前行。嘀嗒、滴滴、美团和高德等大力推进巡游出租车的数字化升级，推动巡游出租行业在体验、服务、运营、管理方面的全方位数字化升级。租赁行业中已有60%以上的用户可实现手机App下单。在互联网技术的支持下，神州、一嗨、首汽等传统租赁企业开展了自助租还车业务。中小租赁企业通过接入智慧管理系统，使业务线上化，实现了对订单、车辆和资产的数字化管理。

二 2022年共享出行人次出现下滑，
但发展质量不断提升

当前共享出行的主要业态网约车、私人小客车合乘、互联网租赁（电动）自行车、互联网汽车租赁等从快速增长期进入稳定发展期，而一些新业态，如需求响应公交、MaaS 和 Robotaxi 仍在探索中。

（一）网约车日均订单达千万级，市场格局仍在变化

2021 年网约车行业累计完成订单 83.2 亿单，日均订单 2300 万单。受疫情影响，2022 年我国网约车行业累计完成订单约 69.71 亿单，日均订单 1900 万单，同比下降 16.2%。

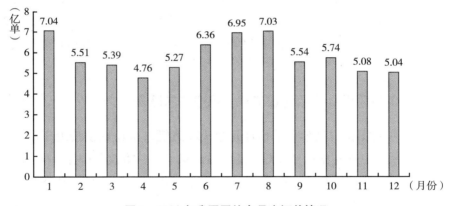

图 1　2022 年我国网约车月度订单情况

全国网约车平台由 2021 年底的 258 家增加到 2022 年底的 298 家，共增 40 家。截至 2022 年底，全国有 59 家网约车平台累计 180 天未传输数据。截至 2022 年 12 月 31 日，全国各地共发放网约车驾驶员证 509 万本，发放网约车运输证 211.8 万本。

2022 年，腾讯、华为、抖音等超级流量平台纷纷推出聚合出行服务，加上最早于 2017 年推出聚合打车服务的高德、百度，以及滴滴、美团等平

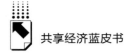

台，App用户规模达亿级的企业均已涉足聚合打车业务。截至2022年12月，聚合模式订单达到1.31亿单，占总订单量的26%，"一家独大"的市场格局出现变化。

（二）私人小客车合乘满足特定场景的刚性出行需求，具有较强的发展韧性

尽管受疫情影响，顺风车市场整体仍呈增长趋势，2022年日出行订单接近100万单。2019~2022年市场交易额分别为122亿元、177亿元、229亿元和201亿元。顺风车市场中哈啰、嘀嗒和滴滴是主要的顺风车平台服务商，订单完成量占行业的90%以上。

上下班通勤一直是顺风车最常见的使用场景，通过顺风车推动合乘，提高道路使用率和空置利用率，疏解早晚高峰拥堵等现象，有利于改善城市出行结构。一些新的特定出行场景也开始出现，如携带宠物、帮忙办事、跑腿代购等，满足了个性化出行需求。在经济受到疫情冲击的大环境下，2022年顺风车业务下降幅度相对小于其他出行方式，体现了顺风车出行属于人们的刚性出行需求。

（三）短期租赁使用场景丰富，用户需求旺盛

2022年我国租赁汽车数量预计超过150万辆，市场规模接近于欧美发达国家水平，但规模化水平较低，其中神州租车、一嗨租车和首汽租车等头部自营租车企业租赁车辆保有量约为40万辆，占比不足30%，其余70%左右的车辆则归属于中小租赁企业。目前行业形成OTA平台、渠道平台和自营类平台三类平台并行发展、相互融合的态势。

汽车短期租赁呈现需求场景多、车型偏好广和租车时间相对较长的特点，旅游自驾是短期租赁的主要场景之一，占比超过60%。选择租车作为中短途旅游主要出行方式的人数比例从2017年的49%提升至2022年的73%。

（四）互联网租赁自行车进入稳定发展阶段

当前互联网租赁自行车行业规模保持平稳。截至2022年9月底，投放

运营的县级及以上城市超过 400 个，有效运营车辆数约为 1490 万辆，日均完好率为 86%。从注册用户数和订单量来看，截至 2022 年 9 月底共享单车活跃用户总数约 4 亿户，日峰值订单量超过 4000 万单。哈啰、美团和青桔形成"三足鼎立"的市场格局，合计市场份额占全国的比重超过 95%，行业进入理性发展阶段。

共享单车项目参与者众多，对小汽车等出行有一定替代作用，具备减排可量化基础数据，成为碳普惠重要的场景，在碳普惠体系的建设中发挥了重要的引领作用。

（五）互联网租赁电动自行车行业覆盖了三线及以下城市

2022 年互联网租赁电动自行车日均订单量约 2000 万单，日峰值订单量约为 3000 万单。截至 2022 年 6 月，全国约有 140 余家企业进入市场，投放车辆数约 1500 万辆，主要集中在三线及以下城市。从市场份额看，美团、滴滴、哈啰市场份额共计 75%。

从骑行特征看，互联网租赁电动自行车行业活跃用户的日均骑行距离整体高于互联网租赁自行车，骑行范围更广，单次骑行平均距离为 2.4 公里，高峰时段平均骑行速度为 12.8 公里/小时，55% 的骑行目的是接驳轨道交通。

从企业层面看，主要企业在智能化、标准化、安全管理等方面投入大量资金，提升了技术与安全服务水平。部分平台企业入局上游整车制造领域，提升了车辆智能化运营水平。使用锂电池和开展车电分离成为行业重要的发展方向。

三 共享出行政策法规体系尚未完善，"放管服"是新业态发展的主要需求

针对网约车、互联网租赁自行车等新业态的政策法规出台时间较早，2022 年各级地方政府出台了更新细则，推动政策法规落地实施。但针对互

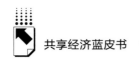

联网租赁电动自行车等新业态的管理政策仍未出台，不同地方的政策有非常大的差别，不利于行业健康发展。

（一）合规化成为网约车行业监管重点，司机权益保障受到重视

网约车行业政策围绕合规化开展。2021年9月，交通运输部办公厅印发了《关于维护公平竞争市场秩序加快推进网约车合规化的通知》。2022年2月出台《关于加强网络预约出租汽车行业事前事中事后全链条联合监管有关工作的通知》，要求各地交通运输主管部门督促网约车平台公司依法依规开展经营，加快合规化进程。2022年起，地方网约车经营管理细则进入密集修订期，主要修订方向便是优化准入条件，降低准入门槛，为合规创造良好的条件。2022年12月1日《济南市客运出租汽车管理条例》正式施行，首次以地方立法的形式明确了聚合平台的监管方式。

网约车司机民生保障问题受到重视，2022年初，交通运输部"网约车行业抽成'阳光行动'"要求平台公司公开计价规则、合理设定抽成上限并公开。2022年4月，《国务院办公厅关于推动个人养老金发展的意见》正式发布，采取"城乡居民社会养老保险+个人养老金"的方式，为新业态养老问题提供了一种解决思路。

值得注意的是，随着网约车数量迅猛增长，杭州、深圳等地均表示针对网约车将以"动态管控"为主调，主要依靠存量转换，引导网约车市场供需关系动态平衡。这也引起平台企业的担忧，认为对网约车实行总量控制，不符合"放管服"所强调的充分发挥市场配置资源的决定性作用的精神内核。因此，需要在制度层面审慎地厘清行政监管的权限与范畴，在实践层面构造高效、健全和公平的市场竞争体系。

（二）中央层面尚未出台专门的私人小客车合乘指导意见或管理办法

目前针对私人小客车合乘的管理依据主要来自《网络预约出租汽车经营服务管理暂行办法》，其要求不得以私人小客车合乘名义从事具有营运性

质的网约车业务。私人小客车合乘被认定为不属于经营活动的范围，平台提供的是居间服务合同，而非运输合同。

2022年以来一些地方修改了私人小客车合乘政策标准，采取了宽松的管理措施，如南宁取消了要求车辆所有人和车籍地的规定，东莞放宽了对于私人小客车合乘的车辆要求，这些举措带动了供给侧的增长。

未来，私人小客车合乘作为好意互助出行、低碳绿色出行方式，需要完善私人小客车合乘政策顶层设计，考虑出台专门的私人小客车合乘指导意见。在一些地方政策上，适当放宽对私人小客车合乘行业成本分摊的规定。若将"部分出行成本"理解为"仅限于车辆燃料成本及通行费"，在实际执法中参照工信部综合油耗而非实际燃料消耗进行判定，往往导致私人小客车合乘因价格问题而存在被认定为"非法运营"的风险，阻碍了私人小客车合乘行业发展。考虑取消对跨城接单的限制，针对部分出行强度大的车主，从增加私人小客车合乘运力的角度，建议适当放开接单上限。

（三）《小微型客车租赁经营服务管理办法》的落地较难

交通运输部制定的《小微型客车租赁经营服务管理办法》（以下简称《管理办法》）着力于解决小微型客车租赁市场法规制度不健全、经营管理不规范、承租人权益难以有效保障等问题，于2021年4月1日起正式实施。但《管理办法》落地较难，其主要原因在于租赁汽车性质转变难落地，车辆行驶证登记的使用性质从非营运转为租赁性质，导致车辆残值降低30%~35%，租赁企业经营成本上升。此外，车辆保险参保费用也会上升，导致租赁企业不愿意将车辆转为租赁车辆，也不愿意办理租赁企业备案手续。

公安部发布的公共安全行业标准《道路交通管理机动车类型》（GA802-2019）中对租赁车辆性质有所界定，为此调整车辆性质登记相关政策的可能性较小。在此前提下，建议有关部门可以在租赁车辆报废年限设置上考虑适当延长，进而间接促进《管理办法》等的落地。

（四）互联网租赁自行车监管政策不断细化

2022年超过90个城市开启了互联网租赁（电动）自行车公开招投标机

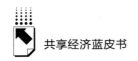

制下的行业准入与份额管控。运营企业面临月度、季度、半年度等考核周期，考核排名将影响其城市运营权及合法份额。在各个城市的考核内容中，停放秩序、企业管理和合规运营等是管理者最重视的行业管理与考核点。

近年来一些地方提高了共享两轮车的市场准入门槛，针对共享两轮车的收车数量多、取车费用高、收费名录增多，这也导致共享两轮车运营成本大幅提升。对于这类现象，国家发展改革委予以了集中通报。

目前行业仍存在城管（交管）部门或者相关部门委托的第三方公司收取的取车费用较高等情况。特别是各级政府在"创文创卫"期间的收车以及要求企业主动减量投车的问题，表现形式包括收费名目繁多、收费标准不一等，且企业与相关政府几乎无商议空间。

建议从国家层面制定互联网租赁自行车行业管理政策，包括指导意见、工作指南、标准规范等，如研究制定国家层面的《互联网租赁自行车运营服务规范》《互联网租赁自行车服务质量考核指南》《优化停车点位规划设置指南》等，强化各级主管部门政策的延续性和一致性。研究出台《互联网租赁自行车清运服务规范》，规范扣车执法处置流程和扣车收费行为，设置"人车比"合理区间，防止个别地方随意抬升制度性运行成本。建议出台纾困相关政策，助力共享单车企业渡过难关。

（五）各地正在探索互联网租赁电动自行车的"规范有序"管理措施

2022年1月，交通运输部表示，将统筹平衡安全与便利出行之间的关系，完善互联网租赁电动自行车发展政策。

从地方层面来看，海南、河北、湖南等省份以立法的形式明确将互联网租赁电动自行车纳入管理，并且要求随车提供安全头盔。北京、上海等城市明确表明暂不发展互联网租赁电动自行车，天津、南京、成都等城市从最开始禁止运营互联网租赁电动自行车转变为允许在外围城区投放，但在一些规模较小的城市或更下沉的市场，地方政府正在积极制定管理办法，出台相关政策，对符合资质的企业颁发互联网租赁电动自行车投放许可证。

佛山从全面清退互联网租赁电动自行车转变为总量控制、适度发展的政策导向。在互联网租赁电动自行车市场准入管理方面，大部分城市采取政府专题会议研究和第三方机构评估方式，部分城市采用了行政备案制，如四川资阳、山西介休等，还有些城市采取设定特许经营权等方式，市场准入机制不断创新。全国多地已根据各自城市互联网租赁电动自行车发展实际，修订相关文件，并将"规范有序"作为互联网租赁电动自行车的发展方向。许多城市，如昆明和桂林等也在互联网电动租赁自行车准入资格的发放上不断探索，力求形成更加科学化的管理机制。

建议充分发挥国务院交通运输新业态协同监管机制的作用，组织对互联网租赁电动自行车的发展情况开展全面摸底，重新评估"不鼓励发展互联网租赁电动自行车"的导向。研究出台国家层面推动互联网租赁电动自行车规范健康发展的指导意见，确立全国统一的行业基本管理制度，形成全国统一开放的大市场，同时指导各地加强立法研究，因地制宜地进行属地管理和制度创新，确保依法行政。

四 共享出行从规模扩张阶段迈入质量提升阶段，共享化与低碳化和智能化加快融合

未来，共享出行发展前景依然光明，但也面临一定的不确定性。基于共享出行的发展情况，结合各项外在因素的影响，作出以下预测与展望。

（一）共享出行人次有望快速实现恢复性增长

网约车、私人小客车合乘、互联网租赁自行车、互联网租赁电动自行车、互联网汽车租赁等新业态近年来遭受疫情的强烈冲击，出行人次和订单量普遍回调，从2020年的日订单量约8000万单回落到不足7000万单。

随着疫情防控形势向好，经济快速复苏，中央经济工作会议支持平台经济引领发展，共享出行的发展环境明显改善，伴随着出行人流快速增加，出

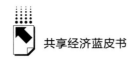

行人次和订单量呈恢复性增长态势，2023 年第一季度有望恢复到疫情前的高峰水平。

（二）共享出行主要业态进入理性发展阶段，行业从规模化扩张转向精细化发展

2010 年以来，移动互联网发展创造的红利在共享出行领域充分释放，各类新业态从无到有，实现了爆发性增长。近年来，网约车、私人小客车合乘、互联网租赁（电动）自行车等主要出行业态基本呈现良性竞争状态，市场格局保持相对稳定，出行人次和订单量有望保持稳定增长。

企业的发展重心将转向可持续经营，而不再是"跑马圈地"和"价格拼杀"，围绕精细化运营、提升运营效率、增强用户体验和塑造品牌形象等开展基础性和持续性工作。

（三）碳交易机制为共享出行发展注入新的动力

全国的碳市场于 2021 年 7 月正式启动，并且正在覆盖越来越多的行业，交通行业的碳排放量占全国总碳排放量的 10% 左右，而道路交通在交通行业碳排放中的占比约为 80%。目前上海、深圳、北京三个碳交易的试点场所已经把交通运输行业纳入碳市场交易，包括公路客运、公路货运、航空运输、铁路运输和水路运输等，也包括共享出行行业。

无论是私人小客车合乘的共享方式，还是网约车辆的电动化以及通过两轮车接驳公共交通取代私家车出行等方式，都属于低碳出行和绿色出行。随着碳交易机制的完善，共享出行在低碳方面的优势将进一步发挥，吸引更多的人群使用共享出行工具。

（四）数字化技术赋能传统出行与共享出行新业态融合发展

共享出行新业态的发展正在激发传统出行企业改革和创新的活力，传统出行方式正在积极拥抱数字化技术，预约出行、定制公交、巡网融合等是传统出行方式转型升级、实现数智化的典型。随着共享出行新业态发展进入稳

定期，平台型企业也正在挖掘与传统出行企业合作的机会，推动传统出行与新业态的融合发展。

（五）聚合打车模式有望重塑网约车市场格局

2021年下半年以来，聚合平台份额逐月提升，国内网约车市场有望形成"一超多强全聚合"的局面。聚合模式带来网约车市场格局变化的同时，也给中小平台带来快速发展的机会，特别是区域性的运力企业将获得更多的发展机会。

（六）互联网短租市场仍将保持强劲增长态势

2023年汽车租赁行业将保持整体向好的发展态势，汽车长期租赁市场将保持稳定，除公务用车场景外，将持续为网约车后市场提供支撑；汽车短租行业将保持强劲的增长态势，旅游用车场景占短租市场的比重持续提升，用户更多的需求会倒逼各大租车平台和企业更加关注服务品质，互联网、人工智能等技术也将进一步向行业渗透，这将对租赁企业运营效率和用户租车体验的提升起到重要的促进作用。

分时租赁作为短租行业的子板块，其发展更多受限于国人用车理念和高额的运营成本，但2023年预计在租赁市场整体回暖的背景下，新老分时租赁企业将持续深耕这一领域。

（七）互联网租赁电动自行车有潜力替代更多的私人电动自行车

2021~2022年，从一线城市到二、三线城市都将迎来换车高峰期。私人电动自行车汰换后，互联网租赁电动自行车有望成为私人电动车重要的替代或过渡出行方式。根据相关机构的调查，全国九成城市互联网租赁电动自行车对私人电动车的替代率达到10%左右。

（八）生态扩张依然是出行平台的主要发展方向

出行平台的主要优势表现在流量和生态运营方面，未来各大平台商业竞

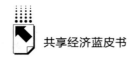

争的主要逻辑仍是做大相关产业生态。比如在互联网同城货运领域,一些互联网平台会加快从客运市场转向货运市场,虽然客货运输对象不同,但是运输调度算法具有相通之处,地面推广与营销模式也有较强的借鉴性。有可能出现重货与轻货企业的融合,不仅零担物流企业、快递企业等积极布局同城货运,同城货运也开始进入及时配送等高附加值的轻货领域。

(九)普惠出行和差异化服务是共享出行的主要增长点

网约车等共享出行行业进入稳定增长阶段,企业正在寻找新的增长点。从发展机会看,未来在市场下沉方面,如三、四线城市等具有较大的发展潜力。此外,一些没有被很好满足的需求如老弱病残孕等特殊群体的出行需求、一些特定场景如城际需求等,会得到进一步挖掘。

(十)新模式的商业化仍有很大的不确定性

需求响应公交、出行即服务(MaaS)和无人驾驶出租车等共享出行的新模式仍处于探索期,在一些场景和环境中展现出一定的发展潜力,但整体而言还没有非常成功的案例应用,且还面临一系列挑战。新模式从探索到快速增长,还需要技术的突破、商业生态的培育及政策的支持。

环 境 篇

B.2
2022年中国城市交通现状与分析*

吴洪洋　王　静**

摘　要： 本报告主要对2022年城市交通发展现状进行了分析。2020～2022年公共汽电车、城市轨道交通、巡游出租汽车等的发展明显受到疫情影响，2022年客运总量仅为2019年的60%左右。2022年公共交通客运总量呈季度性变化，较2021年下降趋势明显，但其中城市轨道交通客运总量总体趋于稳定。随着人们生活水平的提高，城市客运服务质量不断提升。

关键词： 公共交通　公共汽电车　城市轨道交通　巡游出租汽车

国务院发布《"十四五"现代综合交通运输体系发展规划》，旨在加快

---

* 本报告相关数据主要来自交通运输部官网、《中国城市客运发展报告（2021）》，涉及地区分类来源于国家统计局，城市分类参考第一财经新一线城市研究所。
** 吴洪洋，交通运输部科学研究院主任，研究员；王静，北方工业大学汽车产业创新中心。

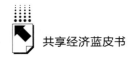

建设交通强国，构建现代综合交通运输体系。交通运输是国民经济中具有基础性、先导性、战略性的产业支柱，是重要的服务性行业。"十三五"时期，我国综合交通运输体系取得了历史性成就，然而综合交通运输发展不平衡、不充分问题仍然突出。"十四五"时期，要以加快建设交通强国为目标，统筹发展，完善结构优化、一体衔接的设施网络，通过新科技深度赋能应用，提升交通运输数字化、智能化发展水平，破除传统交通运输体制机制的障碍，构建标准化、规模化、智能化、绿色化的交通运输体系。

一　城市客运交通发展整体情况

（一）整体趋势

2022 年受新冠疫情影响，客运量、运营里程等同比下降，但城市客运出行结构出现了微调变化。城市客运服务质量不断提升、城市绿色出行发展势头良好。

以我国 36 个直辖市、计划单列市、省会城市的客运交通数据为例，受新冠疫情影响，2019~2020 年中心城市客运总量整体大幅度下降；2021 年客运总量出现小幅度上升，恢复到 2019 年的 78.6%，公共汽电车客运量恢复至 2019 年的 67.3%，城市轨道交通客运量恢复至 2019 年的 98.5%，巡游出租汽车客运量恢复至 2019 年的 71.0%。三大出行方式客运量均达到 2019 年客运量的 60% 以上，增势明显。

2022 年，中心城市客运总量为 405.6 亿人次，较 2021 年的 529.5 亿人次，减少 123.9 亿人次，恢复至 2019 年的 60.2%。其中公共汽电车客运量 166.2 亿人次，较 2021 年的 228.7 亿人次，同比减少 27.3%，恢复至 2019 年的 48.9%；城市轨道交通客运量 185.9 亿人次，较 2021 年的 229.6 亿人次，同比减少 19.0%，恢复至 2019 年的 79.8%，发展势态良好；巡游出租汽车客运量 53.1 亿人次，较 2021 年的 70.6 亿人次，同比减少 24.8%，恢

表1   2019～2022年中心城市三大出行方式客运量

单位：亿人次

项目	2019年	2020年	2021年	2022年
客运总量	673.5	441.5	529.5	405.6
公共汽电车	339.9	205.3	228.7	166.2
城市轨道交通	233.1	170.9	229.6	185.9
巡游出租汽车	99.4	64.9	70.6	53.1

资料来源：交通运输部统计局。

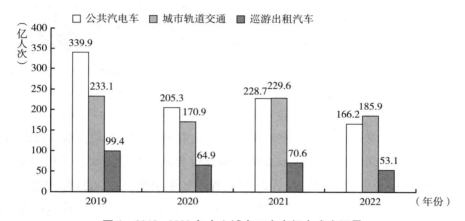

图1   2019～2022年中心城市三大出行方式客运量

资料来源：交通运输部统计局。

复至2019年的53.4%。

根据客运总量月度数据，2021年客运总量呈明显下降趋势；2022年客运总量呈现季度性变化特征，1～4月客运总量逐渐降低，4月出现新低，达29.4亿人次，5～7月客运总量递增，7月出现新高，达39.9亿人次。随着疫情防控进入新阶段，2023年经济将逐步复苏，复工复产将促使城市客运总量回升势头良好。

（二）主要特点

中心城市客运总量稳中略增，2021年客运总量小幅增长。2020～2022

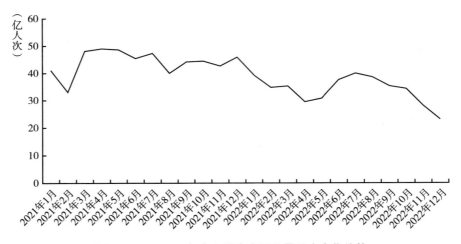

图2 2021~2022年中心城市客运总量月度变化趋势

资料来源：交通运输部统计局。

年，中心城市客运总量较平稳，2020年客运总量为441.5亿人次，2021年客运总量为529.5亿人次，2022年客运总量为405.6亿人次，三年均相当于2019年的60%以上。其中2021年出现小幅度增加，较2020年同比增长19.9%，恢复至2019年客运量的78.6%，其中城市轨道交通更是恢复到2019年的98.5%，增速明显。然而与2021年客运总量相比，2022年客运总量出现大幅降低，同比下降23.4%，相当于2019年客运总量的60.2%，为三年来最低水平。

表2 2019~2022年中心城市客运总量统计

单位：亿人次，%

项目	2019年	2020年	2021年	2022年
客运总量	673.5	441.5	529.5	405.6
同比变化	—	−34.4	19.9	−23.4
相当于2019年的水平	—	65.6	78.6	60.2
公共汽电车	339.9	205.3	228.7	166.2
同比变化	—	−39.7	11.4	−27.3
相当于2019年的水平	—	60.4	67.3	48.9

项目	2019年	2020年	2021年	2022年
城市轨道交通	233.1	170.9	229.6	185.9
同比变化	—	-26.7	34.3	-19.0
相当于2019年的水平	—	73.3	98.5	79.8
巡游出租汽车	99.4	64.9	70.6	53.1
同比变化	—	-34.7	8.8	-24.8
相当于2019年的水平	—	65.3	71.0	53.4

资料来源：交通运输部统计局。

2022年客运总量呈现季度性变化，较2021年下降趋势明显。中国交通运输部数据统计，2022年客运量数据呈现季度性变化，1~4月和8~12月客运总量均呈现下降趋势，4月客运总量达29.4亿人次，12月客运总量为23亿人次。5~7月客运总量呈现上升趋势，7月实现年内客运总量新高，达39.9亿人次。而且就2020~2022年客运总量而言，2021年增幅明显，实现44.1亿人次的平均客运总量，2022年仅有33.8亿人次的平均客运总量，下降趋势明显，并且2022年大部分月份客运总量低于2021年同期。

表3 2020~2022年中心城市客运总量月度统计数据

单位：亿人次

月份	2020年	2021年	2022年
1月	43.3	41.1	39.2
2月	6.0	33.0	34.7
3月	18.1	48.1	35.2
4月	28.6	49.0	29.4
5月	35.2	48.6	30.7
6月	38.3	45.4	37.5
7月	41.1	47.3	39.9
8月	42.4	40.0	38.5
9月	45.7	44.1	35.2

续表

月份	2020 年	2021 年	2022 年
10 月	46.1	44.4	34.2
11 月	47.2	42.6	28.0
12 月	49.5	45.8	23.0
平均值	36.8	44.1	33.8

资料来源：交通运输部统计局。

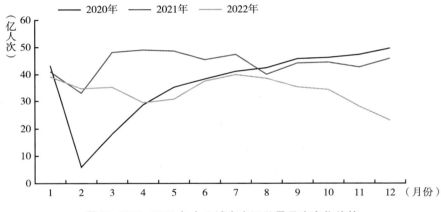

图 3　2020~2022 年中心城市客运总量月度变化趋势

资料来源：交通运输部统计局。

城市客运交通三大出行结构略微变化，城市轨道交通客运总量占比增加。2022 年，我国 36 个直辖市、计划单列市、省会城市的客运总量 405.6 亿人次，较 2021 年下降 23.4%。其中公共汽电车客运量占客运总量的 41.0%，较 2021 年下降 2.2 个百分点；城市轨道交通客运量占客运总量的 45.8%，较 2021 年提升 2.4 个百分点，发展趋势明显；巡游出租汽车客运量占客运总量的 13.1%，较 2021 年下降 0.2 个百分点。其中，2022 年城市轨道交通的客运总量占比提升，是三大出行方式中唯一实现客运总量占比提升的交通出行方式。

表4　2021~2022年三大出行方式客运量及占比

单位：亿人次，%

项目	2021年		2022年	
	客运量	占比	客运量	占比
客运总量	529.5	—	405.6	—
公共汽电车	228.7	43.2	166.2	41.0
城市轨道交通	229.6	43.4	185.9	45.8
巡游出租汽车	70.6	13.3	53.1	13.1

资料来源：交通运输部统计局。

一线、新一线和非一线城市出行结构不同，一线城市和新一线城市主打城市轨道交通出行方式，非一线城市主打公共汽电车出行方式。依据上海第一财经和国家发改委的划分标准，将36个中心城市客运总量进行分类整理和分析可得，一线城市2022年巡游出租汽车客运量9.77亿人次，占比7.02%，其次是城市轨道交通出行方式，客运量86.58亿人次，占比62.29%，两者占比合计近70%。新一线城市2022年城市轨道交通客运量79.12亿人次，占比45.83%，公共汽电车客运量71.76亿人次，占比41.55%，两者占比合计为87.38%。非一线、新一线城市则主打公共汽电车交通出行方式，客运量为52.06亿人次，占比55.52%，约一半的城市客运需求由公共汽电车来满足，而其中三、四线城市几乎没有城市轨道交通和巡游出租汽车。

表5　各级别城市三大出行方式客运量

单位：亿人次

城市级别	公共汽电车	城市轨道交通	巡游出租汽车
一线	42.40	86.58	9.77
新一线	71.76	79.12	21.77
二线	43.80	19.65	17.72
三线	6.16	0.51	2.87
四线	2.10	0	0.95

资料来源：交通运输部统计局。

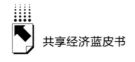

城市客运服务质量不断提升。2022 年，在相关国家政策的支持下，大部分地区开展了中心城市客运服务质量提升活动，致力于建设更加便捷通畅、安全舒适的城市出行服务。其一，多元化、定制化公交服务迅速发展，北京等 29 个省份开通了定制公交服务，其中 31 个中心城市开行了超过 3500 条通勤定制公交线路，此外还有上学定制、旅游定制等线路。其二，打造适老化无障碍出行环境，上海市推出手机端"一键叫车"功能，郑州地铁设置老年人查阅点，深圳市和腾讯地图合作推出出行一体化场景服务，提供便捷的公共出行方式。其三，数字化赋能城市公共出行，中国城市轨道交通协会建设的轨道交通互通互联智慧出行平台与协同服务体系已接入南京、南昌、郑州等近 30 个城市。

城市绿色出行持续发展。首先，车辆燃料能源类型不断优化。根据交通运输部数据，截至 2021 年底，我国新能源公交运营车辆数（包括纯电动车、混合电动车、氢能源车）50.89 万辆，占城市公共汽电车运营车辆总数的 71.7%。同年新能源出租汽车 20.78 万辆，占出租汽车总数的 14.9%。数据显示，截至 2022 年底，仅深圳市在 900 多条公交线路上就投入 15896 辆纯电动公交车，实现了公交 100% 纯电动化。其次，各地政府大力推广绿色出行。工业部和信息化部等 8 部门联合印发通知，将在全国范围内启动公共领域车辆全面电动化先行区试点，力争在城市公交、出租、环卫、邮政快递和城市物流配送等领域实现新能源汽车配置率达 80%。

二　城市公共汽电车发展情况

（一）整体概况

1. 运营指标

2022 年，我国 36 个直辖市、计划单列市和省会城市的公共汽电车客运总量为 166.2 亿人次，占城市客运总量的 41.0%，同比下降了 27.3%。

2022 年公共汽电车客运量下降幅度很大，其中 2022 年下半年客运量下降幅度更为突出。2022 年上半年城市公共汽电车客运量 88.4 亿人次，而下半年公共汽电车客运量 77.9 亿人次，减少了 10.5 亿人次，下降了 11.9%。2022 年下半年公共汽电车客运量相较于 2021 年下半年减少了 35.3 亿人次，同比下降了 31.2%，下降幅度很大。

表 6　2021~2022 年中心城市公共汽电车客运量

单位：亿人次，%

月份	2021 年	2022 年	降幅	同比
1 月	18.0	16.7	1.3	-7.2
2 月	14.7	14.7	0	0
3 月	20.5	15.1	5.4	-26.3
4 月	21.2	13.0	8.2	-38.7
5 月	20.9	13.5	7.4	-35.4
6 月	20.2	15.4	4.8	-23.8
上半年合计	115.5	88.4	27.1	-23.5
7 月	19.9	15.7	4.2	-21.1
8 月	17.2	14.7	2.5	-14.5
9 月	18.9	13.9	5.0	-26.5
10 月	18.7	13.6	5.1	-27.3
11 月	18.4	11.2	7.2	-39.1
12 月	20.1	8.8	11.3	-56.2
下半年合计	113.2	77.9	35.3	-31.2
全年总计	228.7	166.2	62.5	-27.3

资料来源：交通运输部统计局。

从城市等级角度来看，2022 年北京、上海、广州和深圳一线城市公共汽电车客运量 42.4 亿人次，占中心城市公共汽电车客运总量的 25.51%，相比于 2021 年的 62.01 亿人次，同比下降了 31.62%。2022 年新一线城市公共汽电车客运量 71.76 亿人次，占中心城市公共汽电车客运总量的 43.18%，近全年客运总量的一半，而且相较于 2021 年的 93.85 亿人次，同比下降了

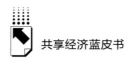

23.54%。2022 年一线和新一线城市的公共汽电车客运量共计 114.14 亿人次，占公共汽电车客运总量的 68.69%。

表7   2021~2022 年中心城市公共汽电车客运量（按城市分类）

单位：亿人次，%

城市级别	城市	2021 年	2022 年	同比增长
一线	北京	22.96	17.26	−24.83
	上海	14.67	7.69	−47.58
	广州	13.48	10.06	−25.37
	深圳	10.90	7.39	−32.20
新一线	天津	6.73	4.40	−34.62
	沈阳	5.99	3.80	−36.56
	南京	5.91	4.79	−18.95
	杭州	6.23	4.78	−23.27
	合肥	3.76	2.88	−23.40
	青岛	8.06	6.35	−21.22
	郑州	5.10	3.37	−33.92
	武汉	8.97	5.87	−34.56
	长沙	4.82	3.80	−21.16
	重庆	20.25	17.12	−15.46
	成都	9.89	8.94	−9.61
	西安	8.14	5.66	−30.47
二线	石家庄	1.61	1.44	−10.56
	太原	2.40	1.82	−24.17
	大连	6.44	5.45	−15.37
	长春	5.26	2.97	−43.54
	哈尔滨	5.88	4.56	−22.45
	宁波	2.94	2.21	−24.83
	福州	3.49	2.85	−18.34
	厦门	5.57	5.31	−4.67
	南昌	2.25	1.32	−41.33
	济南	5.83	4.00	−31.39
	南宁	2.20	1.82	−17.27
	贵阳	4.02	2.95	−26.62
	昆明	4.77	3.45	−27.67
	兰州	6.26	3.65	−41.69

城市级别	城市	2021 年	2022 年	同比增长
三线	呼和浩特	1.87	1.22	-34.76
	海口	1.16	0.66	-43.10
	银川	1.65	1.27	-23.03
	乌鲁木齐	5.74	3.01	-47.56
四线	拉萨	0.71	0.43	-39.44
	西宁	2.77	1.67	-39.71

资料来源：交通运输部统计局。

表 8 2022 年中心城市公共汽电车客运量（按城市级别分类）

单位：亿人次，%

项目	一线	新一线	二线	三线	四线
客运量	42.40	71.76	43.80	6.16	2.10
占比	25.51	43.17	26.35	3.71	1.26

资料来源：交通运输部统计局。

从地域划分角度来看，根据《中共中央　国务院关于促进中部地区崛起的若干意见》《国务院西部开发办关于西部大开发若干政策措施的实施意见》等，将我国经济区域分为东部、中部、西部和东北四大地区。2022 年，东部地区中心城市公共汽电车客运量 79.19 亿人次，占 2022 年中心城市公共汽电车客运总量的 47.65%；西部地区中心城市公共汽电车客运量 51.19 亿人次，占 2022 年中心城市公共汽电车客运总量的 30.80%；中部地区中心城市公共汽电车客运量 19.06 亿人次，占 2022 年中心城市公共汽电车客运总量的 11.47%；东北地区中心城市公共汽电车客运量 16.78 亿人次，占 2022 年中心城市公共汽电车客运总量的 10.1%。

表 9 2022 年中心城市公共汽电车客运量（按地域分类）

单位：亿人次，%

项目	东部	西部	中部	东北
客运量	79.19	51.19	19.06	16.78
占比	47.65	30.80	11.47	10.10

资料来源：交通运输部统计局。

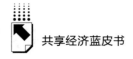

2. 设施装备指标

据交通运输部统计数据，截至 2021 年底，全国城市公共汽电车共有 70.94 万辆，其中新能源车辆 50.89 万辆，占比 71.7%；快速公交车辆 9749 辆，占比 1.4%。

2021 年，全国城市公共汽电车运营线路 75770 条，运营里程 159.38 万公里。其中公交专用车道 18263.8 公里，无轨电车线路 1246.8 公里，快速公交线路 7557.6 公里。

（二）基本特点

从客运量角度出发，受新冠疫情影响，2022 年公共汽电车客运量同比降低 27.3%，主要客运量集中在新一线城市，占比 43.17%。2020～2022 年公共汽电车客运总量相较于 2019 年都有所降低，2022 年公共汽电车客运量明显低于 2021 年。其中主要客运量集中在天津、杭州、武汉、长沙等新一线城市，达 71.76 亿人次，占比 43.17%，接近于 2022 年全年公共汽电车客运量的 1/2。

从运营车辆角度出发，车辆总量增速稳中有升，且燃料类型持续优化，

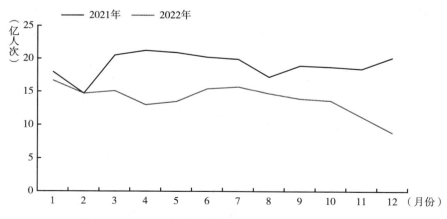

图 4　2021～2022 年中心城市公共汽电车客运量变化趋势

资料来源：交通运输部统计局。

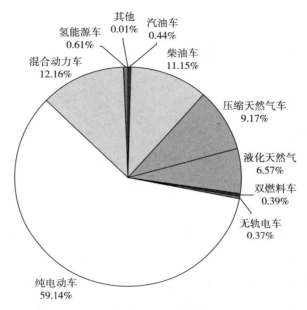

图 5 2021 年我国城市公共汽电车运营车辆燃料类型情况

资料来源：交通运输部统计局。

其中新能源车辆数量持续增加，2021 年占我国城市公共汽电车运营车辆总数的 71.7%。

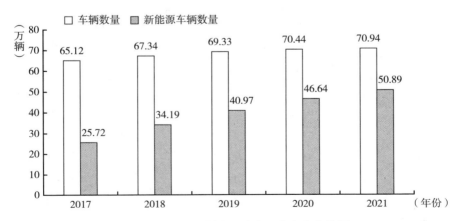

图 6 2017~2021 年中心城市公共汽电车数量

资料来源：交通运输部统计局。

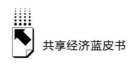
三 城市轨道交通发展情况

（一）整体概况

1. 运营指标

2022 年，我国 36 个直辖市、计划单列市和省会城市的城市轨道交通客运总量为 185.86 亿人次，占城市客运总量的 45.8%，同比下降了 19.06%。

相比于 2021 年，与公共汽电车一样，受新冠疫情影响，城市轨道交通客运量下降幅度很大。其中，2022 年上半年城市轨道交通客运量 90.21 亿人次，相比于下半年城市轨道交通客运量 95.65 亿人次，少了 5.44 亿人次。2022 年上半年城市轨道交通客运量相比于 2021 年上半年减少了 22.98 亿人次，同比下降了 20.30%，2022 年下半年城市轨道交通客运量相比 2021 年下半年减少 20.79 亿人次，全年同比下降了 19.06%。虽然城市轨道交通客运量有所下降，但是相对于公共汽电车客运量而言下降幅度较小。

表 10 2021~2022 年中心城市城市轨道交通客运量（按月度分类）

单位：亿人次，%

月份	2021 年	2022 年	变化幅度	同比
1 月	17.20	17.16	−0.04	−0.23
2 月	13.02	15.05	2.03	15.59
3 月	21.07	15.48	−5.59	−26.53
4 月	21.43	12.67	−8.76	−40.88
5 月	21.30	12.83	−8.47	−39.77
6 月	19.17	17.02	−2.15	−11.22
上半年合计	113.19	90.21	−22.98	−20.30

续表

月份	2021 年	2022 年	变化幅度	同比
7 月	21.05	18.84	-2.21	-10.50
8 月	16.99	18.81	1.82	10.71
9 月	19.41	16.96	-2.45	-12.62
10 月	19.84	16.39	-3.45	-17.39
11 月	19.06	13.54	-5.52	-28.96
12 月	20.09	11.11	-8.98	-44.70
下半年合计	116.44	95.65	-19.79	-17.85
全年合计	229.63	185.86	-43.77	-19.06

资料来源：交通运输部统计局。

　　从城市等级角度来看，2022 年北京、上海、广州和深圳一线城市轨道交通客运量 86.58 亿人次，占 2022 年中心城市轨道交通客运总量的 46.58%，相比于 2021 年的 116.77 亿人次，同比下降了 25.85%。2022 年新一线城市轨道交通客运量 79.12 亿人次，占 2022 年中心城市轨道交通客运总量的 42.57%，相较于 2021 年的 88.03 亿人次，同比下降了 10.12%。2022 年一线和新一线城市轨道交通客运量共计 165.7 亿人次，占轨道交通客运总量的 89.15%，约占全年中心城市轨道交通客运量的九成。

表 11　2021~2022 年中心城市轨道交通客运量（按城市分类）

单位：亿人次，%

城市级别	城市	2021 年	2022 年	同比
一线	北京	30.66	22.62	-26.22
	上海	35.70	22.79	-36.16
	广州	28.55	23.63	-17.23
	深圳	21.86	17.54	-19.76
新一线	天津	4.64	3.19	-31.25
	沈阳	3.84	2.92	-23.96

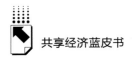

续表

城市级别	城市	2021 年	2022 年	同比
新一线	南京	8.81	7.69	-12.71
	杭州	5.97	9.64	61.47
	合肥	2.71	2.66	-1.85
	青岛	2.48	2.84	14.52
	郑州	4.36	2.93	-32.80
	武汉	10.13	8.94	-11.75
	长沙	5.88	5.78	-1.70
	重庆	10.97	9.12	-16.86
	成都	18.01	15.72	-12.72
	西安	10.23	7.69	-24.83
二线	石家庄	0.92	0.86	-6.52
	太原	0.39	0.29	-25.64
	大连	1.69	1.47	-13.02
	长春	2.06	1.23	-40.29
	哈尔滨	0.72	1.34	86.11
	宁波	2.59	2.57	-0.77
	福州	1.19	1.21	1.68
	厦门	1.70	1.97	15.88
	南昌	2.56	2.39	-6.64
	济南	0.56	0.55	-1.79
	南宁	2.89	2.73	-5.54
	贵阳	0.90	0.93	3.33
	昆明	2.19	1.75	-20.09
	兰州	0.64	0.36	-43.75
三线	呼和浩特	0.54	0.33	-38.89
	海口	—	—	—
	银川	—	—	—
	乌鲁木齐	0.31	0.18	-41.94
四线	拉萨	—	—	—
	西宁	—	—	—

资料来源：交通运输部统计局。

表 12　2022 年中心城市城市轨道交通客运量（按城市级别分类）

单位：亿人次，%

项目	一线	新一线	二线	三线	四线
客运量	86.58	79.12	19.65	0.51	0
占比	46.58	42.57	10.58	0.27	0

资料来源：交通运输部统计局。

从地域划分角度来看，根据公共汽电车相同的划分标准，将我国经济区域分为东部、中部、西部和东北四大地区。2022 年，东部地区中心城市轨道交通客运量 117.1 亿人次，占 2022 年中心城市轨道交通客运总量的63.0%；西部地区中心城市轨道交通客运量 38.81 亿人次，占 2022 年中心城市轨道交通客运总量的 20.88%；中部地区中心城市轨道交通客运量22.99 亿人次，占 2022 年中心城市轨道交通客运总量的 12.37%；东北地区中心城市轨道交通客运量 6.96 亿人次，占 2022 年中心城市轨道交通客运总量的 3.74%。其中东部地区中心城市轨道交通更发达，占中心城市轨道交通客运量的一半以上，而中部地区和西部地区等的中心城市轨道交通客运量相对较低。

表 13　2022 年中心城市轨道交通客运量（按地域分类）

单位：亿人次，%

项目	东部	西部	中部	东北
客运量	117.1	38.81	22.99	6.96
占比	63.0	20.88	12.37	3.74

资料来源：交通运输部统计局。

2. 设施装备指标

据中国交通运输部数据，截至 2022 年底，31 个省（自治区、直辖市）和新疆生产建设兵团共 53 个城市开通城市轨道交通运营线路 290 条，实际开行列车 3316 万列次，运营里程合计 9584 公里。2022 年，全国新增城市轨道交通运营线路21条，新增运营里程847公里，新增南通和南石2个城市首次开通运营城市轨道交通。

表14　2018~2022年全国城市轨道交通总体发展情况

数据类型	2018 年	2019 年	2020 年	2021 年	2022 年
开通运营城市数（个）	35	41	43	51	53
运营线路条数（条）	171	190	226	275	296
运营线路长度（公里）	5295.1	6172.2	7354.7	8735.6	9582.6
车站数（座）	3408	4007	4766	5284	5609
换乘站数（个）	319	368	466	574	—
配属车辆（辆）	34012	40998	49424	57286	—
客运量（亿人次）	212.8	238.8	175.9	237.3	194.0
客运量增速（%）	15.46	12.22	−26.34	34.91	−18.2

资料来源：交通运输部统计局。

从行业规模方面，2022年运营里程同比增长9.71%，城市轨道交通运营线路同比增长5.45%。

表15　2022年全国城市轨道交通基础数据

数据类型	2022 年	比 2021 年新增	同比增长（%）
开通运营城市数（个）	53	2	3.92
运营线路条数（条）	296	21	7.64
运营线路长度（公里）	9582.6	847	9.70
车站数（座）	5609	325	6.15

资料来源：笔者整理。

（二）主要特点

2022年在公共汽电车、城市轨道交通和巡游出租汽车三大出行方式中，城市轨道交通是唯一客运量占比提升的交通方式。

从运营线路角度出发，地铁制式仍然占据主体地位，有轨电车占比持续

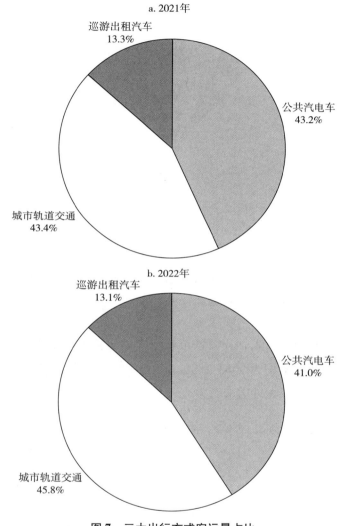

a. 2021年

巡游出租汽车
13.3%

公共汽电车
43.2%

城市轨道交通
43.4%

b. 2022年

巡游出租汽车
13.1%

公共汽电车
41.0%

城市轨道交通
45.8%

图7　三大出行方式客运量占比

资料来源：交通运输部统计局。

增加。2021 年，在各城市轨道交通制式中，地铁仍占据主体地位，占比
87.7%。有轨电车运营里程占比由 2020 年的 4.2% 增长至 2021 年的 4.8%，
其他制式（包括轻轨、单轨、磁悬浮、自动导向、市域快速轨道）运营里
程占 7.5%。

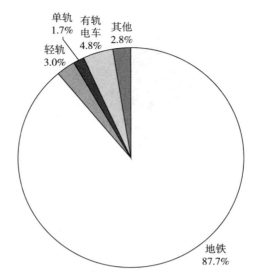

图 8　2021 年全国城市轨道交通各制式运营里程占比情况

资料来源：交通运输部统计局。

从运营里程角度出发，我国城市轨道交通运营里程稳步增长。2022 年城市轨道交通运营里程为 9584 公里，新增 848.4 公里。2015~2022 年，城市轨道交通运营里程保持增加态势。

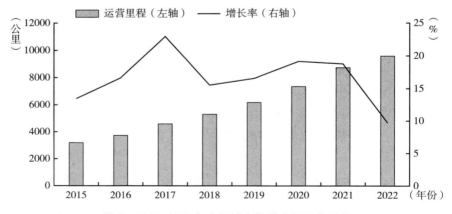

图 9　2015~2022 年全国城市轨道交通运营里程

资料来源：交通运输部统计局。

从服务质量角度出发，2023年2月全国首条全场景化"智慧地铁"示范线路建设全面启动，依托北斗、EUHT、空间数字化、人工智能等新型技术，突破乘客智能交互服务技术，构建无人化客服平台，实现乘客全时程出行的智能服务，提高服务质量。

四　巡游出租汽车发展情况

（一）整体概况

1. 运营指标

2022年，我国36个直辖市、计划单列市和省会城市的巡游出租汽车客运总量为53.1亿人次，占城市客运总量的13.1%，同比下降了24.8%。

2022年受新冠疫情影响，巡游出租汽车客运量下降幅度很大。2022年下半年巡游出租汽车客运量25.05亿人次，相比于上半年巡游出租汽车客运量28.03亿人次，减少了2.98亿人次。然而，2022年上半年巡游出租汽车客运量相比于2021年上半年减少了8.29亿人次，同比下降了22.8%；2022年下半年巡游出租汽车客运量相比2021年下半年减少9.26亿人次，同比下降了27.0%。

从城市等级角度来看，2022年北京、上海、广州和深圳一线城市巡游出租汽车客运量9.77亿人次，占2022年中心城市巡游出租汽车客运总量的18.41%，同比下降了28.9%。2022年新一线城市客运量21.77亿人次，占2022年中心城市巡游出租汽车客运总量的41.01%，约占全年客运总量的2/5，同比下降了22.50%。其中2022年一线和新一线城市的客运量共计31.54亿人次，占巡游出租汽车客运总量的59.42%，约占全年中心城市巡游出租汽车客运量的六成。

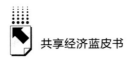

表16　2021~2022年中心城市巡游出租汽车客运量

单位：亿人次，%

月份	2021年	2022年	变化幅度	同比变化
1月	5.88	5.34	−0.54	−9.2
2月	5.29	4.93	−0.36	−6.8
3月	6.51	4.57	−1.94	−29.8
4月	6.31	3.75	−2.56	−40.6
5月	6.32	4.38	−1.94	−30.7
6月	6.01	5.06	−0.95	−15.8
上半年合计	36.32	28.03	−8.29	−22.8
7月	6.33	5.28	−1.05	−16.6
8月	5.70	5.03	−0.67	−11.8
9月	5.80	4.24	−1.56	−26.9
10月	5.79	4.09	−1.70	−29.4
11月	5.12	3.29	−1.83	−35.7
12月	5.57	3.12	−2.45	−44.0
下半年合计	34.31	25.05	−9.26	−27.0
全年合计	70.63	53.08	−17.55	−24.8

资料来源：交通运输部统计局。

表17　2021~2022年中心城市巡游出租汽车客运量（按城市分类）

单位：亿人次，%

城市级别	城市	2021年	2022年	同比
一线	北京	2.15	1.87	−13.02
	上海	3.61	1.79	−50.42
	广州	4.68	3.65	−22.01
	深圳	3.31	2.46	−25.68
新一线	天津	0.77	0.38	−50.65
	沈阳	3.64	2.64	−27.47
	南京	0.70	0.61	−12.86

续表

城市级别	城市	2021 年	2022 年	同比
新一线	杭州	1.19	0.86	−27.73
	合肥	1.41	0.93	−34.04
	青岛	1.68	1.30	−22.62
	郑州	1.28	0.66	−48.44
	武汉	2.83	2.08	−26.50
	长沙	2.14	2.03	−5.14
	重庆	7.02	6.12	−12.82
	成都	2.35	1.76	−25.11
	西安	3.08	2.40	−22.08
二线	石家庄	0.70	0.75	7.14
	太原	1.26	0.98	−22.22
	大连	2.28	1.84	−19.30
	长春	1.45	1.23	−15.17
	哈尔滨	3.98	3.19	−19.85
	宁波	0.68	0.51	−25.00
	福州	1.43	1.40	−2.10
	厦门	1.22	1.06	−13.11
	南昌	1.10	0.70	−36.36
	济南	1.35	0.85	−37.04
	南宁	0.69	0.47	−31.88
	贵阳	2.84	2.51	−11.62
	昆明	1.08	1.11	2.78
	兰州	2.41	1.12	−53.11
三线	呼和浩特	0.77	0.33	−57.14
	海口	0.45	0.31	−31.11
	银川	1.17	1.15	−1.71
	乌鲁木齐	2.31	1.08	−53.25
四线	拉萨	0.34	0.20	−41.18
	西宁	1.28	0.75	−41.41

资料来源：交通运输部统计局。

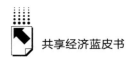

表 18　2022 年中心城市巡游出租汽车客运量（按城市级别分类）

单位：亿人次，%

项目	一线	新一线	二线	三线	四线
客运量	9.77	21.77	17.72	2.87	0.95
占比	18.41	41.01	33.38	5.41	1.81

资料来源：交通运输部统计局。

从地域划分角度来看，根据公共汽电车相同的划分标准，将我国经济区域分为东部、中部、西部和东北四大地区。2022 年，东部地区中心城市巡游出租汽车客运量 17.8 亿人次，占 2022 年中心城市巡游出租汽车客运总量的 33.53%；西部地区中心城市巡游出租汽车客运量 19.0 亿人次，占 2022 年中心城市巡游出租汽车客运总量的 35.80%；中部地区中心城市巡游出租汽车客运量 7.38 亿人次，占 2022 年中心城市巡游出租汽车客运总量的 13.90%；东北地区中心城市巡游出租汽车客运量 8.9 亿人次，占 2022 年中心城市巡游出租汽车客运总量的 16.77%。其中西部地区中心城市巡游出租汽车使用更普遍，超过中心城市巡游出租汽车客运量的 1/3 以上，而东北地区、中部地区中心城市巡游出租汽车客运量占比较小。

表 19　2022 年中心城市巡游出租汽车客运量（按地域分类）

单位：亿人次，%

项目	东部	西部	中部	东北
客运量	17.80	19.00	7.38	8.90
占比	33.53	35.80	13.90	16.77

资料来源：交通运输部统计局。

2. 线路和车辆指标

截至 2021 年底，我国巡游出租汽车 139.13 万辆，其中新能源车辆（包括纯电动汽车和混合动力汽车）20.79 万辆。纯电动汽车 19.89 万辆，汽油车 28.43 万辆，乙醇汽油车 15.02 万辆，双燃料汽车 68.93 万辆。此外，据交通运输部统计数据，2021 年，我国巡游出租汽车运营总里程 1223.77 亿公里，比 2020 年增加 95.15 亿公里。

图 10　2017～2021 年我国巡游出租汽车营运车辆数

资料来源：交通运输部统计局。

（二）主要特点

从客运量角度出发，2022 年中心城市巡游出租汽车客运量同比下降 24.8%，其中下半年巡游出租汽车客运量下降幅度较大。主要客运量主要集

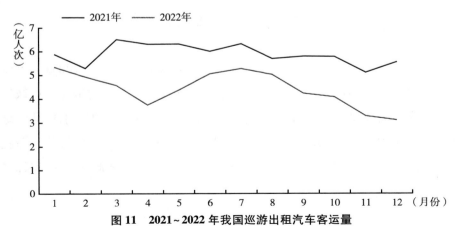

图 11　2021～2022 年我国巡游出租汽车客运量

资料来源：交通运输部统计局。

中在新一线城市，占 2022 全年中心城市巡游出租汽车客运总量的 41.01%。

从运营车辆角度出发，车辆规模相对稳定，其中新能源车辆规模持续增长。2017~2021 年，我国巡游出租汽车规模总体在 139 万辆左右波动。2017 年以来，新能源运营车辆呈现规模化增长态势，2021 年达 20.79 万辆，是 2017 年的 7.85 倍。

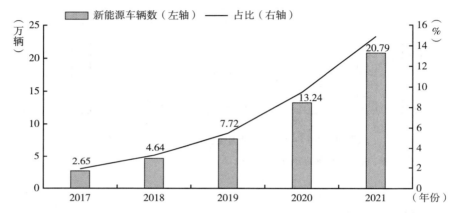

图 12 2017~2021 年我国巡游出租汽车中新能源车辆数及其占比变化

资料来源：交通运输部统计局。

五 我国城市交通相关政策

《中华人民共和国国民经济和社会发展第十四个五年规划和 2035 年远景目标纲要》《交通强国建设纲要》《国家综合立体交通网规划纲要》等政策文件要求，到 2025 年综合交通运输基本实现一体化融合发展，智能化、绿色化取得实质性突破，综合能力、服务品质、运行效率和整体效益显著提升。为推进交通强国建设，全国各地先后实施了一系列政策法规和标准规范。

表20　2021～2022年我国城市交通相关政策文件

分类	名称	发布部门	发布日期
顶层设计	《交通强国建设试点工作管理办法（试行）》（交办规划〔2022〕61号）	交通运输部办公厅	2022年9月
	《综合交通运输标准体系（2022年）》（交办科技〔2022〕52号）	交通运输部办公厅	2022年9月
	《交通领域科技创新中长期发展规划纲要（2021—2035年）》（交科技发〔2022〕11号）	交通运输部、科学技术部	2022年3月
	《交通强国建设评价指标体系》（交规划发〔2022〕7号）	交通运输部	2022年3月
	《绿色交通"十四五"发展规划》（交规划发〔2021〕104号）	交通运输部	2022年1月
	《"十四五"现代综合交通运输体系发展规划》（国发〔2021〕27号）	国务院	2021年12月
	《综合运输服务"十四五"发展规划》（交运发〔2021〕111号）	交通运输部	2021年11月
	《交通运输领域新型基础设施建设行动方案（2021—2025年）》（交规划发〔2021〕82号）	交通运输部	2021年9月
科技赋能	《"十四五"交通领域科技创新规划》（交科技发〔2022〕31号）	交通运输部	2022年4月
绿色出行	《绿色交通标准体系（2022年）》（交办科技〔2022〕36号）	交通运输部办公厅	2022年8月
	《贯彻落实〈中共中央　国务院关于完整准确全面贯彻新发展理念做好碳达峰碳中和工作的意见〉的实施意见》（交规划发〔2022〕56号）	交通运输部、国家铁路局、中国民用航空局、国家邮政局	2022年6月
	《绿色出行创建行动考核评价标准》（交办运函〔2021〕1664号）	交通运输部办公厅、国家发展改革委办公厅	2021年10月
出租汽车	《关于修改〈网络预约出租汽车经营服务管理暂行办法〉的决定》	交通运输部、工业和信息化部、公安部、商务部、市场监管总局、国家网信办	2022年12月
	《网络预约出租汽车监管信息交互平台运行管理办法》（交运规〔2022〕1号）	交通运输部	2022年5月
	《关于维护公平竞争市场秩序加快推进网约车合规化的通知》（交运明电〔2021〕223号）	交通运输部办公厅	2021年9月

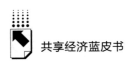

续表

分类	名称	发布部门	发布日期
出租汽车	《交通运输部关于修改〈出租汽车驾驶员从业资格管理规定〉的决定》(交通运输部令2021年第15号)	交通运输部	2021年8月
	《交通运输部关于修改〈巡游出租汽车经营服务管理规定〉的决定》(交通运输部令2021年第16号)	交通运输部	2021年8月
	《交通运输部办公厅关于加快推广应用95128出租汽车约车服务电话号码的通知》(交办运函〔2021〕952号)	交通运输部	2021年6月
新业态	《关于加强交通运输新业态从业人员权益保障工作的意见》(交运发〔2021〕122号)	交通运输部	2021年11月
标准化	《交通运输安全应急标准体系(2022年)》(交办科技〔2022〕82号)	交通运输部	2022年12月
	《互联网道路运输便民政务服务质量评价办法》(交办运函〔2022〕1599号)	交通运输部	2022年11月
	《交通运输部关于修订〈城市轨道交通服务质量评价管理办法〉的通知》(交运规〔2022〕5号)	交通运输部	2022年7月
其他	《客运场站和交通运输工具新冠肺炎疫情防控工作指南(第十版)》(交运明电〔2022〕336号)	交通运输部	2022年12月
	《客运场站和交通运输工具新冠肺炎疫情分区分级防控指南(第五版)》(交运明电〔2021〕195号)	交通运输部	2021年8月

B.3

2022年国际共享出行（汽车）发展情况分析

王学成　丛　颖　王耀敏*

摘　要： 在新冠疫情防控新阶段，国外共享出行业态呈恢复性增长态势。网约车平台不断拓展市场，加快推广应用新能源汽车，加强精细化管理以控制成本。汽车租赁公司加快数字化转型，积极扩大规模，探索租赁新模式。随着智能化技术的不断发展，出租车、物流和客车等领域的无人驾驶示范项目日益增加，但无人驾驶发展仍面临着巨大的挑战。

关键词： 国际市场　网约车　汽车租赁　自动驾驶

一　全球网约车市场发展情况分析

（一）市场整体情况

2022年，全球网约车市场规模约为1150亿元，在全球出行大类市场中所占份额达到3%以上；在市内交通方面，其对公共交通、私家车出行的替代作用也显著增加；从趋势上看，其延续2021年年中以来的探底回升态势，并保持较快增长速度，与疫情前的2019年相比，增长了50%左右。

---

* 王学成，博士，北方工业大学共享出行研究团队骨干、经济管理学院讲师；丛颖，北方工业大学汽车产业创新研究中心；王耀敏，北方工业大学汽车产业创新研究中心。

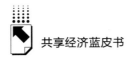
2020 年全球网约车市场整体向好发展，得益于世界各国在疫情防控中积累了更为丰富的经验，主要国家纷纷有条件地放松管控政策，工作出行、生活出行、休闲出行等需求得以释放。此外，随着网约车商业模式的成熟，服务形式更加多样，价格体系更加稳定，公众的接受程度提升。Strategy Analytics 认为，未来一段时间，全球网约车司机数量仍将保持 10% 左右的复合年均增长率。

从地区分布来看，首先，亚太地区、欧洲地区和北美地区仍是网约车业务的主阵地，基于中金证券 2021 年的预测，结合主要网约车企业的营收情况估算，2022 年上述三个地区的网约车订单量分别占全球总量的 25%、24% 和 21%，其次是南美、中东及非洲地区。从长期来看，亚太地区、南美地区拥有庞大的人口基数、完善的基础设施，在快速城镇化背景下居民收入的增长促使改善性出行需求增加，未来依然是网约车增量市场的主要贡献区域。

从业务内容来看，网约车公司跨界收购新公司、涉足新领域的事件明显减少；依托出行、外卖、货运等核心业务开展合作，拓展经营范围的活动增加。能否使出行业务所产生的大量数据沉淀与忠诚用户之间产生协同关系，并创造新的利润增长点，成为业务取舍的重要标准。近年来的市场活动反映出网约车公司放弃了大量自动驾驶、人工智能等短期内难以实现盈利的业务，而这些业务曾是网约车公司相互竞争的重要战场。

从资本市场来看，网约车作为共享经济中最具代表性的业态，曾受到全球资本的热捧。共享经济的发展摆脱烧钱模式，逐渐回归理性。2022 年，在资本市场上网约车领域呈现为大低谷的态势。具体来看，一级市场上，除中国市场有零星的新投资事件外，全球网约车市场几乎一片沉寂。二级市场上，各大网约车公司的股价均出现不同程度的下跌。其中，标杆企业 Uber 的股价 2022 年跌幅达 44%，最低时的价格不足年初价格的一半；Lyft 更是创下 75% 的年度超大跌幅；东南亚网约车巨头 Grab 年度跌幅 55%，较上市以来的最高价下跌 75%；中国网约车巨头滴滴出行在 2021 年突击上市后，因表现不佳而宣布从纽交所退市转入 OTC 市场，股价较最高点下跌超九成。

（二）主要网约车公司分析

全球网约车市场格局基本稳定，除横向并购外，没有实力强劲的新进入者或退出者，主要头部企业包括 Uber、滴滴出行、Lyft、Bolt、Grab、Ola、Careem、NewCo 等。其中，Uber 在国际市场上处于龙头地位，在北美、欧洲占据绝对优势地位，在澳洲、中东、印度等的市场占有率也保持在前两位。除 Uber 以外，其他网约车企业的国际化则呈现明显的区域性，或者采用"基地+海外"模式。例如，滴滴出行以中国为基本盘，在南美市场等取得了优异的成绩；Lyft 以美国为大本营，逐渐开拓加拿大、欧洲市场；Bolt 是欧洲网约车巨头；Grab 是东南亚市场霸主；Ola 是印度网约车市场巨头；Careem 在中东和北非市场占据优势地位；NewCo 在俄罗斯和中亚市场地位稳固；Yandex、Citymobil 是俄罗斯网约车市场的绝对龙头。

针对 2022 年主要国际网约车公司的发展情况，现重点分析如下。

1. Uber

2022 年 Uber 实现绝地反击，业绩优异。预计全年营收为 310 亿美元左右，较 2021 财年增长 78% 左右。

2022 年 11 月，Uber 公布的当年第三季度财报显示，第三季度营收为 83.43 亿美元，与上年同期相比增长 72%。Uber 月活跃用户为 1.24 亿，与上年同期相比增长 14%。出行次数为 19.5 亿次，同比增长 19%，平均每天约 2100 万次。

前三季度累计实现营收 232.70 亿美元，比 2021 年同期增长 99%。归属于 Uber 的净亏损为 12.06 亿美元，与上年同期相比减亏 50%。其中，网约车服务（Mobility）订单总额为 137 亿美元，同比增长 38%；送货服务（Delivery）订单总额为 137 亿美元，同比增长 7%。

按地区划分，美国和加拿大市场营收为 50.00 亿美元，同比增长 89%；拉美市场营收为 5.18 亿美元，同比增长 33%；欧洲、非洲和中东市场营收为 18.78 亿美元，同比增长 77%；亚太市场营收为 9.47 亿美元，同比增长

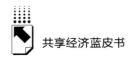

27%，呈现出全区域快速增长趋势。

Uber 的全球化扩张主要依赖的是线上的统一信息服务平台和线下的城市运营团队，而且城市团队具有较高的自治权，在资金调配使用、司机团队运营、市场营销策略上都可以相对独立地做出决策。此外，Uber 还基于业务推进过程中的算法经验，形成了一套行动手册，从而帮助新团队快速了解并拓展当地市场。依靠互联网平台的扁平化优势和城市小队的快速反应机制，Uber 在全球化行动中占尽先机。

2. 滴滴出行

滴滴出行成立于 2012 年，经过多年发展，已成长为全球多元化移动出行平台，在亚太、拉美、非洲和俄罗斯市场提供出行、货运、金融等多元化服务。2018 年，滴滴出行开始开拓国际市场，主要业务为网约车业务和外卖业务。目前，滴滴出行的业务已扩展至 14 个除中国以外的国家。截至 2021 年 3 月 31 日，滴滴出行的国际业务年均活跃用户数占全球用户总数的 12%。单量逐年增长，2020 年单量达到 13.48 亿单，同比增长 40.12%；2021 年第一季度单量为 4.17 亿单，同比增长 23.74%。国际业务 GTV 持续稳定增长，2021 年第一季度实现 77.63 亿元，同比增长 9.74%。

从竞争策略来看，战略投资是滴滴出行开展全球化布局时采用的主要手段。2015 年，滴滴出行几乎投资了 Uber 在全球主要市场的所有关键对手，包括北美的 Lyft、印度的 Ola、东南亚的 Grab、中东的 Careem、欧洲的 Taxify 等。通过战略投资，这些彼此割裂的市场间形成了合力，成为抗衡 Uber 的关键力量。此外，滴滴出行将其在价格竞争方面积累的经验复制到了国际市场。国际业务客单价逐年下降，从 2018 年的 27.98 元降至 2021 年第一季度的 18.62 元。

2023 年 1 月 19 日，由于业务整合与持续亏损，滴滴出行对国际业务进行了大幅调整，原有超过 1000 人的国际业务团队，仅剩 100 人左右。除保留墨西哥和新加坡的少量人员外，滴滴出行在南非、日本、俄罗斯和中亚等市场的国际业务均已停运。滴滴出行国际业务 2021 年净亏损 58 亿元，2022 年亏损额尚未披露。

3. Lyft

Lyft 是 Uber 在北美市场的强劲对手。疫情以来，Lyft 在与 Uber 的竞争中出现了疲软态势。2022 财年第三季度财报显示，Lyft 第三季度营收为 10.538 亿美元，同比增长 22%，不及预期；净亏损 4.222 亿美元，与上年同期及上一季度相比亏损额均有所增加；毛利率为 45.8%，同比下降 8.8%。第三季度 Lyft 的活跃用户环比增长 7.2% 至 2030 万，基于每位活跃用户的营收达到 51.88 美元的新高。各项数据远逊于 Uber 此前公布的财报数据。

受盈利压力的影响，Lyft 加快实施节约成本策略。10 月，Lyft 在美国提高乘客直接向公司支付的服务费，以抵消更高的保险费用。11 月，Lyft 宣布裁员 13%，公司减少管理层人数，以更大限度地节约成本。

4. Grab

Grab 是东南亚网约车服务巨头，成立于 2012 年。Grab 业务不仅包括网约车（含摩托车）、外卖、物品快送等常规业务，也积极拓展了支付、贷款、保险等金融业务，并将其打造为面向第三方合作伙伴的开放平台。Grab 业务覆盖新加坡、马来西亚、印尼、菲律宾等东南亚主要国家，被称为东南亚最大的独角兽公司。2021 年 12 月 2 日，Grab 成功在纳斯达克上市。

Grab 的业绩表现稍逊。2022 年 11 月，Grab 公布的 2022 年第三季度财报显示，第三季度 GMV 为 50.80 亿美元，同比增长 26%，营收为 3.82 亿美元，创下历史新高，高于此前市场预期的 3.37 亿美元，同比增长 143%，运营亏损为 2.90 亿美元，同比收窄 28%，净亏损为 3.42 亿美元，同比收窄 65%，归属于股东的净亏损为 3.27 亿美元，同比收窄 66%，每股基本和摊薄亏损为 0.08 美元，而上年同期则为 3.66 美元。其中，网约车业务 GMV 为 10.86 亿美元，同比增长 105%，营收为 1.76 亿美元，同比增长 101%。尽管面临着市场需求疲软、增长放缓、通货膨胀等挑战，Grab 仍预计到 2024 年下半年调整后的 EBITDA 将实现盈亏平衡。

5. Careem

Careem 是总部位于迪拜的超级应用程序，在中东、非洲和南亚的 12 个

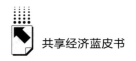

国家的 100 多个城市开展运营，2020 年被 Uber 以 31 亿美元收购后成为其全资子公司。Careem 成立之初，只提供单一的网约车服务，近年来逐渐拓展了外卖送餐、杂货配送、B2B 送货、互联网金融、清洁、跑腿、共享单车等业务。

2022 年，Careem 完成了订单量达 9700 万次，累计里程 12 亿公里；城际出行订单较 2021 年增长了 51%，"沙迦—迪拜"是最受欢迎的城际出行路线；Careem 完成了 5.5 万个往返于 2022 年迪拜世博会的行程以及超过 2.4 万个前往卡塔尔世界杯场馆的行程。

6. Ola

Ola 成立于 2010 年，起初主要为用户提供叫车服务。2012 年 Ola 推出了手机 App，随后推出 Ola Micro、Ola Bike 与 Ola Share，分别是汽车、摩托车和拼车出行业务，而后又推出送餐等生活服务业务。Ola 的出行服务有市内出行（CityTaxi）、城际出行（Outstation）和租车服务（Rentals）三种模式。三种模式下有 11 种车型可供选择，除嘟嘟车、摩托车和电动三轮之外，部分地区还有共享自行车。

在印度网约车市场，Ola 和 Uber 是两大垄断巨头。Uber 在印度的发展，面临着本土网约车巨头 Ola 的不断冲击。据市场调查，印度消费者更偏向于使用 Ola，2017 年 Ola 占据印度共享出行市场 56% 的份额。覆盖 200 余个城市，价格较 Uber 更低，并且支持多语言，使得 Ola 在印度二、三线市场更受欢迎，实现高速渗透和巨额增长。为保持在印度市场的领先地位，Ola 预计 2022 年拥有 300 万~400 万名司机。

Ola 业务的快速发展，离不开资本的支持。在先后 25 轮的融资中，Ola 共获得 38 亿美元的投资，其中主要股东包括软银、腾讯、老虎环球基金、经纬创投、DST Global 等，而滴滴出行在 2015 年也为 Ola 融资 5 亿美元。

Ola 积极开拓海外市场。2018 年，Ola 进军澳大利亚，在澳大利亚珀斯、墨尔本、悉尼等城市提供服务。2019 年，Ola 进军英国，将网约车业务推向了伦敦。目前，其业务范围已覆盖印度、英国、澳大利亚和新西兰的 250 多个城市。2021 年 8 月，Ola 董事长兼 CEO 在接受采访时表示 2022 年 Ola 将完成上市。

（三）国际网约车发展趋势

1. 网约车电动化

中国电动汽车产业发展迅猛，成为近年来"泛交通"领域的重大事件。各地方政府针对网约车全电动化出台的约束性政策，推动了中国网约车市场的电动化发展，也成为全球践行绿色出行的典范。同时，网约车的电动化，为推进公共出行领域车辆全面电动化提供了更多成功的经验。相较而言，国际网约车市场电动化探索起步早于中国。早在 2018 年，Uber 就推出"电动汽车冠军计划"。然而其发展速度缓慢，平台车辆电动化比率有待进一步提升。2023 年 1 月，基于车队电气化计划，纽约市长埃里克·亚当斯提出了一项议程，即到 2030 年前 Uber、Lyft 和类似公司的"大批量出租"车辆实现零排放。同时，加州也要求到 2030 年大多数乘用车为电动汽车。Uber、Lyft 积极响应政策号召，已经计划在 2030 年前实现完全电动化，鼓励在全美范围内实行电动车计划。目前，Uber 正在与汽车制造商合作，为网约车和送货业务设计成本较低的电动汽车，如 Uber 与英国电动汽车初创公司 Arrival 合作开发了一款网约车专用的电动汽车 Arrival Car，计划将于 2023 年底投产。美国汽车租赁公司 Hertz 宣布，到 2025 年将为欧洲主要城市的 Uber 司机提供 2.5 万辆电动汽车。印度网约车公司 Ola 将于 2024 年推出首款电动汽车，并围绕建设"全电动汽车中心"制定若干计划。该公司计划到 2026 年让车队里 40% 的车辆为电动车，并在 2022 年将投放 100 万辆电动车。Ola Electric 提出"电动使命"，承诺"拒绝汽油，致力于推广电动出行工具，确保 2025 年后印度不再销售燃油摩托车"。目前，该公司通过扩大其在泰米尔纳德邦的"未来工厂"开发"全电动汽车中心"，扩建后的工厂将全面投产，每年将生产 100 万辆汽车、1000 万辆两轮车和 100 吉瓦时的电池。

然而，司机群体薪酬负担以及基础设施建设是网约车电动化过程中可能面临的挑战。其一，司机群体薪酬负担。目前，电动车比内燃机的同类产品价格更高，即使维护成本较低，司机也可能难以负担。虽然电动汽车的价格正在下降，但真正要让司机负担得起，可能还需要一段时间。2022年12月19日，Uber 数千名司机因薪酬纠纷在纽约举行为期24小时的罢工。此前，纽约市出租车委员会提出，鉴于通货膨胀和高油价，应为 Uber 司机加薪。但此举遭到 Uber 反对，表示实施加薪将会使该公司每月损失2100万~2300万美元。其二，基础设施建设。据美国国家可再生能源实验室2022年的研究估计，纽约市需要超过1000个150千瓦的快速充电站，才能为2万辆共享汽车和出租车提供充足的电力。根据市长提议若使100000多辆乘用车电气化，则该市可能需要对充电设施进行巨大投资以促成这一转变。

2. 积极开拓新业务

国际网约车市场并没有像预期那样，发展成为体量庞大且盈利稳定的"好生意"，尤其是主要巨头上市后的糟糕表现，导致投资者对网约车公司提出了更多的要求。其中，主要网约车公司不得不将业务向出行以外的领域拓展。例如，2022年 Uber 与英国最大的杂货商 Tesco 达成合作意向，发展快速送货服务；与冷链食品公司 Iceland Foods 合作，在英国推出快速送货服务；与 Motional 达成合作协议，在北美部分地区推出基于 IONIQ 5 电动车的无人驾驶出行和送货服务；与 Viator 合作，推出旅行相关的服务，将"Uber Travel"服务扩展到全球超10000个城市。Lyft 与 Motional 合作，在拉斯维加斯测试自动驾驶乘车，将于2023年在拉斯维加斯推出无人驾驶打车服务；与福特公司建立合作关系，在迈阿密和奥斯汀测试 Argo-AI 动力汽车（没有配备人类安全驾驶员）。此外，其他网约车平台也在出行领域拓展出了更多盈利前景明朗的新业务。例如 Grab 已经成长为东南亚地区首屈一指的出行、电商、金融综合平台。

3. 成本管理精细化

网约车平台的快速发展，得益于信息技术的创新与资本的追捧，因此"烧钱买流量"成为各平台早期发展的共同基调。随着网约车模式的成熟，盈利压力逐渐显现。削减成本成为各平台不约而同地战略选择。2022年5月，Uber 宣布将削减营销和激励方面的支出，与此同时，其招聘也几乎处于冻结状态。2022 年，Grab 也推出削减成本的措施，以应对不确定的宏观经济形势。这些措施包括冻结大部分招聘、冻结高管的工资以及削减差旅和费用预算等。2022 年 11 月，Lyft 宣布将裁员 13%，以应对经济的不确定性。同时，联合创始人还强调了网约车保险成本的上升。Lyft 表示，将出售其汽车服务中心。除此之外，越来越多的国家倾向于加强对网约车司机的劳动保障，或将其纳入平台员工序列，而这也将成为网约车公司控制成本的重要挑战。

二　国外汽车租赁发展状况

（一）国外汽车租赁行业整体情况

1. 疫情期间汽车租赁行业经历了大起伏

国外租赁企业深受疫情影响。疫情期间，Avis Budget 近 2/3 的机场租赁业务消失，处置了 3.5 万辆汽车，员工规模削减了 70%，2020 年全公司收入同比下滑 41%。Europcar 2020 年收入下降 42%。Hertz 公司在申请破产前收入下降 46%。投资银行杰富瑞集团（Jefferies Group）的数据显示，2020 年主要汽车租赁运营商出售了超过 770000 辆汽车。疫情前使用的每 3 辆租赁汽车中就有超过 1 辆不再可用。因此，公司面临着车辆供应和人员配备方面的重大挑战。

大部分国家采取的保持社交距离措施也对乘车和共享设施产生了影响，尤其是 Uber、Lyft 和 Zipcar 等大型拼车公司。交通和人员流动受到严重限制，导致全球乘车和共享业务的衰落。

表1　新冠疫情对三大汽车租赁公司盈利的影响

项目	Avis Budget(美元)	Europcar(欧元)	Hertz(美元)
2020 年 4 月 24 日资本化（百万）	909	244	528
股份价值损失百分比（%）	74	63	83

资料来源：Global Fleet。

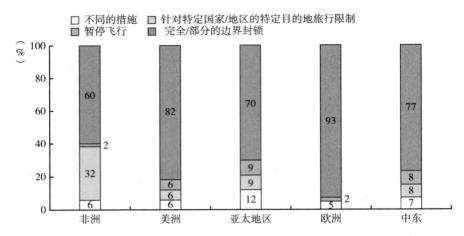

图 1 截至 2020 年 4 月 27 日的旅行限制的区域分类

租车行业的发展在后疫情时代迎来反弹。以美国为例，基于 Sixt、Hertz 和 Avis Budget Car Rental 等汽车租赁公司的统计数据，美国 2019 年有 4450 万辆次租赁，2020 年，美国仅租用了 1730 万辆次，2021 年达到 2920 万辆次，尽管这与 COVID-19 之前的数据差别还是很大。赫兹租车 2022 年第一季度财报显示，公司平均可租赁汽车为 45.55 万辆，同比增长 26%；车辆利用率为 75%，上年同期为 76%；每辆车的月度总营收为 1326 美元，同比增长 26%。

疫情也影响了汽车租赁价格。根据美国劳工统计局发布的消费者价格指数，指数在疫情初期大幅下跌，但到 2021 年有所反弹。2019 年 7 月到 2022 年 7 月，汽车租赁价格上涨了 48%。在疫情大流行之后缩减车队规模的公司尚未完全恢复，还有部分原因是零部件短缺和供应链中断导致全球汽车产量下降，租车公司根本无法满足消费者激增的需求。

2. 全球汽车租赁行业前景广阔

据 Statista 报告，未来全球汽车租赁行业的商务和休闲旅游业务前景广阔，预计到 2027 年，用户数量将达到 6.165 亿。2023 年用户渗透率为 6.7%，预计到 2027 年将达到 7.8%。每用户平均收入（ARPU）预计为

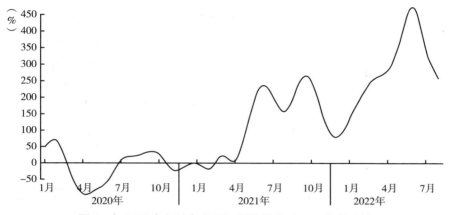

图2　与2019年相比每月预订量的增长（2019年是疫情大流行期间和之后租车预订的基准）

资料来源：DiscoverCars.com。

194.30美元。2023年，汽车租赁业务收入将达到995.4亿美元。预计收入复合年均增长率（2023~2027年）为4.65%，到2027年市场规模将达到1194亿美元。其中，大部分收入将来自美国（2023年为292亿美元）。

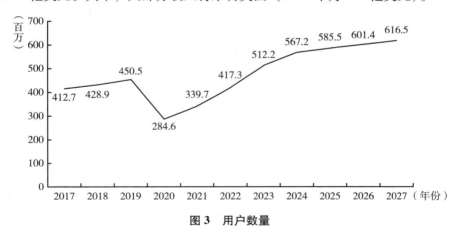

图3　用户数量

资料来源：Statista。

　　预计北美仍是汽车租赁市场最大的地区，亚太地区是汽车租赁行业增长最快的地区。其中休闲旅游仍将是最大的细分市场，并且由于航空旅行和国

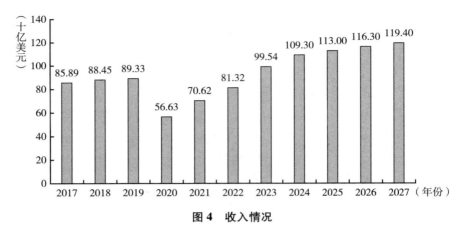

图 4　收入情况

注：使用当前汇率。数据也反映了俄乌战争对市场的影响。

资料来源：Statista。

内旅游的增加，预测期内也将实现最大幅度的增长。

　　汽车租赁市场发展的主要驱动力来自全球旅游业的发展、国际航空旅客的增加以及全球收入水平的提高，而对行业有直接影响的新兴趋势包括通过数字化增强用户体验、租赁汽车公司车队中增加绿色车辆以及自动驾驶兴起等。通过这些策略，汽车租赁公司可以满足用户不断增长的需求、确保竞争优势、创新产品、降低生产成本并扩大市场规模。

（二）国外汽车租赁行业发展的特点

1.租赁汽车企业加速电动化

　　随着欧洲立法将于 21 世纪 30 年代逐步停止销售新的汽油和柴油汽车，欧洲的汽车租赁运营商将注意力转向电动汽车。电动汽车不再是替代燃料类型，而是成为主流市场的一部分。尽管汽车租赁公司在采用电动汽车方面进展缓慢，但新法规和不断变化的消费者需求正在推动其变革。面对严峻的挑战，全球范围内在疫情中幸存下来的很多租车公司选择用电动汽车重建租赁车队。到 2027 年，电动汽车租赁市场预计将达到 190 亿美元（194 亿欧元）。

　　2021 年底，赫兹向特斯拉订购了 10 万辆电动汽车。4 月初，赫兹宣布将在未来五年内向 Polestar 采购 6.5 万辆电动汽车。赫兹的目标是开拓北美最大规模的电动汽车租赁市场，未来将会在美国 38 个州共建设 500 个租赁点，到 2024 年底，电动车占其车队 25% 的份额。总部位于法国的 Europcar 承诺，到 2024 年，其电动或低排放混合动力汽车的比例将从目前的 3% 提高到 20%。

Sixt 宣布计划到 2030 年电动汽车在其全球车队中的份额提高到 70%～90%。预计该份额 2023 年达到 12%～15%。2022 年 10 月，Sixt 与全球最大的新能源汽车制造商比亚迪签署了一项协议，即到 2028 年将购买约 10 万辆电动汽车。

2. 租赁汽车企业加速数字化

互联网的快速发展，使在线租赁模式兴起。据 Statista 报告，在汽车租赁领域，到 2027 年总收入的 72% 将来自在线销售。越来越多的汽车租赁公司采用以客户为中心并提供改善租赁体验的方法来重塑业务，加速数字化转型和智能化管理。

赫兹与云计算服务提供商亚马逊网络服务（AWS）建立合作伙伴关系。AWS 围绕赫兹的客户体验及其新移动平台的关键组件进行现代化和数字化改造，包括改进数据分析和车辆远程信息处理功能、建设全球充电基础设施，通过赫兹移动应用程序提供非接触式取车和还车服务。赫兹利用 Palantir 的操作系统开发了一个管理车辆和车队的平台，通过服务订单、位置、租赁状态和注册数据了解车辆实时使用情况，清楚地了解拥有多少辆汽车、它们在哪里及其状态，以便高效开展车辆恢复和资产管理工作。

Enterprise Holdings 与 Microsoft 合作，将联网汽车技术引入 Enterprise 在美国的汽车租赁、特种车辆和商用卡车租赁车队，之后将引入英国和加拿大。在接下来的五年里，Enterprise 希望将其车队完全转型为联网车辆。Enterprise 使用微软的分析技术基于车队生成的互联车辆数据提升自身的洞察力。此流程简化了消费者的租赁流程，同时提高了企业效率。

3. 企业加快全球化扩张

在过去十年中，世界各地的全球旅行活动显著增加。全球通勤者在

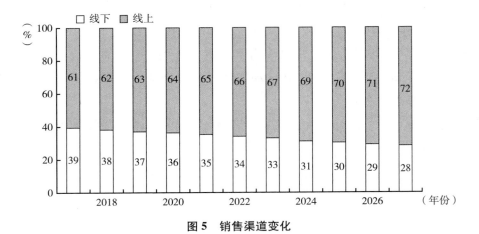

图 5　销售渠道变化

资料来源：Statista。

旅途中越来越需要熟悉、可靠和高质量的旅行服务。主要的汽车租赁运营商正试图通过在全球范围内扩展其品牌和分销平台来适应这一发展趋势。

2012 年以来，Enterprise 一直坚持实施积极的全球增长战略，通过特许经营合作伙伴扩大其国际足迹。2022 年 6 月，Enterprise Holdings 进军摩洛哥市场，摩洛哥成为其继埃及之后开拓的第二个非洲市场。10 月 Enterprise 进军南非，11 月 Enterprise Holdings 宣布扩大其在韩国的汽车租赁业务。

Sixt 在 100 多个国家/地区拥有超过 240000 辆汽车，已成为世界上最大的出行服务提供商之一，Sixt 在 2009~2021 年的国际业务份额从 29% 增加到 70% 左右。2022 年 7 月，Sixt 宣布在加拿大拓展市场。在美国，Sixt 继续扩大业务规模，拥有 1200 多名员工，为 23 个州的 100 个租赁地点提供服务。10 月，公司在伊拉克埃尔比勒开设了第一个站点。

4. 新兴租赁模式的发展

（1）P2P 公司在全球市场扩张

不同于传统汽车租赁，P2P 租车公司走的是轻资产线路，并不持有车辆，而是在拥有闲置车辆的车主和有租车需求的租客之间做信息匹配。

新的技术可以使任何车辆都能被连接到云端，无须用户面对面互动、无须排队等候，只需蓝牙远程解锁，就可实现非接触式取车和还车。用户可以预订共享车辆至少 1 个小时，许多城市的价格低至每小时 5 美元，非常适合当地旅行场景。全球 2021 年 P2P 汽车共享市场规模为 15.983 亿美元，预计 2030 年将达到 72.252 亿美元，2022~2030 年年均增长率为 17.6%。①

Turo 创立于 2010 年，总部位于旧金山，是一家采用 P2P 共享模式的私家车租赁服务提供商。2022 年 6 月，Turo 在收购竞争对手 OuiCar 后将业务扩展到法国，11 月底，Turo 正式在澳大利亚开展业务。在过去的 10 年里，Turo 业务覆盖了 9500 多个城市。截至 2022 年 6 月 30 日，平台上拥有超过 125000 名活跃用户和 250000 辆活跃车辆。

Getaround 创立于 2011 年，总部位于美国旧金山，平台上有大约 2 万辆汽车和超过 500 万用户。Getaround 利用先进的数字技术推动整个业务的发展，包括：根据出行数据和当地市场因素动态定价，使收益率最大化；通过 KYC 系统验证用户身份，进行实时警报；提升车辆利用率，维持供需平衡；强化车辆监测，实现智能自动化。

"轻资产+数字化"使 Getaround 拥有可持续的竞争优势。即使在疫情期间，Getaround 也实现了净市场价值 125% 的增长，减少了 96% 的直接营销支出，运营重点放在提高利润率、降低支持成本上，实现了行业领先。2022 年 12 月，Getaround 与 InterPrivate Ⅱ Acquisition Corp. 达成业务合并意向，并于 2022 年 12 月 9 日在美国纽交所交易，合并后的新公司作价为 11.76 亿美元。

（2）分时租赁

汽车分时租赁是租车行业的一种新模式，是指以小时或天计算提供汽车的随取即用租赁服务，消费者可以按个人用车需求和用车时间预订租车的小时数，其收费将按小时来计算。

---

① P&S Intelligence。

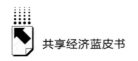

　　然而，汽车分时租赁企业承担着车辆、车位、能源、维修、保养、保险等多重成本压力，新冠疫情使企业面临更大考验，在严峻的市场态势下，针对市场变化能够快速采取应对措施的平台获得了用户认可，而体量小、资金有限、资源调配能力较弱的企业加速被淘汰。

　　Share Now 是欧洲汽车共享的市场领导者，成立于 2019 年，结合了由戴姆勒股份公司开发的 Car2Go 和宝马集团的产品 DriveNow 的 DNA。Share Now 活跃于 16 个欧洲城市，拥有约 10000 辆汽车，并拥有 340 万用户。由于持续亏损，公司于 2022 年 7 月被 Free2Move 收购。Share Now 的执行管理团队保持不变。为了尽快降低成本，Share Now 决定"冻结招聘和进一步减少商务旅行"，公司即将进行大规模裁员，有 36% 的员工会被解聘。

　　爱尔兰最大的汽车共享服务公司在运营上进行了创新。7 月，GoCar 推出了 GoCar Pro，称为"共享和订阅之间的结合体"。在 GoCar Pro 下预订汽车与预订任何其他普通 GoCar 车辆类似，但有一些细微差别。例如，GoCar Pro 目前仅适用于往返行程。此外，需要最少预订 3 天，最多可预订 30 天。最重要的是，需要提前一天进行预订，以便 GoCar 准备车辆。GoCar Pro 的价格为 29~38 美元/日。2022 年 6 月，GoCar 宣布计划为其车队投资 100 万欧元，据称这笔投资将主要用于购买新车，以便将业务扩展到传统城市中心以外的新区域，到年底，预计在爱尔兰的 700 个地区将有 900 多辆按小时出租的车辆——比上年增加了约 40 辆——疫情以来增加了 15%。2022 年 10 月，GoCar Tours 和 Faction 合作开展无人驾驶汽车租赁业务。

　　也有很多公司在收缩业务。GIG Car Share 是美国一家提供单程点对点租赁服务的公司。消费者可以在一个地点取车，然后在城市"居住区"内的不同地点还车。在萨克拉门托，该公司运营着一支由 260 辆全电动雪佛兰 Bolt 组成的车队。由于低需求和高运营成本，GIG Car Share 计划于 2023 年 2 月底暂停在萨克拉门托的业务。

三　国外自动驾驶发展状况

（一）各国智能驾驶技术发展与规划目标

2022年全球自动驾驶领域向着更开放、包容的方向发展，相关法律法规非常有益于自动驾驶的发展。

多年来，无论是从政策、技术还是从企业发展角度来看，美国都是世界自动驾驶领域的领军者，具备较全的产业链。在企业布局方面，美国成熟企业与初创企业同时布局，且政策较为开放，为自动驾驶领域的技术创新营造了良好的市场环境，但一定程度上受制于新能源汽车的发展滞后。美国2020年发布自动驾驶4.0计划，旨在确保美国在自动驾驶领域的技术领先地位，目前尚未制定具体的自动驾驶发展目标。

欧洲积累了丰富的汽车行业发展经验，自动驾驶涉及的上游产业是其发展重点，但其整体进展较慢，其优势在于有统一的政策目标、市场发展空间较大。其中，德国引领着欧洲自动驾驶行业发展，是欧洲国家中少数具备完整自动驾驶产业生态系统的国家。欧盟计划2030年实现完全自动驾驶应用的普及，并将自动驾驶应用场景主要分为高速公路和低速道路两大领域，实行"双方案并行"的策略。

日本是全球具备发达汽车技术的国家之一，但因其自动驾驶市场规模相对较小，发展观念相对保守，在某种程度上制约了其发展。日本自动驾驶整体发展框架的核心要素为行驶环境及服务形态的分类，当前，日本自动驾驶在移动服务方面的布局更加全面，而在物流服务方面的应用较少。布局自动驾驶领域的企业多为老牌知名汽车及零部件企业，初创企业较少，目前初创企业包括Monet等。日本计划2025年私家车和卡车运输实现高速公路L4级自动驾驶。

韩国自动驾驶相对来说起步较晚，在修订法规以推动自动驾驶汽车商业化方面滞后，直到2020年才开始制定法律并试运行，其优势在于自动驾驶

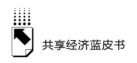
技术应用前景广阔。据机构 Confused.com 的数据，在自动驾驶汽车准备度排名前 30 的国家中，韩国虽然排第 16 位，但其在自动驾驶政府专利申请方面仅次于美国，排名第二，道路质量得到了认可。韩国国土交通部称，2022年韩国有 12 个市道和 16 个地区被指定为自动驾驶汽车试运营地区。韩国计划 2023 年实现 L3 级自动驾驶商业化，2024 年前完成有关法律和制度的调整，2027 年实现 L4 级自动驾驶巴士商业化。

表 2　部分国家/地区的自动驾驶应用规划

国家/地区	时间	目标和任务
美国	2025 年	L3 级乘用车应用:城市通勤等低风险驾驶环境 L4 级乘用车应用:高速公路等限制区域内,含出入匝道、自行变道 L4 级以上自动驾驶低速无人小货车在限定区域内,≤25 英里/小时、总车重<3000 磅 L4 级自动驾驶的低速班车,≤25 英里/小时,针对居民出行"最后 1 公里"接驳需求
欧盟	2030 年	堵车场景 L3:≤60km/h,含自动跟车、变道、自动制动 高速场景 L3:≤130km/h,含变道、自动制动 安全自动跟车 L4:≤130km/h,无须驾驶员干预 高速场景 L4:代客泊车、摆渡车(无远程监控)、客车 城市混合交通场景 L4:自动停车、低速工作的封闭区域、人员和货物的住宅"最后 1 英里"运输、预定线路上的公共汽车等应用 农村道路:强调自动紧急制动、车道偏离警告、自适应巡航控制、转向和车道控制辅助系统的应用
日本	2025 年	私家车、卡车运输(队列跟驰)高速公路 L4 级自动驾驶市场化 实现超过 40 项 L4 级自动驾驶出行服务,只进行远程监视与控制,如小型载人汽车移动出行、城市区域出租车服务等
韩国	2024~2030 年	2024 年 L4 部分商业化;2027 年 L4 级全国主要道路实现全面商业化;2030年前自动驾驶车辆将占韩国上路新车总量的一半

（二）自动驾驶出租车 Robotaxi

自动驾驶出行服务具有市场空间大、盈利模式清晰的特点，是目前高级别自动驾驶在乘用领域商业化落地确定性最强的场景。Robotaxi 自动驾驶程度高、出行效率高，是目前共享出行发展的最高阶段。基于目前政策环境、路况限制以及技术障碍等原因，Robotaxi 要实现完全自动化是一个逐步进阶的过程。

各个国家都在尝试自动驾驶出租车商业化。2022 年 10 月，曾经估值一度高达 70 亿美元的自动驾驶明星企业 Argo AI 宣布倒闭，引发行业强烈震动。与追求高技术能力的 Argo AI 相反，注重实际落地运营的 Waymo 等企业正在持续创造价值。

2022 年 2 月，Waymo 获得了加州的许可，可以向公众开放其自动驾驶出租车服务。2022 年 3 月 21 日，Waymo 宣布将在旧金山的街道部署全自动驾驶车辆。2022 年 6 月 8 日，Waymo 和 Uber 合作研发无人驾驶卡车。2022 年 10 月 20 日，Waymo 称将把自动驾驶打车服务 Waymo One 推广至洛杉矶，目前 Waymo 已经进入洛杉矶收集地图数据。2022 年 11 月 11 日，Waymo 向公众开放其在凤凰城市中心的无人驾驶打车服务。

2022 年 6 月 3 日，Cruise 获得加州公用事业委员会颁发的无人驾驶部署许可证，正式开启无人驾驶出租车收费业务，首批投入 30 辆 Robotaxi。2022 年 9 月，Cruise 宣布将在三个月内将其无人驾驶乘车服务扩展到亚利桑那州凤凰城和得克萨斯州奥斯汀，目标是到 2025 年增加 10 亿美元的收入。截至 2022 年 9 月，Cruise 在旧金山运营着 100 辆机器人出租车，并宣布其打算将车队规模增加到 5000 辆。

此外，2022 年 2 月，Motional 与 Via 合作在拉斯维加斯推出无人驾驶出租车服务，该服务使用宝马 5 系轿车，配有一位安全驾驶员。该服务计划在 2023 年实现完全无人驾驶服务。

在欧洲，汽车租赁公司 Sixt 和英特尔的子公司 Mobileye 计划从 2022 年起在慕尼黑推出 25 辆机器人出租车。2022 年 8 月，Mobileye 自动驾驶出租车在巴黎试运行。2022 年福特汽车和大众汽车支持的 Argo AI 正在欧洲主要城市进行试点。据 Bloomberg NEF 预测，到 2040 年，欧洲地区（不包括英国）的自动驾驶出租车数量将增加到 350 万辆；美国届时将有 680 万辆自动驾驶出租车。

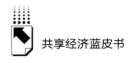

在韩国，截至 2022 年 2 月，韩国国土交通部向 193 辆自动驾驶出租车发放了临时许可证。有 7 个试验区允许付费自动驾驶。试点区是展示各种商业自动驾驶汽车相关服务的区域，包括叫车服务。

现代汽车 2022 年 6 月在韩国首尔开始测试自动驾驶出行服务。据悉，现代汽车的自动驾驶打车服务采用了具有 L4 级自动驾驶能力的车型 IONIQ 5，并已于 2021 年推出。目前该服务在车内均配备了一位安全员，因此车辆最多仅可容纳 3 名乘客。

2022 年 11 月 3 日起，韩国济州岛开展免费自动驾驶出行服务运营。"耽罗自律车"正式在济州岛部分区域运营。针对出行服务开设两条运营路线，可连接机场、旅游景点、酒店等。目前该服务提供了 3 辆自动驾驶汽车，将在工作日上午 10 时 30 分至下午 6 时 30 分运营，并面向所有用户免费开放，直至 2023 年底。

表 3　Robotaxi 发展阶段

阶段	Robotaxi 1.0	Robotaxi 2.0	Robotaxi 3.0
时间	2020~2022 年	2025~2027 年	2030 年~
实现阶段	低速行驶，可对车辆的驾驶环境进行定位	可在交通环境复杂的城市里或者高速公路上行驶	技术解放，出租车实现完全自动驾驶
行驶条件	要求必须是白天，天气晴朗、路缘清晰、交通顺畅	传感器与摄像头功能更强大，可实现夜间驾驶，主要在城市里行驶	在复杂不清晰的道路环境或恶劣天气下均可正常行驶

（三）自动驾驶物流

商用车自动驾驶市场空间较大，相对于货车司机的高成本，自动驾驶可以提升货运周转效率，降低疲劳驾驶等风险，同时高速公路场景相对简单，更容易实现自动驾驶。根据 Mark Lines 数据，2020 年全球商用车销量达到 2254 万辆，按照 5 年的替换周期预估，全球商用车保有量约为 1 亿辆。

各国的相关企业也在加快探索商用车自动驾驶的商业化落地。目前，高速公路货运自动驾驶主要参与者包括 Waymo、特斯拉、沃尔沃、苏宁物流+智加科技、京东、新石器、TuSimple 等。

得克萨斯州在测试和部署自动卡车运输方面发展迅速。从休斯敦到达拉斯的 I-45 道路已经成为美国自动驾驶卡车测试和开发的主要区域之一。联邦快递和联合包裹等公司已经与自动驾驶汽车公司合作，并开始在 I-45 道路运营。

2022 年 2 月 17 日，自动驾驶技术公司 Waymo 与物流公司 C. H. Robinson（美国罗宾逊全球物流有限公司）达成合作意向，将在得州测试自动驾驶卡车。2021 年 12 月，Motional 与 Uber 开展合作，计划从 2022 年开始在圣莫尼卡提供自动送货服务。

2022 年 8 月 12 日德国汉堡将自动驾驶测试领域拓展至物流。TaBuLa 研究项目于 2019 年夏天在汉堡大都市区的劳恩堡老城区和上城区测试自动驾驶电动巴士。干线物流在自动驾驶方面，是更具落地条件和商业价值、社会价值的场景。一直以来，干线物流被认为是仅次于 Robotaxi 的第二大自动驾驶商业化应用场景，但目前来看其市场形势并不如预期那么乐观。

过去 5 年大量资本投入自动驾驶领域，自动驾驶卡车企业借此迎来上市潮，已上市的几家初创公司的股价完成了"脚踝斩"，市值暴跌至低于资产负债表中的现金水平，如图森，这意味着投资者失去了信心，相关企业无法筹集到更多的资金。图森裁减了 25% 的员工并减少运营车辆数量，Aurora 提出了削减成本措施，Waymo 也解雇了部分员工。

业内普遍预测，自动驾驶干线物流场景实现一定规模的应用的时间将是 2025 年，而大规模落地时间可能要推迟至 2030 年。

（四）自动驾驶巴士

无人驾驶巴士已经在多个国家进行测试并上路，未来或将成为智能交通领域的重要组成部分。

在美国，2022 年 2 月 14 日英特尔旗下自动驾驶部门 Mobileye 宣布，计

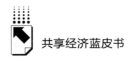

划与合作伙伴在 2024 年推出自动驾驶电动班车。2022 年 12 月，美国高速公路交通安全管理局（NHTSA）宣布暂停由法国 EasyMile 运营的 16 辆自动驾驶公交车并进行事故调查，事由是一名俄亥俄州的乘客在不明原因的制动事故中受伤。

在欧洲，德国柏林、汉堡和法兰克福的公共交通供应商，以及国家铁路公司德国联邦铁路公司，正在测试一系列应用场景下的自动驾驶公交车，全国已有 20 多个测试地点。据了解，超过 11000 个城市给予了无人驾驶较大的发展空间，这也导致很难形成统一的国家标准。

德国品牌大众汽车展示了自动驾驶"Bulli"巴士的原型。从 2025 年开始，这种自动驾驶巴士将开启运行。2025 年将实行预算约 600 万美元的为期四年的 HorizonEurope ULTIMO 项目，其在瑞士日内瓦、德国克罗纳赫和挪威奥斯陆将推出 45 辆小巴，其中，在瑞士日内瓦市有 15 辆电动无人驾驶小巴将开启编程运行。

2022 年 4 月 24 日，英国首辆全尺寸的无人驾驶公交车上路了。这批公共汽车由 Stagecoach 公司运营，其将使用与其他车辆相同的道路，最快可能于当年夏季开始载客。5 辆参与测试的巴士将往返于费里托尔公园和爱丁堡公园之间，试点为期两周。如果这批公共汽车正式投入使用，它们将在一条长达 22.5 公里的路线上运送多达 36 名乘客，每周运载乘客或超过 1 万名。

2022 年 11 月 25 日，韩国首尔开通了首条自动驾驶巴士线路。首尔市中心的清溪川地区正式推出自动驾驶巴士服务，两辆专用巴士先后亮相，运行路线是往返于清溪广场和附近的世运商街，全程 3.4 公里，耗时约 20 分钟。现阶段在巴士驾驶室配备了人员，未来根据相关规定，将不会有司机。

在日本，移动互联网 DeNA 公司 2022 年 5 月 12 日宣布，自动驾驶巴士将于 6 月在公园投入使用。由于目前日本不允许自动驾驶汽车在公共道路上行驶，DeNA 计划从 6 月开始在千叶县丰洲公园运营这种自动驾驶巴士。使用 DeNA 的 EZ10 自动驾驶汽车，由法国自动驾驶初创公司 EasyMile 生产，可乘坐 12 人。

2022 年 10 月 28 日，日本爱知县和都科摩通信公司等企业在连接中部机场（位于该县常滑市）和对岸的道路上，开展了自动驾驶巴士的试点。试点在有对向行驶车辆和行人的状态下进行，并确认了其安全性。该县表示，这是日本国内首次在汽车专用收费道路上使用磁性传感器进行自动驾驶。

整体来看，美欧日韩等都在积极探索智能驾驶和自动驾驶，2022年自动驾驶并没有在"原地踏步"，特别是随着首个L3级法规落地，自动驾驶相继"进城"，自动驾驶整体处于高速发展阶段。但是海外确实出现了一波自动驾驶的"倒闭潮"，其中一部分也传导到了国内。未来智能驾驶发展及商业化的进展值得关注。

B.4
2022年海外共享两轮车发展情况分析

秦浩　张羽*

摘　要： 海外共享两轮车发展较早，前期发展速度较为缓慢，且以有桩模式为主。2017年中国共享两轮车的发展带动了海外无桩共享单车的快速发展。随着这一模式与海外城市形态、用户习惯、政策环境的不断磨合，2019年以来海外共享两轮车也进入了稳定发展期。从形式上看，海外无桩共享滑板车快速发展，其市场份额接近30%，共享电单车也得到了大力推广。同时，受疫情影响，海外共享两轮车企业相继整合。相比国内，受限于城市形态和出行需求，海外共享两轮车的发展规模较小，而国内城市发展密度适中，地铁和公交网络发达，共享两轮车作为"最后一公里"的出行方式具有非常好的补位作用，最适合"地铁公交+慢行"的出行场景，这也是国内共享两轮车市场快速发展的重要原因。

关键词： 共享滑板车　共享电单车　共享两轮车

一　海外共享两轮车的发展历程

（一）缓慢发展期

海外最早的共享单车系统可以追溯到20世纪90年代丹麦的哥本哈根。早期

---

* 秦浩，美团交通可持续发展中心主任；张羽，北方工业大学汽车产业创新研究中心。

的共享单车以有桩的共享人力自行车为主。2007年开始，有桩共享单车系统运营的城市数量显著增加，但受限于有桩系统的投入成本和用户体验问题，每个城市运营的共享单车规模较小。具有代表性的案例包括哥本哈根、纽约、新加坡等地的公共自行车系统，国内同期的代表有杭州的公共自行车系统。

在北美地区，BIXI蒙特利尔公司（成立于2009年）成为北美行业的领导者，这一状况使得美国、加拿大和墨西哥的城市开始尝试投资共享两轮车市场。在此期间启动的城市在大量社区内进行试运营，从而获得对这些系统的支持。2017年，美国自行车共享系统用户出行3500万次，比2010年的32.0万次增加超100倍。这些项目主要是由城市发起的，由私人或非营利性运营商签约，签约内容为运营一个基于车站的自行车共享项目。

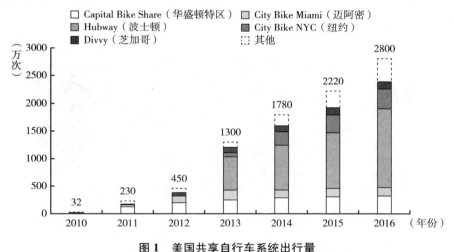

图1　美国共享自行车系统出行量

资料来源：NACTO。

（二）爆发期

2017年，海外共享单车在运营城市和总运营数量上也出现了井喷。北美、欧洲各大城市均出现了无桩共享单车的身影，其间中国企业摩拜和ofo出海，各国本土共享单车运营企业也如雨后春笋般成立，如Lime、Bird、

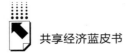

Lyft、Spin 等。2018 年之后，随着 ofo 陷入资金问题，摩拜专注于国内市场，海外共享单车的运营以本土企业为主。

Spin 成立于 2016 年，Bird 和 Lime 成立于 2017 年，是海外最早开始运营共享单车的企业。自在美国加利福尼亚州圣莫尼卡推出以来，Bird 将其服务扩展到 100 多个城市，并于 2018 年估值达到了 20 亿美元。同年，Lime 积累了超过 1150 万次乘车。共享两轮车在海外城市交通出行中占据越来越重要的地位。

共享单车的增长没有停止的迹象。许多美国城市，如底特律、纽黑文和新奥尔良等，已经计划推出相关系统。许多现有系统也在进行重大扩展，纽约的 City Bike 计划增加 2000 辆自行车，共达 12000 辆；休斯敦的市场规模增加了两倍多，达到 100 多个车站；旧金山湾区的自行车系统正在从 700 辆扩展到 7000 辆。

图 2　共享两轮车

资料来源：Lime 官网。

到 2018 年底，私人风险投资支持的公司在美国至少 100 个城市启动了共享无桩自行车和电动滑板车项目。无桩系统不需要车站基础设施，而且通常在夜间部署。作为回应，各城市制定了监管机制，以允许这些公司和服务。

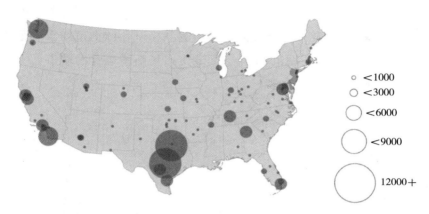

图3 2018年美国共享电动滑板车运营系统规模（单位：辆）

这期间海外的共享两轮车发展处于磨合期，启动运营的城市多，但关闭运营的城市也多，其原因多种多样，可以归结为政策滞后、城市环境不兼容、与用户习惯不契合等。2017～2018年共享两轮车市场快速扩张，也为2019年疫情冲击下出现"关闭潮"埋下了伏笔。

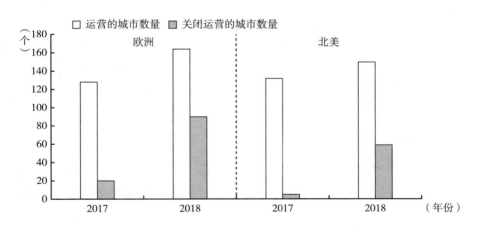

图4 2017～2018年欧美共享两轮车市场发展情况

资料来源："The Meddin Bike-sharing World Map," Mid-2021 Report, October 2021.

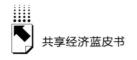

（三）疫情时期

疫情迫使人们居家隔离，美国 2/3 的无桩系统和一半的基于站点的系统暂停了服务，北美两轮车市场受到严重影响。2020 年欧洲市场新增运营的城市 70 个，关闭运营的城市 51 个，而北美市场新增运营的城市近 13 个，关闭运营的城市达 126 个之多。

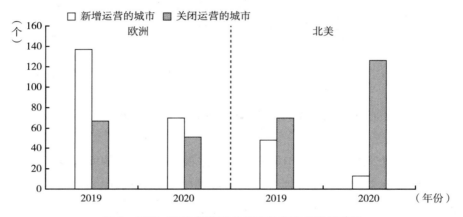

图 5　2019～2020 年欧美共享两轮车市场发展情况

资料来源："The Meddin Bike-sharing World Map," Mid-2021 Report, October 2021。

2020 年，北美估计有 16.9 万辆共享两轮车，约相当于 2019 年可用车辆数量的 87%，其中可用电动滑板车数量减少 31%，但自行车数量从 2019 年的 1.2 万辆增加到 2.3 万辆，主要的增长来自电单车。部署电单车的共享单车系统占比从 2019 年的 28% 增加到 2020 年的 44%。

2020 年，北美市场大致有 8340 万人次选择共享交通工具出行，这一数值仅略高于 2019 年总出行量的一半。其中电动滑板车占总出行量的 1/3，电动滑板车和电单车合计占所有出行的 2/3。尽管在疫情大流行期间大部分出行需求都在下降，但电单车出行人数从 700 万人次增加到近 1000 万人次。与 2019 年相比，疫情中每辆车的服务频次有所降低，每日约产生 1.6 次出行。出行里程方面，电动滑板车平均出行约 1.2 英里，电单车平均行驶距离为 2.0 英里。

受疫情影响，欧洲共享单车市场遭受了重大损失，共享两轮车需求下降。随着客户的偏好转向个人自行车和滑板车，外加远离人流密集场所等相关政策的实施，共享两轮车市场的增长不如预期。

企业为了应对疫情带来的冲击，纷纷采取各项措施。2020 年 1 月 9 日，Lime 裁员 14% 并退出 12 个市场。2020 年 3 月 Bird 缩减了运营规模，解雇了约 40% 的员工。其通过暂时停止在中小型城市的运营来应对这次危机，包括美国 6 个城市（旧金山、圣何塞、萨克拉门托、波特兰、迈阿密和科勒尔盖布尔斯）以及欧洲市场（包括安纳西、安特卫普、巴塞罗那、柏林、波尔多、科隆、法兰克福、汉堡、克拉科夫、里斯本、里昂、马德里、马赛、慕尼黑、巴黎、里米尼、塞维利亚、斯德哥尔摩、都灵、维罗纳和维也纳）的运营。2020 年 4 月，Lyft 解雇了 982 名员工，以减少运营费用并调整现金流。

（四）后疫情时期

伴随疫情防控进入新阶段，共享两轮车市场逐步恢复，欧洲的自行车共享需求再次增加，市场有所回暖。疫情也让更多的人认识到共享单车服务带来的好处。消费者意愿的上升带动了企业的业务发展。2022 年 5 月，Citybike Global 的新品牌 Inurba Mobility 在瑞典斯德哥尔摩推出了电动公共共享服务，计划于年底前部署总计 5100 辆电单车中的首批 1000 辆。预计其将成为欧洲应用最广泛的公共电单车共享服务之一。

以 Tembici 运营商在疫情期间的数据为例，疫情对这家初创公司造成冲击，用户对共享两轮车的需求急剧下降。不过，随着社会活动开始恢复，共享单车也再次被使用，并且需求量呈上升趋势。

2021 年，Tembici 共享单车使用量（使用时间在 15 分钟以内）同比增加超过 40%，与 2019 年相比增加了 4% 以上，就总体出行量而言，较 2019年初增长 34%。2022 年 2 月，Tembici 在里约热内卢的订单量同比增长了26%，2022 年 3 月在圣保罗的订单量同比增长了 68%。2023 年 2 月，

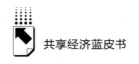

BNDES 为 Tembici 提供 1.6 亿雷亚尔（约合 3000 万美元）的融资用于扩建其在米纳斯的工厂。

疫情的确对整个市场造成巨大冲击，但共享两轮车市场表现出了极强的韧性。2021 年，美国用户使用共享微型自行车和电动滑板车出行 1.12 亿次，仅比 2019 年的历史最高纪录减少了 18%。

二　海外共享两轮车的形式

目前海外共享两轮系统大致上可以分为共享人力自行车、共享电单车、共享电动滑板车三类；从停放形式来看，又可以分为有桩共享两轮车、无桩共享两轮车两类。

（一）独有的共享电动滑板车模式

共享电动滑板车的蓬勃发展是海外市场区别于国内市场的一个重要特征。在海外，共享电动滑板车约占共享两轮车市场出行量的 1/3。在年轻人中，其甚至比共享电单车更受欢迎。电动滑板车结构非常简单，一个带有车把的两轮滑板，最高能以 24 公里/小时的速度行驶，比起自行车，更适合穿商务装的人士和穿裙子的女士。而且成年人踩上滑板车，或许还会有"重回童年"的感觉。

早在 1915 年，就有一家名为 Autoped 的滑板车公司在美国纽约上市。早期 Autoped 生产的滑板车本质上类似于放大的儿童滑板车，拥有坚固的框架，包括一个站立平台、两个 10 英寸轮子和一个弧形装饰艺术底座，模仿当时时尚汽车设计。与今天的便携式电动滑板车非常相似，Autoped 的车把和转向柱是完全可折叠的。前轮装有风冷发动机，离合器和制动器均由倾斜的转向柱启动，必须来回拉动才能加速或减速。虽然操作起来很笨重，但在第一次世界大战的燃料配给期间它是一种低能耗的运输方式。虽说如此，该款产品未能达到公司销售目标，于 1921 年停止生产。

然而，在大萧条之后，由于公众的环保意识不断增强，滑板车又重新流行起来。1986 年，Go-Ped 发布了自 Autoped 创办以来的第一款站立式汽油动力滑板车。骑手的脚中央有一个大甲板，后轮上装有电机，低调的设计为20世纪90年代的第二次踏板车繁荣提供了动力。

1996年标致率先量产了名为Scoot′Elec的电动滑板车。这款滑板车的最高时速为45公里/小时（31英里/小时），续航里程为40公里（29英里）。虽然由于使用镍镉电池而非常笨重且不环保，但Scoot′Elec仍然是电动滑板车向前迈出的非常重要的一步。1986年Go-Ped重新推出了自1915年以来第一款以汽油为动力的站立式滑板车，并于2001年推出了一款名为"Hoverboard"的新车型，该车型的两个轮子均采用全悬架。

1991年锂离子电池问世。与其前辈相比，这些电池每公斤可以储存更多的能量，并且可以输出更大的电流。此外，它们的充电时间更快，这就是大多数现代设备使用锂离子电池的原因。同样重要的是，这种电池是同类电池中最环保的。2001年，在Go-Ped发布了世界上第一款电动滑板车后不久，其他公司也开始研发电动滑板车。

电动滑板车具有体积小、占用停车空间小、灵活等特点，且随着电动滑板车技术的不断积累，再加上主要城市不断增长的人口导致交通拥堵问题十分严重，借助共享的理念，共享电动滑板车应运而生。

共享电动滑板车服务最早可以追溯到2012年Scoot Networks发布的一款轻便摩托车，用于提供小型摩托车的短程租赁服务。2016年，Neuron Mobility在新加坡推出了电动滑板车服务业务。共享电动滑板车爆发期是在2017年，Bird和Lime相继推出了无桩电动滑板车。Bird将其服务扩展到100多个城市，并在2018年估值达到20亿美元。同年，Lime积累了超过1150万次乘车。在这一年十几家电动滑板车初创公司已经吸引了超过15亿美元的资金。2018年，拼车公司Lyft和Uber也推出了电动滑板车共享服务，力图进入电动滑板车市场。

2018年，美国共有8400万人次选择共享微出行，是2017年的两倍多。不难发现，2018年是共享电动滑板车大规模发展的一年，出行量为3850万人次。2019年共享电动滑板车出行量达到8600万人次。

在欧洲，爱沙尼亚移动技术公司Bolt于2019年在其移动应用程序平台

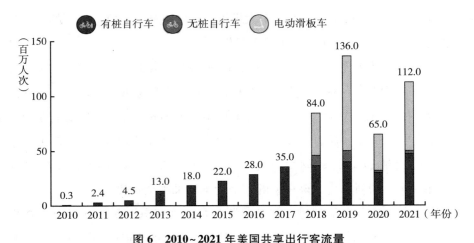

图 6　2010～2021 年美国共享出行客流量

资料来源：NACTO。

上推出了踏板车共享服务。此后，它发展成为欧洲最大的微移动运营商，业务遍及 20 个国家/地区的 130 多个城市。2021 年底，Bolt 成为第一家在欧洲推出滑板车充电底座的公司。2022 年 4 月，Bolt 宣布计划投资 1.5 亿欧元以进一步扩大其滑板车业务，并承诺到年底在欧洲运营 23 万辆滑板车。

2021 年 10 月，新加坡的 Neuron Mobility 与 Lime 建立合作伙伴关系，以便在新西兰基督城提供电动滑板车和电单车服务。总部位于班加罗尔的初创公司 Bounce 宣布计划于 2021 年 11 月 5 日推出其首款电动滑板车。Bounce 以滑板车租赁服务而闻名，其计划将业务进一步扩展到制造领域。

（二）大力发展共享电单车模式

2017 年之前，海外运营的有桩共享人力自行车系统已经较为成熟，为在共享两轮车的爆发期很快就拥抱共享电单车打下了基础，为用户提供了更具吸引力的出行方式。2018～2019 年共享电动滑板车数量快速增长，共享两轮车的电气化迈出了重要的一步。与此同时，共享电单车也越来越普及。到 2021 年底，美国超过 70% 的共享自行车系统包括电单车。为了使共享微型移动车队电气化，一些系统如俄勒冈州波特兰的 Biketown，推出了全电动项目，而其他系统如明尼苏达州明尼阿波利斯的 Nice Ride，在非电动脚踏自行车的系统中添加了电单车和电动滑板车。

Uber 于 2019 年 5 月在伦敦推出了无桩共享电单车。共享电单车配有篮子和手机支架，以及一个电动踏板系统，最高速度可达每小时 15 英里。2020 年 11 月 6 日 iFood 与 Tembici 合作推出电单车。iFood Pedal 专为基于三大支柱的送货合作伙伴而设，使用 Tembici 的电单车、支持点（快递休息站）和在线培训课程 Pedsa Responsa。Tembici 的电单车速度可达 25 公里/小时，电池续航里程为 60 公里。用户可以从 iFood Pedal 的支持点领取和归还自行车，还可以获得面罩、酒精凝胶、头盔和包。

Lime 于 2021 年 2 月下旬宣布，将投资 5000 万美元（6400 万澳元）用于发展共享电单车，包括增加一种新型号的自行车，并将使运营城市数量增加 1 倍，计划到 2021 年底在北美新增十几个运营城市，同时在欧洲和其他数十个市场推出服务。总的来说，该公司计划到 2022 年初在 50 个新城市部署共享两轮车业务，大约是现有车队规模的 4 倍。

不难发现，澳大利亚城市中以有桩共享自行车为主的运营商正在逐步停运，自 2020 年开始众多以共享电单车、共享电动滑板车为主的运营商在各个城市遍地开花，并进入了快速发展期，众多城市均开始部署共享电单车、共享滑板车。根据 NABSA 的《2020 年共享微移动行业状况报告》，澳大利亚部署电单车的共享单车系统占比从 2019 年的 28% 增加到 2020 年的 44%。该报告分析了电单车快速发展的几大原因：首先，高地势城市的共享电单车出行方式所占份额增加。其次，电单车比传统自行车省力，因此吸引了新骑手。最后，共享电单车使用户不用购买电单车，这可能很昂贵（1000～2000 欧元），而且其维护成本比机械自行车更高。

不可否认的是，电单车和电动滑板车很受欢迎，随着各州和地区制定电单车发展激励计划，其只会变得更加流行。2020～2021 年，在纽约市和华盛顿特区电单车仅分别占自行车车队的 20% 和 13%，却提供了 33% 和 23% 的两轮车出行服务。对于一些共享单车用户来说，电气化可以降低骑自行车的物理障碍，使用车更方便。将电单车和电动滑板车纳入共享微型机动车队丰富了用户的选择。

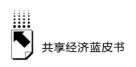

表 1 澳大利亚共享两轮车情况

地区	城市	有桩共享自行车	无桩共享自行车	共享电单车	共享电动滑板车
昆士兰州	布里斯班	CityCycle (2010~2021年)	无	Beam 和 Neuron (2021年~)	Lime（2018年~）和 Neuron（2019年~）
	黄金海岸	无	摩拜 (2018~2019年)	Lime（2020年~）	无
新南威尔士州	悉尼	无	Reddy Go、oBike、摩拜、Ofo (2017~2018年)	Lime（2018年~）、Beam（2020年~）	无
维多利亚州	墨尔本	Melbourne Bike Share (2010~2019年)	oBike (2017~2018年)	Jump（2020年） Lime（收购 Jump，2020年~）	无
南澳大利亚州	阿德莱德	Adelaide Free Bike (2005~2019年)	oBike 和 ofo (2017~2018年) Airbike (2019年~)	Neuron (2020年~)	Lime 和 Neuron （2018年试运行） Beam 和 Neuron （2020年~）
澳大利亚首都领域	堪培拉	无	Airbike (2018年~)	无	Beam 和 Neuron （2020年~）
西澳大利亚州	珀斯	Urbi (2017年~)	无	无	无
北领地	达尔文	无	无	Neuron (2020年~)	Neuron (2020年~)

资料来源：格里菲斯大学的 Abraham Leung 和 Madison Bland 整理。

三 海外共享两轮车的发展特点

（一）创业公司在持续进行整合

在共享两轮车发展初期，初创的头部企业和出行巨头为扩张业务板块多采用并购模式。2018年4月，优步与 Jump 达成协议，以2亿美元的价格收购了 Jump Bikes。收购完成后，Jump 的首席执行官宣布公司计划从2018年

6月开始向欧洲市场扩张。同年7月，Lyft收购了共享单车公司Motive。Motive在纽约经营花旗自行车，在被Lyft收购之后，更名为LyftBikes。Lyft宣称将彻底改变城市交通结构，使全国的共享单车系统走上创新之路。同年8月，Ford收购了共享电动滑板车初创企业Spin。

随着共享两轮车市场的发展成熟，商业模式也越来越清晰，企业的估值较最高峰时有所回落，众多创业公司也从扩张转向精细化运营，部分公司也谋求合并以增强竞争力。2019年6月12日，Scoot Networks作为Bird的全资子公司被收购。此次收购使得Bird能够获得在旧金山经营电动滑板车的许可证。2020年1月，Bird收购了竞争对手位于柏林的滑板车公司Circ。2020年5月，自行车共享服务提供商Lime在优步科技（Uber Technologies Inc.）牵头的一轮投资中筹集了1.7亿美元，与Alphabet Inc.、Bain Capital Ventures和GV等参与者合作。作为投资的一部分，Lime将收购电单车服务Jump，其2018年被Uber收购。2021年3月，法国出行公司Smoove和Zoov合并，共同为法国城市提供自行车共享服务。2022年3月24日，Lyft和Spin宣布建立合作伙伴关系，将在美国60个市场的Lyft应用程序中提供Spin Scooter租赁服务。同年3月，Ford将Spin的欧洲业务部分出售给欧洲最大的共享出行运营企业Tier。2022年4月，Lyft宣布收购加拿大共享单车设备和技术供应商PBSC Urban Solutions。

表2　共享两轮车市场的部分并购情况

收购方	时间	金额	被收购方
Lyft	2017年11月	未披露	Kamcord
Uber	2018年4月	2亿美元	Jump Bike
Lyft	2018年7月	未披露	Motive
Tembici	2018年7月	未披露	Bike Santiago
Lyft	2018年10月	未披露	Blue Vision Labs
Bird	2019年6月	未披露	Scoot Networks
Bird	2020年1月	未披露	Circ
TIER Mobility	2020年1月	未披露	Pushme
Lyft	2020年2月	未披露	Halo Cars

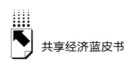

续表

收购方	时间	金额	被收购方
Lime	2020 年 4 月	未披露	Boosted USA
Lime	2020 年 5 月	未披露	Jump Bike
Smoove 和 Zoov	2021 年 3 月	未披露	Smoove 和 Zoov
TIER Mobility	2021 年 11 月	未披露	Nextbike
TIER Mobility	2021 年 12 月	未披露	Vento Mobility
TIER Mobility	2022 年 2 月	未披露	Spin
Lyft	2022 年 4 月	未披露	PBSC Urban Solutions

（二）中国供应链+本地化的产品研发、运营模式

实际上，Bird 和 Lime 等公司最初使用的电动滑板车主要来自中国公司，这些产品具备的不仅仅是价格优势，还有更快速地产品定制和较为庞大的产业链生态，能为这些公司的产品升级提供较好的支撑。以 Lime 为例，从第一代滑板车产品到第四代滑板车产品用时三年，但其前两代产品都由中国公司打造，从第三代开始由 Lime 自主设计，但依然依托于中国成熟的供应链体系。

根据人民网的信息，目前在智能电动平衡车及电动滑板车领域，我国企业集聚了全球范围内超过八成的知识产权和超过九成的产能。全球电动滑板车市场的主要参与者包括智能短交通领域的领先企业九号公司、全球较早进入滑板车赛道的美国 RAZOR、杭州高茂贵贸易有限公司（阿尔郎）、浙江艾沃克科技股份有限公司、浙江易力车业有限公司、捷沃智能科技（苏州）有限公司等。

车辆由中国生产，运营维修却本土化，这带来了高额的维护成本。一方面，运营平台不仅要负责产品充电、维护，疫情期间还要对其进行消毒；另一方面，伴随产品投放的城市越来越多，骑行量随之增长，出现故障的车辆也逐渐增加。

表3 全球主要地区电动滑板车产量

单位：万台

区域	2017年	2018年	2019年	2020年	2021年
中国	92.4	232.5	288.2	380.5	546.5
美国	12.4	23.0	26.8	35.4	45.4
欧洲	11.5	16.5	18.9	24.3	31.2

资料来源：北京研精毕智信息有限公司。

部分海外共享滑板车企业提出了"居民充电"模式。在某些地方，Lime和Bird用户可以直接将户外的电动滑板车带回家，并在夜间为这些滑板车充电，次日早上归还至指定地区即可，这样一来平台会为用户支付一定的报酬，并以此解决电动滑板车乱停乱放问题。为了更好地解决充电问题，Bird另辟蹊径：奖励为Bird共享滑板车充电的用户，并支付每辆车最低5美元的报酬。只需几个简单的步骤，填写注册人的地址信息、个人信息、税务信息和银行账户信息等，就可以通过帮共享滑板车充电而获得报酬。如果申请获得批准，Bird将在几天内邮寄给注册人几个充电包。

电动滑板车的使用时间一般是早上6点至晚上9点。因此，人们会在晚上9点后出门，打开App上的charger mode寻找电量不足的滑板车。找到后，用手机上的App直接扫描车上的二维码就能解锁，然后将车子运回充电。他们一般会将滑板车放置在家中的客厅或者是后院。如果是租房，不少人会选择到楼下的自行车房充电。如果电量剩下10%~15%，基本上4个小时就能充满电。此外，需要在早上7点前把充好电的车放回指定的位置，并且拍照上传至App。如果超过7点，报酬将会减半。

居民充电这个模式本是企业与消费者的共赢，但是其大规模扩张也可能引发一系列安全隐患。

首先是抢单问题。每个滑板车理论上只能交给一个人去充电，在一个饱和的市场，收集滑板车的竞争非常激烈。一些不同的城市还分别成立了当地的Facebook"充电器"群组，在Facebook上会看到类似DallasScooter Chargers的群组，方便大家分享充电的经验和照片。新人要想加入群组，需

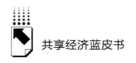

要分享包含用户名、电话号码和电子邮件的屏幕截图等。后加入者发现，群组中可能会出现一些极其恶劣的行为，如利用这些新人分享的信息封锁其账号，甚至盗刷其信用卡。

其次是人身安全问题。一些人将准备去给滑板车充电的人们引诱至一些非常偏远的地方，比如小巷里或者路灯昏暗的地方。由于收集滑板车的人都是在晚上活动，这就很容易发生意外。

最后是藏车甚至卖车问题。无论是 Bird 还是 Lime 都会为难找的、失联的电动滑板车"悬赏"20 美元的高额奖励。为此，有一小部分人故意将滑板车藏在家里，直到它们被报告丢失后，再向公司索取高额的赏金。

（三）商业模式做出不同探索

研究报告显示，每辆共享电动滑板车的每日使用少于 4 次便会导致运营商的现金流不可持续（即用户费用无法支付每辆自行车的运营成本）。以 Bird 为例，根据 The Information 报道，2018 年，Bird 的电动滑板车每天平均使用次数是 5 次，用户平均付费额为 3.65 美元。Bird 团队表示，公司年营收有望达到 6500 万美元，毛利率为 19%。19% 的毛利率虽然看起来不错，但这意味着在覆盖了充电、维修、用户支持和保险等支出后，Bird 还需要用仅剩的 1200 万美元支付办公室租赁和员工运营费用。

共享两轮车收入占 Bird 总收入的绝大部分，滑板车和自行车销售收入仅占一小部分。事实上，与上一季度相比，Bird 的销售收入从大约 900 万美元下降到 400 万美元，这可能是该公司退出零售业务的部分原因。在其他运营费用方面，Bird 2022 年第一季度行政费用近 8500 万美元，其中包括 4470 万美元的股票补偿费用。这与其他费用一起，使 Bird 的经营亏损接近 9700 万美元。此外，叠加在这之上的运营成本还会进一步增加。一方面，运营平台不仅要负责产品充电、维护，还要对其进行消毒；另一方面，这些产品并不是为了共享而设计的，因此很容易出现故障，在平台运营初期这些问题并不普遍，但产品投放的城市越来越多，这样的情况更为常见。因此，各家公司积极探索在现有状况下改善经营状况。

　　伦敦的共享两轮车企业 HumanForest 表示，通过每天为用户提供 10 分钟的免费使用时间，以及在其应用程序上出售广告空间来获得收入以支付租金，其占领了伦敦约 40% 的电单车租赁市场。广告为 HumanForest 提供了大约 20% 的收入。

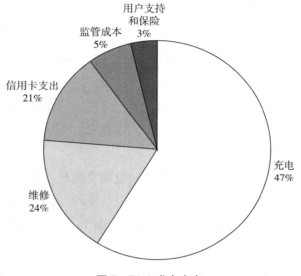

图 7　Bird 成本支出

资料来源：The Information。

　　从追求扩张转向追求盈利。2022 年 1 月，Spin 退出德国、西班牙和葡萄牙等市场，以及美国 7 个"开放市场"。因为这些地方没有限制允许运营的微型移动公司的数量。Spin 认为在如此激烈的市场竞争中不可能实现盈利。哈佛大学肯尼迪学院学者 David Zipper 认为，在人口密度较小的地区人们短途出行需求较少，导致共享两轮车的运营成本更高。在这种情况下，过度竞争导致供大于求，只有限制企业数量才有助于平衡市场供求。Lime 从至少 4 个市场（巴西、阿根廷、秘鲁和哥伦比亚）退出，其管理层认为："虽然对增长的关注为我们提供了必要的规模，并巩固了我们作为微移动市场领导者的地位，但在过去几个月中，我们已将重点从增长和扩张转移到盈利能力上，并建立了一个持久的、长期的业务模式。"

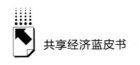

四 海外共享两轮车的政策环境

（一）相关法律法规尚未完善

共享两轮车在 2017 年的爆发式增长对于习惯了有桩公共自行车的海外城市而言也是一种巨大的冲击。且在短短的几年时间，海外共享两轮车市场形成了共享电动滑板车、共享电单车和共享人力自行车"三分天下"的局面。这些不同的出行方式对海外城市既有的道路空间和出行方式都产生了较大的冲击，相关政策法规尚在不断完善的过程中。

1. 共享电动滑板车

目前在英国大部分地区的公共场所骑电动滑板车是违法的，政府表示电动滑板车被归类为个人轻型电动车，在保险、税收、MOT、执照和登记等方面适用于所有机动车的法律法规。2020 年 7 月开始，共享电动滑板车只可以在英国部分街道上合法骑行，但是自购的电动滑板车依然无法上路。在英国政府发布的公告中还提出一些健康和安全方面的要求，包括最高时速为15.5 英里/小时（约 25 公里/小时）、使用者应年满 16 周岁，并且要有临时汽车、摩托车或轻便摩托车执照。此外公告建议骑行者佩戴头盔，但这并不是强制性要求，不过依然不允许滑板车在人行道上行驶。

美国的各个城市相继制定法律来约束滑板车出行。在美国纽约州，电动滑板车禁止在市内骑行，而在市外只需要符合普适性的一般交通安全法即可。但纽约州目前正在推进一个新的法案，一旦通过电动滑板车的使用将合法化。旧金山市政府启动了一项许可证制度法令，并告知滑板车公司，所有没有拿到许可证的电动滑板车将被扣留，直到其获得许可证。加州规定电动滑板车可以在城市人行道、自行车道和高速公路上以"合理和谨慎的速度"运行。

尽管电动滑板车在澳大利亚迅速普及，但骑电动滑板车可能会被处以巨额罚款。一些州对骑电动滑板车的限制更严，导致澳大利亚的电动滑板车骑手请求增加自由度，以便在整个大陆范围内便捷地使用方便交通工具。但截至目前，澳大利亚各州关于电动滑板车的法律各不相同，但几乎都规定了必须佩戴头盔以及最低年龄限制。截至2022年3月，昆士兰州、澳大利亚首都领地、西澳大利亚州和塔斯马尼亚州是"对滑板车更友好"的州。这些州既有共享计划，也允许私人拥有的电动滑板车在公共场合骑行。维多利亚州、南澳大利亚州和北领地仅允许在选定的试验地点使用共享电动滑板车，但一般不允许私人拥有的电动滑板车在公共场所骑行。

2. 共享电单车

在大多数欧洲国家和地区，电单车必须符合欧洲指令2002/24/EC。其规定，发动机转速不得超过0.25kW（250W）；电动机的辅助功能只能在小于25km/h时起作用；当骑车人停止踩踏板时，发动机必须停止。这意味着只有骑车人踩踏板时发动机才会启动，当速度超过25公里/小时发动机必须停止。此外，还要求电单车支持在没有发动机帮助的情况下骑行。只要满足以上条件，法律就允许共享电单车遵守与传统自行车相同的规则：可以在允许骑普通自行车的任何地方骑电单车，包括自行车道等；不得在人行道上骑行，除非其被指定为混合自行车道；在大多数欧洲国家，不强制电单车骑手戴头盔，但仍建议戴头盔，也不需要购买保险；另一个确保安全的方法是严格遵守年龄限制，大多数国家或地区要求低功率电单车（小于250W）的最低骑行年龄为14~15岁，而瑞士和比利时则要求必须在16岁以上。

美国联邦法律规定，在州和地方法规允许的情况下，电单车可以在联邦资助的非机动车道上使用，每个州都通过完善交通法规来规范电单车的使用。在大多数州，自行车法也适用于骑电单车的人。从2015年开始，许多州表示电单车适用于3级系统。该系统针对不同类型的电单车制定了略有不同的规定。美国自行车联盟希望所有州都采用3级系统，为美国的电单车使用提供更统一的监管法则。

（二）出于安全考虑的进一步监管

美国被称为"车轮上的国家"是有一定道理的，人们往往是开车上下

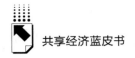

班，这就致使政府在道路规划之初，并未专门划分出非机动车道，使得用户想要使用共享两轮车就需要和机动车行驶在同一道路上，这大大提高了发生意外的可能性。

2014~2018 年，美国发生超 39000 起与滑板车相关的伤害事件。在此期间，与滑板车相关的受伤和住院人数飙升了 222%。最令人不安的是，其中有 1/3 遭受头部外伤。2019 年 6 月，圣地亚哥市出台了针对滑板车公司的新规，在热门旅游区实施了限速政策，并规定了滑板车可以停放的地方等。新规出台后，全市所有电动滑板车乘客量急剧下降。7~12 月，使用共享移动设备的出行次数下降了 75%——在两周的时间内乘车次数从 441830 次减少到 110009 次。2020 年 10 月，圣地亚哥市议会进一步禁止所有电动滑板车和电单车在米申海滩至拉霍亚的木板路上行驶。

昆士兰科技大学事故研究和道路安全中心的艾米·施拉姆（Amy Schramm）表示，由于缺乏数据，在澳大利亚无法分析电动滑板车相较于其他交通工具的危险性。但国际研究表明，每百万电动滑板车出行人群中约有 115 人受重伤，这一比率与摩托车相当。该中心在 2019 年进行的一项研究发现，电动滑板车在大约一半的行程中被非法骑乘，而使用共享计划的骑手更有可能不合规。澳洲采取了一系列监管措施，包括一些人行道的速度限制、强制安装铃铛和加大对高风险违法行为的处罚力度等，以期建设更完善的交通基础设施。

2020 年 3 月 3 日，根据亚特兰大市议会通过的滑板车新规，即日起，电动滑板车和其他可共享设备将被要求配备白色前灯和红色尾灯或反光镜。新规要求滑板车公司在设备上有特别提示，告知骑手不应在人行道上行驶。滑板车新规带来的变化是，亚特兰大运营的滑板车公司数量从 4 家减少到 2~3 家。此举通过减少城市中运行的设备总数，以减少滑板车在人行道上不当停放的混乱情况。不遵守新规的企业可能会被吊销许可证。被吊销许可证的滑板车公司在清偿所有未偿债务之前不能重新申请在该市运营。

针对电单车，美国自 2016 年以来一直实行 3 级系统以此来保障其行驶安全，具体包括：配备电机的自行车仅在脚踏时提供动力，当电单车达到

20英里/小时停止提供动力；装有油门驱动电机的自行车，当电单车达到20英里/小时停止提供动力；配备电机的自行车仅在脚踏时提供动力，当电单车达到28英里/小时停止提供动力。在此基础上各个州或地方政府根据实际情况，制定了与之相适宜的法规。例如Mission Viejo和Newport Beach将电单车归入自行车类别中进行管理。允许时速不超过28英里/小时的电单车像普通自行车一样共享道路，但禁止其超过自行车的速度限制。并且使用者必须年满16岁才能使用。任何超过28英里/小时的自行车都是不合法的，除此之外还包括限制自行车在某些路径和小道上行驶。佐治亚州规定必须年满15岁才能使用电单车，并且需要戴头盔骑行，不允许在自行车道或共用道上行驶，除非其在高速公路或道路内或附近，或者地方当局或具有管辖权的州机构特别允许。

（三）共享两轮车经济效应带来的态度转变

共享两轮车企业以协作形式获得城市的运营许可。Lime的创始人表示："我们始终采取协作方式，一开始，当我们与10个城市交谈时，可能只有两个城市立即表示同意。现在，可能有七到八个城市立即产生了浓厚的兴趣，或者正在制定一些法规。"

2021年11月，亚特兰大市议会批准了一项永久性无桩交通计划。根据《城市法典》，该市已为1200辆滑板车和800辆电单车设定了无桩移动设备的总体数量上限。将来可以根据实际需要修改设备上限。

格里菲斯大学城市研究所与Neuron Mobility合作于2020年12月至2021年2月在汤斯维尔进行了一项调查。该调查收集了140名来访的电动滑板车用户的购物和旅行信息，以及80名汤斯维尔的居民信息。其中一些用户购买了多日通行证。在接受调查的所有电动滑板车用户中，大多数（69%）以前从未骑过电动滑板车，但91%的人表示电单车操作简单。电动滑板车对城市形象和游客体验而言是积极的，93%的用户表示喜欢在汤斯维尔旅行。尽管电动滑板车租赁费用标准相同，但骑电动滑板车最多的游客每天在汤斯维尔花的钱更多。更狂热的电动滑板车用户（按行驶距离排名前三分

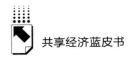

之一）每天的使用费用比排名后 1/3 的用户多 41%。

澳大利亚的数据显示，乘坐共享两轮车产生的温室气体排放量要少得多。与汽车出行相比，电单车和电动滑板车可以分别减少 97% 和 98% 的温室气体排放。2020 年，共享两轮车出行取代汽车出行抵消了大约 2900 万磅的二氧化碳排放量。

（四）更为动态的准入模式和控量管理

在北美共享单车发展早期，城市与单一运营商签订了长达 5~10 年的合同，以管理共享单车项目。随着无桩项目的激增，许多城市制定了为期一年的开放许可证计划，导致同一城市可以同时允许无限数量的运营商运营。近年来，一些城市尝试将试点和开放许可证纳入临时监管框架下，转而与较少运营商签订长期协议。随着共享自行车和电动滑板车成为有价值的交通出行方式，城市不断更新法规，期望与运营商建立更强的合作关系——一个新的监管模式，以维持更长期和稳定的政企合作关系。

例如，丹佛市交通和基础设施部在共享微型移动项目试点期间允许多达 7 家运营商同时运营，但在 2021 年只向两家运营商发放了 5 年的许可协议。2019 年，亚特兰大市在暂停许可证计划之前向 9 家公司发放了许可证。2019 年以来，巴尔的摩市的选择性许可程序每年只面向 3~4 家公司，发放为期一年的许可证，但表现良好的公司可以申请许可证续期程序，减少了行政负担，提高了项目的连续性。在选择运营商时，城市可能考虑每个运营商单独或组合带来的不同贡献。

在某些情况下，城市可能希望多家运营商增加可用设备的种类，或者一个城市可能会优先考虑只拥有一家有良好运营记录的运营商。监管和管理的复杂性随着运营商数量的增加而增加，当运营商总数超过 3~4 家时，运营商能获得的一些好处就开始减少，甚至最终没有任何好处。

表4　丹佛市主要运营商运营车辆类型

运营商	电动滑板车	电单车	有桩自行车	无桩自行车
Tembici	√	√	√	
birdshare	√	√		√
Lime	√	√		√
Spin	√	√		
Lyft	√		√	

五　小结

海外共享两轮车发展较早，但其爆发式增长是受到了中国共享两轮车行业发展的启发。与中国共享两轮车发展路径类似，海外市场也经历了爆发式增长期、稳定发展期。不同的是海外由于疫情防控不力，2019~2020年经历了更为严重的行业阵痛，大量运营商在此期间停止运营。另外，海外市场在共享两轮车的电气化方面较国内发展更快，形成了电动滑板车、电单车和单车"三分天下"的局面，市场电动化水平较高。

从共享两轮车的规模来看，尽管海外市场近几年发展较快，但运营车辆规模看远小于中国市场，普及率并不高，其原因与海内外城市的发展模式有关。欧洲是一个自行车大国，出于环保、节省成本、通勤便利等考虑，很多民众把自行车作为出行工具，但是不少欧洲城市道路空间狭小，共享两轮车的经营空间有限。美国可以说是生活在"车轮上的国家"，汽车保有量非常高，很多人使用汽车出行，人口密度低加上严格的监管措施，使得共享两轮车的使用率并不是特别高。澳大利亚地广人稀，即使是大城市人口密度也较低。相较而言，我国城市发展密度适中，地铁和公交网络发达，共享两轮车作为"最后一公里"的出行方式具有非常好的补位作用，最适合"地铁公交+慢行"的出行场景，这也是国内共享两轮车市场快速发展的重要原因。

业 态 篇

B.5

2022年中国网络预约出租汽车
发展形势分析与展望

顾大松　范越甲　赵　晶*

摘　要： 2022年我国网约车市场受到疫情的冲击，订单总量同比下降
16%。从发展特点看，网约车市场竞争激烈，聚合平台逐渐兴
起，经营性租赁成为市场主流，并开始探索巡网融合模式。政
策方面，我国的网约车合规化进程加快，数据治理体系逐步完
善，从业人员权益受到重视，"放管服"思想指导下行业管理
制度不断优化。

关键词： 网约车　巡游出租车　合规　巡网融合

---

* 顾大松，东南大学交通法治与发展研究中心执行主任，中国城市公共交通协会网约车分会会
长；范越甲，石家庄市道路运输行业协会专家委员会出行新业态组组长；赵晶，T3出行政策
研究专家。

一 网约车行业发展总体情况

（一）全国网约车订单为69.7亿单

2022 年 1~12 月，我国网约车监管信息交互平台累计订单约 69.70 亿单，月均订单 58085.1 万单。订单总量同比下降 16.2%。

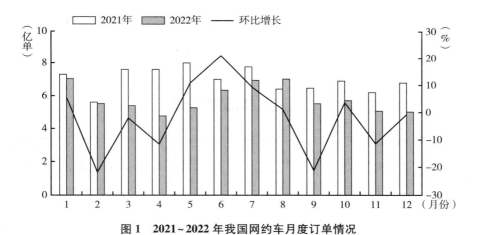

图 1　2021~2022 年我国网约车月度订单情况

从区域分布看，各核心城市日均订单分布差异与区域经济水平、常住人口基数、居民消费水平等息息相关。成都、上海、北京等为日均订单规模超越百万量级的超大城市；其他大规模城市则主要分布在东南沿海线和纵向中轴线上。

（二）网约车平台数量达到298家

2021 年 1 月至 2022 年 12 月，全国网约车平台从 218 家增加到了 298 家，共增 80 家，月均增加约 3 家。

截至 2022 年底，全国共有 59 家网约车平台累计 180 天未传输数据。2021 年 1 月至 2022 年 12 月，全年累计 180 天未传输数据的平台从 66 家减少到 59 家，呈下降趋势。

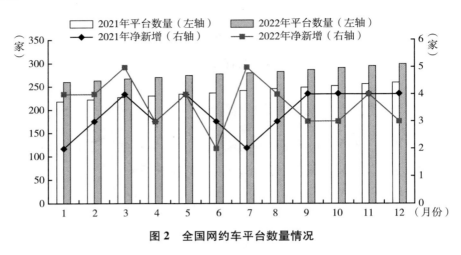

图 2　全国网约车平台数量情况

（三）网约车车证和驾驶员证数量持续增加

截至 2022 年 12 月 31 日，全国各地共发放《网络预约出租汽车驾驶员证》（下文统称"人证"）509.0 万本，环比增长 1.6%，同比增长 28.9%。

2021 年 1 月至 2022 年 12 月，全国人证从 308.6 万本增加到 509.0 万本，共增 200.4 万本，月均增加约 8.35 万本。

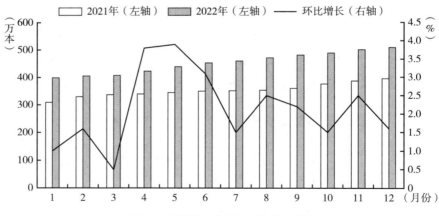

图 3　全国网约车驾驶员证发放量

截至 2022 年 12 月 31 日，全国各地共发放《网络预约出租汽车运输证》（下文统称"车证"）211.8 万本，环比增长 2.6%，同比增长 35.9%。

2021 年 1 月至 2022 年 12 月，全国车证从 116.1 万本增加到 211.8 万本，共增 95.7 万本，月均增加约 3.99 万本。

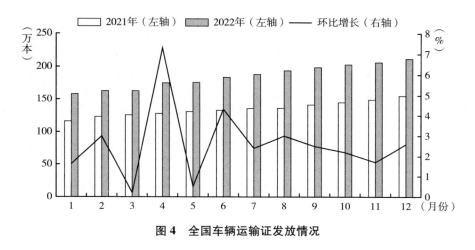

图 4　全国车辆运输证发放情况

2021 年 1 月至 2022 年 12 月，人证与车证的差距从 192.5 万本扩大到 297.2 万本，人车比从 2.7 下降到 2.4。

（四）运营车辆中的电车比例持续增加

截至 2022 年 10 月底，全国运营网约车油车占比 54.18%、电车占比 45.82%；其中三亚、深圳、海口的电动车分别占当地当月运营车辆的 92.68%、92.23%、87.21%①；相对占比最低的城市为绵阳、哈尔滨、廊坊，分别占当地当月运营车辆的 4.41%、5.25%、8.25%（以上城市均为当日当月运营车辆在 1 万辆以上，共 68 个城市）。2022 年全年办理网约车车证 95.7 万本，根据全国营运车销售数据（1~10 月上险数据），排名前三的

① 详见 2022 年 11 月牛文江在第四届中国网约出行产业峰会上的报告。

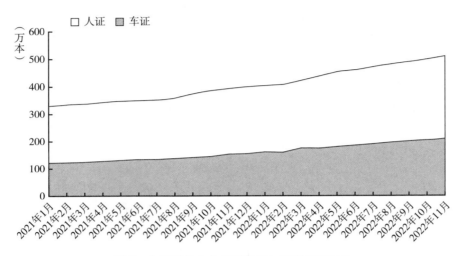

图 5　全国网约车车辆运输证与驾驶员证对比

车型分别为东风风神 E70、比亚迪秦 EV、广汽 AionS，其他为启辰 D60EV、秦 PLUSEV、几何 A 等车型。

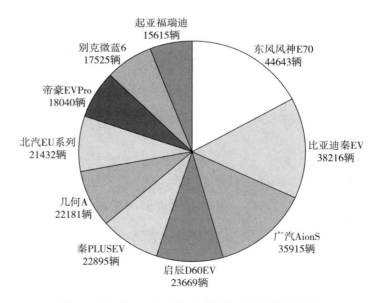

图 6　2022 年 1~10 月全国营运车辆主要车型销量

（五）网约车车辆出租率全年呈波形分布

从车辆所有权看，全国网约车行业公户车辆与私户车辆的占比分别为21.56%、78.44%。

公户车辆作为网约车租赁公司车辆，其年度出租率呈波形分布，在春节后的3~4月及夏季订单高峰（7~8月）出租率较高，一般能达到80%以上，5~6月及春节前的两个月份呈低谷状态，有些城市公户车辆占比高，供大于求，低谷月份甚至低于50%。

（六）司机在线时间长，工作压力大

据中国城市公共交通协会网约车分会的抽样调查，司机日均在线时长超12小时的司机稳定在30%以上。司机月均工作日为27.5天，其中近三成的司机一天未休息，月休息时间少于4天的超四成。

司机出车时间较长，工作压力大，行业各方需要共同关注由疲劳驾驶带来的运营安全风险。

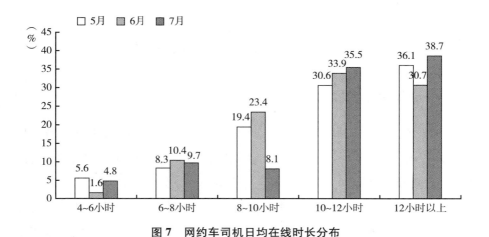

图7　网约车司机日均在线时长分布

根据全国一、二线网约车运营城市的抽样调查数据，受疫情影响，2022年10~11月，41%的司机日均流水在低流水段（200元以下），52%的司机日均流水处于中流水段（200～280 元），高流水段司机占比仅 6%（280～350 元）。

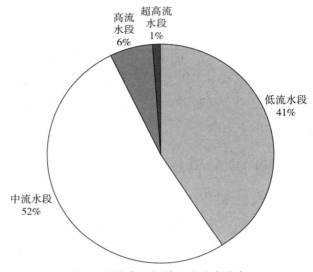

图 8　网约车司机的日均流水分布

二　2022年网约车市场发展特点

（一）聚合平台异军突起

2022 年，腾讯、华为等超级流量平台纷纷推出聚合出行服务，加上最早于 2017 年推出聚合打车服务的高德、百度，以及滴滴出行、美团等平台，App 用户规模亿级玩家大都布局聚合打车业务。

自 2021 年 7 月初滴滴出行旗下多款 App 下架的 563 天里，以高德为代表的聚合打车模式快速发展，呼叫单量一度突破千万单以上，日均完单超过 500 万单。根据全国网约车监管信息交互平台的数据，2022 年 7～12 月聚合模式订单分别为 1.53 亿单、1.67 亿单、1.35 亿单、1.41 亿单、1.28 亿单、1.31 亿单。

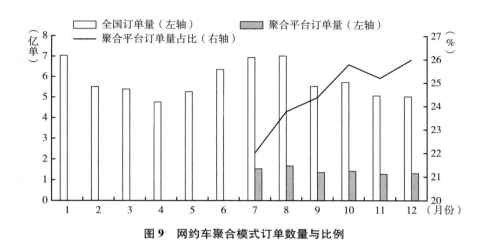

图9　网约车聚合模式订单数量与比例

聚合模式是迭代，引发了网约车商业模式再次发生重大变革，改变了互联网打车市场的竞争格局。聚合模式快速发展的基础是90%以上的网约车平台取得合规经营许可后，由于缺乏资本、技术、流量支撑，业务体量非常有限，形成"一超多弱"的市场格局。聚合平台的出现，开放了用户流量，让众多网约车平台只需专注运力建设，用户也有了更多的打车选择。

（二）网约车市场竞争激烈，融资竞争动作频频

滴滴App下架的一年半里，网约车市场发生明显变化，2022年滴滴用户数下滑明显，T3出行、曹操出行、美团打车、享道出行、及时用车、携华出行等网约车平台的订单量增长明显。

主机厂系出行平台，如曹操出行、T3出行、如祺出行、享道出行等相继获得融资，加快抢占市场份额。T3出行与曹操出行分别在2021年10月和2021年9月宣布完成77亿元人民币A轮融资和38亿元人民币B轮融资。2022年4月26日，广汽集团旗下移动出行品牌如祺出行宣布完成超10亿元A轮融资；2022年8月15日，享道出行也宣布完成由上汽集团等机构投资的超10亿元B轮融资，计划实现覆盖1亿用户、130个城市的发展目标。

以高德为代表的聚合平台，凭借流量优势持续扩大市场规模；一些中小

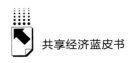
型的运力平台及运力公司也在不断发力争夺区域市场份额。阿里巴巴（中国）网络技术公司也通过股权质押的融资担保方式向中小网约车平台出资，高德打车聚合业务订单占比较大的服务商中，及时用车、妥妥 e 行、携华出行、招招出行、风韵出行等均存在股权出质的情况，质权人为阿里巴巴。

（三）运力公司地位凸显

随着网约车行业的竞争走进下半场，运力资源尤其是合规运力资源的争夺成为这场竞争的核心。目前网约车行业供给侧主要由流量平台、网约车平台公司、运力公司（车服+司服）组成，其中最终服务乘客的是运力，也就是司机带车服务订单。

在"双碳"目标、地方网约车细则要求使用或更换新能源车型等大背景下，国内新能源网约车规模化运力处于供不应求状况。加上合规化的推进，拥有充足新能源电动车的运力公司将在网约车市场中更具竞争力。

"运力"是有地域属性的，一个城市的运力主要由平台公司自营化管理运力公司和加盟司机服务公司两类主要运力构成，还有部分个人司机加盟，其中个人网约车司机多为兼职运力。

（四）经营性租赁模式逐渐成为市场主流

网约车车证办理一城一策，司机招募困难，外加前期投入大、后期管理成本高，注定了网约车平台公司要想快速在城市展开规模化运营，需要与当地的运力公司进行合作。

网约车龙头企业滴滴的模式是委托各城市的司机服务商提供租车服务，以及协助管理和培训司机。其他平台也是直接采取与地方运力公司合作的方式，管理和调动合作的车辆和司机。

T3 出行、曹操出行等主机厂背景的网约车平台公司开始以自营模式为主，但在经营过程中，重资产、司机难以管理和车辆维护费用高等问题突出，难以支撑起企业实现规模快速扩张的需求。2020 年后，这类企业开始转型，通过旗下的车辆资产公司持有车辆，面向司机开展经营性租赁，以及向合作的运力公司投放车辆，招募司机和提供租赁车辆服务。

经营性租赁模式让各城市的运力公司在规模和实力上得到极大提升，目前，拥有千辆以上车辆的运力公司逐步通过精细化运营和管理实现经营效益的增加，并且持续在资源优势区域扩大经营规模。

目前具有一定规模的平台公司基本都已成立车服公司，与主机厂合作购车或定制网约车专用车型，投放到城市，招募 B 端司服公司的司机，并推出一系列和平台绑定的接单策略，以此巩固运力基础。

（五）网约车司机收入不稳定

2022 年疫情对司机的收入产生了较大的冲击，2021 年和 2022 年月均单量一般为 7 亿单左右，但 2022 年 3 月全国网约车订单仅为 5.39 亿单，4 月仅为 4.76 亿单。疫情大大限制了人们的出行，订单变少；而司机无法出车，出车时间没有保障，这导致了网约车司机近两年收入非常不稳定。

根据中国城市公共交通协会网约车分会的统计，网约车司机日均工作时长大多超过 8 小时，近两成超过 15 小时，严重超负荷。2022 年 10 月，杭州、厦门、哈尔滨当月月流水达到 18000 元以上的驾驶员占驾驶员总量的比重仅分别为 7.69%、4.93%、0.15%。

（六）巡网融合模式试点探索

巡游出租车和网约车在运价机制、市场准入、运力投放、运营方式、劳资关系、税务管理等方面存在差异。比如，在运价机制方面，网约车利用信息平台，实时匹配车辆供给和乘客需求，实行动态调价，以此达到市场平衡；而巡游出租车价格机制、标准均由政府定价，运价制定与调整不灵活。2018 年，交通运输部办公厅印发《关于进一步深化改革加快推进出租汽车行业健康发展有关工作的通知》，提出加快推进巡游出租车转型升级。

2022 年以来，全国多地组织修订出租汽车管理办法，为巡游出租车行业转型升级提供政策指导。巡游车与网约车统一管理、融合发展的趋势较为

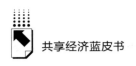

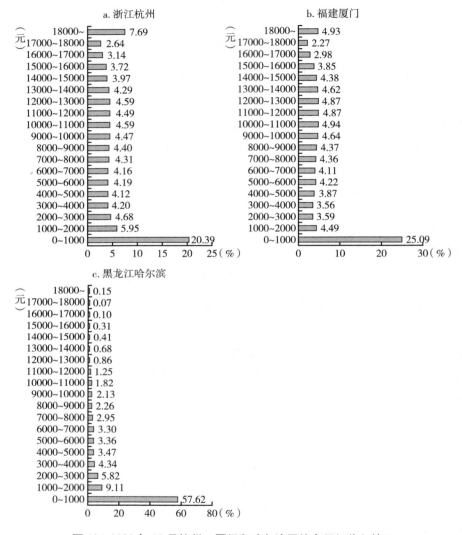

图10　2022年10月杭州、厦门和哈尔滨网约车司机收入情况

明显。10月1日起新施行的《浙江省道路运输条例》规定，巡游出租车经营者通过网络预约方式揽客的，可以按照计价器显示金额收取运费，也可以按照网约车计价规则收取运费，率先在全国省级层面提出了"一车两用"的改革方案。

三　2021~2022年网约车政策趋势

互联网平台具有跨产业特性，对其监管我国采用以行业为基础的行业监管和跨部门联合监管两种模式。网约车行业作为互联网平台的一大分支，数字生态涉及多个行业主管部门，其中产业监管部门为交通运输部，2018年建立的交通运输新业态协同监管部际联席会议制度为各监管部门提供了制度化的合作机制，共同推动完善交通运输领域新业态的法律法规体系。2021~2022年作为网约车政策大年，出台的法律、法规、政策、行业规范与准则涉及范围之广、制度突破之大、改革力度之深，必将对网约车行业发展产生深远的影响。

（一）合规政策不断出台

在我国，平台、车辆、司机必须合法持有三证，才能从事网约车运营服务。由于历史原因，网约车市场被大量不合规平台及运力所充斥，不但造成了安全隐患，损害了消费者权益，也不利于公平竞争与市场监管。然而，户籍限制、车牌调控、车价连涨、私车改营运、高额商业保险等一系列问题都成为合规化的"拦路虎"，合规化是网约车行业面临的首要挑战。

2021年9月，交通运输部印发了《关于维护公平竞争市场秩序加快推进网约车合规化的通知》，吹响了"合规化"动员号。该通知要求各地交通运输主管部门督促网约车平台公司依法依规开展经营，加快网约车合规化进程。即日起，不得新接入不合规车辆和驾驶员，并加快清退不合规的驾驶员和车辆。9月起，交通运输部每月公布36个中心城市网约车合规情况，杭州、广州、厦门、深圳等城市合规率较高，石家庄、北京、大连、昆明等城市则排名垫底。

此后，国家及地方持续采取措施加强网约车行业合规管理，促进合规政策平稳落地，合规工作成为近一年政府监管的主旋律。

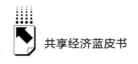

1. 优化准入条件

近年来，中央陆续出台文件对从业人员及车辆准入、巡游车和网约车融合发展、新能源车辆推广、安全生产等提出了新的要求，再加上多地网约车经营服务管理暂行办法有效期届满，2022年起，地方网约车经营管理细则进入密集修订期，主要修订方向是优化准入条件、降低准入门槛，部分城市出现了较为大胆的政策调整：一是延长了车龄准入，最长达到8年，但也出现城市要求采用1年以内新车；二是强化新能源汽车推广，规定了新能源车比例；三是放宽驾驶员户籍、社保等限制；四是网巡两证合一；五是部分城市不要求平台注册分公司，只需设立"线下常驻服务办事机构"，或者将网约车平台资质统一由市级交通运输主管部门审查及核发证件。

在放宽准入基础之上，多地政府还通过降低营运保险保费，支持相关车辆检测机构、保险机构、卫星定位装置运营商为办理营运证提供便捷的服务，开通出租汽车驾驶员从业资格线上申请渠道等，创造良好的条件，加快证件办理速度。

2. 处罚违规车辆及驾驶员

全国各地先后开展打击"黑车"违规经营行为的专项整治，对未取得《网络预约出租汽车运输证》从事网约车客运经营的车辆进行扣押，责令停止经营并处以罚款，有违法所得的，没收违法所得。对未取得《网络预约出租汽车驾驶员证》的驾驶员进行培训教育以及清退。

3. 联合约谈平台要求整改

交通运输新业态协同监管部际联席会议办公室多次对网约车平台公司进行约谈，要求停止恶性竞争、坚守安全稳定发展底线、规范经营行为等。广州、南宁、深圳、泉州、无锡、绵阳、天津、武汉等地交通运输主管部门也均对网约车平台扰乱市场经营秩序问题进行约谈、抽查整治。

4. 线上线下协同执法

2021年11月，交通运输部会同公安部、国家市场监督管理总局联合印发《关于充分利用信息化手段切实加强道路旅客运输非法违规运营精准协同治理工作的通知》，要求各地通过线上线下精准化查控、多部门跨区域协同联动，从严惩处非法营运。北京、上海、江苏、浙江、成都、青岛、广州、长沙、中山、贵阳、兰州等不少省市上线了数字打非系统或者智能化执法系统。

5. 明确双证合规时间表

根据交通运输部合规化工作要求，全国多地排出双证合规时间表，如南昌要求2022年双证合规率达80%以上，2023年达到85%以上；郑州要求2022年4月30日前，各平台基本实现合规化；徐州提出2022年订单双证合规率力争达到85%的目标。

6. 将聚合平台纳入监管

"聚合平台"是大型互联网企业利用自身流量优势，吸引诸多网约车企业接入搭建而成的。但"聚合平台"对接入企业疏于监管，频繁向无证司机、车辆和服务商派单，导致司乘纠纷频出，给相关部门规范管理网约车市场带来困扰。2022年5月，交通运输部发布新版《网络预约出租汽车监管信息交互平台运行管理办法》，首次规定聚合平台也需要向网约车监管信息交互平台传输数据信息。2022年7月起，网约车监管信息交互系统发布的月度行业运行基本情况中，新增了聚合平台订单合规率情况。为了督促聚合平台提升合规率，江西、广西、福建、湖北、河南等多地交通部门对其进行约谈或发出警示函，要求规范网约车业务，停止接入未获得许可、资质缺乏的网约车企业，甚至要求聚合平台立即停止在当地开展网约车业务。

2022年12月1日，《济南市客运出租汽车管理条例》正式施行，将聚合平台定位为"为网约车经营者与乘客提供信息中介、交易撮合服务的第三方网络聚合平台"，提出聚合平台应当审核网约车平台是否取得经营许可，未取得的网约车平台不得接入。该条例是首次以地方立法的形式明确了聚合平台的监管方式。

7. 加强全链条监管力度

2022年2月，《关于加强网络预约出租汽车行业事前事中事后全链条联合监管有关工作的通知》出台，结合网约车行业发展的新形势、新要求，整合与深化了监管部门对于网约车行业的种种管理，增加了事前联合监管要求，将未取得网约车经营许可擅自从事经营活动，网约车平台公司向未取得车证和人证的驾驶员和车辆派单，存在低价倾销、欺诈，危害网络安全、数据安全、侵害用户个人信息权益等8方面违法违规行为纳入联合监管工作事项。并将联合监管机制下沉到地方，明确为各地指出了暂停区域内经营服务、暂停发布或下架App、停止互联网服务、停止联网或停机整顿等处置措施。

8. 通过行业自律打造诚信体系

交通运输部多次提出加快构建以信用监管为基础的新型监管机制，推动信用与现有业务、系统和流程有机融合，进一步提高行业治理能力和治理水平。目前全国各省区市信用评价体系建设初具规模，但网约车司机信用评价体系缺失，行业内企业各自为战，缺乏信息互联互通，征信服务企业无开展相关业务，因此需要政府、行业协会、平台企业形成联动机制，打造网约车行业诚信体系。

在这一背景下，《成都市网约车驾驶员不良行为名单制度》《广州市网络预约出租汽车行业驾驶员管理公约》《中山市网约车行业诚信公约》等行业自律公约陆续出台，在行业主管部门及行业协会的统筹协调下，各网约车平台公司承诺不录用发生多次违法违章、重大交通责任事故、违法犯罪活动等行为的驾驶员，不聘用未取得《网络预约出租汽车驾驶员证》的驾驶员，对于因违反该公约而被其他网约车平台清退的驾驶员不予录用等。

此外，中国城市公共交通协会网约车分会在2022年启动了《网络预约出租汽车信息聚合平台运营服务规范》《网络预约出租汽车线下运营服务商评定指南》两项团标建设工作，积极通过全国层面的行业自律规范建设推进网约车平台与线下运营服务商的规范管理与高质量发展。

通过以上多项举措，网约车行业正在探索建立起一个由政府部门、企业、从业人员、乘客及行业协会共同参与的多方协同治理机制，实现信息互通、资源共享，提升监管效能。在一系列重拳出击之下，各网约车平台订单合规率均实现了不同程度的上升，合规化正走向长效、稳健发展之路。

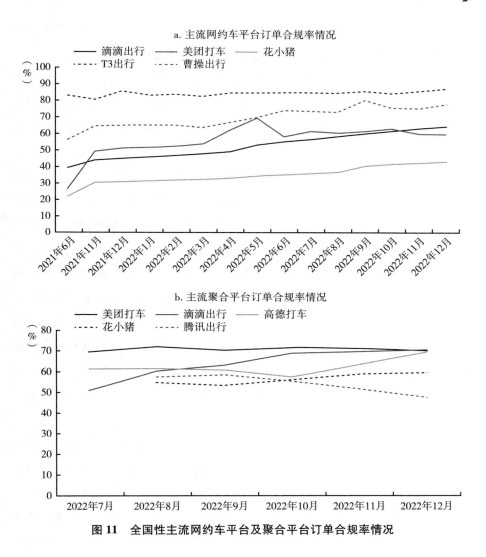

图11　全国性主流网约车平台及聚合平台订单合规率情况

（二）数据治理日趋完善

网约车是数字经济的重要应用领域，数据在网约车技术创新和业务发展中发挥着至关重要的作用。2021年，以滴滴下架，七部门进驻滴滴出行开展网络安全审查为标志，网约车行业迎来了史上最强数据安全监管。《数据安全法》《个人信息保护法》《关键信息基础设施安全保护条例》《网络安

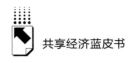

全审查办法》等网络与数据安全法律法规陆续修订出台，国家网络安全工作根基不断夯实，网络安全顶层设计和总体布局不断完善。

这其中，与网约车行业最为密切相关的是 2021 年 9 月 1 日起施行的《数据安全法》和 2021 年 11 月实施的《个人信息保护法》。网约车平台在运营过程中会产生大量的业务生产数据、经营管理数据以及个人信息数据，这些数据一旦被泄露、篡改、破坏或者非法获取与利用，就可能对个人、组织的合法权益造成危害，甚至危及公共利益、国家安全。但由于个人信息保护和数据安全领域的技术尚不完善，各国都是更多地依赖相关法规和监管框架。据不完全统计，目前有超过 66 个国家及地区有关于数据的安全法规，超过 30 个国家有涉及数据出口的间接条文。《数据安全法》是中国乃至全球首部数据安全专门立法，明确了数据安全的内涵与外延，规定了必要的域外适用效力，确立了中央统筹的数据安全工作体制机制，完善了数据安全治理的基本制度。《个人信息保护法》则进一步细化、完善了个人信息保护应遵循的原则和个人信息处理规则，明确个人信息处理活动中的权利和义务边界，健全了个人信息保护工作体制机制。新修订的《网络安全审查办法》则规定掌握超过 100 万用户个人信息的运营者赴国外上市应申报网络安全审查。

除了数据与网络安全、个人信息保护，算法也是我国数据治理中的重要环节。网约车平台必须依托算法规则实现对数据的分析利用，继而给予司机和用户精准派单与计价。平台在追求自身效应最大化的过程中极易产生算法歧视、算法不透明、算法合谋等问题，不仅损害了消费者权益，也因算法技术的隐藏性和专业性对监管造成困难。2022 年 3 月，国家网信办等四部门联合发布的《互联网信息服务算法推荐管理规定》正式施行，对通过算法提供互联网信息服务的行为提出了系统治理方案，明确要求算法公开透明、反对不正当竞争、保障劳动权益、不得大数据杀熟。这有利于规范互联网信息服务算法推荐活动，维护国家安全和社会公共利益，促进互联网信息服务健康发展。

2022 年 12 月，中共中央、国务院印发《关于构建数据基础制度更好发挥数据要素作用的意见》（又称"数据二十条"），明确指出"鼓励各类数据商进场交易。规范各地区各部门设立的区域性数据交易场所和行业性数据交易平台，构建多层次市场交易体系，推动区域性、行业性数据流通使用。促进区域性数据交易场所和行业性数据交易平台与国家级数据交易场所互联互通"。这预示着，呼吁多年的行业性数据交易平台即将"浮出水面"。但目前关于数据确权、数据共享与数据使用等问题仍然存在不少争议与政策空白。

这一系列法规共同构成了数字经济开展新技术、新应用的治理规则体系，是数字时代提升治理能力的重要制度探索，也对网约车平台和企业提出了更高的数据分析和处理要求，引导平台和企业提高数据质量、挖掘数据应用场景、提升内外数据治理能力。综合来看，包括网约车在内的数字平台监管需平衡数据安全与行业发展需要，既要关注执行相关政策后的正面效果，也要防止运动式监管限制企业发展空间。

（三）从业人员权益保障高度重视

数字技术的进步导致网约车司机工作性质和企业生产组织形式发生变革，也伴随着劳动者权益保障问题的去公司化。如果按照传统的"雇主—雇员"关系去解决劳动者权益保障问题，"一刀切"地以城镇职工养老保险体系的标准要求企业或从业人员缴纳社保，就有可能大幅提高用工成本，给劳动者或消费者造成额外负担，不利于扩大就业和创业，并阻碍生产和组织方式的进一步创新。

近年来，有关部门已经陆续出台了一些改革劳动者权益保护体系和社会保障体系、保护平台劳动者权益的政策。2021 年 7 月，人社部、发改委等八部门联合发布《关于维护新就业形态劳动者劳动保障权益的指导意见》。该意见正式引入了劳动"三分法"概念，"不完全符合确立劳动关系情形"的新业态用工第一次正式出现在大众视野。在 2021 年 8 月 18 日国务院政策例行吹风会上，人社部指出现阶段补齐劳动者权益保障短板的三方面工作：一是明确将不完全符合确立劳动关系情形的新就业形态劳动者纳入最低工资制度保障范围；二是对企业制定/修订直接涉及劳动者权益的制度规则和平

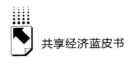

台算法，要充分听取工会和劳动者代表的意见建议，并公示告知劳动者；三是强化职业伤害保障。

2021年11月，交通运输部等八部门联合印发《关于加强交通运输新业态从业人员权益保障工作的意见》，就加强交通运输新业态从业人员权益保障工作提出了十个方面的主要任务，体现了规范交通运输新业态企业经营行为、健全完善从业人员权益保障制度的政策意图。此后，广东、甘肃、海南、贵州、四川、吉林、江西、云南、河南等地陆续出台维护新就业形态劳动者劳动保障权益的实施意见，维护网约车驾驶员、货车司机等新就业形态从业者的劳动保障权益。

图 12　中央及地方关于保障新业态从业人员权益的政策

2022年初，交通运输部将"网约车行业抽成'阳光行动'"作为更贴近民生的实事，要求平台公司公开计价规则、合理设定抽成上限并公开，在驾驶员端实时显示抽成比例，并采取多项举措，指导行业各方积极推动落实工作。在7月28日召开的交通运输部例行新闻发布会上，交通运输部运输服务司副司长王绣春表示，"阳光行动"分阶段目标任务完成情况较好。网约车主要平台公司的抽成比例上限在18%~30%，各主要平台公司均已通过应用、App等形式向社会主动公开了计价工作，在驾驶员端实时显示抽成比例，并按照要求，设计了包括乘客支付总金额、驾驶员劳动报酬、抽成比例和抽成比例的计算公式等信息在内的界面。这说明阳光行动的成效卓著，平台抽成比例得到了行业主管部门的认可，网约车从业者的劳动权益得到了有效的保障。

  包括网约车司机在内的新业态从业人员缴纳社会保险时面临劳动关系认定难、以个人身份参保职业医疗难、参保城乡居民社保保障低、无法参加工伤/生育/失业保险等问题。2019年12月的国务院常务会议提出要大力支持灵活就业并明确提出"启动新就业形态人员职业伤害保障试点",这一重要的信号表明我国将会在传统社保体系之外寻求新路径去保障新业态劳动者的职业安全。目前,广东等地开始试点允许平台企业为网约车、外卖、快递等新业态从业人员单独缴纳工伤保险。

  2022年4月,国务院办公厅正式发布《关于推动个人养老金发展的意见》,标志着我国养老保险第三支柱个人养老金制度的诞生。个人养老金制度的推出,在一定程度上为新业态从业人员养老问题的解决提供了一种新的思路,也就是将劳动关系与养老保障问题二者解绑,采取"城乡居民社会养老保险+个人养老金"相结合的方式,这有可能成为新业态养老问题解决的一种主要方式。

  事实上,自2021年6月1日起,浙江省(含宁波市)和重庆市便开展了专属商业养老保险试点,截至2022年1月底,6家试点公司累计承保保单近5万件,累计保费4亿元,其中快递员、网约车司机等新产业、新业态从业人员投保近1万人。自2022年3月1日起,专属商业养老保险试点区域扩大到全国范围,并允许养老保险公司参加试点。

  除此之外,全国各地政府、企业、行业协会、党组织也在采取多种形式组建网约车司机工会,搭建司机与企业交流沟通的平台,探索双方平等协商机制。比如,浙江省总工会、省交通运输厅于2022年5月联合发布《关于做好全省货车、网约车司机群体工会工作的通知》,要求各市总工会、交通运输局大力推动全省货车、网约车司机群体加入工会组织。无锡市总工会出台《关于加强产业(行业)工会建设项目奖补办法(试行)》,总计划每年拿出260多万元对已建/新建行业工会给予1万元至10万元不等的奖补。中山市首个"党群服务中心+出租车(网约车)司机爱心驿站"新模式站点上线,截至2021年底,共计11个充电站点挂牌成为"中山市出租车(网约车)司机爱心驿站",实现了网约车司机"有家可找,有家可回,有家可依"。

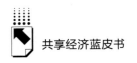

共享经济蓝皮书

（四）助企纾困共渡难关

近年来，国内外环境复杂性和不确定性明显加剧，我国经济恢复受阻，线下服务恢复缓慢，对网约车市场造成较大冲击。

根据中国互联网络信息中心（CNNIC）发布的第 50 次《中国互联网络发展状况统计报告》，截至 2022 年 6 月，我国网约车用户规模达 4.05 亿，较 2021 年 12 月减少 4754 万，占网民整体的 38.5%。用户规模下降带来了订单量的持续下跌，进而引发司机收入减少，平台企业及线下服务商营收状况下滑，经营压力增大。2022 年网约车月度峰值单量为 7.03 亿单，低于 2021 年的 7.8 亿单。

在此背景下，消费恢复与助企纾困成为国家政策的重点。2022 年 2 月，国家发展改革委等 14 部门印发《关于促进服务业领域困难行业恢复发展的若干政策》，从 3 个方面提出 43 条举措，帮助服务业渡过难关，对于运输业还给予了针对性的扶持措施。截至 2022 年 4 月底，全国大多数省份均发布了交通运输行业纾困政策，与网约车相关的主要包括暂停运输企业预缴增值税、免征公共交通运输服务增值税、加强金融支持、缓解出租车行业运营困难等，给面临严峻考验的出行市场带来暖风。

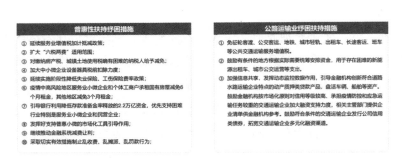

**图 13　《关于促进服务业领域困难行业恢复发展的若干政策》
对公路运输业提供了针对性扶持措施**

2022 年底，《扩大内需战略规划纲要（2022—2035 年）》重磅出台，要求加快培育完整内需体系，促进形成强大国内市场，支撑畅通国内经济循环。其中提到的持续提升传统消费、积极发展服务消费、加快培育新型消费、大力倡导绿色低碳消费，将有利于新能源汽车、自动驾驶在网约车行业的推广应用，促进网约车大数据在交通物流、公共服务领域的衍生发展，加深交通的跨行业融合应用与商业创新，为企业的恢复经营与稳定发展创造良好的经济环境。

（五）"放管服"不断优化

政府在网约车监管中处于不可替代的地位，监管者也一直在探索根据网约车的运营模式转变监管理念、创新监管方式。"放管服"所提倡的简政放权、放管结合、优化服务归根到底是为了处理好政府与市场、政府与社会的关系，释放市场活力、发展动力和社会创造力。

2022年2月，国务院办公厅印发《关于加快推进电子证照扩大应用领域和全国互通互认的意见》，就进一步实现更多政务服务事项网上办、掌上办、一次办，进一步助力深化"放管服"改革和优化营商环境作出部署。其中明确提到加快推进驾驶证等个人常用证照电子化应用。推动营业执照、生产经营许可证等电子证照在企业登记、经营、投资等高频政务服务事项中的应用，并进一步拓展到纳税缴费、社会保障、医疗保障、住房公积金、交通运输、公共资源交易、金融服务、行政执法、市场监管等领域。

目前网约车相对较高的罚款标准，一方面给企业和司机造成较大的压力；另一方面各地对无证运营查处不严，查而不罚，罚而不全，也未能达到促进合规的效果。2022年，《道路运输条例》《网络预约出租汽车经营服务管理暂行办法》先后修订，调整了对部分违法行为情节、后果的认定标准及罚款幅度。《网络预约出租汽车经营服务管理暂行办法》考虑到不同违法事项的危害程度和经营者的承受能力，对第三十四条处罚情形分别按照未取得平台证、运输证、驾驶员证进行了区分，并适当降低了处罚额度。原条款为对每次违法行为处以5000元以上1万元以下罚款；情节严重的，处以1万元以上3万元以下罚款。调整之后对未取得《网络预约出租汽车经营许可证》的，处以1万元以上3万元以下罚款；对未取得《网络预约出租汽

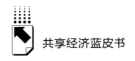
车运输证》的，处以 3000 元以上 1 万元以下罚款；对未取得《网络预约出租汽车驾驶员证》的，处以 200 元以上 2000 元以下的罚款。此外，考虑到网络预约出租汽车驾驶员和巡游出租汽车驾驶员同属于出租汽车驾驶员，删除了第三十六条中关于未携带相关证件、甩客或者故意绕道行驶、违规收费、报复乘客等方面处罚的表述。按照《交通运输部关于修改〈出租汽车驾驶员从业资格管理规定〉的决定》执行。

在《道路运输条例》修订草案征求意见稿中提到的关于客运出租汽车、网约车平台等方面的内容未能在此次进入新版。但于 2022 年 5 月 1 日起施行的《甘肃省道路运输条例》单独设立了出租汽车管理、道路运输安全章节，网约车第一次被纳入道路客运范围。2022 年 10 月 1 日起施行的《浙江省道路运输条例》也将网约车客运纳入道路客运范围，对于网约出租车平台经营者的违法行为，除责令停业整顿、给予罚款外，还可由公安部门给予停止联网、停机整顿的处罚。该条例还在地方层面首次提出"巡游出租车经营者通过网络预约方式揽客的，可以按照计价器显示金额收取运费，也可以按照网约车计价规则收取运费"，为巡网一体的深入发展进行政策松绑。

"放管服"改革后，更多的行政管理职能交由社会组织来行使，在政府与市场、社会之间架构监管承接体。2022 年，地方网约车协会开始在全国兴起，政府希望通过培育行业协会的治理能力，加强行业自律与监督，促进企业间的沟通与协调，探讨行业共性发展问题，为制定各项政策提供依据，进而提升网约车市场治理能力，让全行业更好地共享市场发展机遇。

但与此同时，网约车的宏观调控之手也在 2022 年末加速到来。由于网约车数量迅猛增长，厦门、南宁、深圳、珠海等多地发布网约车行业风险预警，提示运营车辆已接近甚至超过市场承载力，甚至停办网约车道路运输证。12 月 1 日，杭州市交通运输局发布了《杭州市网络预约出租汽车经营服务管理实施细则（征求意见稿）》，指出网约车将以"动态管控"为主调，主要依靠存量转换，通过将符合条件的车辆变更使用性质为"网络预约出租客运"产生，不单独新增网约车指标，不设置网约车专用牌照号段。12 月 9 日，深圳市交通运输局发布了《关于建立网络预约出租汽车运力规模动态调整机制（试行）的通知（征求意见稿）》，提出拟建立网约车运力规模动态调整机制，引导网约车市场供需关系动态平衡。动态机制将根据网约车日均订单量变化幅度、网约车单车日均订单量、巡游出租汽车里程利用率等3项评估指标建立触发条件，分别暂停或者恢复受理当地《网络预约出租汽车运输证》和《网络预约出租汽车经营许可证》的新增业务。

具有代表性的两座城市相继提出对网约车实行总量控制，既与《国务院办公厅关于深化改革推进出租汽车行业健康发展的指导意见》中"合理把握出租汽车运力规模及在城市综合交通运输体系中的分担比例，建立动态监测和调整机制，逐步实现市场调节"相左，也不符合"放管服"所强调的充分发挥市场配置资源的决定性作用的精神内核，反映了平台经济的跨行业性和外部性使得以市场准入为主要手段的行政监管模式面临巨大的挑战。要设置好网约车平台的"红绿灯"，避免"一放就乱，一统就死"，就需要在制度层面审慎谦抑地厘清行政监管的权限与范畴，在实践层面打造高效、健全、公平的市场竞争体系，这也是网约车行业治理在当下以及未来需要持续迭代、进化的一道重要命题。

（六）行业组织参与治理

交通运输部多次提出加快构建以信用监管为基础的新型监管机制，推动信用与现有业务、系统和流程有机融合，进一步提高行业治理能力和治理水平。目前全国各省份信用评价体系建设初具规模，但网约车司机信用评价体系缺失，行业内企业各自为战，缺乏信息互联互通，征信服务企业无开展相关业务，因此需要政府、行业协会、平台企业形成联动机制，打造网约车行业诚信体系。

在这一背景下，《成都市网约车驾驶员不良行为名单制度》《广州市网络预约出租汽车行业驾驶员管理公约》《中山市网约车行业诚信公约》等行业自律公约陆续出台，各网约车平台公司承诺不录用发生多次违法违章、重大交通责任事故、违法犯罪活动等行为的驾驶员，不聘用未取得《网络预约出租汽车驾驶员证》的驾驶员，对于因违反该公约而被其他网约车平台

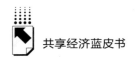

清退的驾驶员不予录用等。

通过以上多项举措，网约车行业正在探索建立起一个由政府部门、企业、从业人员、乘客及行业协会共同参与的多方协同治理机制，实现信息互通、资源共享，提升监管效能。在一系列重拳出击之下，各网约车平台订单合规率均实现了不同程度的上升，合规化正走向长效、稳健发展之路。

四　我国网约车未来趋势展望

（一）向"一超多强全聚合"市场格局发展

聚合平台份额将持续提升。高德、滴滴、腾讯、华为、美团、百度等超级平台入局的聚合模式有望在行业中占据半壁江山，国内网约车市场将会形成"一超多强全聚合"的局面。

聚合模式带来网约车市场的格局变化，给中小平台带来快速发展的机会，特别是区域性的运力企业将获得更多的发展机会。

（二）巡游车运营加速数字化，出租车营运趋向巡网融合

在政策规范、市场竞争、城市出租车与网约车的运力总量良性管控等方面，随着各地对于网约车的管理水平不断提升和经验的积累，市场环境对于出租车数字化转型升级极大利好，"巡网"融合发展是大趋势。"存量"的出租车提质提效转型升级，"增量"的网约车也已告别了野蛮生长，实现差异化竞争和高质量发展，互联网出行行业的发展将更加良性和规范。

（三）网约车平台企业或冲刺上市

2022年12月20日，国务院常务会议指出，坚持"两个毫不动摇"，支持民营企业提振信心、更好发展；支持平台经济健康持续发展。从政策信号来看，平台经济将进入健康发展的快车道。2022年国务院印发《扎实稳住经济的一揽子政策措施》（六个方面33项措施）明确提出，支持内地企业

在香港上市，依法依规推进符合条件的平台企业赴境外上市。

目前主机厂系的T3出行、曹操出行、享道出行、如祺出行订单合规率都排在前列。国内车企不断加大在移动出行领域的投资力度，主机厂系出行平台正在试图构建由车企、网约车和用户组成的一个完整闭环，用整个产业的力量来带动网约车发展，完成从"制造业"向"出行服务业"转型。主机厂通过出行平台和网约车租赁公司来消化新能源汽车产能，借此不断提升车企的周转速度，从而让车企由单纯的生产企业逐渐成为由资本力量驱动的长期发展的高增长公司。因此，主机厂系的网约车平台冲刺IPO，2023年网约车平台或将迎来上市潮。

（四）网约车电动化比例将不断提升

2023年2月3日，工业和信息化部等八部门发布关于组织开展公共领域车辆全面电动化先行区试点工作的通知，要求2023~2025年实现出租车（包括巡游出租和网络预约出租汽车）电动化水平力争达到80%。预计未来两年网约车行业新增新能源汽车占比会超过80%，中心城市或率先实现网约车全面电动化。

（五）经营合规化进程加速，不合规平台将被淘汰

随着《网络安全法》《数据安全法》《个人信息保护法》《网络预约出租汽车监管信息交互平台运行管理办法》等法律法规的出台，各地交通运输主管部门从监管政策到交通执法系统的全面完善和落地，今后对于不合规网约车的打击力度会进一步加大，对于平台的处罚为下架App或吊销经营许可，不合规平台将被加速淘汰。网约车行业整体合规率会持续大幅提升。

随着网约车监管信息交互平台月度公示制度和地方关于网约车法律法规的健全，各地加快清退网约车无证营运车辆，网约车行业合规化进程加速。

（六）"阳光行动"持续开展，抽佣比例进一步降低

交通运输部推动实施交通运输新业态平台企业抽成"阳光行动"，平台

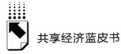

方公开计价规则、合理设定抽成比例上限并公开、驾驶员端实时显示抽成比例,保障从业人员的知情权和监督权。随着更多聚合平台的进入,市场活力进一步释放,预计未来平台抽佣比例将更低,分配机制将更为合理,总抽佣比例或将低于订单总金额的20%。

B.6
2022年中国私人小客车合乘
发展形势分析与展望

纪雪洪　费闻鋆　沈立军*

摘　要： 本文主要对2022年中国私人小客车合乘（顺风车）业态的发展
形势进行分析。受疫情影响，私人小客车合乘市场规模有所缩
减，但私人小客车合乘能满足刚需，具有很好的发展韧性。从政
策看，私人小客车合乘的健康持续发展需要中央和地方创造更好
的政策环境。

关键词： 私人小客车合乘　顺风车　"好意互助"

一　2022年顺风车行业发展情况

私人小客车合乘也称为顺风车。顺风车通过平台智能算法，匹配路途相
似的车主和乘客，有效利用闲置的空车运力，降低车主的出行成本，也让乘
客点到点出行的需求得到满足，此外还能够减少能源消耗、缓解城市拥堵和
空气污染。私人小客车合乘与拼车有一定的区别，私人小客车合乘的性质是
互助出行，不以营利为主要目的，从实践来看，前者是车主发出订单，而后
者一般是乘客发起出行需求。

---

* 纪雪洪，北方工业大学共享出行研究团队负责人、汽车产业创新研究中心主任、教授；费闻
鋆，北方工业大学汽车产业创新研究中心；沈立军，城市智行信息技术研究院院长。

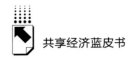

（一）受疫情影响顺风车行业呈下滑趋势

2022 年我国大部分城市受到疫情影响，这在一定程度上抑制了顺风车的市内和跨城通行。然而在经济受到冲击的大环境下，顺风车行业仍旧取得了不错的成绩。以哈啰顺风车为例，全年完成订单 1.5 亿单，总行驶里程约 102 亿公里，节约社会出行成本超百亿元，截至 2022 年底累计认证车主超过 2200 万名。上线四年来，哈啰累计发布顺风出行需求乘客量超过 1 亿人次，累计订单量达到 4.5 亿单，顺风车车主和乘客数量呈现同步增长态势。

综观顺风车行业的 2022 年，是疫情防控与大众出行需求互相交织的一年。年初顺风车迎来中国农历新年前后返乡返工需求，订单量有小规模增加。3 月开始，缺乏假日出游的需求拉动，叠加疫情多点散发，订单量有较大幅度的下滑。4~5 月，各地政府对顺风车的管制更为严格，整体订单量大幅下降。2022 年的订单量高峰值出现在 9 月下旬至 10 月上旬，涵盖中秋节和国庆节假期。而后 12 月上旬订单量有所增加。综合嘀嗒、哈啰和滴滴三家主要平台的情况，估算 2022 年顺风车整个行业规模同比缩减约 12%，下滑幅度略小于公共交通和网约车等出行方式。

（二）顺风车行业将安全建设放在首位

在 2018 年滴滴顺风车安全事件发生后，各平台都着力于私乘的合规化以及各种安全机制的完善，从一开始的高调宣传转为低调发展，强调安全建设。目前，顺风车市场嘀嗒、哈啰、滴滴这三个平台占据了绝大部分份额，此外还有一喂顺风车等平台。

1. 滴滴

滴滴出行成立于 2012 年，2015 年 6 月 1 日顺风车业务上线。可以说滴滴出行是我国较早一批进入顺风车市场的企业。2018 年 5 月 16 日，在安全事件发生后，滴滴公布顺风车阶段性整改措施，取消"用户标签"和"车主评价"功能，车主每次接单前需进行人脸识别。同年 8 月 27 日，滴滴出行宣布在全国范围内无限期下线顺风车业务；2020年6月，经过近2年整改后，滴滴官网显示全国300个城市重新上线顺风车业务。2021年7月，滴滴暂停新用户注册，按照有关部门要求下架整改，滴滴每月约有2%的用户因更换手机等原因而自然流失，顺风车业务受到冲击。在安全事件和疫情的交织作用下，2022年大部分时间里滴滴的顺风车发展处于"隐身"状态。

2. 嘀嗒

嘀嗒出行在2014年成立之初就将私人小客车合乘、车主和乘客顺路搭乘作为主营业务，在顺风车这一细分赛道充分发挥先入场的优势。2018年以来，品牌由"嘀嗒拼车"升级为"嘀嗒出行"，开始踏足网约车和出租车业务。2020年10月，嘀嗒出行向香港交易所递交了首份上市申请。2021年4月，嘀嗒出行再度向港交所递交了招股书。2023年2月，嘀嗒第三次提交申请。

据招股书信息，截至2022年9月30日，嘀嗒顺风车在全国366个城市开通服务，认证顺风车车主达1240万名。同时，全国86个城市开通嘀嗒出租车业务。2020年、2021年和2022年前9个月，嘀嗒出行调整后净利润分别为3.433亿元、2.380亿元和0.654亿元。这意味着，虽然近年持续受疫情影响，但自2019年首次实现盈利的嘀嗒出行，连续四年实现盈利，体现了平台的"自我造血"能力。

3. 哈啰

哈啰顺风车业务于2019年1月正式上线。截至2022年12月31日，哈啰顺风车全年完成订单1.5亿次（高于嘀嗒所公布的2022年前9个月的0.721亿次），总行驶里程约102亿公里，节约社会出行成本超百亿元，截至2022年底累计认证车主超过2200万名。上线四年来，哈啰累计发布顺风出行需求乘客量超过1亿人次，累计订单量达到4.5亿单，顺风车车主和乘客数量呈现同步增长态势。

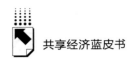

表1 顺风车平台企业信息

公司名称	主要投资方	平台上线时间	顺风车上线时间
滴滴出行	软银、阿里、腾讯	2012年9月	2015年6月
嘀嗒出行	蔚来资本、IDG	2014年9月	2014年9月
哈啰	蚂蚁集团、春华资本	2016年9月	2019年1月

资料来源：根据企业官网整理。

根据弗若斯特沙利文的报告，按交易总额及搭乘次数计算，2021年嘀嗒顺风车的市场占有率约38.1%，是国内最大的顺风车平台。根据图1注释中对其他几家公司的描述，可以猜测公司A为哈啰（31.5%），公司B为滴滴出行（21.7%）。

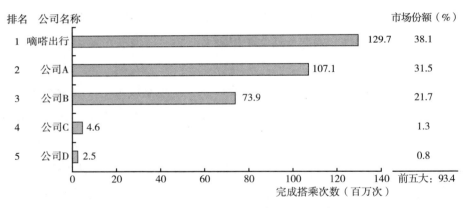

图1 嘀嗒招股书关于顺风车市场份额统计

注：公司A是一家专业的出行平台，为用户提供出行工具和服务。公司B为一站式出行及生活服务平台，亦为美国场外粉单市场上市的公众公司。公司C为顺风车平台，亦提供跑腿服务。公司D为专注于互联网及新能源交通的网约车平台。
资料来源：嘀嗒招股书。

但通过哈啰顺风车公布的数据，2022年平台内完成的顺路合乘量达到1.5亿次。而嘀嗒招股书所公布的2022年前9个月的顺风车搭乘量为0.721亿次。在运力供给侧，嘀嗒出行提交的招股书信息显示，截至2022年9月30日，其在全国拥有约1240万名认证私家车主。哈啰顺风车平台方面数据显示，截至2022年底，哈啰顺风车累计认证车主超过2200万名。

（三）切入典型细分场景，满足用户个性化需求

当前顺风车业务市场的安全性和用户体验比起粗放竞争时期有大幅提升，向有序合规经营方向发展，对于滴滴、嘀嗒和哈啰来说，在同质化的竞争格局下，差异化、多元化才是可持续发展的题中应有之义。

近年来，养宠风潮的兴起让顺风车出行需求激增。相关数据显示，在备注携带宠物的全部订单中，跨城订单超过七成。在公共交通领域，由于面向社会全体，乘客携带宠物跨城出行会受到限制。远距离的宠物托运流程烦琐、安全无法保障且费用昂贵，而顺风车恰好能解决宠物托运的痛点，其具有直达目的地、灵活调度的特点，以及可协商的活动范围，能够满足养宠人士的个性化需求。宠物"蹭车"出行既方便了宠物的主人，也合理利用了空置资源。

2020年，哈啰顺风车首次发布的数据显示，平台内当年乘客携带宠物出行上百万次，尤其是春节等较长的法定假期，携宠出行的需求更为迫切。2021年，哈啰顺风车测试专门的宠物出行服务产品，筛选更高标准或有携宠出行订单服务经验的车主向"宠物家长"提供服务，同时平台额外提供行程保险。同时，哈啰顺风车也提出共建"文明互助"出行环境倡议，对车主包容宠物的善举加以鼓励。

2021年春节，嘀嗒出行就在其社区中发布"顺风车宠物友好"相关规定："针对携带宠物问题规则提出，若乘客要携带宠物，一定在下单时提前备注。每名乘客最多带1只小型宠物，且宠物须全程在宠物箱内。若乘客携宠不符合以上规范，车主同样有权免责取消订单。"此外，帮忙办事、跑腿代购等新业务也蓬勃发展，顺风车"顺"的不仅是乘客，还可以是物品或跨区域办事。

2022年顺风车市场交易总额约为201亿元。随着2022年底"新二十条""新十条"的出台，2023年顺风车市场或将迎来报复性消费，预计2023年顺风车交易规模会持续保持增长势头，将达到298亿元。顺风车市场交易额与增长情况如图2所示。

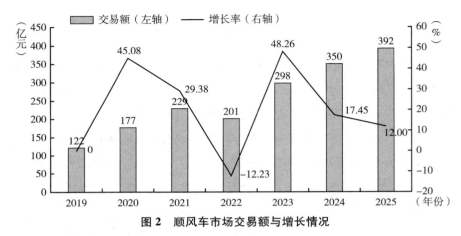

图 2　顺风车市场交易额与增长情况

资料来源：《2014～2020 年中国顺风车行业发展蓝皮书》《中国共享出行发展报告
（2020～2021）》，并且基于 2022 年情况更新。

二　2022年顺风车行业发展特点分析

（一）顺风车供给侧方兴未艾

本蓝皮书编委会在 2022 年底开展了顺风车问卷调查，涉及顺风车车主
317 人，大部分为"80 后""90 后"；男性超过六成，女性不到四成；超过
85%的车主学历为本科、硕士及以上；有固定工作和灵活就业的人分别占比
82.33%、17.67%。总体来看，本次被调查车主的年龄集中为三四十岁的中
青年，以男性居多，且多数人的学历素养较高，有自己的本职工作。

关于车主开顺风车接人的场景，如图 3 所示，"上下班通勤""有空闲
时间时"分别占比 49%、34%，位列前二，"接送孩子、家人时""临时性
外出"等场景占比很小，这也从侧面反映了车主端"真顺风"的特点。

在月度接单频次方面，如图 4 所示，大概有四成的车主频次在 11～20
次，6～10 次、20 次以上的分别占 28%、24%，其余的在 1～5 次，也就是
说，大部分有固定工作的车主会选择在上下班通勤或空闲时接单，如果一个
月以 20 个工作日来计算，接单次数超过 5 次的居多，集中在 6～20 次。

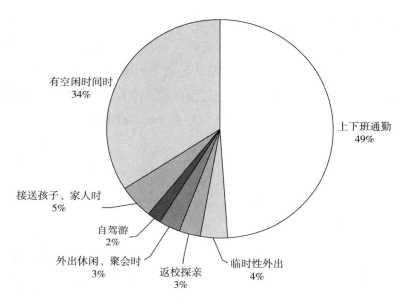

图3　车主接人场景统计

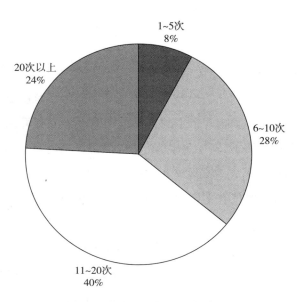

图4　车主月度接单频次统计

在车主开顺风车的动因方面，如图 5 所示，超过一半的人选择了"补贴油费""为他人提供便利""绿色低碳"，四成多的人选择了"降低城市拥堵""扩大朋友圈"，结合疫情背景下经济下行情况以及车主端的学历水平，可以看出供给侧的车主倾向于通过顺路载人的方式来补贴自己通勤所花油费，且表现出对于社会、环境可持续发展作出贡献的意识。

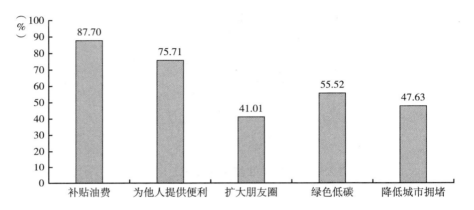

图 5　车主选择顺风车动因统计

在选择平台的原因方面，如图 6 所示，"订单多"占比 63%，"平台服务好"占比 32%，"抽成少"占比 5%，订单量和服务水平是决定车主选择平台的主要因素，订单量大意味着车主的选择范围更大，更有可能匹配到合适的订单，服务水平好则象征了平台作为第三方对乘客和车主出行体验的重要度。

本次问卷调查关于成为顺风车车主推荐度的平均得分为 8.36 分（满分10 分），被调查对象中仅有不到 10% 的人打分在 6 分以下，大部分人倾向于推荐朋友成为车主，如图 7 所示。

党的十八大以来，依托互联网平台的高速发展，网络货运、网约车、共享单车和共享汽车等新业态、新模式快速发展。2022 年面对经济下行的趋势，持有汽车固定资产的人可能在过往的工作中收入降低，有可能面临失业、可正常工作时间变短等情况，对供给侧的车主来说，客观上创造了参与顺风车业务的有利条件和动机。况且顺风车接单更为灵活，车主可以根据自

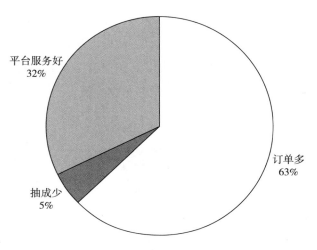

图6 车主选择平台动因统计

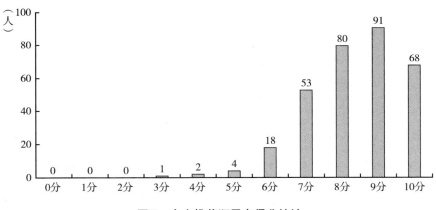

图7 车主推荐顺风车得分统计

己的出行需求匹配适合的订单。不管是为了补贴油费，还是为了利用自己的闲置资源，顺风车平台为上述的车主群体提供了新思路，车主群体不断发展壮大，供给侧呈现方兴未艾的景象。

（二）顺风车是部分消费群体的刚需，需求侧韧性较强

乘客端受调查的顺风车乘客共529人，年龄主体为"80后""90后"，

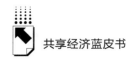
性别也趋于平均，近九成的被访者学历相对较高。

就月度使用频次而言，如图 8 所示，有近六成的乘客频次在 2～5 次，26%的乘客频次在 6～10 次，而 10 次以上和仅有 1 次的占比分别为 10%和5%，由此可见乘坐次数在 2～10 次的乘客占据主流。

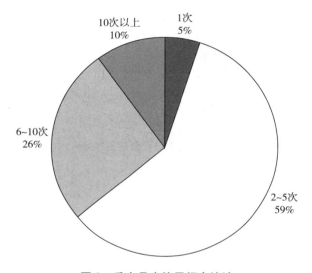

图 8　乘客月度使用频次统计

就顺风车体验的影响因素而言，如图 9 所示，"按时出发""匹配时长""送达约定地点"排前三，不难发现乘客更在意订单匹配的时效以及履约完成度，平台企业可以根据乘客的诉求完善供需匹配流程以此提高用户的满意度。

就顺风车的使用场景而言，如图 10 所示，42.9%的乘客选择了"上下班通勤"这一选项，"外出购物、休闲和聚会等"占比 25.5%，除此以外还有"去机场/火车站""节假日返乡"两项比例较接近，各占一成左右，通勤一直以来都是顺风车的主要需求，近两年来短途旅行、携带宠物出行等场景也逐渐变多。

在选择顺风车作为出行工具的原因方面，如图 11 所示，"经济实惠"占比 84.69%，位居第一，其次是"便捷省时"，占比 83.36%，均有一半多

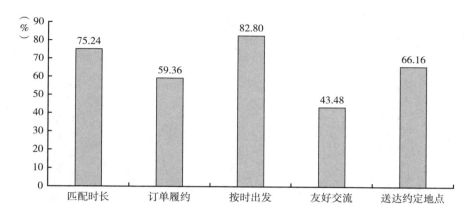

图9 乘客体验影响因素统计

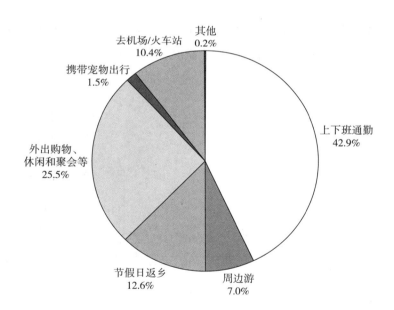

图10 乘客使用顺风车场景统计

的乘客选择了"乘坐舒适""绿色低碳"，顺风车相较于网约车而言有着更
为便宜的价格优势，相较于其他公共交通而言可以解决"最后一公里"的
痛点，因为其提供了更为精准的点到点送达服务，节省了乘客转换交通工具
的时间，在乘坐体验方面也优于公共交通。

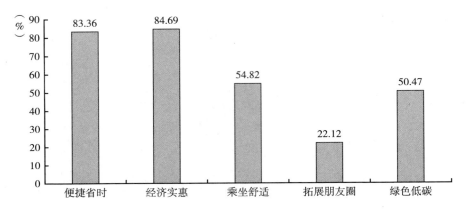

图 11 乘客选择顺风车动因统计

本次问卷调查关于顺风车推荐度的平均得分为 8.31 分（满分 10 分），如图 12 所示，被调查对象将顺风车推荐给朋友的倾向性是比较高的。

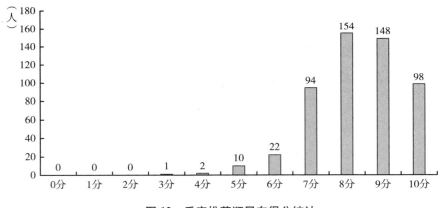

图 12 乘客推荐顺风车得分统计

在疫情期间，有 46% 的乘客选择了"外出次数减少，因此减少乘坐顺风车"，而"考虑疫情传播风险，减少顺风车乘坐""刚需影响不大"分别占比 27%、18%，"增加乘坐顺风车"仅占 9%，如图 13 所示，乘客或因疫情抑制部分出行需求，或因考虑疫情传播风险而减少使用顺风车。

关于政策放开后乘客端对于顺风车出行次数的预期变化，如图 14 所示，

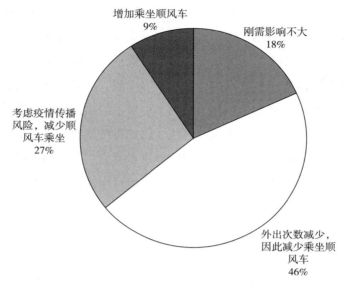

图 13　疫情期间乘客影响统计

65%的人认为会增加，16%的人认为会显著增加（增加 30%以上），预期次数不变和减少的仅约占两成，绝大多数乘客对于未来出行需求增长持积极态度。

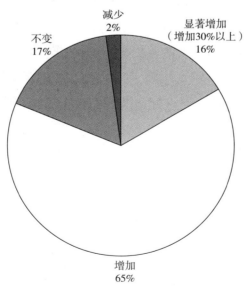

图 14　政策放开后乘客预期变化统计

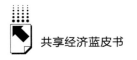

社会公众对顺风车行业的需求和体验差异明显,部分人从未体验过顺风车,也有部分人高频使用。四轮市场的消费者会将出行成本纳入考量标准,选择顺风车的群体大多是因为顺风车普惠、低价、一站直达。结合我国庞大的人口基数,顺风车出行需求的体量也不容小觑。从需求侧来说,实际上顺风车为乘客提供了比巡游出租车、网约车更实惠的出行服务,这种高性价比的出行方式在一些特定情况下无法替代,例如在疫情期间,面临有些公交车缩线、减班或者停运情况,顺风车能够提供点到点、门对门的服务,且订单价格较低,乘客有很强的动机将顺风车作为出行刚需,因此需求侧的韧性是比较强的。

(三)女性和职场人群体开始受到广泛关注

2022年3月7日,嘀嗒出行协同汽车之家、e代驾等平台联合发布《2022女性车主 & 女性顺风车车主调研报告》。针对嘀嗒出行、汽车之家和e代驾等平台用户中的女性车主进行调研,收到5000多份样本,从日常出行、顺风体验和职场生活三个维度,展现了当代女性车主的面貌。调研结果中值得注意的是,上下班通勤、临时外出和返乡探亲是女性车主排前三的顺风出行场景,其中上下班通勤的选择比例高达87.91%,与以往研究中顺风车以通勤为主的需求相符。女性车主眼中的顺风车方面,前三大关键词依次是绿色低碳、友善互助、包容互谅。顺风车车主中的女性群体对共享出行有着细腻且温和的独到见解,从女性视角来看,平等互助的车乘关系能够给用户带来更好的体验。

在常规安全功能和产品基础上,2021年哈啰顺风车率先上线女性安全助手服务,在哈啰顺风车乘客用车页面首屏位置设置一键响应入口。围绕顺风车用车出行场景,设置了行前安全提示、行程中护航、应急呼叫、行程分享等功能。面向女性乘客提供更简便的操作设计和更丰富、更无忧的服务内容。

2022年12月,嘀嗒出行发布《2022职场人状态和顺风出行感受调研报告》。在出行理念方面,友善互助、绿色低碳和从容出行排前三。在顺风车通勤的独特体验方面,51.9%的受访用户认为,同行车主/乘客都是邻居,或者在同一片区上班，有天然的亲切感；41.19%的受访用户认为，搭乘顺风车能开阔视野、了解其他更多行业的新鲜事；36.07%的受访用户认为，大家都是同路人，更容易有共同话题。嘀嗒面向职场人群体的调查有一定的现实意义，因为职场通勤群体是顺风车消费者的主要构成。当代职场人的出行理念和独特体验也能够客观体现顺风车客群的素养与理念，反映了"碳中和"概念深入人心。

三　顺风车行业发展的相关政策分析与建议

（一）中央第二次修订纲领文件，进一步规范要求

2016年《网络预约出租汽车经营服务管理暂行办法》（以下简称《办法》）的出台，标志着首次在国家层面推出规范顺风车行业市场行为的纲领文件。近年来中央和地方根据行业发展不断完善细则，对顺风车服务的合法性做出明确界定与约束。《办法》经历过2019年12月28日的第一次修正后，在2022年有了新的发展。2022年11月30日，《关于修改〈网络预约出租汽车经营服务管理暂行办法〉的决定》已于2022年9月21日经交通运输部第22次部务会议通过，六部门对《办法》进行了第二次修正，取消或下调了对一些行为的罚款标准，删去了有关外商投资企业还应当提供批准证书的规定，旨在优化营商环境、扩大对外开放，适应"放管服"改革以及合规市场建设的需要。《关于修改〈网络预约出租汽车经营服务管理暂行办法〉的决定》中有两条与顺风车直接相关：

第二十八条　任何企业和个人不得向未取得合法资质的车辆、驾驶员提供信息对接开展网约车经营服务。不得以私人小客车合乘名义提供网约车经营服务。

第三十八条　私人小客车合乘，也称为拼车、顺风车，按城市人民政府有关规定执行。

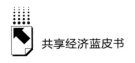

简而言之，第二十八条规定不得以顺风车名义从事网约车业务，从法律上约束将顺风车作为盈利业务的行为。第三十八条从文件层面给予各地方政府行政自由度，各地可以根据具体情况细化规定。

（二）地方政府调整限制，细化管理

在过去一年，各级地方政府也出台、修订、落实与顺风车相关的政策，新政策中所作出的一些调整反映了地方政府关于顺风车管理的动向。

1. 加大顺风车变相从事网约车经营活动的处罚力度

网约车经营活动由相关行政主管部门监管，然而顺风车与网约车的性质不同，顺风车不属于经营活动。根据交通运输部的相关回应，顺风车不需要办理网约车相关许可，但应当符合以下要求：一是应以车主自身出行需求为前提、事先发布出行信息；二是由出行线路相同的人选择合乘车辆；三是不以盈利为目的，分摊部分出行成本或免费互助；四是每车每日合乘次数应有一定限制。

地方政府通过罚款、扣分等处罚方式，防范顺风车变相从事网约车经营服务活动，如天津市提出顺风车不需要取得经营许可相关资质；驾驶未取得网约车运输证车辆或以私人小客车合乘名义擅自从事网约车经营活动将被扣分。

2. 多地放宽顺风车的车辆要求

部分城市如南宁和东莞在新政策中调整了对合乘车辆的要求。南宁原政策规定"提供合乘的车辆须是驾驶员本人或驾驶员直系亲属所有的、具有本市号牌且经检验合格的 7 座以下小客车"，修订后删去了车辆所有人和车籍地的规定。东莞原政策要求使用"具有本市公安部门核发的有效机动车号牌，且年检合格的 7 座及以下小型客车"，修订后删除了"本市"的要求。政策变动在趋势上放宽了对于顺风车的车辆要求，吸纳外地的车辆进入本地市场，在一定程度上能够促进供给侧增长。然而也有一部分城市出于道路交通资源和环境容量有限的考量，并未放宽对合乘车辆的限牌要求，如果外地车辆以合乘方式涌入本地将会影响本地的市场和交通。

3. 取消平台数据上传监管平台规定和备案制度，优化营商环境

关于顺风车的数据，多数城市的政策曾要求合乘平台提供合乘出行的车辆相关信息并上传至政府的监管平台，涵盖公司、车辆、驾驶员等基础信息以及订单信息、定位信息、服务质量信息等动态数据，且合乘平台应当向当地交通运输管理部门备案。在过去对于上传的数据怎样在实践层面运用受到质疑，而南宁、深圳、东莞新修改的政策删去了"合乘数据上传监管平台"这一规定，取消合乘平台备案制度，旨在落实《优化营商环境条例》。然而，"互联网+执法"是当前行政监管的方针，尤其是在互联网领域，更加需要借助营运数据来提高执法监管的有效性，合乘平台备案对于合规经营来说显得很有必要。

4. 培育健康市场，满足市民需求，适当放宽跨城顺风车限制

以往由于行政区域限制，以及为了规范合乘信息发布，很多城市的政策并未提及跨城市的顺风车运营，一部分政策明确跨城顺风车不在顺风车政策的范围内，还有一部分直接禁止合乘平台提供跨省市、跨区域的合乘信息服务。在一些顺风车业务比较集中的城市，对跨城市的顺风车进行了规范，在每日每车订单次数上作出规定，如天津市的新政策规定合乘服务实行限次数制度，每日每车派单次数不超过 2 次；广州、东莞的新政策规定每天提供合乘出行服务累计不超过 3 次，其中有跨城出行服务的，每天累计不超过 2 次。此外，广州还要求合乘平台对于跨城出行线路，每个合乘计划及线路只能与一个合乘出行需求相匹配。相较于同城通勤，跨城顺风车的需求较小，但并不意味着此类需求就不存在，也并不能据此就将其纳入非法营运范畴。

然而从需求看，顺风车业务的主要场景之一即跨城出行，尤其在珠三角、长三角城市群尤为明显。以珠三角为例，顺风车订单多为跨城出行。不能由于城市管理上的简单化处理，限制跨城订单。建议从满足市民出行需求、车主分摊油费、城市减碳的角度出发，对跨城的顺风车订单适当开放；考虑到有一部分出行强度高的车主，从增加顺风车运力的角度，适当放开接单上限。

5. 积极探索更合理的成本分摊方式

交通运输执法部门通常将收费是否超出分摊出行成本作为考量标准，一些城市的网约车政策对"部分成本"作了规定，大多明确部分成本就是"燃料成本"和"道路通行费"等直接费用。部分城市明确顺风车中的合乘出行提供者和合乘者"分摊部分出行成本或免费互助"，如广州原政策规定"私人小客车合乘出行分摊的出行成本仅限于车辆燃料（用电）成本及通行费等直接费用，分摊费用不得超过上述直接费用，分摊费用只能按合乘里程计费"，修订后的政策进一步规定"单位里程总分摊费用不得超过本市巡游出租汽车里程续租价的50%，不得设置起步价，不得按合乘时间计费"。作出类似调整的还有杭州、沈阳、南昌等城市。参考巡游出租汽车的市场行情，将顺风车分摊合乘费用上限设置在不高于巡游出租汽车运价的50%。顺风车行业尚在培育期，目前的管理办法、平台的审核机制、相关安全机制均相对完善。作为一个互助型的合乘模式，为促进进一步的市场活化，建议适当放宽对顺风车行业成本分摊的规定。积极探索创新的、动态的成本分摊方式。

部分地方政府的顺风车相关政策如表 2 所示。

表 2　2022 年地方政府相关政策

发布时间	发布单位	政策文件	政策要点
2021 年 11 月	重庆市人民代表大会常务委员会	重庆市道路运输管理条例	第二十七条:私人小客车提供合乘服务的,应当符合国家和本市的有关规定。私人小客车通过信息服务平台公司提供合乘服务的,信息服务平台公司应当按照规定向市交通主管部门实时、完整传输合乘出行相关订单信息
2021 年 12 月	广西南宁市交通运输局	关于规范私人小客车合乘出行的实施意见	规定了私人小客车合乘的费用标准、车辆标准、限制次数以及合乘平台义务等要求
2021 年 12 月	广东省广州市交通运输局、广州市公安局	关于查处道路客运非法营运行为中涉及私人小客车合乘认定问题的意见	规定了私人小客车合乘的费用标准、车辆标准、限制次数以及合乘平台义务等要求
2022 年 3 月	浙江省温州市人民政府办公室	温州市网络预约出租汽车经营服务管理实施细则	将顺风车服务纳入监管

发布时间	发布单位	政策文件	政策要点
2022年3月	浙江省金华市人民政府	金华市网络预约出租汽车经营服务管理实施细则	(一)私人小客车合乘包括免费互助和分摊部分出行成本等方式。合乘出行不得以营利为目的,不属于道路运输经营活动 (二)凡根据乘客意愿提供车辆和驾驶员,每辆私人小客车或每个驾驶员累计每日提供合乘服务不得超过4次,不得超过分摊出行成本 (三)提供合乘服务的平台,应当按照要求将相关数据接入服务所在地交通运输主管部门监管平台
2022年8月	四川省成都市人民代表大会常务委员会	成都市客运出租汽车管理条例(第二次修订)	将顺风车服务纳入监管
2022年8月	广东省深圳市交通运输局	关于印发《关于规范私人小客车合乘的若干规定》的通知	明确了私人小客车合乘出行提供者规范、平台规范等要求
2022年8月	广东省东莞市交通运输局	私人小客车合乘出行若干规定	明确了私人小客车合乘出行提供者规范、平台规范等要求
2022年12月	安徽省合肥市交通运输局	合肥市出租汽车管理办法	鼓励私人小客车合乘按照本市有关规定规范发展

资料来源：政府官网。

B.7
2022年中国汽车短期租赁发展形势分析与展望

刘 震　张一兵*

摘　要： 2022年汽车短期租赁行业尽管受到疫情影响，但表现出较强的韧性，行业整体呈现稳定的增长态势。与国外相比，我国汽车租赁行业"多""小""散"的市场格局没有改变，但用户的租赁方式正在快速从线下转至线上。在此背景下，行业也展现出一些新的特点，包括用户需求变得更加多元、行业更加关注服务质量、互联网推动行业转型发展的作用凸显、违章车损等行业长期存在的痛点逐渐减弱等。政策方面，围绕《小微型客车租赁经营服务管理办法》部分地方主管部门积极推动政策落地，逐步推进行业合规化。未来，汽车短租行业整体将长期向好，数字化、低碳化将成为行业主题，并将成为智慧出行的重要组成部分。

关键词： 汽车　短期租赁　互联网租车平台

　　2022年汽车短期租赁行业经历了低谷和高峰，发展呈现跌宕起伏的曲线，从年初市场短暂回暖，到3月开始受到疫情以来又一次严重冲击，到暑期阶段性复苏反弹，然后是下半年的沉浮，直到年底行业再次

---

　　* 刘震，携程租车用车安全与政府事务总监；张一兵，中国汽车工程学会智能共享出行工作委员会。

迎来恢复性增长。2022年，对汽车短期租赁的从业者来说是艰难的，但行业整体向好、长期保持增长的基本面没有变，面向未来可以充满信心。

一 2022年汽车短期租赁行业发展情况

（一）行业规模

全球租车市场规模方面，2021年全球汽车租赁行业市场规模达6950亿元人民币，在2021~2027年预测期间内预计全球车辆租赁市场将保持5.09%的复合年均增长率，2027年全球车辆租赁市场总规模将会达到9252.54亿元。其中，2022年全球汽车短租市场规模达到2800亿元，2025年将达到3750亿元。

中国租车行业市场规模方面，2020年汽车租赁市场规模约为1000亿元，同比增长9.05%，2021年汽车租赁市场规模约为1107亿元，同比增长约10%，预计到2025年国内汽车租赁市场规模将达到1585亿元左右。[①] 其中，2022年全国汽车短租市场规模达到200亿元，预计2025年将达到400亿元。

（二）市场发展格局

1. 市场发展速度快

在共享经济和智能网联技术的促进下，我国汽车租赁行业2020年以来快速发展，2022年工商登记中企业名称或营业范围含"汽车租赁"的企业300万家，同比增长30.43%。表1为"企查查"2019年以来的相关数据。

---

① 数据源自《中国旅游租赁行业发展报告（2021—2022）》。

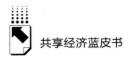
表 1　汽车租赁相关企业注册量

单位：万家，%

年度	企业数量	增长率
2019	173	—
2020	190	9.70
2021	230	21.05
2022	300	30.43

2. 市场规模大而行业不强

从国内市场来看，2022 年我国租赁汽车数量超过 150 万辆，在市场规模上接近于欧美发达国家水平，但规模化水平（大企业数量、规模）比较低，其中神州租车、一嗨租车、首汽租车等头部自营租车企业租赁车辆保有量约 40 万辆，占比不足 30%，其余 70% 以上的车辆则归属于中小租赁企业。

反观全球租车市场，主要业务集中在五大租车集团手中，占全球租车市场 63.3% 的份额，总计拥有车辆 400.8 万辆。五大租车集团分别为 EHI、

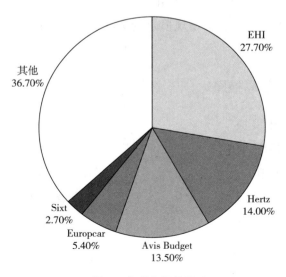

图 1　全球市场格局

Hertz、Avis Budget、Europcar、Sixt，其旗下有数十种租车品牌，涵盖了高端品牌（如 Enterprise、Hertz、Avis、Sixt）、经济型品牌（Alamo、Dollar、Budget），以及一些地方品牌（Goldcar、Flizzr、Interrent）等。

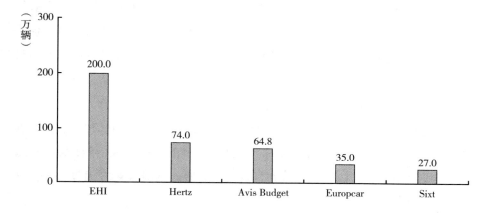

图2　全球五大汽车租赁企业车辆规模

资料来源：携程国际化市场调研。

以美国为例，头部租赁企业车辆总数占全美租赁车辆总数的93.6%，车辆规模达到221.3万辆，相比而言，我国头部租车企业车辆总数占市场车辆总数的比重低，反映出我国的市场集中度相对较低，行业"多""小""散"的特点依然存在。

（三）业态演变

1. 短期租赁初步具有智慧出行特征

随着移动互联网和智能网联技术的不断发展，汽车短期租赁服务方式也快速转变，从早期 Web 下单、线下实体门店现场交接和结算到现在的 App 下单、虚拟站点、自助交接车、线上结算，可以说汽车短期租赁行业成为具有智慧出行特征的行业。截至2022年已有60%以上的用户通过手机 App 下单，头部自营租赁企业甚至开通了自助租还车业务。

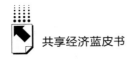

2.订单流量企业在短期租赁业务中的重要性增加

OTA平台型企业也利用自身的业务流量优势，进入租车行业，如携程租车等。还有一些地图服务商、支付平台、本地生活平台等也通过各种渠道接入一些租车企业向用户提供租车服务。这些订单流量企业主要服务于缺乏市场营销能力的中小租赁企业，并逐步从单一的提供订单服务向为租赁企业提供服务标准、经营管理标准、集中采购等综合服务方面发展，通过上述服务补足中小租赁企业经营管理能力的短板。

3.三类平台型企业并行发展

以订单流量为核心业务，短租行业形成以携程为代表的OTA平台、以支付宝为代表的渠道类平台、以神州租车/一嗨租车为代表的自营类平台。这三类平台型企业，以各自优势并行发展，并有相互吸收对方优势、融合发展的趋势。

OTA平台通过广泛整合各地租赁企业来丰富业务场景，方便用户使用，提供一站式高品质服务；渠道类平台通过接入各类租车平台，利用自身强大的流量优势，可以更多更快地实现场景覆盖；自营类平台通过规模化的集采车辆、建立自有服务网点的方式，广泛推广高度标准化的取还车流程。

（四）行业受疫情影响情况

整体上看，2022年汽车短期租赁市场受疫情影响严重，特别是上海，作为超大型城市，既是主要的客源市场也是主要的目的地市场，几乎处于停滞状态。进入暑期，随着疫情防控形势向好、助力生产促进消费举措的推动，租赁市场复苏明显，尤其是旅游场景下租赁业务迅速回暖，7月，新疆、云南、贵州等省份租车自驾游热度空前，甚至因车流量激增而造成拥堵。值得一提的是，疫情期间消费者对私密、安全出行的需求日益增加，据调查，近50%的人表示交通工具的安全和私密性是其最关心的因素，越来越多的无车家庭选择租车出行，这使得个人短租、租车自驾游发展迅速，成为汽车租赁市场长期可持续发展的动力。

（五）新能源车辆租赁情况

我国新能源汽车市场规模增长迅速，2022 年中国新能源汽车销量达到 688.7 万辆，连续 8 年居全球第一，新能源汽车新车销量占汽车新车总销量的 25.6%，提前完成《新能源汽车产业发展规划（2021—2035 年）》提出的 2025 年发展目标。[①] 新能源作为汽车市场的必争之地，各大主流企业不断增加产能，市场成熟度随之大幅提升。从新能源汽车产业链角度来看，下游环节的需求和生态配套将推动产业加速发展，而租车企业依托多环节的布局，拉动需求、促进生态完善，在价值链中扮演着重要角色，逐渐成长为新能源智能汽车产业发展的加速器。从 2017 年开始，新能源车辆的租赁占比保持上升趋势，到 2022 年占比预估为 20% 左右，在培育和鼓励政策的支持下，预计该比例还会快速提升。各地出台一系列政策鼓励汽车租赁公司采用新能源汽车开展汽车租赁业务，促进了中国新能源汽车市场发展。其中，上海、广州、深圳、海南、成都出台了专门的租赁行业发展指导意见，对服务网点、运营车辆、充电桩等作出了明确的指标要求，并给予停车、充电、通行等优惠政策支持。与此同时，新能源智能汽车科技配置迭代快，消费者更愿意以"租"代"买"，常换常新，对于消费者缺乏体验场景和新能源智能汽车使用体验不足的问题，租车恰好可以为潜在消费者提供深度试驾的体验机会。

在海外，国际大型汽车租赁公司与新能源车企的合作也同样动作频出。2021 年 10 月，全球最大的汽车租赁公司之一 Hertz 向特斯拉订购 10 万辆电动汽车，力争建成北美最大的电动汽车租赁车队。2022 年 10 月，比亚迪宣布与 Sixt 签署合作协议，为欧洲市场提供新能源汽车租赁服务。根据双方协议，Sixt 将在未来 6 年内向比亚迪采购至少 10 万辆新能源车，包括目前在欧洲最新推出的元 PLUS。比亚迪将助力 Sixt 实现在 2030 年前电动车队占比达到 70%~90% 的绿色目标。

---

① 数据源自工信部网站。

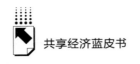

二 2022年汽车短期租赁发展的主要特点

（一）用户需求更多元

从租车用户基础来看，虽然我国汽车保有量及汽车驾驶员的数量均在稳步增长，且前者增速较快，但从整体来看，汽车驾驶员数量依然远高于全国汽车保有量。据公安部统计，2022年全国机动车保有量达4.17亿辆，其中汽车3.19亿辆，但全国汽车驾驶人数量达4.64亿人，机动车保有量与机动车驾驶人数量之间仍然存在较大缺口，这为短期租赁市场提供了用户基础。伴随租车用户体验的不断提升，用户租车需求进一步被激发，加之受到疫情的影响，用户的出行选择倾向改变了，使得我国汽车短期租赁行业保持强劲的增长势头，同时用户租车需求也愈发多元。一是需求场景多，既包含长短途自驾游、回乡探亲、团建购物、通勤用车，也包括短时出差、新手练车、新车试驾、自拍摄影等场景，其中长短途自驾游仍然是最主要的场景之一，占比超过60%，选择租车作为长短途自驾游主要出行方式的人数比例从2017年的49%提升至2022年的73%，增长了24个百分点。二是车型偏好广，从经济到豪华，从轿车到房车、跑车，不同场景对车型的需求也不同。从携程租车平台TOP20受欢迎的车型来看，商务及SUV车型占比为25%，舒适型占比为15%，豪华型占比为10%，经济型占比为40%，经济型是使用场景最广泛的车型，平均出租率能达到23%以上，商务及SUV车型受到用户青睐。此外，在小众车型方面，2022年"露营"周边游兴起，房车订单占比也环比上升近30%。三是租车时长"久"，汽车短租的时间整体有延长的趋势，特别是旅游租车场景。根据2022年携程租车数据，我国西部地区用户平均用车时间最长，新疆租车用户平均用车时长达4.89天，青海租车用户平均用车时长达4.21天，海南为4.18天。

（二）租赁服务"卷"出高质量

通常用户会对比多家租赁服务提供商的服务情况，以选择自己真正想要租赁的车辆。艾瑞咨询数据显示，53.8%的用户在租车前会考虑租还车便利度、50.3%的用户考虑口碑值、49.8%和43.3%的用户分别考虑手续的便利度和售后服务。我国大量的小微型租赁企业没有统一的服务标准和履约流程，导致部分用户在使用过程中无法获得高质量的服务和体验。

服务质量是做好租车业务的基础，用户满意是行业永续发展的原动力，需要不断提升客户浏览车辆和商户、下单预订、取车、用车的一站式租车全流程服务标准，进而简化客户预订及取车、用车过程的复杂度，提供更多便利，各大租赁平台应在提升服务质量方面下功夫。以携程租车为例，凭借多年 OTA 平台运营经验，伴随高质量战略的实施，携程租车形成了完备、高效的汽车租赁平台服务流程体系，同时将高效的管理流程及系统能力赋能给中小租赁公司，使其实现标准化运作，提升租赁行业整体管理水平和效率。携程租车将"六西格玛"引入平台的日常管理中，将"零缺陷"作为完美的商业追求，通过各项精益和六西格玛项目以及 GSTD 的复盘，做到质量改进，完成对各类问题的控制，带动成本大幅降低，到场无车率、费用争议率以及履约问题投诉率持续降低，处于行业领先水平。为进一步提升用户租车体验，携程租车不断优化平台上各租车公司的服务标准，如向客户展示送取车路径，有效提升客户用车感知度，缓解客户等待焦虑；全面推行电子合同，规范商家与承租人签订合同流程，规范租赁双方合理权责，进一步保障客户权益，减少纠纷；建立售前及售后全流程虚拟小号功能，有效保护用户隐私；在提供自助修改订单、自助续租的基础上，保持客服人力投入，满足用户差异化需求等。与此同时，通过服务质量体系的搭建，制定各项业务、技术、预订等指标标准，通过数据监控及分析，做到提前预警、行中保障、事后复盘的全流程管控，有效做到监控闭环，为用户提供高质量、精细化的服务。

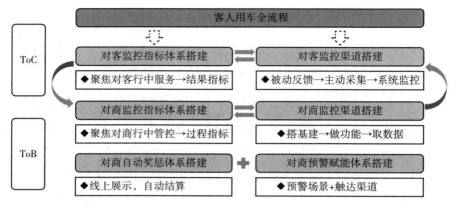

图3 携程租车高质量管理体系

（三）行业数字化转型进入快车道

随着互联网技术发展，汽车租赁行业数字化发展走上了快车道，但在国内汽车租赁市场集中度不高的背景下，面临两个问题：一是在 ToC 市场，绝大多数租车公司的品牌没有影响力，难以获得流量；二是在 ToB 业务场景，互联网化的场景下服务标准化水平较低。针对以上两个问题无外乎两个直接的解决路径，一是造就租车品牌，扩大流量；二是利用互联网技术助力行业服务标准化提升。

流量获取与转化方面，随着互联网内容平台种草带货机制的逐渐成熟，短租行业逐渐通过各类互联网种草渠道，造就租车品牌，扩大租车流量，通过线上内容平台对各类租车品牌宣传引入流量。利用外部互联网平台高效传播品牌，如抖音、微博、小红书、今日头条等新媒体平台，发布租车种草视频及攻略，提升公众对于短租行业的接受度，吸引更多的人选择租车服务，扩大行业整体受众面。以携程租车为代表的 OTA 平台，2022 年持续强化站内全域资源曝光，利用在机票、酒店、火车票多业务线场景的客户流量优势，对客户进行交叉推荐租车业务，吸引客户使用租车配套服务，并基于多渠道站外生态租车全量资源，将租车业务的各项活动信息，通过互联网大数据定向推荐至百万目标用户，提升站内流量的复用率。通过各项举措将流量引入平台租车业务后，利用先进的定制化营销方案以及大数据洞察分析，结合用户属性及其租车需求，定制专属产品吸引各类客户在平台上选择自己心仪的产品。同时，租车平台通过各类定制化优惠方案，以及租车产品覆盖，将客户吸引落地，将流量转化成实在的订单并推送给各大小租赁公司。

供给侧数字化转型方面，一方面行业各中小型企业无系统研发能力，线下人工管理租车业务的情况比比皆是，还有一部分是使用第三方付费的租车管理系统，系统水平参差不齐；另一方面行业面临区域跨度大、车辆数量庞大和调配精度需求高等难点，也需要依托互联网数字技术来解决。以携程租车为例，凭借自身技术优势和产品技术能力，携程租车推出了汽车租赁智慧管理系统，并免费供接入的中小租赁公司使用，全面为各租赁企业线上化管理赋能，通过系统数据维护和智能提醒，帮助租赁企业摆脱传统管理方式的低效，提高管理效率，推动租车履约全流程线上化，实现对订单管理、车辆管理、数据分析等租车业务的全流程覆盖。

（四）违章、车损等行业痛点在逐渐减弱

违章处理方面，随着公安交管部门便民举措的落地，租赁场景的交通违法处理可通过登录"交管12123"App后，点击"租赁车违法处理"功能，查询、处理租赁合同约定期间的交通违法记录。如果承租人在租赁合同期限届满30日后仍未处理车辆在租赁期间的交通违法记录，租赁企业可以申请将交通违法记录转移给承租人。除承租驾驶人，还允许2名驾驶人通过"交管12123"App临时备案租赁车。临时备案成功后，驾驶人可以通过"交管12123"App查询租赁合同期间的交通违法记录，处理备案后至租赁合同期限届满发生的交通违法记录。车损争议方面，对于客人在用车期间因各类原因产生车损争议的费用情况，租车公司往往会额外收取不合理的费用，导致客户权益受损、服务体验较差。为保障汽车租赁企业与客户的合法权益，租车平台承担起裁判员的角色，租车公司须在系统内进行车损或违章凭证的上传，平台审核通过后才可以进行预扣或扣款操作，这一举措大大降

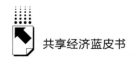

低了费用争议率，使车损扣款审核流程标准化，避免了租赁企业违规操作的行为，保障了客户的合法权益。

三 汽车租赁政策分析

（一）汽车租赁政策发展概要

2008年国务院机构改革后，根据《国务院办公厅关于印发交通运输部主要职责内设机构和人员编制规定的通知》（国办发〔2009〕18号）中的"三定"方案明确交通运输部负责指导汽车租赁管理工作。2011年，交通运输部印发《关于促进汽车租赁业健康发展的通知》（交运发〔2011〕147号），提出我国汽车租赁业的发展目标和加强行业管理的政策措施。随着经济快速发展，人民群众出行方式日益丰富，以小微型客车租赁为主的汽车租赁市场不断扩大，服务方式更加多元化，市场对服务能力的需求快速提升。与此同时，小微型客车租赁市场法规制度不健全、经营管理不规范、承租人权益难以有效保障等问题日益突出，社会关注度较高，亟须通过立法予以规范。2017年，交通运输部和住建部联合印发《关于促进小微型客车租赁健康发展的指导意见》（交运发〔2017〕110号），提出一系列政策措施和管理要求，并取得了较好的实施效果，为制定规章积累了实践经验。据统计，我国大部分省份已在相关地方性法规或者政府规章中体现了规范汽车租赁发展的要求，北京、重庆等地还出台了专门的政府规章，为国家层面出台部门规章提供了有效的立法借鉴。

2020年12月《小微型客车租赁经营服务管理办法》（中华人民共和国交通运输部令2020年第22号）（以下简称《管理办法》）发布，2021年4月1日起开始实施，是汽车租赁行业发展的重要里程碑，对行业带来深远影响。8月，《交通运输部关于修改〈小微型客车租赁经营服务管理办法〉的决定》（中华人民共和国交通运输部令2021年第17号），将第二十五条中的"5000元以上3万元以下"修改为"3000元以上1万元以下"。修改的原因为，根据国办有关通知要求，结合当前交通运输执法领域突出问题专项整治行动工作需要，交通运输部组织开展了"与行政处罚法不相符清理"和"不合理罚款规定清理"工作。根据清理结果，决定对《管理办法》中安全风险较小、危害后果不严重的违法情形的罚款予以适当降低。

（二）关键政策《管理办法》解读

《管理办法》共五章二十八条，分别为总则、经营服务、监督管理、法律责任、附则，主要内容如下。

1. 明确小微型客车租赁管理职责

除根据"三定"方案明确交通运输部指导全国小微型客车租赁管理工作外，结合各地承担汽车租赁管理职责的部门不尽相同的客观实际，明确县级以上地方人民政府负责小微型客车租赁管理的行政主管部门负责本行政区域内小微型客车租赁管理工作。

2. 建立小微型客车租赁经营备案管理制度

按照深化"放管服"改革要求，明确小微型客车租赁经营实施备案管理，既对从事小微型客车租赁经营提出了需取得企业法人资格等管理要求，也规定租赁经营者在办理企业登记手续或者新设服务机构开展经营活动后60日内就近向小微型客车租赁行政主管部门办理备案，并明确了备案应提供的材料、备案程序、变更备案等情形。

3. 规范小微型客车租赁经营服务活动

一是规范了小微型客车租赁经营者、接受委托提供小微型客车租赁服务的电子商务平台经营者的经营行为，主要从依法收集和保护个人信息、提供优质安全服务质量、维护车辆安全状况、建立管理档案、落实安全生产责任、鼓励办理保险等方面提出了要求。二是规定了承租人的相关义务，包括持机动车驾驶证租赁小微型客车，随车携带机动车行驶证，按操作规范驾驶车辆，妥善保管车辆，依法接受交通违法处理等。三是明确了身份查验的相关要求。四是与《中华人民共和国道路运输条例》《机动车强制报废标准规定》等规定进行衔接，对租赁小微型客车使用性质和报废年限进行了规定。

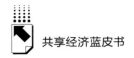

4. 强化对小微型客车租赁经营活动的监管

一是规定利用信息化手段实现信息共享和社会监督,二是建立了服务质量信誉考核和投诉举报制度,三是强化行业自律,四是规定了相关的法律责任。

5. 对租赁车辆使用性质予以规范

《管理办法》明确投入经营的小微型客车应当经检验合格且车辆行驶证登记的使用性质为租赁。为了将租赁小微型客车与道路运输经营车辆区别开来,《管理办法》进一步规定,车辆行驶证登记为租赁的小微型客车不得擅自用于道路运输经营。利用租赁小微型客车从事道路运输经营的,应当先按照道路运输经营相关管理规定办理行政许可和机动车使用性质变更手续。

6. 明确不得随车提供驾驶劳务

小微型客车租赁经营者随车提供驾驶劳务,其经营边界将与出租汽车、包车客运等实行许可制的道路运输方式高度混淆,不仅会冲击出租汽车、包车客运市场,而且可能成为租赁经营者开展非法营运的制度漏洞,所以在借鉴山西、黑龙江、湖北等地立法经验的基础上,《管理办法》明确小微型客车租赁经营者不得随车提供驾驶劳务,并对违法随车提供驾驶劳务的行为明确了相应的法律责任。

7. 合理规范平台公司的活动

为发挥自身技术优势和避免重资产化经营,部分平台公司通过建立小微型客车租赁信息平台,为小微型客车租赁经营者和承租人提供网络经营场所、交易撮合、信息发布等服务。平台公司虽然参与小微型客车租赁经营服务活动,但并非租赁合同的权利义务当事人,所以《管理办法》未将平台公司作为小微型客车租赁经营单独的一类主体进行特别规范。但考虑到平台公司的活动可能影响小微型客车租赁经营服务质量,所以《管理办法》也对小微型客车租赁经营者委托电子商务平台经营者的行为进行了规定,要求平台公司应当遵守国家网络安全、数据安全、电子商务、个人信息保护等方面的法律法规,依法收集相关信息和数据,严格保护个人信息和重要数据,维护网络数据安全,支持配合有关部门开展相关监管工作。

（三）地方政策落地情况分析

据不完全统计，北京、三亚、青海、贵阳、重庆、海口、西安、新疆、成都、济南、北海、厦门、泉州、泰州、六安、靖江等城市已经积极推动小微租管理办法政策落地。此外，湖北省等一些地区因本地现行的《道路运输条例》对租赁行业有了明确的要求，与《管理办法》的有关规定是相一致的，实际上是对原有政策的再强调再落实。

（四）汽车租赁政策落地难点分析

一是租赁汽车性质转变难落地。依照《管理办法》规定，车辆行驶证登记的使用性质从非营运转为租赁性质，导致车辆残值降低30%~35%，租赁企业经营成本上升，经济型和舒适型车价较低车辆在监管压力下转变车辆性质有一定可能性，但豪华轿车、跑车等很难让租赁企业有动力去做出改变。二是租赁企业备案"只能"循序渐进。受制于车辆性质变更卡点，相应的租赁企业备案工作难度也会加大，从租赁企业视角，只做了企业备案，其所属车辆暂时不打算转变性质的情况下，仍然实现不了"合规"，因此，企业备案的动力也不足。三是车辆保险参保难度加大，小型客车在转为租赁使用之后，其参保的费用会出现上升，主要原因为车辆进行租赁使用会增加其发生事故的比例，从而引起车辆的参保费用上涨，这会进一步打击租赁企业的积极性。

（五）政策发展相关建议

建议在后续优化和推动落实汽车租赁行业管理政策时，进一步考虑汽车租赁行业发展的客观规律和现状，同时发挥科技应用对规范汽车租赁行业经营的影响和作用。因公安部发布的公共安全行业标准《道路交通管理机动车类型》（GA802-2019）中对租赁车辆性质有界定，调整车辆性质登记相关政策的可能性较低。在此前提下，建议有关部门可以在租赁车辆报废年限设置上考虑适当延长，进而间接促进《管理办法》等政策的落地。

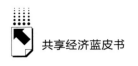

四 汽车短期租赁行业未来展望

（一）行业整体长期向好

汽车驾驶员数量与汽车保有量之间仍存在较大缺口，这是汽车租赁行业持续发展的基础，当下"有证无车"的年轻人有着较大的"周末用车、小长假用车、旅游用车"等出行需求，预计至 2025 年汽车短期租赁行业将持续保持 20% 左右的高速增长。

（二）互联网平台作用凸显

在当前我国现有的行业格局"多""小""散"的基本情况下，互联网租车平台能够聚合大量中小租赁企业，并逐步实现服务标准化，进而使行业向集约化、规模化转变。对中小租赁企业而言，既可以带来订单，又能通过平台技术赋能提升经营能力和管理效率；对用户而言，可以从根本上改变汽车租赁时容易被"坑"的印象，平台作为裁判员，保证服务质量的同时，也将最大程度地保障用户权益。因此，无论是 ToB 还是 ToC，互联网的作用都会愈发凸显，进而促进汽车短期租赁行业健康发展。

（三）行业低碳化会是主旋律

在"双碳"国家战略背景下，汽车短期租赁行业低碳化成为必然趋势，汽车短期租赁企业也将逐步推动全面低碳可持续运营，与产业链上下游联合不断推出低碳产品，并不断提升新能源汽车租赁的产品力，为客户提供更好的新能源汽车租车体验，持续带动新能源产业发展。

（四）行业将对标国际"走出去"

我国汽车短期租赁行业与国外一些发达地区相比仍存在差距，未来国内租赁企业和平台企业，尤其是头部企业将进一步对标国际，在服务水平和经营能力上持续提升。特别是租赁平台，其在国际化发展上具有天然的拓展优势，在当前国际租车市场复苏的背景下，租车平台将提升海外租车产品的覆盖率，提供多语言预订服务，率先践行国际化，实现"走出去"，为更多海外用户提供短期租赁服务。

（五）短期租赁成为智慧出行的组成部分

汽车短期租赁行业基本实现以虚拟租赁站点、无人自助交接车辆、线上订单和结算为特点的智慧出行功能。未来，短期租赁将与 Robotaxi 融合，成为智慧出行的组成部分。智能技术正在重塑我们的出行产业和未来出行方式。在以电动化、智能化、网联化、共享化为特征的出行变革浪潮中，人、汽车、道路都在实现智慧互联。万物互联时代下，人们的出行将基于出行服务供应商提供的 App 一键完成预约、乘车、停车等，为人们带来前所未有的高品质出行体验。万物互联时代的智慧出行将为市民提供"一路畅通"的出行体验。智慧的交通管理系统可大幅提升城市运行效率，缓解城市居民出行压力，减少出行支出和时间成本，也可以带来极致的出行体验，相信短期租赁行业将率先实现这一愿景。

B.8
2022年中国互联网租赁自行车发展形势分析与展望

刘 芳　陶晨亮*

摘　要： 互联网租赁自行车也称共享单车，其服务方式灵活、低价便利、覆盖面广，在城市公共出行和绿色出行中发挥了积极作用，是城市公共交通的重要补充。共享车辆总量一直是政府管控的重点，随着行业管理标准的不断提升，越来越多的城市采用动态总量与运营水平相挂钩的考核方式。同时受疫情等因素影响，地方准入门槛提高且各类收费名录频出，该行业的可持续发展面临较大的挑战。

关键词： 互联网租赁自行车　智能决策　绿色出行

一　2022年互联网租赁自行车行业发展情况分析

（一）互联网租赁自行车市场规模平稳

当前互联网租赁自行车行业规模保持平稳。从投放车辆数来看，截至2022年9月全国31个省、自治区和直辖市均有共享单车投放使用，投放运

---

* 刘芳，哈啰两轮出行事业部行业研究院院长；陶晨亮，哈啰两轮出行事业部行业研究院副主任。

营的县级及以上城市超过 400 个，有效运营车辆数约为 1490 万辆，日均完好率为 86%。从注册用户数和订单量来看，截至 2022 年 9 月底共享单车活跃用户数约 4 亿户，峰值日订单量超过 4470 万单。①

（二）互联网租赁自行车企业三足鼎立，格局相对稳定

从行业格局来看，互联网租赁自行车自 2014 年开始在我国快速发展，高峰时期有超过 25 家运营企业。经过近 10 年的市场竞争，随着头部企业摩拜被并购、ofo 倒闭，行业发展进入冷静期，大多数小企业退出市场，新的行业巨头哈啰、美团和青桔形成"三足鼎立"的态势，合计占全国市场份额超过 95%，行业进入理性发展阶段。

（三）互联网租赁自行车是城市保运防疫的重要出行方式

共享单车具有用户间无接触交接和无封闭使用空间的特性，能有效降低病毒传播，在疫情期间和复工复产阶段发挥了"保基本出行"的重要功能。北京、上海、武汉等多个城市的案例和经验表明，在疫情期间，共享单车可以迅速补位停运的公共交通系统，保障部分市民基本出行。自 2022 年 9 月 15 日 12 时起，成都"5+1"区域除承担城市运行保障、医疗保障和防疫任务的车辆凭证通行外，禁止其他车辆上路，共享单车成为市民上下班交通的"主力军"。哈啰成都团队调度 10 万辆单车保障成都"5+1"区域出行。

（四）互联网租赁自行车是减碳时代的绿色交通工具

共享单车项目参与者众多，对小汽车等出行有一定替代作用，具备减排可量化基础数据；成为碳普惠重要的场景，在碳普惠体系的建设中发挥了重要的引领作用。根据广东碳普惠方法学，共享单车的每公里减碳为 46.3 克。共享单车作为高频的低碳场景，更能通过低成本的、更市场化的方式让普通大众参与城市减碳。

---

① 数据来源于中国道路运输协会。

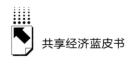

二 2022年互联网租赁自行车行业发展特点

（一）智能决策逐渐替代人工经验

基于共享单车和共享助力车业务场景的需求，整个共享单车行业逐渐形成了较强的软硬件技术实力。在硬件研发方面，行业已经全面应用北斗定位技术，共享单车已经成为使用北斗技术规模最大的硬件。

哈啰依赖智能调度的决策中枢——哈啰大脑，每天处理数千亿量级的数据流入。哈啰大脑通过智慧调度，能够提前预估骑行高峰点，对运维团队发送调度指令，同时依靠算法定价，让共享单车在城市里实现有机循环，用更少的车服务更多的人。经过近几年的发展，哈啰大脑已经逐渐从单设备智能转向多设备智能互联网络，能够做到用户手机和车辆的车机互联，车辆和换电柜、电池等的互联。面向 B 端合作伙伴，哈啰已经逐渐开放 AIoT 平台技术，提供一次接入、场景互联、智能运营的解决方案。

青桔的"青桔智控中心"依托于滴滴海量出行数据和 AI 计算平台，形成了青桔在城市中短途出行需求的智能预测能力。青桔表示，该平台通过青桔单车与电单车上配备的北斗+GPS 双模式高精度导航定位，可以实现"定点还车、入栏结算"，也可以结合大数据管理，实现日常的智能调度运营和优化车辆调派功能。这一智控中心在业内属首例，也是滴滴在青桔单车业务布局中的数据枢纽。

基于北斗技术，美团单车将数百万辆共享单车打造成移动物联网平台。依靠物联网、大数据和人工智能技术，美团单车能够实时监测每一辆单车的运行情况，并通过大数据分析实时调度车辆、平衡车辆供需。同时，美团单车采用北斗高精定位模块，加上 RTK 差分定位技术，进行定位运算和补偿，以确保定位的稳定性和精准度，同时结合地图围栏显示，引导用户规范停车。

2022 年 9 月，在工信部主办的第五届"绽放杯"5G 应用征集大赛智慧交通专题赛决赛中，哈啰主导申报的"基于5G+北斗+超级物联卡的高精度定位单车项目"获得决赛一等奖。

（二）与城市管理者协同提升行业秩序，改善停放乱象

为了规范共享单车的停车，各地相继发布了关于共享单车停放管理的要求或管理办法，要求整治共享单车乱停乱放妨碍交通、影响市容环境等问题。为了响应行业的管理要求，共享单车企业主要对车辆的定位技术和锁车形式进行优化。以哈啰为例，在定位技术方面，哈啰是首家获得北斗高精度认证的，开发了高精度停车、蓝牙道钉定点停车、RFID感应入框、AI图像识别入框、垂直停车等停车技术，提高车辆的定位精度，规范用户的停车行为。在锁车形式方面，哈啰结合高精度定位技术，由传统的手动关锁模式转向用轮毂模式锁车，用户必须停放在框内才能使用App实现还车，限制骑车人在非停车点还车。

垂直停车技术主要应用于车辆端，高精度智能锁内置了陀螺仪、加速度计、里程计等多种传感器，通过数据融合和EKF算法模型，可以实时精准推算车头朝向的角度。用户在还车过程中，车辆中控将车辆上的地磁传感器、陀螺仪等多种传感器数据融合，进行算法模型搭建，精确识别车辆车头朝向并输出角度，同时搭配站点角度设置，校验停车角度方向，实现垂直停放。

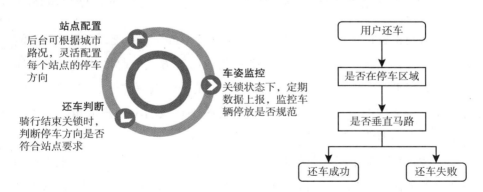

图1 垂直停车技术的还车判断逻辑

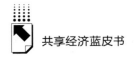

此外，与城市管理者的协同管理愈加重要。2021 年以前城管都是通过微信群管理共享单车的片区运营人员，对乱停放行为进行干预。但这部分工作在运营公司不能以工单形式计入任务，所以响应不及时的情况时有发生。2021 年哈啰基于城市管理者的诉求实现了公司工作平台的任务化派发。具体来说，由机器人在微信群内抓取城管发出的信息，通过语义识别对地址进行解析，再将地址经纬度映射到网格中派单给对应网格负责人。该解决方案被哈啰称为 0530 项目，即企业接到通知指令后 5 分钟内，在群里积极响应；接到通知指令后 30 分钟内，到指定地方进行车辆清运。截至目前，方案已落地超过 400 个城市。该模式得到行业管理部门的认可。

（三）受疫情影响严重，行业盈利模式难有新玩家

因疫情的严重影响、管理政策严苛、考核与运营成本增加、投入资金高等，2022 年 3 家共享单车行业主要企业均处于亏损运营与缩减规模状态。从现有共享单车平台企业的运营来看，收取骑行费用是主要的收入来源。但行业定价较低，运营和维护成本、折旧成本较高，受天气影响明显，实现可持续盈利的难度不小。

（四）各企业逐渐完善平台生态系统，行业商业模式显示普惠特征

互联网租赁自行车出行数据一直在反哺各平台生态系统，对于哈啰与滴滴青桔而言，互联网租赁自行车与平台其他出行方式一起形成出行场景闭环，提升了平台用户黏性。而美团摩拜单车是美团点评"吃、喝、玩、乐、行"生活服务中的重要一环，同时也为美团平台吸引了用户流量，完善了线上与线下的消费用户画像。

哈啰自共享单车起家，业务半径不断拓展，成为中国领先的本地出行与生活服务平台。2022 年 4 月，哈啰出行正式将品牌升级为"哈啰"，从移动出行平台全面转型为本地出行以及生活服务平台，为消费者提供更加贴心的生活服务。目前哈啰从用户最熟悉的共享单车业务起步，逐步演化为两轮出

行（哈啰单车、哈啰助力车、哈啰电动单车、小哈换电）、四轮出行（哈啰顺风车、全网叫车、哈啰打车）、酒旅及到店服务等多元化出行与生活服务平台，致力于应用数字技术，为用户提供更便捷的出行与更好的普惠生活服务，普惠消费者的日常生活。

（五）各企业积极响应碳普惠机制，开发低碳产品

2021~2022年，"双碳"目标下，多地开展了碳普惠体系的建设工作，鼓励公众践行绿色低碳生活。上海、深圳、广东、重庆均鼓励碳普惠场景开发，制定应用于碳交易市场的补充机制，肯定个人减排的价值。2022年12月，《深圳市共享单车骑行碳普惠方法学（试行）》作为国内第一部基于共享单车场景的碳普惠方法学正式发布。

2021年，哈啰发布共享出行行业内的首份碳中和倡议书，承诺2025年底前实现净零排放；青桔单车协同中国循环经济协会共同发起了《循环经济碳中和行动倡议》；美团联合生态环境部环境发展中心、中环联合认证中心发布了《共享骑行减污降碳报告》，首次解读了单车用户的减污降碳贡献。

同时，哈啰积极开发减碳产品，参与地方碳普惠建设。哈啰参与重庆、深圳、海南、广东、上海等多地的碳普惠建设，包括开发减排方法学与碳中和应用、建立公益联盟等。哈啰加入全国"碳中和行动联盟"，并在App中上线"碳路者行动"，为用户打造个人碳积分账户，用户骑行所得的碳积分可用于低碳公益项目。2021年12月，在国家生态文明试验区（海南）高端论坛上，哈啰共享单车骑行减排量抵消了论坛产生的碳排放，助力会议实现了碳中和，这是共享单车行业的首例"论坛碳中和"应用。哈啰参与了北京绿色出行+MaaS平台2.0规划、上海一体化出行平台随申行、重庆碳惠通和成都"碳惠天府"等碳普惠平台的项目合作。2022年，哈啰与广州碳排放权交易所签署低碳战略合作协议，开创行业首个与交易所共建的普惠荣誉激励体系，骑行减排量排名前20的哈啰用户可获得广碳所与哈啰联名颁发的碳减排证书。

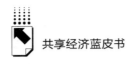
三　2022年互联网租赁自行车行业政策分析

（一）在发展中规范，在规范中发展

行业发展初期，互联网租赁自行车在缓解城市交通拥堵、促进绿色出行等方面发挥了积极作用，但同时也存在车辆乱停乱放、企业主体责任落实不到位、用户资金和信息安全风险等问题。2017年8月，经国务院同意，交通运输部等10部门出台了《关于鼓励和规范互联网租赁自行车发展的指导意见》（交运发〔2017〕109号），明确互联网租赁自行车是城市绿色交通系统的组成部分，是方便公众短距离出行和公共交通接驳换乘的交通服务方式。针对互联网租赁自行车的投放和停放，部分城市政府将互联网租赁自行车管理纳入当地新修订的非机动车管理、道路交通安全管理、文明行为管理、市容和环境管理等地方性法规或政府规章。同时，一些城市政府在运营服务质量考核、规范停放秩序、行业信用管理方面出台具体文件。2019年5月，交通运输部、人民银行、国家发展改革委、公安部、市场监管总局、银保监会联合印发了《交通运输新业态用户资金管理办法（试行）》（交运规〔2019〕5号，以下简称《管理办法》），针对互联网租赁自行车等新业态建立了用户资金监督管理工作机制，对用户押金、预付金的存管、报备、报告、退还等环节提出具体管理措施。2022年6月，交通运输部等六部门对《管理办法》进行了修订，进一步规范了用户资金管理，增加了信用管理措施。

（二）行业管理标准提升，动态总量与运营水平挂钩

2022年85个城市开启了共享单车/电动车公开招投标机制实现行业的准入与份额管控，比2021年增加了15个。而2020年全国该行业启动招投标管理模式的城市仅20个。

2022年，发布并严格执行总量与份额动态考核的城市超过100个，而2021年发布并执行动态考核的城市仅61个。运营企业面临月度、季度、半年度等考核周期，考核排名影响其城市运营权及合法份额。据不完全统计，2021年全国

各个城市对共享单车行业的考核总计超过300次。2021年在哈啰、青桔、美团参与的所有考核中，名列第一的占比分别为36%、32%和23%。

表1　发布共享两轮招投标与严格执行动态考核的城市数量

单位：个

年份	发布共享两轮招投标城市数量	发布并严格执行总量与份额动态考核的城市数量
2020	20	18
2021	70	61
2022	85	超过100

在各个城市的考核内容中，停放秩序、企业运营管理和合规运营是管理者最重视的行业管理与考核点，从全国来看，这三项的考核权重分别占41%、26%和16%。

表2　政府对行业的主要考核指标及占比情况

考核项	考核项占比（%）	内容细分
停放秩序	41	0530
		前置处理
		政府工单
		点位管理
		禁停管理
		入栏率
合规运营	16	备案率
		接入率
		数据对接
企业运营管理	26	不正当竞争
		城管取车
		牌照管理
		配合政府管理
		行政处罚
		运营制度
		人车配比
		车容车况

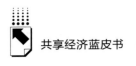

续表

考核项	考核项占比(%)	内容细分
第三方评价	9	区级考核
		用户满意度
		舆情评价
安全骑行	5	安全事故
		安全制度
		戴盔骑行
		用户惩戒
经济科技	1	产业贡献
		科技创新
		税收
社会责任	1	公益活动
		社会责任
		市容市貌

共享车辆总量一直是政府管控的重点。由于影响共享车辆总量的因素众多，难以有合理的标准。基于此情况，2021年哈啰与交通运输部科学研究院共同开展了共享单车城市总量预测课题，首次建立了城市共享单车行业总量的科学模型，并申请了《一种基于出行需求的互联网租赁自行车容量测算方法》发明专利，并在全国32个城市推广应用。

（三）地方准入门槛提高且各类收费频出，增加企业运营成本

地方政府各类费用名录呈现显著增加趋势，近年来一些地方提高了共享两轮的准入门槛，对于共享两轮车的收车数量多、取车费用高，对于共享两轮收费的名录增多，这些也导致共享两轮运营成本大幅提升。对于这类现象，2022年11月10日，国家发展改革委官网发布《国家发展改革委办公厅关于违背市场准入负面清单典型案例（第四批）的通报》（发改办体改〔2022〕907号）予以集中通报。在此次通报公布的23起案例中，有15起涉及各地政府对共享两轮车的监管行为，占比超过65%。

一是关于准入门槛。目前，北京、上海、成都等城市均不设行政许可，

采取的是事中事后管理模式，即对当地的共享两轮企业运营状况给予评级评分，并根据结果，动态调整共享两轮在街面的投放数量。在这样的模式下，企业更专注于利用数字科技，精细化地提升运维水平，提升用户服务质量。这是民政企三方实现共赢、两轮共享行业积极拥抱的监管模式。但近期，也有部分城市在共享两轮准入方面采取了一些新的做法。例如，石家庄市2022年5月对共享两轮进行了金额无上限的拍卖，拍卖市政公共资源使用权，最终标的额接近2亿元。同样的情况，在湖南张家界，云南曲靖、宣威等这样的中小城市也在发生。

二是关于对共享两轮车的收车和取车。从2016年发展至今，共享两轮车行业从乱堆乱放、无序投放阶段已进入基本秩序化阶段。但是，部分城市的城管（交管）部门，或者相关部门委托的第三方公司，作为收车主体负责清理路面乱停乱放的共享两轮车，而企业在去取本公司车辆的时候，需要向相关部门或者第三方公司支付较高的取车费用。这不仅违反《中华人民共和国行政强制法》扣押财物的行政强制措施权不得委托，也违反因查封、扣押发生的保管费用由行政机关承担的规定，甚至给恶意收车、高额敲诈、权力寻租的黑色产业提供了温床。值得一提的是，各级政府在"创文创卫"期间的收车以及要求企业主动减量投车的问题。"创文创卫"时间大多集中为全年的第三季度，是最适合骑行的季节，用户对车辆的需求大。然而，有部分城市监管部门为"创文创卫"，要求企业大幅度减少共享两轮车辆投放，并大规模收车。这不仅导致居民的骑行需求难以得到满足，与创文创卫初衷背道而驰，也导致企业利润减少、运营成本增加。

三是关于收费科目和形式。正如上文所提到的，共享两轮车的停放需要占用城市的道路资源，部分城市以此为由，征收相关费用。共享单车行业在多个城市遭遇一些乱收费及其衍生问题，表现形式包括收费名目繁多、收费标准不一等，且企业几乎无商议空间。

（四）"双碳"背景下，绿色出行重要性和热度大幅提升

2021年政府工作报告中将"做好碳达峰碳中和工作"列为重点任务之

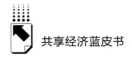

一, "十四五"规划也将加快推动绿色低碳发展列入其中, 明确提出, 规范互联网租赁自行车发展, 完善互联网租赁自行车运力投入机制, 强化运营服务质量考核, 优化自行车停车点位规划设置, 规范车辆停放秩序和用户资金管理。加强轨道交通站点与公共汽电车、自行车出行的无缝换乘衔接。"十四五"期间, 100 个左右城市将开展绿色出行行动, 60%以上的城市绿色出行比例达到 70%。共享单车作为绿色出行的重要工具, 对于创建绿色出行城市有积极作用。

各省级交通厅也纷纷响应, 将互联网租赁自行车纳入"十四五"发展规划中予以综合考虑:《安徽省交通运输"十四五"发展规划》鼓励发展共享交通, 推动汽车、自行车等租赁网络化、规模化、专业化发展;《江西省"十四五"综合交通运输体系发展规划》指出, 推进"公共交通+定制出行+共享交通"多元出行服务;《贵州省"十四五"数字交通发展规划》中鼓励和规范发展互联网租赁自行车、小微型客车分时租赁等出行服务新业态。

四 对互联网租赁自行车行业的政策建议

(一)研究明确互联网租赁自行车的定位属性

互联网租赁自行车与依靠财政投入的公共自行车具有相同的服务功能, 且由于在运行效率等方面的优势, 逐步替代了公共自行车。2022 年 3 月财政部、税务总局发布《关于促进服务业领域困难行业纾困发展有关增值税政策的公告》, 对 2022 年提供公共交通运输服务的纳税人免征增值税。而在实际操作过程中, 共享单车承担了准公共交通功能, 但未享受免增值税的优惠政策。建议对共享单车等新业态是否具有准公共产品属性进行深入研究, 并以此为定位进行顶层设计, 有效促进互联网租赁自行车行业健康可持续发展。

（二）从国家层面制定互联网租赁自行车行业管理政策

国内已经开展共享单车服务的城市基本都出台了地方性管理政策，主要包括总量控制、停放管理、经营者管理、用户管理、押金管理、信息安全等。但是因为目前缺乏国家层面统一管理的指导政策，地方政策存在较大的不确定性、人为自主性和差异性，部分地方甚至出现运营份额高价拍卖、过度采用"扣车"方式监管等，不利于行业健康稳定可持续发展。2022年3月15日，联合国大会第76届61次会议通过了鼓励会员国"在跨部门发展战略中对骑行予以特别关注，包括共享单车服务"的决议。

建议从国家层面制定互联网租赁自行车行业管理政策，包括指导意见、工作指南、标准规范等，如研究制定国家层面的《互联网租赁自行车运营服务规范》《互联网租赁自行车服务质量考核指南》《优化停车点位规划设置指南》等政策的规范文件，强化各级主管部门政策的延续性和一致性，指导地方因地制宜出台相对统一、公正、有效的运营服务管理办法，引导行业高质量发展，提升我国交通运输新业态的引领性和国际影响力。

（三）研究出台《互联网租赁自行车清运服务规范》，规范扣车执法处置流程和扣车收费行为

第三方"扣车式"监管破坏了行业营商环境。目前，扣车已经成为互联网租赁自行车停放管理的常规处理方式，行业年度扣车量超过1000万辆次，90%的扣车总量源于第三方扣车。第三方扣车企业缺乏合规性、合理性执法，普遍将扣车作为一门生意，通过向互联网租赁自行车企业收取"扣车费用"和"车辆滞留费用"的方式获利。此外，扣车企业随意"扔、丢、摔"的处置行为使30%的被扣车辆受到不同程度的损毁。据估算，每年全行业的扣车赎车费、扣车资产及扣车经营损失高达15亿元。

同时，各地创建文明城市期间实施"一刀切"的缩量政策，严重影响了企业正常运营。有些地方为迎检考核通知企业减量投放、收车并实行大规模扣车。数据显示，在"创文创卫"迎检期，扣车高峰期持续5个月左右，

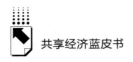

其中在高峰扣车月约 1/3 的投放车辆被扣，企业大量车辆积压，造成大量订单损失和折旧损失。根据估算，共享两轮行业因"创文创卫"迎检期扣车及减量投放的经济损失高达 10 亿元。此外，迎检城市因缺失低价、便捷的共享单车所导致的出行成本增加和时间耗费损失更大。

2022 年 8 月，由上海市自行车行业协会牵头起草的全国首份《互联网租赁自行车清运服务规范》正式发布，规定了清运企业的资质、社会责任，明确了清运企业作业应依规合法，以及在清运和存放过程中的具体行为等要求。建议从国家层面出台行业车辆清运服务指南，规范车辆清运流程，指导形成合理清运收费标准，营造车辆适度清运、企业高质量运营的市场良性发展环境，促进企业为社会公众提供更好的互联网租赁自行车服务。

（四）研究设置"人车比"合理区间，防止地方随意抬升制度性运行成本

强制"人车比"导致行业内卷，不利于市场健康发展。国内部分城市强制要求企业加大车辆运维人员投入，并开展"人车比"考核，以解决车辆乱停乱放问题，如南京、西安、郑州等城市人车比设置在 1∶1000 左右，运营服务井然有序。一些城市将人车比强制设定为 1∶200 并实施考核，从实际运营看，200 辆车 1 天产生的营业额为 160 元左右，而运维人员人工成本为 200~300 元/天，远超经营收入。再加上车辆硬件成本、取扣车成本、软件开发成本等，导致企业生存压力巨大，行业发展前景堪忧。建议根据不同城市的特点，让企业结合自身发展实际情况自主运营，而不是强制要求"人车比"进而增加经营成本。

（五）建议研究出台纾困相关政策，助力共享单车企业渡过难关

受疫情影响互联网租赁自行车订单及收入大幅下降，三家主要共享骑行企业均亏损严重。比如，2022 年疫情期间上海单月数据显示，企业日均订单下降 80%，企业在多个城市的日均收入下降超 50%。同时，企业固定经营成本居高不下，加上疫情防控等支出增加，共享骑行企业受到较大冲击，

企业经营非常困难。

互联网租赁自行车对疫情期间城市公共出行发挥了重要补充作用，建议由交通运输部门牵头对接协调税务、财政等相关主管部门，研究出台相关纾困政策的可行性，尤其是对共享骑行企业帮扶吸纳的零就业家庭、残疾人、大龄下岗职工等特殊就业群体运维职工给予关注。

五　发展趋势与展望

（一）政策方面，绿色出行与"双碳"契合度持续提升

2022年，交通绿色出行城市创建验收工作在上百个城市启动，交通运输部开展了绿色出行创建行动考核评价，其中97个城市已达到绿色出行创建目标。其中一项指标就是绿色出行分担率，该分担率很重要的一项是非机动车出行分担率，该指标与共享单车在城市出行结构中的占比息息相关，共享单车在绿色出行城市创建申报中成为各城市重要的工作成绩。因此，围绕城市未来绿色出行的相关工作，共享单车使用量有望提升，进而为共享单车出行创造更优条件。

目前有30多个城市在探索生活侧的碳减排，即碳普惠机制建设与实施。已经有20多个地区与哈啰在普惠服务上开展合作。2022年12月《深圳市共享单车骑行碳普惠方法学（试行）》正式发布，上海、重庆与广东等地碳普惠方法学预计在2023年年内发布。

（二）对于中小城市，共享骑行愈发成为居民重要的绿色出行方式

中小城市与一线城市、二线城市的出行方式具有显著的差别。从通勤距离与通勤时耗来看，中小城市的通勤距离与通勤时耗显著小于一、二线城市。从方式结构来看，根据《2022年典型城市绿色出行发展研究报告》，中小城市居民乘坐公共交通的人群占比（14.7%）显著低于一线城市（29.4%）与二线城市（21.6%），使用私家车人群占比（13.7%）也普遍

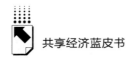

低于一线城市（21.8%）与二线城市（20.3%）。

因此，中小城市居民对公共交通的依赖度较低，同时近年来随着私家车、电动自行车、共享单车的普及，城市居民日常出行方式加快转变。同时，受到疫情的冲击，公交客流稳定性得不到保障，对公交票款营收产生较大冲击，运营企业亏损面增大，导致企业无法保证公交运营服务规模、服务质量，甚至面临经营困难。而共享骑行在出行灵活性方面具有较强的优势，出行成本相对较低，在中小城市中愈发成为补充公共交通的重要绿色出行方式。

强化城市公共交通与共享骑行的协作关系，推动政府与市场形成发展合力，以满足人民群众美好出行需求为目标，充分发挥各种交通方式的优势。城市公共交通的主导地位更多地应体现为实现均等化服务，优先高质量保障城市、城乡主要区域通道的公共交通服务；在城市其他区域，通过无缝衔接的共享单车，配合定制公交等多样化公交服务形成高效、便捷、经济的绿色出行服务体系，为广大人民群众提供均等化、多样化、高品质的运输服务。

（三）对比政府补贴公共自行车，共享单车更好适应了市民便利出行需求

互联网租赁自行车和公共自行车二者均属于分时租赁模式，前者是企业管理运营，自负盈亏；后者由地方政府投放管理，获得了政府的大力支持，包括给予财政资金补贴、允许车身投放广告、给予停放点位等。2008年，杭州率先在全国建立公共自行车服务系统，随后各大城市陆续投入公共自行车。2012年开始，全国一半以上的地级城市都拥有城市公共自行车。随着2016年共享单车在全国各城市投放，公共自行车逐步退出了市场，究其原因，主要是两款产品的用户体验相差甚远。

首先，公共自行车办卡交押金手续复杂、带车桩、站点少、停车麻烦，停放地点受限制；共享单车仅需扫码、手机操作、停放便利，能更好满足居民出行"最后一公里"的需求。其次，公共自行车造价高，需要大量财政资金补贴，而共享单车因不需要固定的停车桩，车辆造价不到公共自行车的

1/10。比如，杭州公共自行车政府投资 6 亿元，建设 2762 个站点，有 6.975 万辆单车，平摊到每辆车的成本接近 1 万元。扣除车身广告、租赁服务站的综合利用等收入，每年还需要大量财政补贴资金，2010 年为 5000 万元，折约 2 元/（辆·天）。湖南株洲公共自行车政府投资 2.5 亿元，建设 1020 个站点，有 2 万辆车，平摊到每辆车的成本 1.25 万元，财政每年还需投入 1900 万元补贴，即 2.6 元/（辆·天）。随着近年来各城市政府停止对公共自行车的补贴，公共自行车也逐步退出市场。2022 年 9 月 30 日，北京市昌平区公共自行车退出运营，并对公共自行车站点进行改造升级，施划共享单车停放区。共享单车替代公共自行车，节约了本应用于公共自行车的财政资金，且共享单车使用量远超公共自行车，事实证明其是解决出行"最后一公里"问题的最佳方案。

（四）推动将"绿色出行"纳入文明城市考核指标，突出共享骑行在绿色出行中的积极作用

2021 年 3 月 15 日，习近平总书记主持召开中央财经委员会第九次会议时发表重要讲话，强调实现碳达峰、碳中和是一场广泛而深刻的经济社会系统性变革，要把碳达峰、碳中和纳入生态文明建设整体布局。文明城市应该建立在低碳绿色的城市交通系统满足居民绿色出行需求之上。共享单车和共享电动车是重要的绿色出行工具，和公交地铁一样，需要有稳定的车辆供应，才能让骑行需求得到满足，让居民对服务感到满意。2022 年全国两会期间就有全国政协委员建议，相关主管部门应明确是否引进共享两轮且是否令其与城市和谐相处作为卫生城市、文明城市创建的加分项，鼓励城市基于居民出行需求投放合理数量的车辆，鼓励城市相关部门对共享两轮实行精细化治理。绿色低碳出行本就是城市贯彻生态文明建设精神的题中应有之义，共享两轮行业能够为此发挥积极作用。

B.9
2022年中国互联网租赁电动自行车发展形势分析与展望

黄　扬　陶晨亮*

摘　要： 近年来，国内互联网租赁电动自行车呈现快速发展趋势，约有140多家运营企业，从投放车辆数来看，以美团、哈啰和青桔3家企业为主，合计占全国市场份额超过60%，此外具有一定规模的企业还有小遛、人民出行、松果、喵走等。截至2022年底，互联网租赁电动自行车已在全国超过1000个县级及以上城市投入运营。为推动互联网租赁电动自行车规范有序发展，各地相继出台管理措施。企业为了保障用户骑行安全，提升行业秩序，投入大量研发精力，提升技术与服务能力。在绿色出行、"新国标"过渡期到期等背景下，互联网租赁电动自行车将迎来新一轮发展机遇。

关键词： 互联网租赁电动自行车　数字化运营　智能管理　车电分离

在互联网租赁自行车稳健发展的同时，互联网租赁电动自行车也逐渐进入百姓生活。相比互联网租赁自行车，互联网租赁电动自行车在使用体验上更快更省力，更适于覆盖3~8公里的出行。

根据行业相关资料，2017~2020年可以看作互联网租赁电动自行车发展的第一个阶段，由规模较小的运营企业在三、四线城市单体运营，如松果、

---

* 黄扬，哈啰研究院研究员；陶晨亮，哈啰两轮出行事业部行业研究院副主任。

小遛等，尚未形成区域规模；三家主流共享单车运营企业也先后在这一阶段进入共享电单车运营领域——哈啰于2018年开始运营共享电单车。滴滴旗下的街兔电单车于2018年1月上线，2020年3月两轮车升级为独立事业部，在滴滴新三年计划"0188"中，两轮车承担每日1亿单中的40%。美团2020年3月开始大力发展电单车业务，2020年第二季度投入了近30万辆共享电单车，并将持续加大投入力度。根据本蓝皮书2020～2021年的数据，截至2020年底，市场上共投放共享电单车500万辆。

2020年以来可以看作行业发展的第二个阶段：车辆投放量大增，市场集中度提升，各地政府将共享电单车纳入规范管理。2020年，中国互联网租赁电动自行车的市场渗透率仍较低，行业处于扩张初期，但运营企业扩张势头已经十分明显。截至2022年底，哈啰共享电单车覆盖超过400个城市，青桔和美团计划投放超过300万辆共享电单车，覆盖城市超过200个。

一 2022年互联网租赁电动自行车行业发展情况分析

（一）行业市场规模继续扩张，三、四线及以下城市覆盖率高

截至2022年6月，全国有140余家企业进入市场，投放互联网租赁电动自行车数量约1500万辆，与互联网租赁自行车数量大致相当，约是巡游出租车数量的10倍以上；从出行量看，日均骑行订单峰值达3000万次以上，约相当于城市轨道交通日均运量的一半左右、约相当于巡游出租车的40%，已经成为城市公众重要的出行方式之一。特别是在疫情期间，互联网租赁电动自行车成为部分公众更青睐的出行选择。从覆盖面看，互联网租赁电动自行车已经覆盖1000余个城镇，由于一、二线城市的监管较为严格，互联网租赁电动自行车业务集中在三线及以下城市的下沉市场。从市场份额看，美团、滴滴、哈啰三家头部企业控制了共享电单车大部分市场，总份额为75%。从盈利情况看，据企业反映，共享电单车日均单车运营成本为

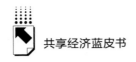

2.5~3 元，单个订单收费为 2~3 元，目前不同城市日均单车使用次数为 1.2~4 次，企业在部分城市应当可以实现盈利。从骑行特征看，共享电单车活跃用户的日均骑行距离整体上高于共享单车，骑行范围更广，单次骑行平均距离 2.4 公里。

（二）国家层面相关政策逐步放松，地方层面各地态度仍存在较大差异

2015 年，伴随着互联网租赁自行车发展，以芒果、享骑、小蜜为代表的共享电单车在我国大城市投放运营。2017 年，交通运输部等十部门联合印发《关于鼓励和规范互联网租赁自行车发展的指导意见》提出"不鼓励发展互联网租赁电动自行车"，大城市加强政策管制，共享电单车市场开始转移到中小城市，美团、青桔、哈啰等企业纷纷入局。2019 年，伴随着《电动自行车安全技术规范》（GB17761-2018）即"新国标"正式施行，部分城市对共享电单车的管制逐渐放开，同时国家发改委等七部门印发《绿色产业指导目录（2019 年版）》，将互联网租赁电动自行车编入发展绿色产业目录，提出鼓励发展共享交通设施建设和运营，2019 年底企业开始在城市大规模投放车辆。

北京、上海等城市明确表明暂不发展共享电单车；天津、南京、成都等城市从最开始禁止运营共享电单车转变为允许在外围城区投放运营；佛山从全面清退共享电单车转变为总量控制、适度发展的政策选择；而昆明、泰安、合肥、长沙、南宁、沈阳、银川、石家庄、泉州、宜春等城市 2019 年以来先后出台政策，将共享电单车纳入规范管理。在共享电单车市场准入管理方面，大部分城市采取政府专题会议研究和第三方机构评估方式，部分城市采用了行政备案制，如四川资阳、山西介休等，还有些城市采取设定特许经营权等方式，市场准入机制不断创新。

（三）减少碳排放效果显著，积极推动交通领域的绿色转型

2019 年 3 月，国家发展改革委会等七部门联合印发了《绿色产业指导

目录》，明确鼓励发展"共享交通设施建设和运营"，将"互联网租赁电动自行车"编入目录。作为一种绿色出行方式，互联网租赁电动自行车在许多城市替代了部分如私人小汽车等高碳排放的出行方式，有效减少了交通领域的碳排放。根据中规院发布的《2022年度中国主要城市共享单车/电单车骑行报告》，互联网租赁电动自行车用户人均年减碳52.1千克。根据2022年生态环境部环境发展中心和中环联合认证中心发布的首个行业计算方法，在扩大计算范围至互联网租赁电动自行车的生产、制造和回收等环节后，互联网租赁电动自行车在整个生命周期内可以减少558千克的碳排放。此外，每辆电动自行车在出行环节还可以减少134克颗粒物排放。因此，互联网租赁电动自行车的碳减排效果更加显著，应积极推动我国交通领域的绿色转型。

（四）从可持续运营角度来看，互联网租赁电动自行车的营收能力高于互联网租赁自行车

在成本方面，互联网租赁电动自行车的各项业务成本包括车辆折旧成本、街面运维人员成本、换电成本、库房成本以及IT技术研发成本等。其中，街面运维成本与互联网租赁自行车运营基本相似。然而在收入方面，互联网租赁电动自行车的单次收费远高于互联网租赁自行车。按单次使用时长30分钟计算，互联网租赁自行车的客单价普遍为1.5元，而互联网租赁电动自行车的客单价为3~5元。

在使用频次方面，目前除一线城市未投放以外，互联网租赁电动自行车的使用频次普遍高于互联网租赁自行车。宁波市交通部门公布的统计数据显示，2020年当地互联网租赁自行车的日均周转率为13.29%，而互联网租赁电动自行车的日均周转率则高达340%。此外，哈啰在昆明市场的数据显示，哈啰互联网租赁电动自行车每辆车的日均骑行次数超过5次，远超互联网租赁自行车。尽管互联网租赁电动自行车的采购成本更高，根据东兴证券研报，综合哈啰、滴滴的招股书和美团App等数据后的计算显示，互联网租赁电动自行车业务现金流第二年即可回正。

二 2022年互联网租赁电动自行车
企业主要发展特点

（一）保障用户安全是第一要务，各企业投入大量研发精力，提升技术与服务能力

2017年交通运输部等十部门联合印发的《关于鼓励和规范互联网租赁自行车发展的指导意见》（以下简称《指导意见》）提出，不鼓励发展互联网租赁电动自行车。随后公安部做出解读：不鼓励发展的原因出于对车辆普遍超标、易发生交通事故、火灾安全隐患突出、车辆运行安全风险高、电池污染问题严重等多项问题的考虑。正如《指导意见》发布时各方一致所言，安全是底线。为了消除"安全"顾虑，共享骑行行业整体在用户骑行安全、财产安全、公共秩序安全方面都做出了极大的努力，各种建立在大数据和人工智能基础上的技术被行业广泛使用。为了更加全面的保障用户安全，运营企业在资金安全和信息安全方面的管理机制也更加完善。随着平台运营公司的更替，行业技术和服务进一步升级，政府的针对性政策也随之出台。

包括哈啰在内的共享运营企业，2017年后投放市场的共享电单车均符合"新国标"《电动自行车安全技术规范》（GB17761-2018）以及国家、行业和地方的技术标准的各项要求：通过了国家CCC认证，具有产品质量合格证明；设计时速限制、电压、电池运用、车辆性能等方面均严格依照《电动车自动车安全技术规范》，既符合消防规定，又升级了安全服务，历经多年产品迭代和规范性发展，汰换超标电动车的目标在共享电单车行业得到大范围的、更彻底的实现。互联网租赁电动自行车运营企业成为相关政府部门治理超标电动车的重要抓手。

相比私家电动车，互联网租赁电动自行车在保护骑行人安全上更全面。以哈啰为例，近年来路面安全事故发生量减少60%；长沙市上线智能头盔+

人脸识别解决方案后，2021年伤情仅为3件，较2020年下降85%；合肥市智能故障识别派单系统部署后，刹车链条类安全事故较上线前下降78%。不同于私家电动车性能差异大的特点，互联网租赁电动自行车在智能化、标准化、安全管理、技术迭代上更具优势。2021年开始，哈啰、美团等在部分城市投放的共享电单车装配了头盔；具备防飞车、防超载、超速提醒等领先功能，在防止误操作、规避多人骑行、提示超速驾驶等方面对周边行人和骑行用户都更为友好、智能。相较于私家电动车，共享电单车对骑行人骑行安全管理更为全面。

图1 电动自行车智能头盔

与私人电动自行车不同，互联网租赁电动自行车运营平台在用户每次使用电动车期间均对其有一定的约束作用和提供全程的安全保障。平台利用相关技术和流量，针对用户多年的安全教育体系也已较为完善。以哈啰为例，哈啰创立了用户驾照分体系，规范用户行为。哈啰与保险企业为用户定制骑乘短期意外伤害保险，为用户在骑行场景下遭遇意外伤害提供咨询和理赔服务，最大程度减少事故财产损失。

（二）车电分离成发展趋势，换电逐渐成为有想象空间的增量业务

电动自行车公共充电设施的解决方案主要分为两种模式：一种是直接在电动自行车上给电池充电，另一种是通过换电单独给电池充电。第一种模式需要在电动自行车停车位设置充电桩，出于安全考虑，一根充电桩只能同时给少数几辆车充电，充电时间长，充电位的设置受到停车位的约束。而第二种模式可以通过建设抽屉式充电柜，同时给几十个甚至上百个电池充电。目

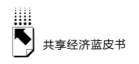

图2 哈啰驾照分2.0

前,各大共享两轮运营公司逐步将旗下的电动自行车由充电模式升级为换电模式。根据艾瑞咨询《2022年中国两轮电动车行业白皮书》,2021年中国电动自行车换电服务市场规模达22亿元。

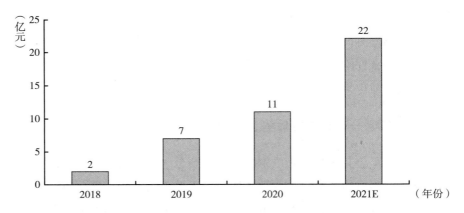

图3 2018~2021年中国电动自行车换电服务市场规模

资料来源:艾瑞咨询:《2022年中国两轮电动车行业白皮书》。

相比于传统充电模式，两轮电动车换电模式具有多重优势：①车电分离降低购车成本；②高效补能，节省用户时间；③统一充电管理，数据化监测让充电更安全，解决城市安全管理的痛点，通过集中化管理保障电池安全。电动自行车换电服务的代表品牌主要有中国铁塔、易马达e换电、哈啰旗下的小哈换电等。一般的产品形式是提供用户月卡、年卡等。

图4 电动自行车换电柜

2019年哈啰与蚂蚁金服（现蚂蚁集团）、宁德时代共建两轮能源网络"小哈换电"。秉承"科技新能源，不用充电更安全"的品牌主张，以领先科技革新两轮出行能源补给方式，加快推广"以换代充"的新兴能源消费模式，为各类两轮电动车用户提供动力续航和极速换电服务，解决城市两轮电动车出行过程中的能源短缺问题，让两轮出行用户享受到清洁新能源的科技福利。截至2022年底，"小哈换电"已进入全国超300个城市、日均换电超百万次，可对电池的使用情况、单个柜体使用情况及区域内换电情况开展实时追踪，通过大数据分析提高设备的利用率。网格式的柜换电模式，为用户提供了便捷的换电服务的同时，减少了换电成本，并且使仓库的集中式充电安全隐患降至最低。目前全国100多个城市已设有小哈换电柜。

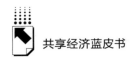

2019 年 6 月，铁塔能源宣布与美团旗下的即时配送品牌"美团配送"签署战略合作协议，双方将在外卖配送电单车换电池服务、智慧城市等多业务领域开展深度合作。2020 年 5 月，滴滴旗下青桔与国网电动汽车公司旗下国网什马签署战略合作协议，围绕两轮出行能源服务展开深度合作，双方共同运营的共享电单车业务正式开启，目前青桔换电智能换电柜已在武汉小规模落地，主要是针对青桔电单车的换电服务，未来将向更多合作伙伴开放。

（三）平台运营企业入局上游整车制造，电动自行车智能化趋势显著

整车制造也是整个产业链上附加值较高的环节，入局上游造车环节，有助于共享出行平台打造生态闭环，改善盈利能力。共享出行平台在物联网、智能后台、换电服务等方面具备先发优势，智能化电单车成为其入局整车制造的突破口。在多因素驱动下，电单车智能化趋势显著。

电动自行车智能化是指通过物联网、移动通信、定位、人工智能、大数据、云计算等技术，使电单车具备车辆追踪、智能开锁、电池监测、智能导航等功能。用户需求、技术发展、产业创新三大因素共同驱动互联网租赁电动自行车智能化。需求层面，智能化电动自行车使用更为便捷，用户体验佳且符合年轻用户智能设备使用习惯；技术层面，5G、物联网等基础技术的成熟使电单车智能化成为可能。因此在产业创新层面，开发智能化产品成为各厂商实现错位竞争的发展重点。

在共享出行平台中，哈啰、松果等已入局整车制造。2020 年，哈啰电动车业务全面启动，2021 年全国销售量达 60 万辆，截至 2022 年底已经在全国拥有超 3000 家门店，2021 年 2 月全资收购无锡迅逸电动车公司，7 月与天津宁河区政府达成合作意向，在天津市天宁工业园区投建"两轮电动车超级工厂"，预期满产年产能达到 300 万辆。松果出行早在 2019 年起就谋划建设智能工厂，2022 年第一季度其制造工厂开始正式投产。

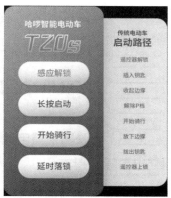

图5 哈啰智能电动车

（四）使用锂电池逐渐成为行业主流

动力电池成本一般占一辆电单车成本的30%，是成本占比最大的零配件。目前共享电单车的电池主要是铅酸电池或磷酸锂铁电池，且锂电池使用渗透率呈逐年提高的趋势。根据艾瑞咨询的《2022年中国两轮电动车行业白皮书》，2021年，我国锂电两轮电动车销量达960万辆，锂电销量占比23.4%。锂电池具有重量轻、能量密度大、充电时间短等优点，但在成本和安全性上，以现有技术水平看，略逊色于铅酸电池。但是，铅酸电池存在充电时间长、重量大、报废后的回收环节存在环境污染风险等问题。2018年出台的《电动自行车安全技术规范》全面规范了电动自行车各项安全性和指标，其中明确规定电动自行车重量不大于55kg。在相同续航能力下，铅酸蓄电池重量和体积分别约是锂电池的3倍和1.5倍，蓄电池锂电化成为行业发展趋势。共享电单车产品锂电化率高于总体电单车市场：传统电单车制造企业在电池锂电化方面较为保守，2020年中国电动自行车市场主流电池种类仍是铅酸蓄电池，占比约为76%；而共享出行平台把握住换锂东风，据高工锂电报道，2021年共享电单车新投放产品锂电化率或超九成，共享电单车在续航能力、使用体验等方面均有较好表现。因此，在"新国

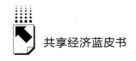

标"对车身重量做出限制以及各地更重视环境保护的情况下,锂电池电单车将为行业主流产品。

三 2022年互联网租赁电动自行车行业政策分析

(一)互联网租赁电动自行车逐渐从不鼓励向规范有序发展,各地相继出台管理措施

2017年交通运输部等10部门联合出台《关于鼓励和规范互联网租赁自行车发展的指导意见》,提出不鼓励发展互联网租赁电动自行车。大城市加强政策管制,共享电单车市场开始转移到中小城市,哈啰、美团、青桔等企业纷纷入局。2019年,随着《电动自行车安全技术规范》(GB 17761-2018)即"新国标"正式施行,部分城市对共享电单车的管制逐渐放开,公安部在2020年底对共享电动车的投放情况、城市管理和交通事故情况进行了摸排调研。交通运输部2021年也开始着手研究共享电动车发展动态与策略,交通运输部科学研究院在《我国互联网租赁电动自行车发展现状与相关建议》内参建议:"提前谋划我部对互联网租赁电动自行车发展的管理定位,做好规范互联网租赁电动自行车发展工作牵头的准备"。2022年1月,交通运输部首次对共享电动车持接受且研究规范管理的态度,公开表示将"统筹平衡安全与便利出行的关系,评估完善共享电单车发展政策"。

从地方层面政策来看,海南、河北、湖南等省份以立法的形式明确将共享电动车纳入管理,并且都要求随车提供安全头盔。大型城市公共交通系统相对完善,出于安全和管理考虑,大部分都明确表示不发展共享电单车或限制使用区域,只能在市郊或者新区发展。北京、上海等城市明确表明暂不发展共享电单车;天津、南京、成都等城市从最开始禁止运营共享电单车转变为允许在外围城区投放;在一些规模较小的城市或更下沉的市场,地方政府正在积极寻求管理办法,出台相关政策,对符合资质的企业颁发互联网租赁

电动自行车投放许可。佛山从全面清退共享电单车转变为总量控制、适度发展的政策选择；而昆明、泰安、合肥、长沙、南宁、沈阳、银川、石家庄、泉州、宜春等城市 2019 年以来先后出台政策，将共享电单车纳入规范管理。在共享电单车市场准入管理方面，大部分城市采取政府专题会议研究和第三方机构评估方式，部分城市采用了行政备案制，如四川资阳、山西介休等，还有些城市采取设定特许经营权等方式，市场准入机制不断创新。全国多地已根据城市共享电单车发展实际，修订相关文件，并将"规范有序"作为共享电单车的发展方向。

表 1　部分省份互联网租赁电动自行车的相关规定

省份	实施时间	文件名	与互联网租赁电动自行车相关内容
海南省	2022 年 1 月	《海南省电动自行车管理条例》	鼓励快递、物流、外卖等服务企业和互联网电动自行车租赁企业购买第三者责任险、驾驶人员人身意外伤害险等保险产品 互联网电动自行车租赁企业应当履行企业主体责任，配备必要管理人员，按照要求设置电子围栏，随车提供安全头盔，加强车辆检测、维护和停放秩序管理，并将车辆投放和租用等信息按照规定报送有关主管部门备案
河北省	2022 年 5 月	《河北省电动自行车管理条例》	使用电动自行车从事快递、外卖的经营单位和互联网租赁电动自行车经营单位应当落实安全生产主体责任，将电动自行车安全管理纳入单位内部安全生产规章制度，明确安全责任人 互联网租赁电动自行车经营单位应当遵守以下规定：(一)投放电动自行车数量不得超过当地有关行政主管部门确定的区域数量限制要求；(二)投放的电动自行车符合强制性国家标准；(三)随车配备安全头盔；(四)运用现代信息技术手段规范承租人停放电动自行车行为；(五)配置必要人员对投放的电动自行车进行管理、维护
湖南省	2021 年 3 月	《湖南省电动自行车管理办法》	互联网电动自行车租赁企业应当履行企业主体责任，配备必要的管理人员，加强车辆检测、维护和停放秩序管理，随车提供安全头盔，不得为不符合电动自行车驾驶条件的人员提供电动自行车租赁服务

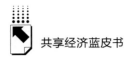

续表

省份	实施时间	文件名	与互联网租赁电动自行车相关内容
浙江省	2020年7月	《浙江省电动自行车管理条例》	快递、外卖等服务企业和互联网电动自行车租赁企业应当加强安全生产教育和管理,落实安全生产主体责任,依法参加工伤保险,可以通过购买第三者责任险、驾驶人员人身意外伤害险等方式提高企业偿付能力 互联网电动自行车租赁企业应当履行企业主体责任,配备必要管理人员,按照要求设置电子围栏,随车提供安全头盔,加强车辆检测、维护和停放秩序管理,并将车辆投放和租用等信息按照规定接入互联网电动自行车行业监管服务平台
广东省	2021年11月	《广东省电动自行车管理条例》	禁止经营性活动:任何单位或个人不得利用电动自行车从事经营性客运或者货运活动,特定领域的企业依照其申请用途开展活动的除外 "特定领域"目前公布的不含共享电动车范围
安徽省	2022年12月	《安徽省电动自行车管理条例》	从事互联网电动自行车租赁业务的企业,应当落实主体责任,按照当地人民政府确定的投放区域、数量并采用技术手段进行定点投放;随车提供安全头盔,定期消毒、维护、增补,保障其安全使用 根据需要为所属电动自行车购买第三者责任险、驾驶人员人身意外伤害险等相应的保险;配备必要的管理人员,做好电动自行车的规范投放和有序停放工作 从事互联网电动自行车租赁业务的企业应当对车辆进行日常检测和维护 互联网租赁电动自行车挤占人行道、车行道、绿化道等道路、区域停放的,运营企业应当及时清理
吕梁市	2020年12月	《吕梁市电动自行车管理条例》	鼓励快递、物流、外卖等服务企业和互联网电动自行车租赁企业购买第三者责任险、驾驶人员人身意外伤害险等保险产品 互联网电动自行车租赁企业应当履行企业主体责任,配备必要管理人员,按照要求设置电子围栏,随车提供安全头盔,加强车辆检测、维护和停放秩序管理,并将车辆投放和租用等信息按照规定报送有关主管部门备案
南昌市	2021年1月	《南昌市人民政府办公室关于规范互联网租赁自行车发展的实施意见》	"促进南昌市互联网租赁自行车(含电动自行车)规范有序发展。"南昌市政府对于互联网租赁电动自行车的态度也是"规范有序发展"

续表

省份	实施时间	文件名	与互联网租赁电动自行车相关内容
衢州市	2021年12月	《衢州市区鼓励和规范互联网租赁自行车 互联网租赁电动自行车发展的实施意见》	互联网租赁电动自行车以建成区常住人口50人/辆的比例进行需求测算。建立竞争择优的车辆投放机制,开展服务质量考核评价,考核评价结果与车辆投放规模相挂钩,引导经营者合理有序投放 互联网租赁电动自行车应当在公安机关交通管理部门办理注册登记,未办理注册登记的车辆不能上路行驶;应配备智能头盔,供骑行者使用,且对于头盔需有可靠的卫生、保洁方案;应具备可靠的技术能力,甄别车身是否完整停入停车框内、判断车辆的摆放角度是否满足停车点等要求 互联网租赁电动自行车经营者应当在市区建设一体化标准、面积不低于200平方米、符合国家消防安全的电池集中式充电仓,并公布完善的仓库建设要求和日常管理要求
荆州市	2023年3月	《荆州市电动自行车管理条例》	城市管理执法部门应当会同有关部门,根据本地实际情况,制定互联网租赁电动自行车调控政策,明确允许投放的区域、投放总量、车辆停放地点以及相关管理要求 互联网租赁电动自行车经营者应当加强车辆安全检测维护,随车配备安全头盔,及时维修破损车辆、回收废弃车辆;加强停放秩序管理,及时对禁停区域内车辆进行清理,维护道路安全通畅

(二)多个城市的经营权"拍卖"模式显著增加企业运营成本,各地政府不断探索企业的准入机制

近年来,国内部分城市开始对区域内的互联网租赁电动自行车经营权进行竞价拍卖,有的甚至是独家经营权,有的经营权被拍出不符合市场行情的"天价"。福建、云南、河北等地多个县市发出了对当地互联网租赁电动自行车投放经营权进行招投标或者拍卖的公告。多地对项目进行了拆分,将经营权分为多个标的进行招投标,并且设置了最高投标价格,超出投标价将作为无效标。

2021年5月,云南省瑞丽市对城区2500辆共享电单车五年期特许经营

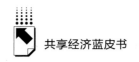

权进行了拍卖，成交价为 6500 万元的"天价"。国家发改委发布了 23 起违背市场准入负面清单的典型案例，其中有 15 起案例涉及地方政府或有关部门通过高价竞拍、签署排他性协议等方式限制共享单车、电单车市场竞争。2021 年 11 月，在国务院办公厅要求进一步优化营商环境、降低市场主体制度性交易成本的背景下，国家发改委建立违背市场准入负面清单案例归集和通报制度，此次为第四批典型案例。

部分城市变相转让或者竞拍共享单车运营权，以及违规增设市场准入条件，限制共享单车企业准入经营。其中，湖南省张家界市以特许经营权公开拍卖方式限制共享单车企业准入的案例正在整改中，山东高密、滨州、云南保山、瑞丽、曲靖、宣威、华宁、文山、大理、湖北随州等地通过增设共享单车市场准入条件，以特许经营权公开拍卖等方式限制共享单车和电单车企业准入经营等行为已完成整改。

同时，许多城市在互联网电动租赁自行车准入资格的发放上不断探索，力求更加科学化。安徽合肥对共享两轮车（含共享单车、共享电单车/助力车）采取招投标管理模式，明确投放的企业品牌，并对企业进行日常管理考核，内容包括行业管理报备、行业管理落实、城市管理部门监管、运营管理、应急管理、社会评价、车辆管理等，做到有奖有惩。云南昆明通过公开招标等公平竞争方式，合法确定投放企业和投放数额，控制投放总量，签订运营管理服务协议。招标完成后，采用"一车一牌一码一管理系统"严控企业投放量，防止超投、违投，不遵守协议的将被取消运营资格。广西桂林对报名企业进行现场演示、评审、再次审核等程序，最终排名前三的企业获得准入资格。遴选的详细评审标准包括车辆管理标准、运营管理标准、停放管理标准、电池管理标准、退出机制等共16 项。

（三）在城市综合交通体系中功能定位不清晰，与公共交通存在竞合关系

互联网租赁电动自行车与地面公交、地铁、出租车等现有交通方式存在一定的竞合关系，在疫情造成城市公共交通整体客流衰减的情况下，互联网租赁电动自行车的进入将进一步分流中短距离的客流，同时也为疫情下公众出行提供了多元化选择。但如果互联网租赁电动自行车长期无序发展下去，势必对现有的城市公共交通秩序造成更大冲击，也易引发出租车司机等群体的不满。

因此需要明确互联网租赁电动自行车在不同类型城市综合交通体系中的功能和定位，由公共交通覆盖城市主要公共交通走廊，互联网租赁电动自行车在空间和时间上补充公共交通的服务，在部分中小城市互联网租赁电动自行车出行成为毗邻地区或次要客流走廊的重要交通出行方式。如何将互联网租赁电动自行车纳入城市交通体系筹谋划，平衡好共享出行与公共交通运能配置，避免政府公共资源的浪费，是管理中需考量的问题。

四 对互联网租赁电动自行车行业的政策建议

（一）研究出台国家层面推动互联网租赁电动自行车行业规范健康发展的指导意见

建议充分发挥国务院交通运输新业态协同监管机制的作用，对共享电单车发展情况开展全面摸底，重新评估"不鼓励发展互联网租赁电动自行车"的政策导向。交通运输部在答复2021年陈宗委员的政协提案中提到，共享电单车属于慢行交通，是绿色出行体系的一部分，已经成为部分城市公交系统的有益补充。在全国大部分城市，电动车出行已经成为市民出行中不可忽视的新刚需。尤其是2019年以来，疫情下市民出行偏好发生变化，外加城市建设发展都让电动车成为更适宜的出行工具，市民需求持续增加。

2021年两会期间，全国政协外事委委员陈宗在《关于推进共享电动自行车规范发展的提案》中建议，主管部门充分发挥交通运输新业态协同监管部级联席会议制度的作用，重新修订《关于鼓励和规范互联网租赁自行车发展的指导意见》中关于共享电单车的内容，或出台《互联网共享电动自行车管理指导意见》，明确行业发展的基本原则，加快制定行业标准、服务标准，指导地方政府按照安全第一、包容审慎、因城施策、属地管理的原则，科学管理共享电单车行业。鼓励地方政府结合"十四五"规划编制《互联网共享电动自行车发展规划》，引导和支持共享电单车行业健康规范发展。

建议充分借鉴网约车和互联网租赁自行车改革创新的经验，采用"国家定基本框架+属地定实施细则"制度体系，研究出台国家层面推动共享电单车规范健康发展的指导意见，确立全国统一的行业基本管理制度，形成全国统一开放的大市场，同时指导各地加强立法研究，因地制宜地进行属地管理和制度创新，确保依法行政。

（二）研究明确共享电单车在城市交通中的定位，优化城市交通结构

建议在坚持优先发展城市公共交通的前提下，将共享电单车作为城市公共交通的有益补充，指导各地政府统筹考虑车辆设施运行安全、道路条件、公交运营情况、监管难度、出行需求、交通结构、气候条件、地形地貌等具体要素，科学评估引入共享电单车的必要性和可行性，分层分类因城施策，充分发挥共享电单车在优化城市出行结构、促进绿色低碳出行、弥补公共交通建设不足等方面的积极作用。比如，三、四线城市公共交通体系不是很完善，共享骑行可以作为有益补充；在一、二线城市的郊区共享电单车作为接驳工具，也能有效补充远郊区公共交通运力的不足；在旅游景区、厂区封闭区域共享电单车也可以有条件地投放。

同时根据不同城市的人口与空间情况，要求互联网租赁自行车、互联网租赁电动自行车发展规模应与市民短距离出行需求、城市空间承受能力、道路资源与停放车位承载能力相匹配。建立竞争择优的车辆投放机制，开展服务质量考核评价，考核评价结果与车辆投放规模相挂钩，引导经营者合理有序投放。

（三）指导地方政府建立协同监管机制和智慧监管体系，降低运营安全风险

建议充分发挥交通运输新业态协同监管机制的作用，指导地方精准评估互联网租赁电动自行车引入条件、投放规模，特别注意与共享单车配比。合理规划运营、停放区域，科学配置充电柜等配套设施，高效利用城市空间资源，保障运营效率和安全。建立统一完备的服务管理标准，借助已有的网约车监管平台，建立智慧监管体系，加强对共享电单车、共享单车平台企业的监管，保障安全运营。

建议主管部门把共享单车管理纳入数字化城市管理平台以加强互联网租赁电动自行车的运维工作。安排信息采集人员把车辆乱停乱放和放置不规范问题上传到数字化城市管理平台。互联网租赁电动自行车采用平台化管理，通过构建统一的政府监管平台，借助搭载的智能终端，实现车辆、电池、骑行等实时线上监管，提升管理质量和执法效率，赋能城市治理现代化。

（四）完善步行与自行车等专项交通规划，为市民打造高品质的骑行环境

目前，大多数城市的非机动车设施建设水平还无法满足激增的电动自行车需求，一部分城市还停留在对非机动车道数量的追求上，而忽视了车道宽度、过街设施及停放空间。因此通过编制步行与自行车等专项交通规划，引导城市在下一阶段非机动车设施建设中体现数量与质量并重的发展思路，充分考虑电动自行车的路权、道路宽度、过街设施、停放及充电安全等方面，为电动自行车骑行者提供高质量的出行环境，比如增加非机动车道并保证宽度，增设与机动车道的硬隔离或软隔离设施。为了满足电动自行车及常规自行车的出行需求，城市主、次干道均需增设非机动车道，且保障其安全、连续及畅通。非机动车道的宽度应充分考虑路段电动自行车及自行车的流量。对于新建道路，确保设置非机动车道。

同时应制定加强自行车专用道管理的制度措施，建立健全多部门协同管

理的工作机制。鼓励换电产业发展，针对换电柜等充换电设施的用地用电规范出台相关统一标准。让换电运营企业的统一管理逐步替代私人用户自行充电。建议城市制定电动自行车停放和充电的专项规划，坚持保障安全、方便使用且价格合理的原则。挖掘城市停放空间，规范管理，与运营企业协同，以疏代收。平台运营企业也需要进一步利用技术手段调度淤积车辆，达到与城市的和谐共存。

五　发展趋势与展望

（一）"新国标"过渡期即将到期，互联网租赁电动自行车是私人电动车重要的替代或过渡出行方式

新版《电动自行车安全技术规范》（GB 17761-2018）从 2019 年 4 月开始实施，各地设置了两到三年不等的过渡期。2021~2022 年，从一线城市到二、三线城市将逐渐迎来换车高峰期。共享运营企业 2017 年后投放市场的共享电单车均符合"新国标"及国家、行业和地方的技术标准的各项要求。以浙江为例，浙江省非标电动自行车自 2023 年 1 月 1 日起，不得上路行驶。相关部门规定，自 2023 年元旦起，凡驾驶备案非标电动自行车上路行驶的，由相关交通管理部门责令改正，并处以 300 元以上 500 元以下的罚款。对拒不改正的，将由相关交通管理部门没收备案非标电动自行车，车辆将交由具有资质的回收机构拆除、解体。

私人电动自行车汰换后，互联网租赁电动自行车是居民重要的替代或过渡出行工具。根据《共享电动车用户出行特征问卷调查》，全国九成城市互联网租赁电动自行车对私人电动车的替代率都在 10% 左右。其中，海南省的替代意愿最高，19.6% 的市民有用共享助力车替代私人电动车的意愿，且 17% 的私人电动车用户愿意为使用共享助力车而出售自己的电动车。相比于私人电动自行车，互联网租赁电动自行车的利用周转率高，1 辆车平均可替代 7 辆私人电动车，节省一定的停车空间，优化市容。

图 6　互联网租赁电动自行车与私人电动自行车比较

（二）政策方面，绿色出行与"双碳"契合度持续提升

2022 年，绿色出行城市创建验收工作在上百个城市启动，其中一项指标就是绿色出行分担率，该分担率很重要一项是非机动车出行分担率，该指标与互联网租赁自行车和互联网租赁电动自行车在出行结构中的占比息息相关。特别是在一些中小城市，由于受到疫情和新能源车辆补贴政策到期等因素影响，部分公共企业面临财政困难，面临缩减线网规模甚至是线路停运等问题。因此，需要发挥互联网租赁电动自行车在这些城市绿色出行中的重要作用，成为公共交通服务的重要补充。同时哈啰、美团等企业也在多个城市探索生活侧的碳减排，即建设与实施碳普惠机制。

（三）进一步推进数字化运营能力与智能化管理水平全面提升

在互联网租赁自行车运营上，全面构建数字化体系，在调度、换电场景实现高度智能化。在车辆的资源调配上，构建算法模型，与线下保养同步延长车辆资产的使用寿命，减缓折旧损耗。在运营过程的数字化管控上，持续优化智能调度算法，预计 80%的调度能够产生正向收益，换电工作实现100%任务制。

安全管理水平持续提升。仓库的监控系统 AI 识别算法将持续优化，对不规范操作、违规操作、不安全行为等从后台实时人工审核转向依靠算法实时识别且自动报警。

B.10
2022年中国需求响应公交服务
发展形势分析与展望

巫威眺　张泽岳*

摘　要： 需求响应公交服务打破了传统公交定站定线的运营模式，以满足乘客个性化需求为导向，提供定制化的出行服务，能够很好地整合传统公共的集约性优势，并弥补其灵活性差的缺点。2020年以来，全国各地纷纷进行需求响应公交服务试点，其发展至今已具备了一定的市场规模。为促使需求响应公交服务形成自给自足、良性循环的可持续发展新业态，减轻财政负担，各地在服务模式、运营场景、配套政策等方面进行了一系列创新与实践，本文对2020~2022年需求响应公交服务发展现状进行了分析并针对存在的问题提出了对策。

关键词： 需求响应公交　共享出行　可持续发展　公交新业态

一　需求响应公交相关概念

需求响应公交服务以"线上平台规划+线下运力调度"的创新服务模式，打破了传统公交"定站、定线、定时"的运营规则，以大数据算法为核心，满足乘客个性化出行需求，按需规划路线，提供"准门到门"的出行服务。相较于传统公交，需求响应公交凭借独特的服务模式，能够较好地

---

* 巫威眺，华南理工大学土木与交通学院副教授；张泽岳，华南理工大学土木与交通学院。

解决机动灵活的个人出行需求与集约的社会出行要求之间的矛盾，是公共交通在集约化社会背景下的新实践。

（一）发展背景

需求响应公交的起源最早可追溯至 20 世纪 60~70 年代。1976 年，Flusberg 首次提出灵活公交系统这一构想，这一概念作为需求响应公交的前身，描绘了需求响应公交的基本特征。后来，在《美国残疾人法案》（1990）定义的需求响应系统中衍生出来一种辅助公共交通服务——需求响应公交。它是指乘客预订行程，由公共部门、非营利组织或私人供应商提供的非固定线路人员运送服务。在《美国法典》的基本定义基础上，联邦公共交通管理局在《美国残疾人法案：指导方针》通告中，拓展了需求响应公交定义，即由乘客或代理人给电联运营商反馈出行需求，由运营商派遣车辆接送乘客到目的地，其运营特征是：车辆不按照固定路线或固定时刻表运营，临时满足乘客的特殊需要；通常派遣车辆到不同地点接乘客，再运送到各自目的地，甚至可能中断这些目的地的路线去接送其他乘客。对于需求响应公交，欧洲、美国等地区已有 40 余年的发展经验，构建了"Merrill-Go-Round""SAMPO""Tele Bus"等需求响应公交系统，其服务对象也从行动不便人士逐步扩大到具有个性化出行需求的广大群体，运营范围也更具针对性，如交通枢纽接驳和低客流密度地区。

国内公交服务运营商在学习了网约车出行平台的成功案例后，开始积极思考这种"共享出行、灵活出行"的框架能否应用于公共交通。2016 年前后，"灵活公交""动态公交""定制公交"等泛需求响应公交概念如雨后春笋般在全国各地出现。近年来国家出台大力发展共享出行服务及公交数字化的相关文件，客观上促进了需求响应公交的实践。2018 年后伴随新线路的不断开设，需求响应公交在北京、广州、成都、重庆等地逐渐向市场化、规模化、规范化发展。

（二）业务模式

从广义上来说，需求响应公交的核心在于根据乘客需求进行动态响应。

乘客的出行需求根据群体、时段、出行目的、出发点、目的地等特征各具特色，倘若针对不同场景仍提供同质化的无特征出行服务而非精确匹配，可以预见需求响应服务将沦为"大号网约车"。线路是否固定？站点有没有可选择性？发车时刻是提前设计还是动态变化？各公交公司在深入实践后，逐渐总结出与各种场景相匹配的服务模式。

1. 定制专线

特征：定站、定线、定时刻，多点集客，集中散客。定制专线业务模式适用于具有相同出行目的，且形成一定规模的固定群体。这类群体的出行需求通过整合，可规划为一条相对固定的定制化专线，预留运力资源以一定时间规律（例如每日 7：00）定期执行，类似于传统"包车服务"，需要乘客组织提前与公交公司进行商议。

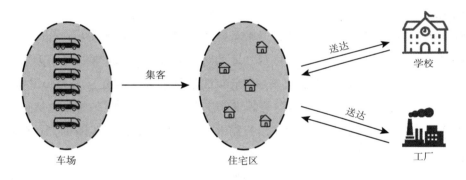

图 1　定制专线业务模式

场景：常见于用于接送的"家校专线"以及通向工厂区域的"厂区专线"。

目标群体：小学生、初中生等具有固定家校通勤需求的学生群体；厂区与住宿区存在一定距离的劳动密集型产业工人。

实践案例：济南公交为 100 余所学校开通 400 余条学生专线定制公交；珠海公交集团推出珠海产业园区定制公交专线，覆盖清华科技园、南方软件园、富山工业园、新青科技工业园、定家湾工业园、珠海保税区等产业集中片区；南宁公交先后开通南宁经开区微循环免费专线、花雨湖专线等定制公交线路，以及服务师生出行、服务大型生活社区和加强南宁市企事业单位联系的定制公交线路。

2.场站疏散

特征：不定站、不定线、不定时刻，单点集客，多点散客。场站疏散业务模式适用于将到站乘客根据居住地分类，借助公交车辆快速疏散。该模式有助于在节假日等高峰期缓解场站疏散压力，同时在常规公交非运营时段起到运力资源的补充作用。目前北京等地在高铁站已开通该服务模式。

图2　场站疏散业务模式

场景：由交通枢纽向居住地散客，解决"最后一公里"问题。

目标群体：长途汽车客运站、高铁站、火车站、机场到站旅客。

实践案例：北京南站"网约公交"，围绕北京南站，在五环区域内及回龙观、天通苑、大兴黄村、石景山八角和通州城区，为市民提供公交出行服务，时间暂定为每日18：00至次日00：30，市民可在每日06：00至24：00预约当日乘车需求。

3.线路巡游

特征：定站、定线、不定时刻，单点集客，单点散客。线路巡游业务模式用于满足交通枢纽间的换乘需求，常见于穿梭巴士，可理解为机场摆渡车在不同交通枢纽间的应用。公交公司根据实际换乘需求进行运力

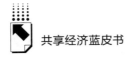

资源分配，让公交车辆沿相对固定的线路在场站间循环往复运行，减少旅客换乘负担。

图3 线路巡游业务模式

场景：高铁站、火车站、客运汽车站、机场等交通枢纽间接驳。

目标群体：具备长距离交通枢纽（铁路、飞机）间换乘需求的旅客群体。

实践案例：长沙高铁南站与长沙黄花机场间开通穿梭巴士服务，根据实际乘客数量决定发车时间。

4. 半灵活式需求响应公交

特征：不定站、定线、不定时刻，多点集客，多点散客。半灵活式需求响应公交业务模式适用于出行需求较为集中，出行距离较为固定，起讫点均位于运营区域内的场景，车辆采取类似环形巡游的方式运行，利用现有常规公交站点，沿线存在必经站点和可选站点，当可选站点无乘客需求时，可选择跳过该站点，该模式常见于"区域微循环"公交，特点体现为"区域巡游"。

场景：商业区、大学城等出行需求量大但具备波动性的区域。

目标群体：企事业单位具备通勤需求的员工、高等院校学生。

实践案例：2022年11月，丽泽商务区管委会与北京公交集团共同在丽泽地区推出"巡游定制公交"服务，降低预约成行人数门槛，按预约出行需求灵活设站，服务通勤通学出行需求；2022年12月，东莞"随需公交"试运行，通过"预约出行+站点招手即停"的运营模式为市民提供服务。

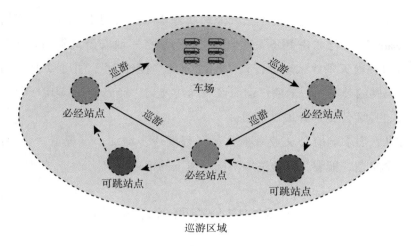

图4 半灵活式需求响应公交业务模式

5. 全灵活式需求响应公交

特征：不定站、不定线、不定时刻，全灵活集散客。全灵活式需求响应公交业务模式是"拼车"模式在公交行业的扩展，运力资源的调配完全取决于需求，其运营可以不依赖于现有公交基础设施，乘客可以通过提前预约在预设的虚拟站点实现上车，真正实现按需提供"门到门"出行服务。它是需求响应公交发展的后期形式。

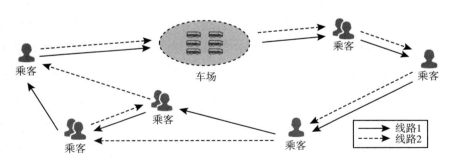

图5 全灵活式需求响应公交业务模式

场景：低客流密度、低出行频次地区。

目标群体：零星出行群体。

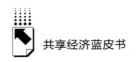
实践案例：广州公交集团三汽公司联合羊城通公司于 2020 年 9 月在广州大学城全岛推行"拼 BUS"动态公交出行服务；西安公交集团于 2022 年 4 月 28 日在航天基地试点运行首个网约公交"捷巴士"，并于 2 月 28 日上线第二波网约公交——浐灞广运潭区域网约公交"捷巴士"；2019 年 5 月雄安新区"弹性公交"开展试运行。

可见，需求响应公交业务模式灵活程度逐步增加，实现了"点—线—面"的全覆盖，能够很好地适应不同环境下的市场需求。

二　需求响应公交服务发展现状

距离 2018 年需求响应公交首次大规模出现在公众视野已过去数年之久。这几年间，需求响应公交不断发展，国家对于需求响应公交这种集约化公共出行方式的态度如何，是否出台相关政策予以扶持？需求响应公交是否摆脱了初期的野蛮生长，业界规范是否形成？市场规模不断扩大的同时，整体反馈如何？运营中现存的问题是什么，其本质又是什么？

（一）政策支持

近年来，在需求响应公交服务发展大背景下，我国国务院、交通运输部联合多部门发布多项政策支持共享出行服务发展，如《"十四五"市场监管现代化规划》明确提出优化适应新经济发展的监管机制，完善围绕共享出行的交通运输新业态监管规则和标准；《"十四五"现代综合交通运输体系发展规划》指出，引导和规范网约车、共享单车、汽车分时租赁和同城货运平台等健康发展，防止无序扩张；2023 年 2 月，中共中央、国务院印发的《质量强国建设纲要》要求大力发展公共交通，引导网约出租车、定制公交等个性化出行服务规范发展；《广东省公共交通条例（征求意见稿）》将需求响应公交等新型公交服务纳入条例内容，在基本公共交通基础上，增加了多元化公共交通。需求响应公交作为一种新的公共交通类型，被纳入法律框架。从长远来看，城市交通的基本逻辑不会因疫情而改变，倡导公交优先、慢行优先仍是我国城市交通发展需要坚守的核心理念。在此基础上，城市交通要构建多样化、个性化的出行服务供给体系，积极推进定制公交、需求响应公交等公共供给服务。

因此从政策导向来看，需求响应公交作为继共享单车模式后实现集约化出行的重要一环，在"十四五"时期备受关注。国家政策方面的大力支持为需求响应公交服务生根发芽和茁壮成长提供了有力保证。

（二）相关规范

2020~2022年，需求响应公交进入快速发展期，有别于试点之初的野蛮生长，为进一步规范需求响应公交市场，提升城市定制公交运营企业服务质量和管理水平，不断优化企业服务流程、提高乘客满意度，促进群众更多地选择需求响应公交作为出行交通方式，交通运输部发布了《城市定制公交服务规范》（JT/T 1355-2020），自2021年4月1日起施行。

规范对于泛需求响应公交，明确了以下内容：①明确了服务规范的适用范围；②界定了定制公交和定制公交经营者的内涵；③建立了定制公交票制票价、运营安全管理等总体要求；④提出了运营线路设置的相关要求；⑤规范了运营车辆的技术标准；⑥确立了服务信息系统的功能实现要求；⑦细化了运营服务中各个环节的服务标准；⑧量化了运营服务评价指标。

总体规范制定后，各省份也依据实际应用情况进一步细化了相关规范，如福建省于2022年7月8日发布并实施《城市灵活公交技术规范》（T/FJPTA 005-2022）和《城市灵活公交管理规范》（T/FJPTA 006-2022），帮助进一步构建需求响应公交良好的生态。

（三）城市试点

北京、雄安、沈阳、天津、哈尔滨、济南、青岛、西安、成都、深圳、大连、厦门、福州、泉州、贵阳、郑州等地区已陆续开通了需求响应公交服务并积累了大量的实践经验，下文将对几个典型城市的需求响应公交服务进行分析。

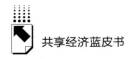

1. 北京市需求响应公交

北京市作为首都，人口规模大、交通压力大、综合交通发达，各交通枢纽间接驳存在困难，需求响应公交作为打通各交通大动脉的微型血管，得以发挥巨大作用。2021 年，北京大望京商务区推出了首个需求响应式公交——区域巡游服务，目前已拓展为 8 个巡游区域，同时，明智惠行联合北京公交集团推出区域全场景需求响应式优享公交服务，在北京丽泽金融商务区试点运行。

2. 雄安新区需求响应公交

雄安新区为打造绿色交通体系，加快推进"海绵交通"落地，建立配置合理、功能清晰、管理高效的城市交通枢纽，于 2019 年 5 月开展"弹性公交"试运行，基于实时匹配算法，动态处理出行需求。目前约有 30000 人加入弹性公交"白名单"，运营范围主要覆盖容东片区、市民中心片区、容城城区约 35 平方公里。截至 2023 年 3 月，"弹性公交"累计完成约 65 万单，累计接驳 83 万人次，日均接驳约 1000 人次。

服务模式方面，"弹性公交"本质属于全灵活式需求响应公交，启用约 350 个虚拟站点，将不同位置乘客的步行距离控制在 150 米以内。定价机制上，根据政府指导价格，3 公里以内起步价 4 元，超出部分每公里 1 元，同时为践行绿色出行理念，"弹性公交"通过票价折扣鼓励合乘行为，目前满座率维持在 40%～50%。服务质量方面，订单响应时间控制在 3 秒内，订单完成率达 75%，平均等待时间 5～7 分钟，优于传统公交。下一步，雄安将在运力资源迭代的基础上，全面推行"弹性公交"，最大限度提升出行体验、出行效率，提供人性化、综合化、智慧化、绿色节能的出行服务。

3. 成都市需求响应公交

成都市作为旅游城市，除本地居民通勤外，在节假日期间额外承担了大量外来旅客带来的交通压力。2022 年 4 月成都公交集团星辰巴士有限公司联合明智惠行（北京）科技有限公司推出基于公交特点的需求响应式公交服务——成都优享网约公交。实际场景方面，成都需求响应公交聚焦缓解通勤压力，以及公共交通网络化、数字化，大力推进区域内公交、地铁"双网融合"。

4. 南京市需求响应公交

疫情期间，南京定制公交瞄准社会痛点，推出以"复工复产"专线为主的定制公交服务，需求响应公交走进徐庄软件园、新港开发区、新城科技园等园区。定制公交工作人员加入企业员工交流群、员工拼车群，深入了解园区员工的出行需求。在计划编制方面，按企业复工人数分批开通大型社区、园区的定制线路。通过社群组织乘客提前购票，每日统计乘客自主拼团线路的购票数，数量达到一定标准的，开通次日线路。将原"月大计划、周小计划"改成"日计划"的运营模式，努力平衡定制需求与运力支持，在保障运营服务的同时最大限度降低运营成本。产业园区专线目前仍为员工提供着优质的出行服务。

5. 广州大学城需求响应公交

2020年9月15日，广州公交集团三汽公司联合羊城通公司在广州大学城全岛上线公测"拼BUS"动态公交出行服务。该服务结合了公交车与出租车的特点，乘客在平台上预约即发车接送。三汽公司相关负责人介绍，"拼BUS"在大学城岛内已设置68个上车点、100个下车点，全面覆盖大学城全岛，随约随到。该负责人表示，"市民只需提前十分钟在线上平台预约，系统接到需求将自动派送车辆，线路完全灵活"。"拼BUS"使公交服务更灵活，为乘客提供上车有座、躲避拥堵、点对点接送的"一站式"服务。图6为广州大学城"拼BUS"App界面、大学城区域内各站点的分布及所用车辆。

（a）App界面　　　　（b）站点分布　　　　（c）"拼BUS"车辆

图6　广州大学城需求响应公交

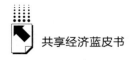

6.莒县、五莲县需求响应公交

2021 年 12 月,由日照市特殊教育学校直通莒县、五莲县等地的需求响应公交正式开通运行,主要包括 C202 路和 C305 路两条线路。两地开设需求响应公交服务,主要是为了解决学校位置偏僻导致的特殊儿童节假日出行不便的交通问题,体现了需求响应公交服务的人文关怀。

(四)市场现状

纵观需求响应公交服务的发展轨迹,从单线试运行到多线共建再到区域联动,从北上广深试点到大中型城市跟进再到下辖乡镇多点开花,需求响应公交以"扩大城市辐射、加速市场下沉"为发展中心,通过横纵结合的方式迅速从产业萌芽期过渡到市场推广期。尽管具体市场规模难以量化,但从规律来看,相关企业不囿于传统意义上的"集中资源抢占大型城市市场",而是以先行试点城市为大本营,着眼于南通、内江、西宁等中小型城市及下属乡镇,通过由点及面的辐射效应不断扩大市场规模。

在具体手段上,公交公司着眼于与互联网企业合作。以北京为例,滴滴出行提供线上技术平台支持、公交公司提供线下运力支持这种"线上+线下"联动的方式。一方面充分利用出行平台积累的高黏性客户群体挖掘潜在需求,另一方面所谓"术业有专攻",这种推广模块外包的方式无形中降低了公交公司开拓市场的成本,催生出"掌上公交""智联巴士"等一系列涵盖需求响应公交服务的 App,客观上加速了需求响应公交的市场推广。

从乘客整体反馈来看,需求响应公交通过定制专线、动态巡游等运营模式,满足了用户"点—线—面"全场景、全类型、全时段的出行需求。通过平台能力实现实时响应,为用户提供快速出行、高效接驳的精准服务。但需求响应公交在优化现有公共交通系统、满足乘客个性化出行需求的同时也存在诸多问题。市场具备需求响应公交的基本生存空间,但其仍需医治自身的沉疴痼疾。

（五）现存问题及原因探究

相关从业人员提出，需求响应公交现存的问题究竟是什么？其本质原因在哪里？是否有可行性解决方法？综合实践中遇到的困境，我们发现主要问题集中于如何降本增效实现可持续发展与如何进一步提高服务质量两个方向上。

1. 可持续发展模式亟待探索

以地铁为典型代表，我国公共交通秉持"让利于民"的态度，日常运营极大地依赖国家财政补贴，但这也导致其发展严重受限。需求响应公交在设计之初有意打破该窘境，致力于实现盈亏平衡、自给自足，形成良性循环以减轻财政负担，但目前这种可持续发展模式仍未实现。

是什么导致实践结果与当初的设想相差甚远？从收入上看，需求响应公交作为介于传统公交和出租车之间的新兴出行方式，主要优势在于高性价比，因此普遍票价限制在同里程传统公交的 3~5 倍，票款收入水平低。而从成本上看，尽管需求响应公交在基础设施建设成本上优于传统公交，但由于体量较小难以产生规模效应，相较于等体量需求的传统公交服务要更高的成本，其人力成本和后期维护成本同样较高。受制于其社会福利属性和竞争力侧重点的要求，这种高成本无法完全转嫁为由消费者承担。综上，可持续发展模式当前阶段难以实现的原因是未能着眼于"降本增效"，寻找自给自足的平衡点。

2. 服务质量参差不齐

需求响应公交的服务质量主要体现在订单响应成功率和绕行程度两个指标上。订单响应成功率低以及绕行程度高均会对乘客的出行体验造成负面影响。有趣的是这两个待优化指标在某种意义上互相冲突。

在订单响应成功率方面，以成都为例，高峰期定线订单成功率超过99%，但动态巡游线路总体订单成功率不足50%，早晚高峰订单成功率甚至仅约20%。[①] 订单匹配是否成功是后台与乘客共同决策的结果，受多个因素

---

① 赵文、方兴弘、陈佳、吕艳：《需求响应式公交运营评估及推广应用——以成都优享网约公交为例》，https://mp.weixin.qq.com/s/OVMKXtepbE_Ld6y4ozpftA，2023 年 2 月 9 日。

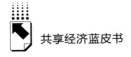

影响，其本质是车辆运力资源的调配是否能满足实时需求。而在绕行程度方面，需求响应公交为了能够增加拼乘人数，最大程度发挥集约化优势，需要牺牲一部分乘客体验，通过更长的时间积累用户需求并集中调配运力资源，这也是具备"共享"属性的交通资源需要面临的共同问题。因此陷入一个两难境地，响应更多订单，就意味着共乘时间大大增加，乘客需要为其他乘客的出行计划支付时间成本；减少绕行时间，意味着在有限的运力资源下，需要掉头、绕路的订单有很大可能没有与之相匹配的在行驶车辆。提高服务质量，本质是对二者进行权衡。

从服务模式来说，模式灵活性越强，订单可能出现的不确定因素就越多，最为固定的定制专线几乎不存在订单无法响应的情况，但全灵活响应式公交基本没有初始行车计划，响应不确定性大大增加；而从匹配算法来说，灵活性越强，实时响应对算法效率的要求就越高，这也对算法模型合理性提出了挑战。

三 需求响应公交发展趋势展望与对策

（一）发展趋势

通过国内各大出行平台与公交公司在 2018～2022 年的实践经验，我们得以在认清当下需求响应公交发展形势的基础上，预测其未来一段时间的发展趋势，而需求响应公交服务的生态应该如何构建，我们也如愿窥见一角。

1. 未来5～10年需求响应公交对部分传统公交市场的自然接收

需求响应公交并非在服务质量、价格等方面均优于现有所有交通方式，其出现也不代表将对现有交通生态进行"降维打击"，事实上在选择出行方式时，多个评价指标均存在其他较优选项。因此需求响应公交不应该和出租车、地铁等城市主流交通方式抢夺市场，而应该逐步接收传统公交所占据的部分市场份额。举例来说，对于低客流密度地区，是否开通传统公交线路是一个尴尬的抉择，而需求响应公交作为替代选项则能较好地解决这一困境。

在我国，根据以人为本的原则，城市公共交通网络呈现社会福利强、市场属性较弱的特征，需求响应公交在承担增进社会福利职责的同时，也能够通过合理的运营模式缓解财政补贴压力。从这个角度来说，需求响应公交是新时代下传统公交自然演变的形式之一。因此预计未来5～10年需求响应公交会进一步通过开设新线来扩大市场规模，将触角伸向传统公交难以触及的城乡角落。

2. 进一步特化业务模式，形成"大动脉+毛细血管"的公共交通生态

目前需求响应公交的业务模式呈现显著的多样性，全面覆盖"点—线—面"出行需求。受制于服务距离，需求响应公交难以满足中远距离城际出行需求，且受运力资源限制，也难以作为主要公共交通方式满足城乡人口通勤需求。但在城市公共交通框架中，需求响应公交服务可以作为毛细血管，串联起交通网络大动脉的运转。一方面需求响应公交可以进一步特化服务场景，针对部分特殊出行需求提供定制化服务，另一方面，需求响应公交下一步可以与传统公共交通合作，通过"高频干线+低频保障线+需求响应公交"的组合方式消除城市交通"最后一公里"的障碍，充分发挥其灵活性优势。

（二）政府层面对策

对于需求响应公交，如何实现可持续发展这类体系问题，其关键不在于解决一两个技术性难题，同时由于其半社会福利属性限制，部分困境难以通过进一步市场化来解决。但也正由于公交行业兼具市场属性和社会福利属性，其相关市场必然受到政府部门的高度监管，相较于私营化程度较高的出行服务商，政府对该行业的管理力度较大，出台政策能够较为顺利地得以推行，从而取得较好的效果。宏观上来说，需求响应公交的业界生态由政府主导、企业参与，共同构建，因此转换视角不难发现，与现有问题匹配的相关政策可以有效解决现实困境。对于需求响应公交这个方兴未艾的行业，我们在关注现有问题的同时，也应该将眼光放长远，积极思考如何将"蛋糕做大"。

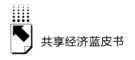

1. 明确政府指导地位，共建聚合平台，探索发展细节

理想情况下，政府可以从相关法律法规的定义上入手，先行确立需求响应公交概念，随后依托行业指导政策和发展纲要明确市场化发展的原则，并授权地方人民政府对制定细则予以探索。具体手段上，集中体现为由政府主导、企业参与开发聚合平台。聚合平台基于 MaaS（出行即服务）理念，将各种交通方式汇聚到一个可按需提供服务的平台，负责收集、整合、分流乘客出行需求，作为决策"大脑"在乘客和企业间架起桥梁。目前上海市"随申行"项目由政府主导，以公共交通运营商为主力军，为市民提供出行方案建议。我们乐于看到需求响应公交服务接入平台，在共享聚合平台客源的同时为市场提供多样化的出行服务。

以广州为例，多家公交公司共同参与市场竞争，希望形成一定的市场影响力，但这一阶段行业规范尚未形成，各区域服务难以联动，乘客往往需要下载多个 App 才能在不同区域享受需求响应公交服务，严重影响乘客体验感。聚合平台从本质上来说是从系统最优角度对资源的整合与再分配，能够有效解决市场竞争初期管理秩序问题。从行业角度来说，尽管开发聚合平台是从系统最优而非某一公司利润最大化的角度进行考虑，但这一举措提高了整体服务质量，扩充了市场规模，有利于形成一致的行业标准，客观层面上是在将需求响应公交市场的"蛋糕做大"，因此政府有理由出台相应政策鼓励建设聚合平台。

由于聚合平台本质上仅提供信息中介服务而不负责直接调配运力资源，相较于传统网约车公司，二者对于运力资源的控制力度、对于运输服务的介入程度存在显著差异，这进一步导致乘客权益遭受损害时的责任难以界定。从政府层面，相关法律法规一方面应该完善聚合平台市场准入规则，严格审核聚合平台运营资质，另一方面应严格划分不同情况的责任主体，健全追责体系，建立市场肯定、民众放心的聚合平台。

2. 加大财政扶持力度，依托政企合作，加速市场培育

除政策方面的支持外，政府对于公共交通的财政补贴应覆盖需求响应公交企业。从现实来看，在市场体系未健全、客流规模不稳定、盈利条件不充分的可持续发展模式探索初期，高质量低票价的出行服务无异于"赔本赚吆喝"，这对企业提出了挑战，导致其难以依靠自身资金周转维持运营。完善的发展模式并非一蹴而就，而是在探索中曲折前行，前期资金投入的重要意义在于为模式注入新鲜血液、引来源头活水，同时提供财政补贴也有助于进一步增强政府在经济社会活动中的指导作用。

2022年末2023年初，是培育需求响应模式市场的黄金时间节点。面对这样一个涉及百姓基础出行需求且从社会层面分析利好显著的庞大市场，政府有义务对相关企业进行扶持，通过相关项目增强政企合作的紧密程度。

具体措施上，结合目前交通行业政策导向，可以依托自动驾驶技术进一步发展需求响应模式。国家发展改革委员会等十一部门于2020年2月联合印发《智能汽车创新发展战略》，提出到2025年实现有条件自动驾驶的智能汽车达到规模化生产，实现高度自动驾驶的智能汽车在特定环境下的市场化应用。自动驾驶公交可全天候在城市道路上运行，有效解决驾驶员资源短缺、疲劳驾驶和不良驾驶行为等问题，在多项政策的加持下，全国多地陆续开通自动驾驶公交示范线路，公交领域自动驾驶的商业化发展前景日渐明朗。目前，商汤绝影自动接驳小巴在上海、无锡、西安、成都、福州等落地，覆盖机场、园区、市政道路等多个场景。2022年4月30日，广州巴士集团分别在黄埔区生物岛、海珠区琶洲数字经济区开展面向市民的自动驾驶便民线路示范应用以及其他公交相关运营测试。

需求响应模式依靠高度定制化的算法，能够在决策端实现可靠响应，但是在执行端由于人工驾驶能力有限，在速度上与预设往往会存在一定差距，而自动驾驶则能弥合人工驾驶的缺陷。因此，借国家大力发展自动驾驶的东风探索需求响应模式，一方面能为需求响应服务模式提供经验、开辟市场，另一方面也能为自动驾驶提供模式支撑。

3. 积极发展客货联运，扩宽业务渠道，减少运力浪费

2021年7月29日，国务院办公厅印发《关于加快农村寄递物流体系建设的意见》，明确了在城市圈外低客流低人口密度地区存在的物流运输问题，云南省交通运输厅等四部门联合印发《云南省2021年推进农村客货邮融合发展实施方案》，通过"客运+货运"进一步充分利用交通资源。客货联运作为合理配置运力资源的手段之一，近年来在客货运体系相对薄弱的城乡地区多有应用，如 He[①] 以安徽省六安市舒城县下五显镇、晓天镇、万佛湖镇、干汊河镇、山七镇为客货联运研究对象，通过使用混合整数线性规划模型，为多个农村城镇的公交线路和公交行程安排提供解决方案，为政策实施提供了技术支持。

需求响应公交在客货联运方面具有显著的优势，一方面从客运角度，对于低客流密度地区需求响应公交仍存在富余运力，无形中降低了系统效益，而这部分富余运力为客货联运提供了实现的可行性；另一方面从货运角度，相较于传统公交，需求响应公交具有更加灵活的服务区域和调度方案，能够以更小的成本满足数量多、频次高、分布散的小件货运需求，缓解城市物流压力。

因此，需求响应公交在客运方面存在的缺陷，结合其运营特性恰恰可以转化为货运方面的优势。从技术角度，客货联运的实现高度依赖于对货运客运需求的准确获取与即时整合，这需要依靠信息技术手段对客运货运服务平台进行一定程度的集成。目前两种相互独立的需求因客货联运模式下的需求响应公交提供的服务而产生了交集，这得益于信息化技术的不断发展。这种集成服务模式创造出愈发显著的正向效益。具体发展路径上，应在物流薄弱地区进行试点，自上而下推进公交公司与当地物流企业就线下站点开展业务合作，组建产业联盟维护共同利益，并调动企业进一步拓展客货联运业务的积极性。

从政策角度，鼓励需求响应公交在保证客运需求被满足的前提下，积极结合货运需求进行协同调度，宏观上有助于进一步实现公共交通设施集约化利用，而其产生的额外经济效益，有益于应对需求响应公交为降低成本而面临的不可持续发展威胁，通过需求联动实现降本增效，构建公共交通可持续发展新生态。

---

① He D., Ceder A., Zhang W., Guan W., Qi G., "Optimization of a Rural Bus Service Integrated with E-commerce Deliveries Guided by a New Sustainable Policy in China," *Transportation Research Part E: Logistics and Transportation Review*, 2023, 172.

（三）企业层面对策

行业企业在相关政策的大背景下，应强化管理手段，推动技术升级，发挥面对复杂市场的主观能动性。需求响应公交行业框架初步建成后，需要企业积极参与，共同完善产业技术细节，提高整体服务质量。

1. 着眼需求侧管理，双向降本增效

想要构建能够长久运营的可持续发展模式，从企业方面，需要着眼于"降本增效"，减少产业附加成本，重视隐性成本，在做好成本控制的同时，拓展服务类型，为乘客提供多维选择，以达到吸引乘客的目的。具体手段上企业可以充分利用订单潜在的时空灵活性从乘客端实现成本优化并提供混合订单选择模式。

如图7所示，订单的潜在时空灵活性是指需求响应公交在为乘客提供服务前，考虑是否可以以一定的票价优惠为让渡，以乘客提交的上车点和时间窗为基准，经乘客允许对其在时间和空间上进行一定程度的偏移，以此提高订单响应率或者实现拼车等，产生更优的时刻表和路线规划方案，从而降本增效。

现有需求响应服务大多囿于提前预约模式，需要乘客对出行需求进行一定的前瞻性规划，服务范围难以覆盖临时出行计划。如图8所示，临时订单作为提前预约订单的补足，需求响应公交可以通过混合订单响应，为乘客提供多样化的选择。

从时空灵活性角度进行预约需求管理，挣脱了运营阶段在动态优化层面仅考虑运营商端的桎梏，将该阶段拓展为"运营商端+乘客端"的双向优化和抉择过程，释放了相较于传统需求响应公交从乘客角度进一步优化方案的潜力，客观上降低了运营成本；而混合订单模式弥补了需求响应模式的单一性，帮助拓宽业务范围，但这也对算法提出了更高的要求。

2. 提高算法全局性，保障服务质量

乘客满意度是公交企业立身之本，通过订单响应率、响应时间、在途时间等服务质量相关指标得以体现，而不断提高乘客满意度的要求对调度算法

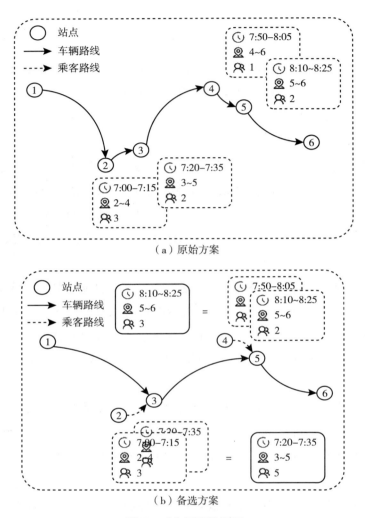

图7　时空灵活性图示

提出严峻挑战。对于需求响应公交，算法的实时性、全局性、精确性决定了调度方案的合理程度。

目前启发式算法能够较好地兼顾上述三个维度，提供订单响应即时、线路规划合理、乘客体验良好的出行方案。此外，需求响应公交理论研究重点之一在于探索不同运营场景最适配的业务服务模式，通过建构模型，提高数

（a）提供乘车信息　　　　（a）预约订单模式　　　　（c）临时订单模式

图8　混合订单模式服务界面

据仿真测试模式的适配性。在此基础上，可以对不同区域的服务模式进行细化，针对性地开发算法以进一步提高求解性能，"对症下药"才能最大程度发挥需求响应公交的优势。

3. 考虑投放合理性，均衡配置资源

"共享"概念在交通领域是多维度的，这也体现在共享出行服务的多样性上，而同属性同类别的交通资源既存在互补关系也存在竞争关系，例如以出行距离作为主要考虑因素，共享自行车更适合2公里以内的短途出行，共享电动车能基本满足5公里以内的出行需求，需求响应公交更适合中长距离市内出行，而对于出行距离5公里左右的需求，需求响应公交与共享电动车是存在竞争关系的。

因此企业对于同类型交通资源的投放，应该谨慎考量该地区主体出行需求更适合何种共享出行方式，并以此为依据调整投放比例，让各类公共交通资源在避免互相倾轧的同时实现联动，构建内部良性循环的公共交通系统。

四　结语

需求响应公交服务的设计初衷是在为乘客提供兼具灵活性与经济性的公共交通服务的同时，尽可能减少其产生的财政负担，通过自主定价，在社会

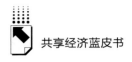

福利性与市场营利性之间寻找一个合适的平衡点以实现可持续发展，进一步完善公共交通生态。时至今日，得益于学术成果转化，需求响应公交已基本不存在难以跨越的技术鸿沟，但受疫情影响公交客流骤降等，其可持续发展仍未成为业内常态，大部分运营仍需要财政予以不同程度的补贴支持。我们也得以发现，实际运营中需要考虑的市场因素是复杂的：群众对于新事物的接受需要时间、客源只会在综合公交系统中缓慢分流、运营场景各具特性、实际设线规模有限……这些都为需求响应公交服务的可持续发展带来了更多的不确定性。

但我们也得以预见，需求响应公交服务的潜在市场是可观的。制定规范、进行推广、寻求合作、探索新模式，这些都是在为构建一个民众、企业、政府三方共赢的需求响应公交新业态而作出的努力。目前，较为合理的计划是发展初期依靠政府财政补贴，结合政策扶持政策，将企业目光吸引到需求响应公交项目上，以政府为主导促成线下服务商与线上运营商合作，共同开发市场形成规模效应；中长期注重社会面推广，明确需求响应公交在大公交系统内的定位，利用存量市场，分流出行客源，综合运营成本合理定价，以横向为重心通过开设新服务区域拓展增量市场，以满足需求响应公交服务扭亏为盈的客源需求。

综上，过去几年需求响应公交市场规模整体呈扩张态势，但仍未形成完整的业界生态，相较于其他交通方式整体体量较小，对于民众而言更多作为出行备选项。由于缺乏以政府为代表的主体力量统筹，需求响应公交短期内仍难以走出盈亏不平衡的困境。2020年以来的一系列实践为需求响应公交服务的下一步发展指明了方向，发挥自身优势，关键在于尽快构建由政府统筹主导、企业积极参与、民众乐于买单的市场生态，前期通过资金注入引导发展趋势，后期实现可持续发展。

专 题 篇

B.11
共享出行的社会与经济价值研究

纪雪洪　刘浩*

摘　要： 本报告测算了共享出行主要业态产生的经济价值和社会价值，互联网租赁（电动）自行车行业产生的直接经济效益约为 285 亿元，碳减排量约为 169 万吨。2022 年网约车创造的专职司机与兼职司机岗位超过 670 万个，网约车电动化带来的碳减排量约为 919.4 万吨。私人小客车合乘取代小汽车出行减少碳排放约为 182.6 万吨。共享出行与绿色出行深度融合，产生的碳减排超过 1200 万吨。

关键词： 共享出行　碳减排　就业　经济效益

---

* 纪雪洪，北方工业大学共享出行研究团队负责人、汽车产业创新研究中心主任、教授；刘浩，滴滴出行研究院副院长。

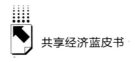

本报告主要研究共享出行主要业态，包括互联网租赁自行车、互联网租赁电动自行车、网络预约出租车及私人小客车合乘等的发展情况，以及共享出行新业态发展创造的经济价值和社会价值，分为三个部分：一是共享两轮车的经济价值和社会价值分析；二是网约车的经济价值和社会价值分析；三是顺风车的经济价值和社会价值分析。

一　共享两轮车的经济价值和社会价值分析

（一）共享两轮车行业发展整体情况

互联网租赁自行车（共享单车）是以互联网技术为依托，由运营企业投放的分时租赁营运非机动车，是方便公众短距离出行和对接公共交通的交通服务方式。我国互联网租赁自行车经过前几年的迅猛发展，已经成为城市出行中重要且稳定的交通方式，逐步走上规范发展的道路。

共享单车行业至今共经历了探索期、爆发期、调整期与理性发展期四个发展阶段。共享单车的最早模式出现于 2015 年，2016~2017 年在资本助推下，以 ofo、摩拜单车等为主的互联网租赁自行车企业受到追捧，单车数量与品牌呈现井喷式增加。2018 年，行业进入内部洗牌阶段，市场快速降温，用户增长率急剧减缓至 14.6%。进入 2019 年，政策监管力度加大，行业发展相对平稳，形成了哈啰、美团与青桔三家企业"鼎立"的全新状态，进入理性发展期。

互联网租赁电动自行车（共享电单车）是互联网技术与电动自行车相结合的工具。我国电动自行车行业自 2003 年起快速发展，据国家统计局数据，2020 年我国电动自行车产量为 2966.1 万辆，2021 年 1~11 月我国电动自行车累计产量为 3328.1 万辆，2022 年我国电动自行车的社会保有量已达 3.5 亿辆，年产量超过 3500 万辆。

自 2015 年起，我国就涌现出了不少致力于电动自行车共享业务的企业，如享骑电单车、小蜜电动单车、觅马出行、芒果电单车等，此后出现了猎吧出行、蜜蜂出行、租八戒智慧出行、哈啰助力车、街兔电单车、小鹿单车、7 号电单车、骑电单车、摩拜助力车、人民出行等。

根据中国道路运输协会的统计，截至 2022 年 9 月底，国内约有共享电动自行车 140 多家运营企业。美团、哈啰和青桔 3 家企业投放车辆数量占60%，此外，小遛、人民出行、松果、喵走等企业也拥有一定的市场份额。

受一、二线城市管制等因素影响，共享电单车主要投放市场分布在三、四线城市及乡镇地区，主要缓解当地公共交通工具不足、出租车系统不完善等问题。

共享单车有效解决了"最后一公里"难题，共享电单车则解决了中短途出行痛点。共享电单车与共享单车互为补充，为民众生活、出行提供便利，缓解城市交通拥堵，同时有助于减少碳排放，扩大就业，创造的经济、社会价值显著。

（二）共享两轮车发展规模与交易额

1. 共享单车规模与交易额

2016 年中国共享单车用户规模为 0.28 亿人，2017 年用户规模急速增长，突破 2 亿人。2019 年，注册用户数超过 3 亿。截至 2022 年 9 月，各家共享单车注册总用户共计超过 12.95 亿人。[①]

2019 年，共享单车覆盖全国 360 个城市，车辆规模为 1950 万辆，日均订单数达到 4700 万单。2020 年 10 月，根据交通运输部公布的数据，共享单车的日均订单 4570 万单。截至 2022 年 9 月底，全国共享单车投放使用城市超过 400 个，有效运营车辆数约为 1490 万辆，日均完好率为 86%。根据企业调查，2021~2022 年共享单车订单量呈持续下滑趋势，截至 2022 年底，日均约为 3500 万单。

调研发现，共享单车每单的交易额平均约为 0.8 元，据此测算，共享单车 2022 年市场交易额约为 102 亿元。

---

① 各家平台有部分用户重合。

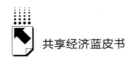

2. 共享电单车投放规模与市场交易金额

2020 年分布在 400 个城市的所有品牌共享电动车总量约为 500 万辆，是 2019 年的 2 倍多。主要投放市场分布在三、四线城市及城市乡镇地区，以缓解当地公共交通工具不足、出租车系统不完善等问题。

截至 2022 年 9 月底，全国 31 个省、自治区和直辖市均有共享电单车投放使用，投放县级及以上城市超过 1097 个，有效运营车辆数约为 870 万辆，车辆日均完好率达到 92.3%。日均骑行时长为 1.3 小时，日均骑行里程为 13.7 公里，日均骑行次数 3.47 次。

2019 年共享电单车整体交易规模为 41.68 亿元，同比增长 60%，实现高速增长。通过对企业调研所获得数据测算，2020 年共享电单车行业的交易规模约 73 亿元，比 2019 年增长 31 亿元。2022 年依据订单量和每笔订单金额测算，市场日均单量约为 2000 万单，市场交易额约为 182.5 亿元。

共享单车与共享电单车的经济价值主要包括对传统自行车、电动自行车行业的赋能与拉动消费两方面。

（三）共享两轮车碳排放分析

共享单车与共享电单车的社会价值主要包括环境影响与扩大就业两方面。

碳减排效应＝替代交通方式碳排放量－共享（电）单车出行碳排放量。其中使用共享单车出行不会造成额外的碳排放（此处暂不考虑车辆生产环节），共享单车出行碳排放量为零；共享电单车出行碳排放量则主要是电量的消耗（暂不考虑电动自行车及其电池制造环节）。

替代交通方式碳排放量＝替代交通方式里程×单位里程碳排放（替代交通方式）。单位里程碳排放（替代交通方式），即替代的不同交通方式碳排放的加权平均值。权重为各替代交通方式里程占替代交通方式总里程的比重。不同交通方式的权重根据本研究对消费者调研数据进行分析而得。

2022 年 7 月，哈啰和国内外多家机构完成全国共享单车/共享电单车碳减排量核算标准研发工作。依据该标准，共享单车的碳减排量系数为 33.88

克二氧化碳/（人·公里），共享电单车的碳减排量系数为 35.01 克二氧化碳/（人·公里）。

通过对共享单车、共享电单车企业的调研，共享单车主要覆盖了 1~2 公里的短距离出行市场，全国平均出行距离为 1.48 公里，电单车则覆盖了中短距离出行市场，平均距离约是共享单车的 2 倍。

据此测算，全国共享单车行业 2022 年约减少碳排放 64 万吨，共享电单车行业 2022 年约减少碳排放 105 万吨。

（四）共享两轮车就业贡献

哈啰 2021 年企业社会责任报告显示，哈啰成立至今，已累计为近 40 万人提供全职或零工运维岗位，包括兼职车辆运维人员、调度人员、仓库人员等。

此外，通过整合电池、换电柜、半导体、五金、通信等产业近 300 个生态伙伴，直接创造了 5 万多个就业岗位和间接解决了 20 多万人的就业问题。由此可见，共享（电）单车行业在拉动就业方面具有极大的作用。根据对运营企业的调研，依比例测算，每个运维人员负责的车辆数为 300~500 辆。结合运维人员与车辆的比例，城市数量与调度人员、仓库人员等的比例，以及其他人员配备，经测算，2022 年共享（电）单车行业直接带动约 10 万名相关运维人员就业。同时推动新兴技术人才的就业，包括新材料研发、物联网、智能制造等行业，以及共享电单车在电池、换电柜等行业的合作伙伴，间接推动各行业扩大就业，使自行车、电动自行车行业从劳动密集型、单一技能转向知识密集型、多元技能，优化了就业结构。

二 网约车的经济价值和社会价值分析

（一）网约车行业发展

网约车行业是指以互联网技术为依托构建服务平台，接入符合条件的车辆和驾驶员，通过整合供需信息，提供非巡游的预约出租汽车服务的经营活

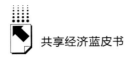

动。网约车行业的发展可以分为四个时期：2010~2014年为探索期，2015~2016年为市场启动期，2017~2019年为快速发展期，2020~2022年为合规发展期。

探索期：2010年，易到用车上线。2012年，滴滴打车和快的打车正式上线。2014年2月，Uber正式进入中国。

市场启动期：2015年1月，神州租车推出神州专车业务。2015年2月，滴滴打车和快的打车宣布合并，市场完成初步的洗牌，主流厂商逐步确立市场地位，主流平台逐渐发力。2015年6月滴滴出行上线顺风车业务。首汽集团在2015年9月上线了"首汽约车"App，正式进军网约车业务。与滴滴出行的不同之处在于，首汽约车的汽车都是其旗下运营的出租车，因此滴滴出行属于C2C模式，首汽约车属于B2C模式。2015年11月，曹操专车上线，采用B2C模式，并且使用的都是吉利的新能源汽车，可以说也是一个不错的突破。2016年7月，《网络预约出租车经营服务管理暂行办法》颁布，肯定了网约车的合法地位。2016年8月，滴滴出行宣布收购Uber中国，市场进入寡头化。

快速发展期：2018年4月，美团打车登陆上海。2019年4月高德地图推出"聚合模式"。在这一阶段，汽车主机厂相继构建出行平台，如东风集团"东风出行"、一汽集团"旗妙出行"、上汽集团"享道出行"、长城汽车"欧拉出行"、广汽集团"如祺出行"、江淮汽车"和行约车"，以及东风和一汽联合组建的"T3出行"等。随着各大平台的发展以及线下租赁公司和司机队伍的扩大，网约车业务很快覆盖了全国400多个城市，日订单达到2000万单。

合规发展期：《关于进一步加强网络预约出租汽车和私人小客车合乘安全管理的紧急通知》提出全面清退不合规车辆及驾驶员以来，行业合规化进程加速推进。截至2022年12月31日，全国共有298家网约车平台取得经营许可证，办理车辆营运证211.8万本，发放驾驶员证509万本，这意味着我国持证网约车司机突破500万名，网约车行业成为就业增速最快的行业之一。

（二）网约车用户与订单情况

1. 网约车用户规模

2016年以来，我国网约车用户规模及使用率整体呈增长态势。2021年12月，我国网约车用户规模达4.5亿人。

2022年8月，中国互联网络信息中心（CNNIC）发布的第50次《中国互联网络发展状况统计报告》显示，截至2022年6月，我国网约车用户规模达4.05亿人，受新冠肺炎疫情影响，网约车用户规模低于2021年12月。

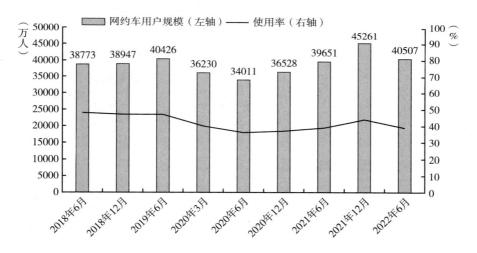

图1 网约车用户规模及使用率

截至2022年6月，我国网民规模达10.51亿，较2021年12月增长1919万，互联网普及率达到74.4%。随着疫情防控进入新阶段，生产生活逐渐恢复，经济增长重回正轨，网约车用户规模将在2023年实现恢复性增长，今后一段时间预计网约车用户规模逐步回升至4.5亿人，并有望进一步扩大。我国互联网出行市场集中分布在一、二线城市，而三、四线城市仍是等待挖掘的"巨大蛋糕"。

2. 网约车投放规模和交易规模

网约车的市场交易规模在2017年前后快速增长，受到宏观经济增长放

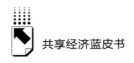
缓、政策趋严等因素影响，市场交易规模增长放缓。2021年完成订单83.2亿单，2022年完成订单69.7亿单，同比下滑16.2%。

以高德地图为代表的聚合模式近年来增长较为迅速，2022年下半年，网约车聚合订单合计8.55亿单，占网约车下半年总单量的24.2%。从趋势上看，聚合订单占网约车总单量的比例持续增长，平均每月增长0.8个百分点。

（三）网约车经济价值分析

相比于传统业态网约车行业优势明显，不仅能够充分调度、盘活、利用大量的社会车辆资源，极大地丰富了出行服务市场供给，也能实现供需双方的精准匹配，节省了乘客和司机的等待时间，有效提升了出行效率。

滴滴上市公司数据显示，中国出行业务平均订单交易额为23.9元。据此可以测算，2021年网约车交易额为1988亿元，2022年网约车交易额约为1666亿元。

（四）网约车社会价值分析

网约车行业在就业方面发挥着重要的"蓄水池"和"稳定器"作用。根据交通运输部发布的网约车驾驶员数据，结合合规化比例，预计2022年底网约车司机达到670万人。

需要指出的是，除一部分属于专职司机外，还存在很大比例的兼职司机。以广州为例，2022年下半年，广州市共有107218辆网约车完成过至少1单。日均订单小于10单的网约车50712辆，占比47.3%；日均订单大于或等于10单的网约车56506辆，占比52.7%。

除此之外，网约车平台还能依托企业自身业务的发展，增加上下游关联产业，如汽车生产、销售、加油及维保等领域的间接就业机会。总体来看，2022年网约车发展直接或间接带动就业人数超过1000万人。

有研究表明，如果城市采用自动化、电气化和共享化出行方式，可以减少高达80%的交通污染物排放量。目前新能源汽车在网约车中所占比例逐渐增加，有些地区甚至要求新增网约车必须是新能源汽车，新能源汽车百公里耗电为 10~16 度，每度电平均价格为 1.6~1.8 元。依据新能源汽车国家监测与管理平台的数据，电动汽车每月行驶里程为 4265.16 公里，每年为 51182 公里。

在目前的电能结构下，全寿命周期内，百公里电耗 10~16 度的电车碳排放量与百公里 3 升油的油车相当，百公里节省碳排放量约 11.25kg，一年一辆新能源网约车减少碳排放量约 5.76 吨。

目前综合交通运输部中国交通通信信息中心平台的统计信息，2022 年 10 月底，全国运营的网约车电车占比为 45.82%。据此可以测算得到，2022 年网约车的电动化相对全部燃油网约车实现碳减排量 919.4 万吨。

三　顺风车的经济价值和社会价值分析

（一）顺风车行业发展现状

顺风车也称私人小客车合乘，是由车主事先发布出行信息，线路相同的人选择乘坐车主提供的小客车、分摊部分出行成本或免费互助的共享出行方式。合乘的本质特征是满足车主自身出行需求且不以营利为目的。自 2014 年 1 月 1 日《北京市交通委员会关于北京市小客车合乘出行的意见》出台之后，基于移动互联网的私人小客车合乘市场从无到有。

2014 年 9 月嘀嗒拼车进入合乘市场，2020 年 8 月 31 日，嘀嗒出行的整体注册用户数突破 1.8 亿人，注册车主数突破 1900 万人，认证通过车主超过 1000 万人。截至 2022 年 9 月 1 日，嘀嗒顺风车车主共帮助超 10 亿人次出行。

2015 年 6 月滴滴进入私人小客车合乘市场，仅上线一个月，日单量就达到了 60 万单。2018 年春运期间，滴滴顺风车服务 3067 万人次，2018 年 8 月 27 日滴滴由于"顺风车司机杀人案"下线调整，下线之前，滴滴合乘总计完成 10 多亿人次的出行订单。

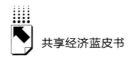

2019 年 2 月哈啰在全国 300 多个城市上线合乘业务，车主注册量突破 700 万人，累计订单量突破 1800 万单。2022 年底，哈啰顺风车累计认证车主超过 2200 万人，累计发布顺风出行需求乘客量达到 1 亿人，平台内完成的顺路合乘订单量达到 1.5 亿单。此外，曹操出行、高德等企业也进入私人小客车合乘市场。

私人小客车合乘市场经过了 2014～2015 年发展初期的野蛮生长、2016～2017 年真伪顺风车发展分辨之后，2018 年由于行业恶性案件频发，整个顺风车行业发展面临重大考验。近年来，随着监管加强，中国顺风车行业进入健康、规范和可持续发展的新阶段。目前顺风车已经成为互联网出行行业的主要组成部分。

截至 2022 年底，全国汽车保有量达到 3.19 亿辆，私人汽车保有量超过 2.76 亿辆，① 全国新注册登记汽车 2323 万辆，汽车驾驶员 4.64 亿人。当前全国顺风车业务累计注册车辆超过 3000 万辆，占现有私人轿车保有量的 10%。

（二）行业增长趋势分析

2015 年至 2018 年上半年，顺风车行业快速发展，2018 年全年交易规模达到 232.14 亿元。2019 年，顺风车行业整体进行整改，市场逐步重启，全年交易规模达到 122 亿元。

2020 年以来，受新冠疫情影响，部分城市分时期叫停市内顺风车服务和跨城顺风车服务，行业发展受到重大冲击。2022 年顺风车仅实现了微幅增长，低于行业企业预期。

随着越来越多的乘客选择顺路、低价的出行方式，顺风车的市场渗透率保持着较快的增长速度。

（三）行业经济价值分析

根据交易规模和增长趋势，可以测算得到 2017 年、2018 年、2019 年平

---

① 数据截至 2022 年 11 月。

均每份订单交易额分别为 29.66 元、39.42 元、47.49 元，2020 年平均每份订单交易额为 55.65 元。不同企业的订单交易额因所在区域的经济条件和发展水平而有所差异，根据哈啰招股说明书公布的数据，其 2020 年每份订单交易额为 73.76 元。

平均每份订单交易额持续增长，说明乘客对于顺风车的需求增加，由市内的小范围逐步向跨城、跨省发展。乘客对顺风车的认可度越来越高，顺风车逐渐成为老百姓生活的一部分。对于车主来讲，顺风车为车主省去了油费、过路费等费用；对于乘客来讲，顺风车仅用快车一半的价格就可以享受与快车相同的出行舒适度与方便性，还节省了时间，直接的为车主和乘客创造了经济价值，实现了双方的互利共赢。

根据企业调研和相关的行业数据测算得到 2022 年市场交易额达到 201 亿元。

（四）行业社会价值分析

顺风车有利于降堵减排，促进出行与城市、资源、环境、社会的协调发展。出行使用机动车减少了花费在路途上的时间，节约了时间，提高了交通出行效率。但是随着社会的发展，过多的机动车投入，增加了交通拥堵程度，降低了交通出行效率。并且机动车使用频数的增加，导致过多的机动车尾气排放，从而加剧了温室效应以及雾霾天气。

顺风车的出现在不增加机动车出行次数的前提下提高了机动车空座使用率，缓解了城市高峰期交通拥堵情况，减少了机动车的尾气排放量。顺风车的使用在很大程度上减少了资源消耗，更是对路权的共享。顺风车是以不增加出行次数为前提的，充分发挥社会闲置资源的效能，满足出行需求，不仅有助于提升道路通行效率、节约社会资源、降低出行对环境的影响，更是符合经济学中的最优原理，能够有力推动城市出行的可持续发展。

据分析，每次使用顺风车出行而减少的碳排放，相当于为地球种了 1 棵树。具体来说，私家车二氧化碳排放量（公斤）= 油耗公升数×2.7，假设 1 次顺风车里程数为 30 公里，私家车百公里油耗按照 7 公升计算，那么一趟

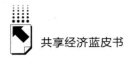

合乘出行减少的碳排放（公斤）就等于总行程距离 30×0.07×2.7，由此，就可以得出 1 次合乘出行可减少碳排放 5.67 千克。

据预测，2022 年顺风车出行次数约为 3.22 亿次，减少碳排放约相当于 182.6 万吨。

此外，顺风车的平等互助关系有利于建设和谐的社会。顺风车是互助共享的出行方式，不属于道路运输经营行为。顺风车的本质特征是满足车主自身出行需求且不以营利为目的。顺丰车主与乘客是平等的民事法律关系主体，双方互利共赢而非卖方与买方、服务与被服务的关系。顺风车主和乘客双方可能是同一小区居住的邻居，或同一园区或办公楼的上班族，双方可以就行程进行充分沟通协商，这有助于增进合乘者之间的诚信、友善、互助和互谅，让出行更加和谐。

顺风车有助于提升高峰时期的整体出行效率。公共交通工具通常会在早晚高峰期间供不应求，出租车、网约车等出行方式的应答率降低，顺风车成为早晚高峰时的主要运力供给，因为上下班通勤是私家车合乘的重要时间段之一。顺风车平台通过大数据和算法，将顺风车司机车上空座精准匹配给有出行需求的人，从而有效缓解早晚高峰时期的交通压力，疏解潮汐拥堵，解决了大部分通勤人员在早晚高峰出行难的问题。

B.12
网约车发展法治环境关键问题研究

张婧嫄　周艾燕　李 琼*

摘　要： 网约车是互联网与传统行业深度融合的典型代表。由于法律法规
具有滞后性，不能及时达到规范新事物新业态的目的，交通运输
新业态监管依据和手段依然不足，难以对各类新兴市场主体形成
有效的约束和规范，这就需要研究破解网约车发展法治环境关键
问题，在坚持包容审慎的总体原则下，及时修订现行法律或制定
专门的法律法规予以规制，确保行业兼顾效率与公平、健康有序
发展的监管政策框架总体稳定。

关键词： 共享出行　网约车　立法　监管

一　网约车立法发展现状

（一）国际发展情况

以网约车为代表的共享出行方式在英国出现之后便引发了一定争议，反
对者认为网约车与《约租车法案》的具体要求相悖，根据 1988 年出台的
《约租车法案》，除黑色出租之外的运输工具都不得使用计价器，但是随着
网约车越来越适应广大乘客的需求，英国的政府以及交通运输部门认可了网
约车发展的合法性，在相关会议中明确指出网约车的计价方式没有违背

---

* 张婧嫄，交通运输部科学研究院助理研究员；周艾燕，交通运输部科学研究院副研究员；李
琼，交通运输部科学研究院助理研究员。

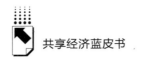

《约租车法案》，由地方政府直接对网约车进行管理。

在法国，较早就出现了共享出行的概念，早在 20 世纪末期就有了私家车载客的形式，2015 年 5 月，法国通过的关于私家车载客的法律明确指出，进入市场要向法国陆路管理局进行报备登记，只有通过了审核才能得到合法运营的资格，这个资格在两年内有效。[①] 陆路管理局对于网约车的服务质量提出了更高的要求，包括强化对乘客的人身、财产安全的保障，要求司机主动向乘客公开行驶费用等，同时法国对于预约车辆的费用作出了明确的规定，不能收取超出标准的预约费用。[②]

新加坡 2015 年出台的《第三方预约出租车服务提供商法案》规定，达到一定规模的网约车平台需在陆路交通管理局注册。为保障网约车市场的开放和竞争提出了相应要求，包括在司机资格方面，网约车司机必须是新加坡公民或者永久居民，拥有"私人应召车司机职业执照"，涉及严格审查驾照年限、健康检查、背景检查、职业资格考试等环节，同时不得在道路、停车场或公共站点邀约乘客等。

美国加州在对网约车行业进行监管时，设立了交通网络公司（TNC），对整个线上租车行业进行监管，并取得了较好的成效。

与此同时，德国、法国、意大利、西班牙、匈牙利、日本、韩国等的巡游出租车发展较好，且在出租车规模较大的国家载客运营业务仍由出租车作为承担主体。例如日本的"网约车"必须是出租车，没有出租车营业执照的社会车辆进入"网约车"行列将违反《道路运送法》。

（二）国家立法进展

相对于网约车的快速发展，我国现有法律法规明显滞后，《中华人民共和国道路运输条例》（以下简称《条例》）是我国道路运输行业的基本行政法规，在《条例》框架下，国家层面已经形成了较为完善的道路运输管理

---

① 张海柱:《话语联盟、意义竞争与政策制定——以互联网"专车"论争与监管政策为例》，《求是学刊》2018 年第 3 期。
② 高榕:《共享经济下网约车政府监管问题研究》，《法制博览》2019 年第 27 期。

规则体系。但是共享出行并未被纳入《条例》的调整范围。目前国家层面关于网约车管理的部门规章包括《巡游出租汽车经营服务管理规定》、《网络预约出租汽车经营服务管理暂行办法》（以下简称《暂行办法》）、《出租汽车驾驶员从业资格管理规定》等，法律位阶较低，无法作为各级管理部门监管和制定地方行业管理规定的上位法依据，也无法成为设立网约车许可的依据。

（三）地方政府探索

地方层面有关网约车的法规体系以人民政府或多部门联合发布的规范性文件的方式为主，将网约车纳入地方性法规、规章的做法较少。由于缺少高层次的法律法规支撑，对网约车平台企业的监管依据和手段依然不足，这在一定程度上导致网约车合规化推进速度有限。

截至 2022 年底，29 个省（自治区、直辖市）发布了关于规范网约车发展的指导意见；在城市层面，有 270 个城市发布了网约车管理实施细则，其中山西、辽宁、江苏、浙江、安徽、福建、江西、山东、河南、广东、广西、海南、青海、宁夏等 14 个省（区市）的地级以上城市全部出台实施细则。

二　网约车立法分析

（一）网约车立法现状及法律性质

2016 年，《国务院办公厅关于深化改革推进出租汽车行业健康发展的指导意见》《网络预约出租汽车经营服务管理暂行办法》提出新老业态错位服务、融合发展，构建多样化、差异性出行服务体系的总体改革思路。这两个文件的发布，标志着我国网约车合法发展，体现了政府的包容创新和对新业态的鼓励支持，对于稳定市场预期发挥了积极作用。

2022 年 8 月中国互联网络信息中心发布的第 50 次《中国互联网络发展

状况统计报告》显示，截至 2022 年 6 月，我国网约车用户规模达 4.05 亿，占网民整体的 38.5%。据网约车监管信息交互系统，截至 2022 年底，全国共有 298 家网约车平台公司取得网约车平台经营许可，环比增加 4 家。但是当前网约车行业仍存在种种乱象。2022 年 12 月 30 日，交通运输新业态协同监管部际联席会议办公室对滴滴出行、T3 出行、曹操出行、万顺叫车、美团打车、首汽约车、如祺出行、享道出行、阳光出行、高德打车、嘀嗒出行、满帮集团、货拉拉、滴滴货运、快狗打车等 15 家主要交通运输新业态平台公司进行了提醒式约谈。约谈指出，当前仍有部分平台公司主体责任落实不到位，存在随意调整运营规则、侵害从业人员和乘客合法权益、潜藏安全稳定风险隐患等问题，影响交通运输新业态健康发展。

（二）设立网约车准入的上位法依据

学界一直在探讨关于对网约车开展事前审批的上位法依据。

第一，关于将《条例》作为上位法依据。《条例》于 2004 年发布，是我国第一部规范道路运输经营和管理行为的行政法规，促进了我国道路运输行业的健康发展，为建立统一、开放、竞争、有序的道路运输市场确立了相关规则。但是，《条例》第八十二条规定，国务院对出租车客运行业的管理另行规定，《条例》并不调整出租汽车行业。因此，以网约车为代表的共享出行方式，亦不受《条例》的调整影响，目前《条例》无法成为网约车行政许可设定的上位法依据。

第二，关于将《暂行办法》作为上位法依据。《暂行办法》作为我国网约车领域国家层面的首次立法，各地在制定本地区网约车立法时均将其作为重要参考。《暂行办法》在法律效力层面为部门规章，部门规章实际上与地方政府规章法律效力层级一致，如珠海市、苏州市，属于市级政府以规章形式出台了网约车立法，《暂行办法》与本地的网约车立法效力为平级。同时还有以交通运输管理部门名义出台网约车立法的城市，如成都市、杭州市，属于将《暂行办法》作为上位法依据的规范性文件。《行政许可法》明确规定，部门规章效力过低，无法直接设定行政许可。虽然《暂行办法》提出从事网约车运营需要"三证",但是也不能成为下位法设定行政许可的权源。

第三,关于《国务院对确需保留的行政审批项目设定行政许可的决定》(以下简称《412 号令》)作为上位法依据。有学者认为,网约车的行政许可依据《412 号令》而产生。该令是将行政许可的"许可条件"授权给国务院部门进行创设。[①] 根据《412 号令》规定,县级以上地方人民政府出租车汽车行政主管部门负责出租汽车经营资格证、车辆运营证和驾驶员客运资格证核发。根据《中华人民共和国行政许可法》,法律、行政法规规定可以设定行政许可的其他事项,《412 号令》作为行政法规,具备设立网约车准入许可的权限。2022 年 1 月,《国务院办公厅关于全面实行行政许可事项清单管理的通知》中多项行政许可的设定和实施依据均为《412 号令》。因此,根据《412 号令》,对于网约车开展事前审批有法可依。

(三)网约车行业监管现状

经过多年努力,按照包容审慎原则,交通运输新业态发展逐步规范,安全稳定水平显著提升,市场无序竞争局面得到有效遏制,行业监管机制不断完善。通过主动制定规则,维护市场秩序,同时积极鼓励创新,培育发展新动能,交通运输等部门对于网约车的行业监管取得了一定成效,交通运输新业态逐步进入有序发展的新阶段。

一是持续优化法规制度。印发了《交通运输部关于修改〈出租汽车驾驶员从业资格管理规定〉的决定》(交通运输部令 2016 年第 63 号),明确出租汽车驾驶员从业资格包括巡游出租汽车驾驶员从业资格和网络预约出租汽车驾驶员从业资格等,并结合网约车新业态的特点,对驾驶员条件、考试内容、注册制度、继续教育、证件管理以及法律责任等方面作了相应适应性调整,如与巡游车驾驶员相比,最大限度简化了网约车驾驶员考试内容,并规定其注册及注销可通过平台公司向发证机关所在地出租汽车行政主管部门报备来完成等。印发了《交通运输部关于修改〈出租汽车经营服务管理规定〉的决

---

① 黄锆:《共享经济中行政许可设定的合法性问题研究》,《政法论丛》2017 年第 4 期。

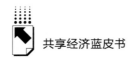

定》（交通运输部令 2016 年第 64 号），明确出租汽车行业发展定位，针对出租汽车"份钱"问题，要求巡游出租汽车经营平台根据经营成本、运价变化等因素及时调整承包费标准或定额任务等，更好地构建企业和驾驶员运营风险共担、利益合理分配的经营模式，加快推进传统行业转型升级。

2021 年 8 月，结合交通运输执法领域突出问题开展专项整治行动，以及"与行政处罚法不相符清理"和"不合理罚款规定清理"工作，对《巡游出租汽车经营服务管理规定》和《出租汽车驾驶员从业资格管理规定》进行了第二次修订。一方面是执法处罚更加精准。统筹考虑不同违法事项危害程度、经营者承受能力与执法处罚的针对性和精准性，对安全风险较小、危害后果不严重的违法情形的罚款予以适当降低，例如对处罚情形分别按照未取得《经营许可证》《车辆运输证》《从业资格证》进行了区分，并对未取得从业资格证的，处罚金额由 1 万元以上 3 万元以下降至 200 元以上 2000元以下。同时，对随车携带证件等可以通过信息化监管手段、优化政府管理与服务职能解决的事项，不再设置罚款，执法既有力度又有温度。另一方面，考虑到网约车驾驶员和巡游车驾驶员同属出租汽车驾驶员，从执法处罚注重公平的角度出发，使同类违法行为处罚额度保持一致等。

二是进一步规范服务。修订后的《出租汽车运营服务规范》（GB/T22485-2021）自 2022 年 3 月起实施，明确对出租汽车运营服务的共性通用要求。两项行业标准《网络预约出租汽车运营服务规范》（JT/T1068-2016）、《巡游出租汽车服务规范》（JT/T1069-2016）分别体现了网络预约及巡游出租汽车服务特色。其中，《网络预约出租汽车运营服务规范》体现网约车全过程（包括订单分发、实际运营、后续评价及特殊情况处置等）、全要素（包括经营者、车辆和人员等）服务要求，重点突出对静态基本要求、动态服务流程以及信息安全等的指导、监督与管理。通过不断加强行业规范，完善新老业态分类管理体系，加强市场诚信体系建设，保障乘客安全与合法权益。

三是不断完善配套措施。新业态的发展对于政府监管提出了新的要求，近年来，对于网约车的配套政策和监管措施也不断完善。

表 1 网约车行业监管文件情况

序号	年份	出台文件	主要内容
1	2016	《关于网络预约出租汽车经营者申请线上服务能力认定工作流程的通知》（交办运〔2016〕143 号）	明确了网约车经营者应当提交的 4 个方面的 13 项证明材料
2	2017	《关于改革出租汽车驾驶员从业资格考试有关工作的通知》（交运发〔2017〕134 号）	从精简优化考试内容、增强考试的针对性和实用性等方面入手，提出了一系列改革举措
3	2018	《网络预约出租汽车监管信息交互平台运行管理办法》（交办运〔2018〕24 号）	规范平台公司数据传输行为
4	2018	《交通运输部办公厅 公安部办公厅关于切实做好出租汽车驾驶员背景核查与监管等有关工作的通知》（交办运〔2018〕32 号）	推动出租汽车驾驶员有关信息系统与公安机关人口信息、车辆驾驶人违法记录信息、暴力犯罪信息实现联通共享，推动实现信息在线即时核查，加强事中事后监管
5	2018	《出租汽车服务质量信誉考核办法》（交办运〔2018〕58 号）	将网约车平台公司和驾驶员纳入考核范畴，考核指标设置既考虑了网约车和巡游车的共性要求、促进新老业态良性竞争、逐步融合发展，也针对网约车量身定制式地设置了数据接入、运营服务信息公开等指标，引导行业健康发展
6	2018	《交通运输部办公厅 中央网信办秘书局 工业和信息化部办公厅 公安部办公厅 中国人民银行办公厅 国家税务总局办公厅 国家市场监督管理总局办公厅关于加强网络预约出租汽车行业事中事后联合监管有关工作的通知》（交办运〔2018〕68 号）	明确针对网约车平台公司违法违规行为，依据情节轻重给予约谈、暂停发布、下架 App、停止互联网服务等处置流程
7	2018	《交通运输部办公厅 公安部办公厅关于进一步加强网络预约出租汽车和私人小客车合乘安全管理的紧急通知》（交办运〔2018〕119 号）	组织开展网约车平台公司和私人小客车合乘信息服务平台安全检查，加强驾驶员背景核查，组织开展打击非法从事出租汽车经营专项整治活动
8	2018	《交通运输部办公厅关于进一步深化改革加快推进出租汽车行业健康发展有关工作的通知》（交办运〔2018〕163 号）	加快推进巡游车转型升级，规范网约车行业健康发展，提升行业治理能力等相关政策措施

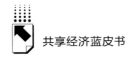

续表

序号	年份	出台文件	主要内容
9	2019	《交通运输部 国家发展改革委关于深化道路运输价格改革的意见》（交运规〔2019〕17号）	明确网约车平台公司应主动公开定价机制和动态加价机制，公布运价结构、计价加价规则，保持加价标准合理且相对稳定，保障结算账单清晰、规范、透明，并接受社会监督
10	2019	《交通运输部办公厅关于学习借鉴上海市推动网约车规范发展做法经验的通知》（交办运函〔2019〕1503号）	系统总结上海市科学定位出租汽车服务，推动实现网约车协同化执法监管、全量化数字监管、精细化安全监管、合规化良性监管、社会化力量监管等典型做法，鼓励各地认真学习借鉴上海经验，推动网约车规范发展
11	2020	《关于学习借鉴加强信用监管推动交通运输新业态规范健康发展有关经验做法的通知》（交办运函〔2020〕1283号）	总结提炼地方开展网约车信用监管的典型经验，指导各地不断提升新业态服务水平
12	2021	《关于维护公平竞争市场秩序加快推进网约车合规化的通知》（交运明电〔2021〕223号）	要求各地交通运输主管部门督促网约车平台公司依法依规开展经营，落实主体责任，强化企业公平竞争意识，引导形成崇尚、保护和促进公平竞争的市场环境
13	2021	《关于加强交通运输新业态从业人员权益保障工作的意见》（交运发〔2021〕122号）	提出了完善平台和从业人员利益分配机制、支持从业人员参加社会保险、保障合理劳动报酬、保障获得合理休息、改善从业环境和工作条件、促进网约车平台企业合规发展、维护公平竞争市场秩序等方面的主要任务
14	2022	《交通运输部关于印发〈网络预约出租汽车监管信息交互平台运行管理办法〉的通知》（交运规〔2022〕1号）	规范了网约车监管信息交互平台数据传输、运行维护、数据质量测评等工作
15	2022	《关于加强网络预约出租汽车行业事前事中事后全链条联合监管有关工作的通知》（交办运〔2022〕6号）	对多部门事前事中事后全链条联合监管事项进行了完善，对处置措施和操作流程进行了细化，以便于各级相关部门操作实施

　　四是充分发挥数字监管效能。适应互联网企业"一点接入，全网服务"的特点，针对部分城市面临的网约车平台数据接入能力不足的问题，2016

年交通运输部建设了部级网约车监管信息交互平台，实现了网约车平台与各级行业管理部门间的数据交互，满足了地方基本监管需求。平台基于全国网约车行业数据，建立了"642"分析统计体系，即从"运营、合规、安全、稳定、服务、传输"6个方面、"日、周、月、季"4个时间维度、"推进网约车合规化进程、地方监管数字化运用"2个专题，包含56项数据分析指标，为国家政策的制定调整提供了支撑。

五是初步建立协同监管机制。2018年7月，由交通运输部牵头，会同中央网信办、公安部、市场监督管理总局等部门建立交通运输新业态协同监管部际联席会议制度，形成齐抓共管格局，提高行业新业态的治理和行业应急处置能力。2016～2020年，全国出租汽车行业不稳定事件降幅达85.8%，同时，不稳定事件的影响和规模持续减小，涉及500辆以上车辆的不稳定事件数量下降78.9%。

三　完善网约车立法发展路径

（一）明确各方责任义务

共享经济发展，一方面为社会经济高质量发展创造了条件，另一方面也能实现共享经济参与者共赢。以网约车行业为例，不同于传统出租车行业，其让客户体验感大大提升，满足个性化出行需求，但是缺点在于相对效益来说，互联网专车在履责上有很多不足。[①] 特别是在聚合平台出现后，很难准确划分各方法律责任。不同于网约车平台，聚合平台因自身不直接开展网约车经营服务而无法成为交通执法的监管对象。为保证共享经济的健康有序发展，就需要通过健全法律法规体系、营造良好的制度环境、强化合法合规经营等方式，明确聚合平台、网约车营运企业、网约车司机、网约车乘客等多方共享经济主体的责任、义务，确保

---

① 刘雨昕、马秋：《共享经济模式演变及法律规制》，《哈尔滨学院学报》2020年第4期。

多方参与者的权益得到保障，通过科学立法实现"利益共享、风险共担、责任共承"。2022 年 12 月 1 日，《济南市客运出租汽车管理条例》正式施行，首次以地方立法的形式，明确了网约车聚合平台的监管方式。

（二）不断完善上位立法

根据《立法法》《行政许可法》等法律规定，行政法规、地方性法规可设定行政许可，具有较大的立法权限，因此针对网约车立法应进一步着手提升立法层级，加快推动《道路运输条例》修订，将出租汽车等纳入调整范畴，规范市场经营行为，为地方立法提供有力的法治支撑。

（三）加强事中事后监管

网约车涉及领域和管理部门较多，虽然国家层面已经建立协同监管部际联席会议制度，部分地方也建立了多部门联合工作机制，但是在发挥职能优势、加强部门协同配合，利用监管信息平台、开展非现场执法，推进信息归集共享、落实联合惩戒，加大执法力度、维护市场秩序等方面依然存在不足，需要不断提高网约车行业监管效能，营造良好的营商环境。

B.13
网约车聚合打车平台的调查研究

纪雪洪　范越甲*

摘　要： 聚合打车模式的兴起引发网约车行业市场格局与竞争格局变化，也对原有的政策和法规管理提出了新的挑战。行业对如何定性聚合打车模式，以及如何管理聚合打车平台存在不同的认识。本文认为应该从司机和用户体验角度，而非单纯的理论分析，探讨聚合打车平台的性质和作用，并基于广大乘客和司机的合法权益保障，对其进行有效的管理。

关键词： 聚合打车平台　聚合模式　承运人　网约车平台

一　聚合打车平台的崛起

2016年底，交通运输部、工信部等七部门出台了《网络预约出租汽车经营服务管理暂行办法》，随后全国各地交通运输行业主管部门陆续发布了地方网约车政策法规，要求网约车经营者必须取得平台、司机、车辆的经营许可证件，才能开展网约车业务。网约车市场发展较快，网约车市场入局者如雨后春笋般涌现，主机厂系、地方运输企业、互联网公司和汽车金融公司等纷纷成立网约车公司。

在网约车公司不断发展的情况下，2017年5月，高德率先推出了聚合打车模式。在聚合打车模式下，当乘客发出用车需求时，聚合打车平台会将

---

* 纪雪洪，北方工业大学共享出行研究团队负责人、汽车产业创新研究中心主任、教授；范越甲，石家庄市道路运输行业协会专家委员会出行新业态组组长。

该需求同时发送给其选择的网约车公司,平台会将最先反馈接单的网约车公司及其驾驶员信息告知乘客,并由该网约车司机为乘客提供运输服务。[①] 在结束服务时,聚合打车平台完成乘车费用收取,并将部分收入转给为其提供服务的网约车公司,同时聚合打车平台会将乘客对司机的评价实时反馈给其所在的网约车平台。

继高德之后,美团、百度、携程等公司先后通过聚合打车平台入局网约车业务。到2022年底,全国共有298家网约车平台公司取得网约车平台经营许可。市场参与者的增加,加剧了市场竞争的激烈程度,网约车公司需要聚合打车平台提供流量,同时聚合打车平台也需要网约车公司提供运力。2022年国内流量巨头华为、腾讯、抖音等都纷纷入局聚合打车平台。

据交通运输部网约车监管信息交互平台发布的聚合打车平台订单数据,聚合打车平台的订单数逐步提升(见表1)。2022年为聚合打车平台的爆发年。

表1 2022年7~12月聚合打车平台数据

单位:亿单,%

月份	7月	8月	9月	10月	11月	12月
聚合打车平台单量	1.53	1.67	1.35	1.41	1.28	1.31
网约车总单量	6.95	7.03	5.54	5.74	5.08	5.04
聚合单量占比	22.0	23.8	24.4	24.6	25.2	26.0

资料来源:交通运输部网络预约出租汽车监管信息交互平台。

聚合打车模式本质上是一种平台模式,一端连接着广大乘客,另一端连接着与其合作的网约车公司和巡游出租车公司。聚合打车平台是超级平台利用平台积累的用户大数据,通过开放自身流量,增加新业务品类,并通过技术接入或打通,引入外部服务供应商,为其用户提供主营业务的关联或附加

---

① 刘明:《聚合打车平台的商业模式及法律分析》,载《中国共享出行发展报告(2020~2021)》,社会科学文献出版社,2021。

服务。其背后是流量，通过聚合打车模式，不断为各方带来流量，扩大市场份额。如地图导航用户在搜索目的地后可以跳转至打车界面，在线商旅平台用户在预订酒店或机票后可顺便预约叫车服务。

聚合打车模式的兴起意味着网约车发展进入新阶段。目前网约车市场已经形成了三种发展模式：第一类，纯自营出行平台，如 T3 出行、曹操出行、如祺出行等；第二类，纯聚合出行平台，如高德打车、百度地图、腾讯出行、华为 Petal 出行等；第三类，自营+聚合出行平台，如滴滴出行、花小猪打车、美团打车、哈啰打车等。

随着行业发展，前两种模式相互融合，成为"聚合+自营"的混合经营模式。比如纯聚合平台的代表高德，在 2021 年成立了一家网约车运营子公司——北京利通出行科技有限公司，注册了"火箭出行"品牌，并于 2022 年在北京市取得网约车平台许可正式开启自营模式。

二 聚合模式带来的行业影响

网约车聚合平台作为市场发展的产物，给网约车市场注入新活力和竞争变数的同时，也面临挑战，如投诉量暴增、安全问题及监管困境。

（一）聚合模式的行业贡献

1. 盘活存量运力资源，提升运力使用效率

从字面上看"聚合"，"聚"的是用户流量，整"合"的是运力供应方。运力资源相对分散，通过聚合类超级平台的巨大流量和技术优势，可以整合网约车运力资源，提高供需双方的匹配效率，有效缩短乘客等待时间。

2. 改变原有的市场格局

聚合模式有利于整合中小网约车公司，为中小网约车公司提供"抱团取暖"的空间，获得与头部网约车平台展开公平竞争的机会，有利于网约车行业格局稳定，避免"一家独大"带来的相关风险。

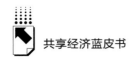

（二）聚合模式带来的风险和挑战

1. 用户体验欠佳

入驻某些聚合平台的第三方网约车服务商众多，而平台对第三方网约车公司缺乏约束，由此产生一系列用户体验差等问题。据黑猫投诉统计，2021年7月，某聚合平台投诉环比增加168%，同比暴增1131%，消费者投诉最多的是实际价格比预估价高、司机不按时或不按定位来接等。

2. 接入不合规的运力资源

网约车聚合平台在发展初期普遍存在手续不全、对车辆与司机资质审核把关不严等问题。在某种程度上，网约车聚合平台成为服务能力较差、信用较低、客户资源短缺、资质不齐全的小型网约车平台公司的"庇护所"。

3. 司机与乘客纠纷解决途径不明确，安全隐患较为突出

需要注意的是，网约车行业的风险也有在聚合平台集聚的趋势。比如有些小型运力平台管理能力、承担风险的能力有限，当发生交通安全事故时，可能存在赔付难的问题，而聚合平台又非网约车业务经营者，实质上在运力平台与聚合平台之间出现的责任主体缺失问题，容易成为行业的风险隐患。

并不是每一个聚合平台和网约车服务商都有针对司机、安全、乘客、车辆等方面的管理体系。比如在出行安全方面，聚合平台一般会在协议中约定，由第三方网约车负责安全保障，这意味着理论上其不需要承担安全责任。但从目前政策和一系列监管措施来看，用户使用聚合平台打车时，一旦发生安全事故，聚合平台不会完全没有责任。

三 关于聚合模式监管的主要争议

关于聚合模式面临的挑战，有以下两种观点：一种观点认为聚合平台只是提供信息服务，与乘客产生运输服务关系的是网约车平台；另一种观点认为聚合平台本质上是为用户提供包含信息服务在内的出行整体服务，网约车平台是承接了聚合平台的承运业务分包。

（一）聚合平台主要提供第三方信息服务的观点

聚合平台公司认为聚合模式是一种新业态，在乘客、聚合平台、网约车公司和网约车司机之间，聚合平台主要是为乘客提供信息展示、信息转发和支付渠道，协助乘客处理纠纷，为网约车公司提供业务展示、信息发送和传递、设置平台规则等服务。聚合平台没有介入网约车公司与乘客的运输服务关系，并不是实际承运人。

网约车聚合平台与用户的合同（表现为用户协议）内容主要是信息服务而非客运服务，如高德聚合平台的《打车用户服务协议》明确指出用户使用的是由公司"提供的便利打车的综合信息服务！本信息服务包括信息整合、技术接口、线上支付融合、即时通信和安全中心服务"，用户约车服务是由第三方服务商提供。并且在《打车用户服务协议》中写明："您在使用本服务时发生的任何问题，均由您与第三方服务商自行协商解决，如给您造成任何损失均由第三方服务商承担责任。公司可以为您提供必要的协助和支持，但前述协助和支持不能代替第三方服务商的服务"。

因此，聚合平台作为为乘客与网约车平台提供信息发布、信息展示和交易撮合等服务的经营者，应当承担《民法典》、《消费者权益保护法》和《电子商务法》等法律规定的义务，尤其是信息管理、安全保障、知识产权保护、网络与信息安全保护等义务。对聚合平台的管理可以参考上述法律的通用规则，探索制定与聚合平台模式相适应的监管规则。

（二）聚合平台是转包承运人的观点

聚合平台不仅是为用户提供信息服务的中介人，还介入并参与了网约车及出租车服务过程。这个角色与电商平台并不相同。电商平台在消费者购物过程中，存在感并不突出，仅有一些展示和推荐评价的内容。

聚合打车平台承接了乘客和司机的位置定位、派单接单、车费收取和分成等工作，承担了网约车平台的核心职能——供需匹配及派单功能。因此聚合平台扮演着信息和市场组织管理者角色。因此从风险防控视角出发，基于

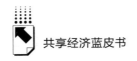

收益、风险与责任相匹配的原则，既不能把出行聚合平台与网约车平台混为一谈，同样不能把出行聚合平台简单地等同于中介人，整体来看是一种转包承运人的角色。

对于上述两类观点，无论是出行行业还是法律界仍然存在争论，其中不乏牵涉企业利益诉求的观点，整体上还没有形成统一的认识。

四　乘客和司机对聚合打车模式的看法

对于聚合平台的责任归属问题，目前学术界、法律界和行业存在不同的观点。聚合打车是否全部或者部分承担了承运人角色成为问题的关键。其角色的界定本质上不应是基于专家的观点，而应该是基于最广大的群众，即每天超过 2000 万人的网约车出行人群，以及数百万名为广大群众提供运送服务的司机的认识。广大乘客和司机是聚合平台模式下的直接利益相关方，事关其乘坐安全和切身利益，他们的观点应该是政府制定政策法规以及进行监管的最重要的依据。

据此，在 2022 年 12 月至 2023 年 2 月北方工业大学课题组组织开展了针对相关司机和乘客的调研，共收集了 2000 份乘客问卷和 1800 份司机问卷。

（一）网约车乘客对聚合打车平台的认识

1. 乘客调查的基本信息

本次关于聚合打车模式的问卷共回收 2000 份。问卷数据显示，66.8%的乘客近一个月使用 6~10 次网约车，26.8%的乘客近一个月使用 1~5 次网约车，仅有 5.3%的乘客表示近一个月使用网约车的次数为 0（对于未使用的作剔除处理）（见图 1）。

从问卷填写人年龄分布来看，主要为 21~30 岁、31~40 岁年龄段，占比分别为 47.6%、36.2%（见图 2）。

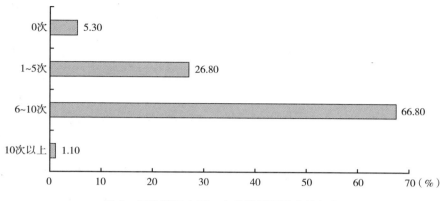

图1 问卷填写人近一个月使用网约车的频率

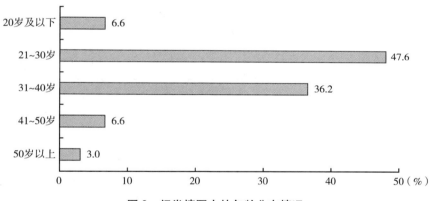

图2 问卷填写人的年龄分布情况

2. 网约车聚合打车模式的体验

对于"什么情况下会使用聚合平台打车",55.1%的乘客认为已经形成优先使用聚合平台打车的习惯,44.9%的乘客会在自营平台上打不到合适的车时选择聚合平台(见图3)。

对于"自营平台和聚合平台提供的打车服务,哪个体验更好?",48.9%的乘客认为聚合平台提供的打车服务带来了更好的体验,37.5%的乘客认为自营平台的体验更好(见图4)。

受调查者使用最多的三大聚合平台分别是高德打车、美团打车和百度打车(见图5)。

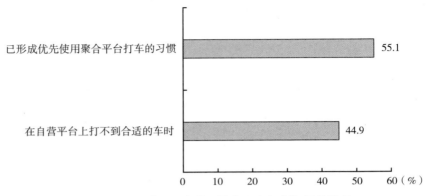

图3 "什么情况下会使用聚合平台打车"回答情况

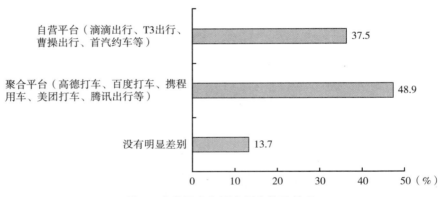

图4 自营平台和聚合平台体验情况

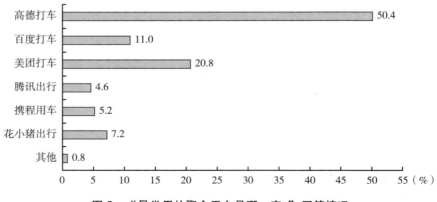

图5 "最常用的聚合平台是哪一家?"回答情况

选择聚合平台的原因排前两位的是"更容易打到车""价格更加便宜",占比分别为 34.1% 和 29.8%（见图 6）。

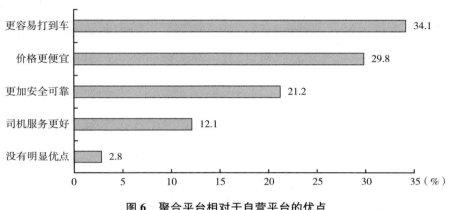

图 6　聚合平台相对于自营平台的优点

3. 对网约车聚合打车平台角色的认识

从问卷结果来看，75.5% 的用户认为聚合平台既提供信息匹配和交易撮合服务，也提供运送及全程安全保障服务（见图 7）。

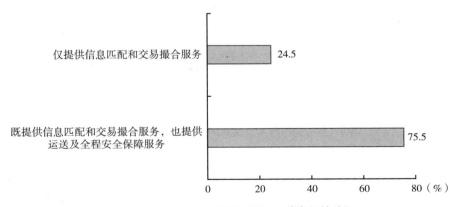

图 7　对聚合打车平台是否承担运送责任的认识

在所有用户中，非常了解平台内的网约车品牌的占 20.9%。79.0% 的乘客对聚合平台的网约车平台公司一般了解或不太了解（见图 8）。

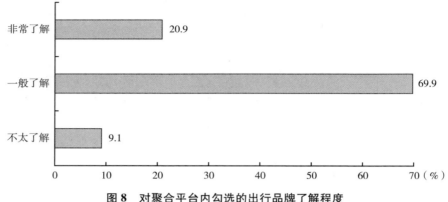

图8 对聚合平台内勾选的出行品牌了解程度

在聚合模式下，乘客在勾选出行品牌时，超过50%的乘客更注重价格，37.5%的乘客选择自己熟悉的出行品牌（见图9）。

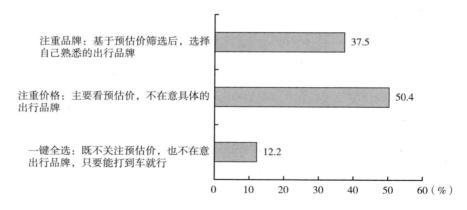

图9 乘客选择网约车品牌所注重因素的选项分布

50.2%的乘客认为若出现安全事故或纠纷投诉，聚合平台应当承担主要责任，且帮忙协商解决问题。认为聚合平台承担次要责任的占39.6%（见图10）。

当出现损害乘客权益的情况，63.2%的乘客希望与聚合平台协商解决，30.9%的乘客希望与网约车平台协商解决（见图11）。

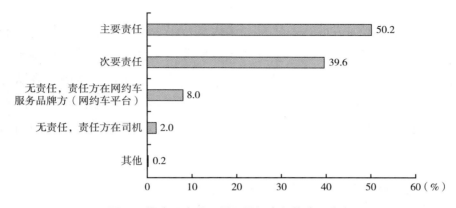

图 10　聚合平台公司需要承担责任的选项分布

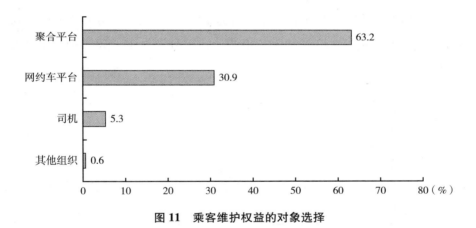

图 11　乘客维护权益的对象选择

　　结合乘客对聚合打车平台服务角色、安全问题解决以及乘客权益维护等问题的反馈数据分析，有如下发现。

　　乘客打车习惯方面，聚合平台已形成庞大的乘客用户群。55.1%的乘客已初步形成优先使用聚合平台打车的习惯，聚合平台面向众多乘客提供服务时，如何保障乘客合法权益，已成为不容忽视的问题。

　　乘客行为倾向方面，乘客在聚合模式下更关注能否更快地打到车和价格是否更便宜，对聚合平台内的网约车品牌并不十分了解。超过50%的乘客在勾选出行品牌时，主要看预估价，而不在意具体的出行品牌，79%的乘客

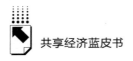
对聚合平台内的网约车品牌一般了解或不太了解。

乘客观念倾向方面，多数乘客认为聚合平台既提供信息匹配和交易撮合服务，也提供运送及全程安全保障服务。大多数乘客并没有将聚合打车平台看作单纯地提供信息服务的第三方平台；超过一半的乘客认为若出现安全事故或纠纷投诉，聚合平台应当承担主要责任；63.2%的乘客希望在权益受到损害时，能够与聚合平台直接协商解决，而非网约车平台。

（二）网约车司机对聚合打车平台的认识

1. 调研样本司机基本情况

本次调查网约车司机问卷回收数量为 1800 份。从年龄分布来看，司机群体年龄段主要为 21~30 岁和 31~40 岁，占比分别为 46.5% 和 48.7%（见图 12）。

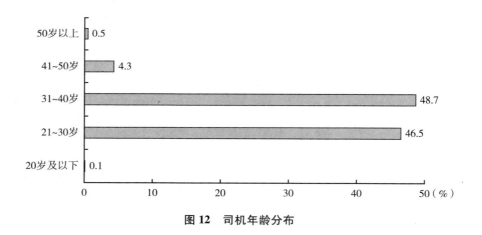

图 12　司机年龄分布

43.6%的司机从事网约车职业 1~3 年，37.8%的司机为 3~5 年，5 年以上的司机占比达到 15.6%（见图 13）。

司机的出车时长主要为 8~10 小时，其次为 4~8 小时。每天时长 10 小时及以上的占 17.4%（见图 14）。

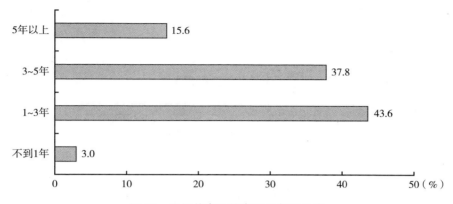

图13　司机从事网约车职业年限分布

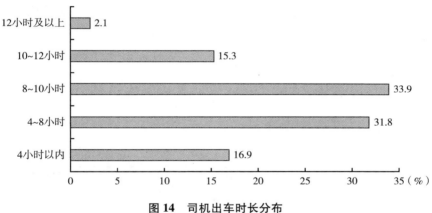

图14　司机出车时长分布

从收入水平来看，每月净收入为6001～9000元的占31.1%，3001～6000元的占30.5%，9001～12000元的占20.7%（见图15）。

2. 网约车司机的服务情况

从问卷数据分析结果来看，大多数司机提供的是快车服务，占比高达78.2%。从车辆使用情况来看，83.6%的司机使用自有车辆，11.4%的司机通过租车来开展业务，还有5%的司机通过贷款购入车辆。

数据显示，57.8%的网约车司机将网约车职业作为主要收入来源，另外，42.2%的司机则是将网约车职业作为辅助收入来源。

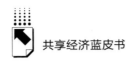

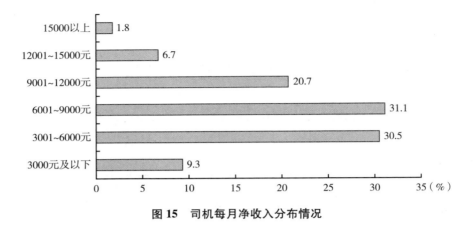

图 15　司机每月净收入分布情况

近 80%的司机使用两家及以上平台接单（见图 16）。司机选择网约车平台的优先项包括订单多、奖励补贴高、抽成少等。

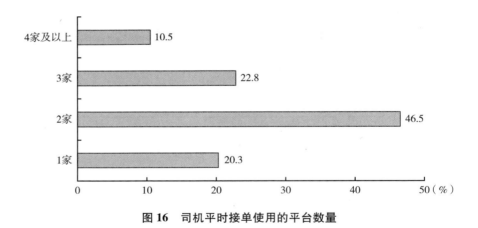

图 16　司机平时接单使用的平台数量

从订单来源来看，41.4%的司机主要接收自营平台上的订单，37.7%的司机接收聚合平台上的订单，20.6%的司机表示接收的订单来自自营平台和聚合平台的各占一半。

选择聚合平台的司机中，61.2%的是通过高德打车获取订单，其余平台订单如美团打车占 13.8%、百度打车占 11.5%。

3. 司机对聚合打车平台角色的认识

针对聚合平台提供的服务，40.5%的司机认为聚合平台承担对乘客出行全权负责的运送及安全保障服务，23.9%的司机认为平台是匹配撮合乘客和司机的，35.7%的司机认为平台主要是匹配撮合乘客和网约车平台的（见图17）。

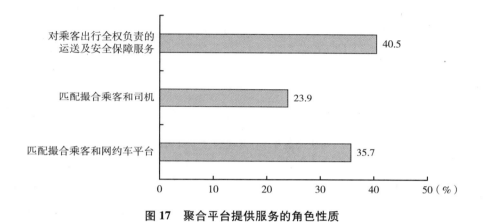

图17　聚合平台提供服务的角色性质

68.8%的司机认为其开展服务主要接受来自聚合平台的管控，30.2%的司机认为主要接受来自网约车平台的管控（见图18）。

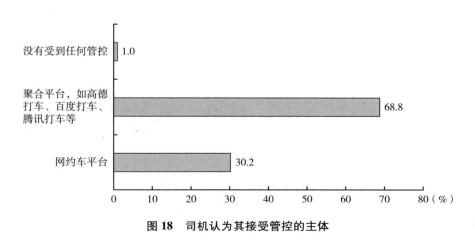

图18　司机认为其接受管控的主体

63.2%的司机认为聚合平台可以识别并封禁没有双证的司机和车辆，8.9%的司机认为聚合平台无法封禁没有双证的司机和车辆（见图19）。

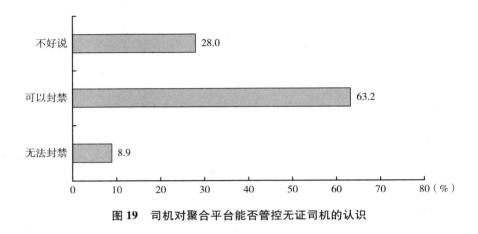

图19 司机对聚合平台能否管控无证司机的认识

当车辆服务过程中发生投诉和安全事故时，61%的司机认为聚合平台应该出面协商解决，35.2%的司机认为网约车平台应该介入处理，3.7%的司机认为由司机与乘客进行协商（见图20）。

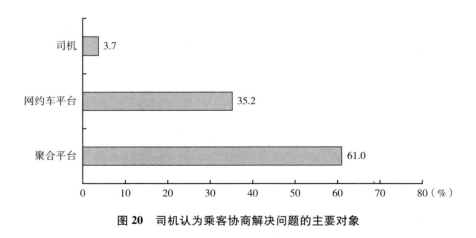

图20 司机认为乘客协商解决问题的主要对象

84.1%的司机认为聚合平台应当承担保障司机合法劳动权益的责任，13.5%的司机认为合法劳动权益保障责任应当由网约车平台承担（见图21）。

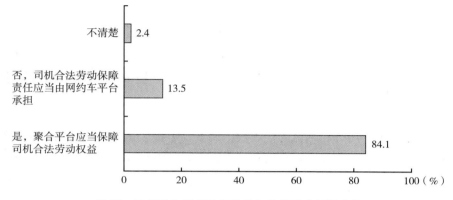

图21　司机认为承担司机劳动权益保障责任的主体

结合使用聚合平台的网约车司机调查数据，有如下发现。

司机订单来源方面，多数司机会接收来自聚合平台的订单。超四成的司机主要接收来自自营平台的订单；近六成的司机会接收来自聚合平台的订单，① 其中，近四成的司机主要接收来自聚合平台的订单，约两成司机的订单来源为自营平台和聚合平台各占一半。因此，从司机侧数据来看，聚合平台也已在运力供给端形成较高的渗透率。

司机服务过程方面，68.8%的司机认为自己在开展服务过程中受到聚合平台的管控，63.2%的司机认为聚合平台可以识别并封禁不合规的人员和车辆。

司机观念倾向方面，多数司机认为聚合平台应处理相关投诉及事故。61%的司机认为聚合模式下，当车辆服务过程中发生投诉和安全事故时，应由聚合平台而非网约车平台出面协调解决；超过四成的司机认为聚合平台提供了对乘客出行全权负责的运送及安全保障服务。

司机劳动权益保障方面，绝大多数司机认为聚合平台应当承担司机合法劳动权益的保障责任。84.1%的司机认为聚合模式下，聚合打车平台应当成为保障司机合法劳动权益的责任主体，仅有13.5%的司机认为应由网约车企业承担保障司机合法劳动权益的责任。

---

① 此次调查限定对象为参与聚合模式业务的司机，因此比例相对高于行业中聚合订单所占总订单的比例。

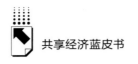

五 对聚合打车平台监管的建议

（一）聚合打车平台被多数司机和乘客认为扮演着市场组织管理者的角色

基于本次对司机和乘客的样本数据调查，本报告认为，从司机和乘客角度看，聚合打车平台并不只是为乘客和网约车平台提供了信息服务，还在一定程度上承担了网约车的市场组织管理者角色。

大多数乘客认为聚合打车平台提供了运送服务和安全保障服务，大多数司机认为聚合平台不只是协调乘客与网约车平台的合作，还参与了乘客与司机的匹配，相当一部分司机认为平台承担对乘客出行全权负责的运送以及安全保障服务。

（二）聚合平台需要做好规则设定和自身建设

从聚合平台的发展看，聚合平台绝不是"聚合"的网约车平台或其他合作方越多越好，毕竟流量是有限的，并且聚合平台自身管理能力是有限的，政府监管的精力投入也是有限的。而聚合平台对于其接入的第三方平台的准入规则，以及对于聚合平台这门"生意"而言，如何制定商业规则，如何保障合作企业的利益，如何做到"公平、公正、公开"，都是需要思考和解决的问题。

对于众多合作商来说，其在某种意义上相当于聚合平台与运力方的渠道中间商，那么未来不排除聚合平台免除"中间商"而直接对接运力企业的可能，这也是不少中小网约车平台在一些聚合平台成立网约车公司并取得网约车牌照后而出现的担忧。

竞争推动行业发展，基于法律法规、社会责任、用户安全与服务体验等各方面要求，聚合平台要想实现规模发展，就必须在法律框架下为用户提供高效快捷、安全合规的服务，这就要求聚合平台自身的业务建设方向向网约车专业者看齐，并需要管理和协调各参与方，只有这样才能做到更好地把控服务品质，同时创造更加丰厚的利润。

（三）行业监管需多方参与，共议共建

2021 年交通运输部印发《加强和规范交通运输事前事中事后监管三年行动方案（2021—2023 年）》，各级交通运输部门都在按照方案积极部署，推进实现交通运输事前事中事后全链条全领域监管。但由于网约车聚合平台这一新业态的快速发展，"加强监管"仍然存在薄弱环节，一些地方和单位对于聚合平台该"管什么""谁来管"等问题还存在认识不清、职责未理顺等问题。

比如在保障网约车司机合法权益方面，交通运输部等八部门印发《关于加强交通运输新业态从业人员权益保障工作的意见》，并多次约谈主要平台公司，督促企业落实主体责任，切实保障从业人员合法权益。组织实施网约车平台企业抽成"阳光行动"，督促平台企业主动公开计价规则，合理确定抽成比例上限、会员费上限并主动予以公开，每单实时显示抽成比例。

2022 年 5 月 24 日，交通运输部出台的《网络预约出租汽车监管信息交互平台运行管理办法》将聚合平台和传统网约车平台纳入了统一的监管框架下。8 月 22 日，交通运输新业态协同监管部际联席会议办公室要求聚合平台在发生安全事件时，依法履行先行赔付责任，并和涉事网约车平台公司共同做好事故处理工作。这在某种程度上也是要求聚合平台能够承担更多的责任，协助政府做好网约车行业的合规和安全等工作。

2022 年 12 月 1 日，全国首个明确聚合平台监管方式的地方性法规——《济南市客运出租汽车管理条例》在山东济南正式施行，其将对聚合平台的管理纳入法规调整范畴，首次提出第三方网络聚合平台为网约车平台与乘客提供信息中介、交易撮合服务，应当审核网约车平台是否取得经营许可，未取得的网约车平台不得接入。同时规定，如果发现聚合平台接入未取得经营许可的网约车平台，交通运输主管部门责令停止违法行为，并处一万元以上三万元以下的罚款。据了解，其他地区也在研究制定相关政策规范，明确聚合平台作为平台经营者应履行的责任。

未来由政府主管部门、媒体及各界人士、聚合平台、网约车平台、司机和乘客等各参与方的听证及监督机制，应该会成为全国各地加强对聚合平台监管的一个常态化动作。

B.14
新业态下出租车电动化
转型的政策分析

王 双　董 静　张婧嫄　张海颖*

摘　要： 出租汽车（含巡游车与网约车）是共享出行的重要业态，也是公
共领域全面电动化的关键阵地。受政策驱动及经济优势影响，出
租汽车在使用、运维等方面逐步实现良性可持续发展。长里程、
高频次使用的出租汽车电动化，能在更大程度上实现节能降碳，
拉动汽车制造业、充换电站等相关产业的发展。新能源出租汽车
具有全生命周期成本优势，充电设施、残值评估与退出机制是影
响其推广的重要因素。在技术路径选择上，需要加强对充换电不
同路线的指导，注重存量燃油车的新能源替换策略。同时，建议
通过定价机制调整、"领跑者"机制、新能源车运营积分制度等，
进一步调动出租汽车企业的积极性。强化融合发展，发挥出行平
台利用大数据技术带动充电桩运营效率提升的作用。

关键词： 共享化　电动化　巡游出租车　网络预约出租车

一　共享出行与绿色出行深度融合

（一）我国城市出行领域共享化、电动化等发展趋势日趋显著

伴随着社会进步与科技发展，信息化和新能源成为推动城市出行系统变

---

* 王双，博士，交通运输部科学研究院助理研究员；董静，交通运输部科学研究院副主任、副研
究员；张婧嫄，交通运输部科学研究院助理研究员；张海颖，交通运输部科学研究院副研究员。

革的核心力量，城市出行领域共享化、电动化等发展趋势愈发显著并深度融合。

近年来，随着国民收入水平增长，居民在城市出行领域的消费水平持续提升，以网络预约出租汽车（以下简称"网约车"）为代表的城市出行新业态、新模式不断涌现，模糊了传统公共交通与私人交通的界限，借助互联网技术调动闲置资源实现供需高效匹配。虽然受到疫情、合规化等因素影响，但网约车行业仍然保持明显的高速发展态势。从 2018 年起，全国网约车市场日订单量维持在 2000 万单以上，按照一辆车平均搭载 1.5 人来计算，网约车每日可解决 3000 万人的出行需求。中国互联网络信息中心数据显示，2021 年我国网约车市场规模为 3581 亿元，较上年增长 15%。2021 年网约车用户规模为 4.53 亿人，较上年增长 24.11%。网约车满足了人们多层次、多样化、个性化的出行需求，带来了城市居民"使用而非拥有"的理念转变，在一定程度上抑制了私家车的增长需求。中国在共享出行领域处于领先地位，以便捷、经济、绿色为特点的共享出行深受我国消费者喜爱，共享出行的日活量居全球前列，中国已超过美国和德国成为全球最大的共享出行市场。

在电动化方面，国家实施"双碳"战略以来，推动交通动力低碳替代已成为城市出行领域主要的减碳手段。目前中国拥有世界上最大的电动汽车市场，交通运输行业是新能源汽车推广应用的大户，也是先驱者。"十三五"时期，在城市公交、出租汽车（包括巡游出租汽车和网约车）等领域持续加大推广力度，取得了突破性进展，新能源营运车辆保有量是"十三五"初期的 8 倍。我国新能源汽车已进入快速发展的新阶段，虽然电动汽车受技术成熟度、产能支撑、消费意愿及基础设施配套等制约，全面取代传统燃油汽车仍面临诸多挑战，但电动化已成为构建城市低碳出行系统的重要方向。

综上，共享化、电动化这些城市出行领域的主要趋势将推动交通出行效率、动力的变革。共享出行与公共交通的结合、电动车的推广等科技和社会因素将推动城市出行模式创新，对城市出行领域的低碳转型产生深远的影响。

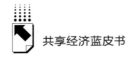
（二）我国城市出行领域低碳转型需发挥共享化、电动化的叠加效应

交通运输是能源消耗和二氧化碳排放的重点领域，约占全球总碳排放的1/4。城市是人类活动的密集区域，城市交通碳排放具有规模大、增速快、脱碳难等特点。目前，我国正以空前的速度实现城镇化和机动化。2022年全国常住人口城镇化率为65.22%，全国城镇化率平均每年增长超过1个百分点。2022年全国私家车保有量达3.19亿辆，但千人拥有量仅为226辆，远低于欧洲和美国，私人小汽车还将快速进入家庭。我国目前城市出行总量仍处于增长阶段，已有近60%的城市出现了不同程度的拥堵情况，城市交通领域碳排放呈刚性增长趋势。新业态下的新形势将为城市出行领域的低碳转型提供新的路径。

通过共享化实现城市出行领域的交通结构优化。我国目前城市交通结构调整遇到瓶颈，小汽车出行占机动化比例依然较高。除了持续推动高碳的小汽车出行向低碳的公共交通甚至零碳的非机动交通转移之外，应通过共享化最大限度地使用现有车辆资源，提高载客里程与载客率，从源头上减小城市汽车保有量增幅，缓解交通拥堵与污染问题，优化城市出行领域的交通结构，影响城市道路交通系统的需求结构与管理模式。

通过电动化实现城市出行领域的用能结构优化。与传统燃油相比，车辆电动化具有显著的减排效果。根据国家监管平台的不同类型车辆实际运行数据，不同类型纯电动汽车能耗水平均呈现下降趋势，2021年乘用车能耗均值为14.6kWh/100km，比2020年下降7.6%。城市出行领域的电动化要在推动公交车、出租汽车等企业车辆电动化的同时，关注私家车电动化，并发挥私家车在网约车领域的作用，全面推动城市出行领域的用能结构优化。

未来，共享化将进一步从源头优化城市出行结构，电动化在共享出行中的比重将不断增加，共享出行和绿色低碳出行深度融合的趋势不断强化。

二　出租汽车电动化转型发展现状

（一）政策要求

近年来我国新能源汽车产业发展取得积极成效。2022 年，新能源汽车销量达到 688.7 万辆，连续 8 年居全球第一，占汽车新车总销量的 25.6%，提前完成《新能源汽车产业发展规划（2021—2035 年）》中提出的 2025 年发展目标，我国新能源汽车已进入快速发展的新阶段。"双碳"战略实施以来，国家对新能源汽车的推广和应用提出了新的要求。2021 年，中共中央、国务院印发《关于完整准确全面贯彻新发展理念做好碳达峰碳中和工作的意见》，明确将"推广节能低碳型交通工具"作为加快推进低碳交通运输体系建设的重要举措。国务院印发《2030 年前碳达峰行动方案》，开展交通运输绿色低碳行动，提出大力推广新能源汽车，逐步降低传统燃油汽车在新车产销和汽车保有量中的占比，推动城市公共服务车辆电动化替代。

交通运输行业积极贯彻落实党中央、国务院重大部署，把加快发展新能源和清洁能源交通运输装备作为全面推进交通运输绿色低碳转型工作的重要举措。《综合运输服务"十四五"发展规划》《绿色交通"十四五"发展规划》提出积极推动新能源汽车推广和应用，明确到 2025 年，全国城市公交、出租汽车（含网约车）、城市物流配送领域新能源汽车占比分别为 72%、35%、20%，要求国家生态文明试验区、大气污染防治重点区域新增或更新的公交、出租、物流配送等车辆中新能源汽车比例不低于 80%。2023 年，交通运输部联合工信部等八部门印发《关于组织开展公共领域车辆全面电动化先行区试点工作的通知》，提出试点领域内新增或更新的公交、出租、环卫、邮政快递、城市物流配送的新能源汽车比例力争达到 80%。

"十四五"时期，公交、出租等城市客运领域仍是交通运输行业新能源化的关键阵地。目前我国新能源公交车应用规模和比例已处于国际领先地位，相比之下，新能源出租汽车的推广速度还需提高，出租汽车新能源占比提升空间仍然巨大。出租汽车分为巡游出租汽车（以下简称"巡游车"）和网络预约出租汽车（网约车）两类，是城市综合交通运输体系的重要组成部分，是城市公共交通的有效补充。长里程、高频次使用的出租汽车电动化，能在更大程度上促进机动车结构性调整，拉动汽车制造业、充换电站等相关产业的发展。

（二）整体发展现状

根据国家监管平台的数据，新能源私家车接入量占比呈现快速增长趋势，2021年新能源私家车占新能源汽车年度接入量的七成以上，其他类型车辆接入份额相对下降。从近两年变化来看，2021年巡游车①年度接入份额有所下降，网约车②略有增长。其中，2021年网约车月均上线率最高，达到96.5%，可见新能源网约车在使用、运维等方面逐步实现可持续发展。

表1　出租汽车国家监管平台接入量及占比

单位：万辆，%

类型	2019年		2020年		2021年	
	接入量	占比	接入量	占比	接入量	占比
巡游车	9.0	4.8	7.3	7.3	12.4	4.5
网约车	2.5	14.9	3.5	1.4	8.9	3.2

表2　出租汽车国家监管平台行驶特征比较

类型	日均行驶时长（小时）	日均行驶里程（公里）	月均行驶天数（天）	月均行驶里程（公里）
巡游车	8.17	201.88	24.91	4838.73
网约车	6.34	168.56	24.60	4265.16

---

① 巡游车：引用国家监管平台固有标签"出租乘用车"。
② 网约车：从国家监管平台固有标签"私人乘用车"中提取网约车，从"公务乘用车"及"租赁乘用车"标签中提取网约车。

表3　出租汽车国家监管平台充电特征比较

单位：小时，次

类型	次均充电时长	月均充电次数
巡游车	1.1	41.0
网约车	1.6	28.9

（三）巡游车电动化发展现状

巡游车是出租出行的主力选择，按照客运量计算，其体量是网约车的近两倍。2021年，受疫情及监管趋严的双重影响，我国巡游车共完成客运量266.90亿人次，占出租车客运总量的比重由2017年的69.9%下降至68.1%。

我国巡游车数量总体保持稳定，2017~2021年巡游车保有量在140万辆上下波动，其中新能源巡游车数量持续增长，且增长速度逐年加快。截至2021年底，全国拥有巡游车139.13万辆，较2017年增长7.84倍。其中，新能源巡游车20.78万辆（纯电动车14.3万辆、混合动力车0.6万辆），占比为14.9%，较2017年提高了13个百分点，高于2021年全国汽车电动化率2.1%。

各地巡游出租汽车营运车辆燃料类型呈现差异化特征。近年来，随着新能源汽车技术的不断成熟，巡游出租车市场全面电动化，成为我国许多城市出租车市场的重要发展方向。但目前市场新能源化呈不平衡发展态势。截至2021年，我国36个直辖市、计划单列市、省会城市中，有29个城市投用纯电动汽车，太原和深圳实现了出租汽车全部电动化。

各地因地制宜制定了不同巡游出租车电动化方案。在替换的周期设计上，不同的城市完成全面电动化的时间计划也各有不同。在替换方式上，包括针对存量的直接替换（将燃油车直接替换为电动车）和针对增量的优先替换（将电动车作为运力增量投放车型）。

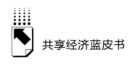

表4   我国巡游车燃料类型分类

单位: %

燃料类型	2021年车辆数量占比	代表城市
汽油车	20.4	4个城市(北京、上海、天津、南昌)占比超过50%,其中天津和南昌占比超过90%
乙醇汽油车	10.8	2个城市(长春和哈尔滨)占比达100%
天然气车	2.0	3个城市(郑州、重庆和兰州)占比超过70.0%
双燃料车	49.6	19个城市(石家庄、呼和浩特、沈阳、大连、南京等)占比超过50%
纯电动车	14.3	太原和深圳占比达100%,广州占比次之(75%),海口、西安、成都占比分别为46%、45%、36%
混合动力车	0.6	新增燃料类型,8个城市投用,其中,济南投用1853辆、广州投用1599辆
其他	2.0	—

在电动化方式选择上,除北京外,重庆、上海、广州、兰州均鼓励发展出租车换电模式。国家各部门从2019年开始陆续出台新能源车换电扶持政策,主要集中在推广换电模式应用、鼓励车电分离商业模式、支持换电站建设、加大换电车型补贴力度等方面。2021年4月,首个国家标准《电动车换电安全要求》发布。2021年下半年,工信部与能源局开展新能源汽车换电模式应用试点工作。

表5   我国巡游车电动化转型方式比较

城市	全部电动化时间	政策与补助标准	替换方式	充换电方式
太原	2016年已完成	出台出租车更换补贴政策,市场价为30.98万元的纯电动出租车,经国家、省、市各级补贴后,购买时只需支付8.9万元	存量直接替换,一年内将全市的8292辆燃油车全部更换为纯电动	比亚迪E6快速充电模式
深圳	2018年已完成	对于提前将燃油车更新为纯电动出租车的,在享受正常更新减排奖励的基础上,额外再给予提前更新减排奖励。奖励标准为:剩余年限应计提折旧额×80%,且最高不超过3.2万元/车	鼓励存量替换	比亚迪E6快速充电模式

城市	全部电动化时间	政策与补助标准	替换方式	充换电方式
北京	2025 年	给予一次性政府资金奖励,根据纯电动出租汽车生产环节电池采购价格,每辆车奖励上限为 7.38 万元	鼓励存量替换	北京 EU5 快速换电模式
成都	2022 年	发布鼓励出租车纯电动化试点实施方案,最高补贴 4.2 万元/车	鼓励存量替换	快充
广州	2023 年	《关于广州市能源资源节约"1+N"行动方案》	鼓励存量替换	快充转换电
西安	2024 年	2022 年起,新增或更新的公交车、出租车、网约车全部实现纯电动	鼓励增量优先替换	快充
杭州	2027 年	2024 年新能源纯电动车数量占出租车总量的比例达 60%	鼓励增量优先替换	众泰朗悦快速换电模式

(四)网约车电动化发展现状

近几年我国新能源汽车市场产销呈现增长趋势,仅在 2019 年因国家新能源汽车补贴减半且取消地方补贴而销量有所下降,2022 年国家延长了新能源汽车补贴退潮期后,销量较快回升。在国家政策引导下,网约车公司基于运营成本考虑,开始大规模引入新能源汽车,逐步成为新能源汽车消费主体之一。网约车公司可享受新能源汽车在购置或使用环节的优惠政策,同时,网约车公司新能源汽车的使用情况可作为新能源汽车大众化的参考。

网约车新能源化已经成为出行市场的发展趋势,除国家和省级政策以外,各地陆续出台相应政策,将使用新能源车作为市场准入要求。全国 200 多个城市出台了网约车新政,其中 80 余个城市明确对新能源车辆的准入作出要求。目前,厦门、三亚、海口、广州、深圳、佛山、昆明、太原、大连、沈阳、郑州等城市均明确了燃油网约车退市时间,要求新增网约车须全部为新能源车等,并对新能源车辆的车龄、轴距、续航里程等要求予以明确,逐步实现绿色转型。《2022 年中国网约车市场发展报告》显示,截至

2022 年 10 月，全国运营网约车中燃油车占比 54.18%、纯电动汽车占比 45.82%；全国大中城市中纯电动汽车占比最高的城市是三亚、深圳、海口，分别占当地当月运营车辆的 92.68%、92.23%、87.21%。

表6　我国网约车电动化地方政策

城市	政策方案
沈阳	2019 年起,新增网约车必须为电动车
昆明	2019 年起,新增网约车必须为纯电动车辆
佛山	2019 年 1 月起,新增网约车为新能源汽车
深圳	2019 年 7 月起,新增网约车必须为纯电动车辆
郑州	2019 年 10 月起,新增网约车、出租车均为纯电动车辆
广州	2020 年起,新增网约车为新能源汽车
大连	2020 年起,新上牌网约车全部为新能源汽车,2025 年全市网约车为新能源汽车

三　存在的问题与政策建议

（一）存在的问题

1. 出租汽车充电网络仍需完善

我国充电基础设施建设规模持续高速增长，规模居世界首位。中国电动汽车充电基础设施促进联盟统计数据显示，2022 年，全国新增充电桩 259.3 万台，保有量为 521 万台，同比增长 99.07%，车桩比为 2.5∶1，为我国新能源汽车产业发展提供了有力支撑。然而，新能源汽车增量带来的充电桩需求缺口，与 2015 年印发的《电动汽车充电基础设施发展指南》中规划的车桩比 1∶1 相比仍存在较大差距，假设到 2025 年车桩比降至 2∶1，则当前约有 1500 万台充电桩缺口。

受运营路线和运营里程的影响，出租汽车充电具有频次高、地点不确定、电价波谷偏好等特点，电动出租汽车运营的便利性和效益需要配置充电基础设施作为保障。通过走访出租汽车司机代表发现，由于技术迭代过快，最早投入的新能源车或充电桩会在生命周期结束前就被淘汰，加之充电设施的空间规划不够合理，充电基础设施的使用已显示出"疲态"。出租车司机通常会选择在电价处于波谷时充电，波谷时段，排队充电现象非常普遍。市区的大型充电停车场数量仍显不足，存在充电站车位被油车占用的现象。出租车司机绕远充电现象时有发生，大大增加了驾驶员在非订单状态下的疲劳度。新能源车充电速度虽然一直在提升，但仍无法比拟燃油车的便利性和时效性。新能源车蓄能时间长，增加了停车成本，降低了有效使用时间。新能源汽车存量呈稳步上升趋势，充电桩供需矛盾仅是初步显现，未来一定会加剧。

2. 缺少新能源营运出租汽车残值评估与退出机制

新能源出租汽车在全生命周期具有一定的成本优势，电动汽车在采购、保险、残值方面的成本高于燃油车，但能源使用成本明显低于燃油车。据估算，从车辆采购到运营期能源成本再到后期维修保养，新能源车相较于燃油车能节约成本约30%，主要体现在能源成本上，其中，常规油车为0.7~0.8元/公里，插混车为0.3~0.4元/公里，纯电动车为0.2元/公里。

但受新能源汽车整体市场规模和技术迭代的影响，新能源二手车折价严重，插混车型三年保值率平均为48.9%，纯电车型为39.1%。大部分燃油车的三年保值率为60%~70%，一定程度上影响出行服务中新能源车的使用。现有新能源车执行8年60万公里的强制报废标准。燃油车的主要核心部件发动机、变速箱、底盘的工作损耗是在8年60万公里时强制报废。而新能源车的核心部件只有电池，电池技术正在快速进步，且电池是可以更换的。因此，新能源电动车按照传统燃油车的报废时限进行设定，会造成不必要的浪费。新能源车独立的营运车辆退出机制缺乏，对车辆残值的保护、提升从业者合规意愿度有极大的影响，不利于行业流动性的提升与良性发展。

3. 存量燃油巡游车电动化转型难度较大

我国出租汽车的电动化转型，除了注重电动汽车增量的提升外，存量燃油车的电动化替代也至关重要。目前巡游车以双燃料为主（占比超过50%）的能源结构短期内不会改变，很多双燃料巡游车使用年限较短，作为存量的

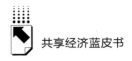

非新能源巡游车使出租车企业面临较大的前期沉没成本投入。巡游车的电动化转型，牵涉企业、司机、汽车厂商等多方利益，涉及大批车辆退出运营后的处置问题。

（二）政策建议

1. 加强对巡游车电动化技术路线的指导

目前巡游车"油气改电"工作涉及大量资金和土地的投入，涉及车辆购置、充换电站建设等的统筹谋划。换电和充电两种模式具有不同的特点，对技术路线的选择和管理水平都有较高的要求，需要科学研判，否则会导致大量的资源浪费。换电式巡游车在安全性、环保性和效率性方面具有优势，但换电站服务网络的完善程度对其便捷性有较大的影响。建议交通运输主管部门指导各地因地制宜地选择技术路线，充分考虑本地新能源汽车推广应用的总体要求、出租车行业的运营时间和空间特点、充换电基础设施建设条件等因素，科学规划新能源出租车的发展目标和发展路径，合理选择充换电类型，宜充则充、宜换则换。对于选择换电模式技术路线的城市，城市交通管理部门应加强顶层设计，同步做好配套保障，保证换电式电动出租汽车的应用效果，推动出租行业稳定发展。

2. 进一步调动出租汽车企业推广新能源汽车的积极性

一是在电动化过程中，对出租汽车的服务定价、运力投放作相应调整，统筹发展巡游车和网约车，构建多样化、差异化出行服务体系。二是建立出租车行业"领跑者"机制，出台出租汽车运营碳排放核算技术规范等。掌握年能耗量1万吨标准煤以上的巡游出租客运企业的能源结构、降碳措施等信息。建立"领跑者"机制，通过推动交通运输领域低碳"领跑者"标准化、制度化，探寻出租车领域绿色低碳转型发展模式和路径。三是探索实施新能源车运营积分制度。目前出行平台推广应用新能源车的动力略有不足。建议发挥共享出行平台在新能源汽车应用推广方面的作用，探索实施新能源车运营积分制度，从使用端真正发挥新能源车的经济社会环境效应。

3. 强化对巡游车换电模式的示范评估，为网约车的电动化发展提供借鉴

需要指导各地强化对换电式电动车辆和换电站运营企业进入出租车行业的管理，对于自动换电所需时间、换电部件使用寿命、换电站服务能力等技术指标，以及车辆维保服务年限、换电站营业时间等服务内容设置一定的标准，并适时推出国家层面的统一标准，杜绝低技术产品和低服务水平的企业进入行业，切实保证出租车司机日常使用车辆的便利性。同时，建议交通运输主管部门组织相关机构对先行的城市予以持续跟踪，对车辆和换电设备使用情况进行评估，优化现有法规和标准，对不同商业推广模式的实际效果进行比较，通过持续的考核、验证、改进，尽快形成可复制的推广经验，为城市合理选择和有效应用换电式出租汽车提供支撑。

4. 发挥出行平台利用大数据技术对充电桩运营效率的提升作用

完善快充设施网络，合理布局新能源出租汽车充电桩是新能源出租车平稳运营的重要基础。根据充电时间需求和车辆空间分布需求确定新能源出租汽车充电桩分布规模。建议凭借平台数据优势，研判城市新能源基础设施发展形势，制定优化充电桩布局、开放共享的激励措施。平台数据可以为城市选择最合理且能够提升城市运转效率的充电场或换电站方案提供支撑。出行平台应利用大数据技术提升充电桩运营效率。

四　北京换电式巡游车基础设施配套案例

在新能源汽车的发展进程中，充电和换电两种能源补给模式各有特色。换电模式具有时间短、补电安全、电价支出少、对场地要求不高等优势。出租车行业对车辆使用频次、运营效率和使用寿命等的要求较高，在技术进步的驱动和国家政策的扶持下，2018年以来，换电式出租车发展较快。目前换电式电动车已在北京、广州、厦门、兰州、昆明等多地的出租车行业试点应用并受到广泛关注。

北京已成为全球电动出租车和换电式出租车数量最多的城市，并入选工

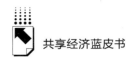

信部公示的换电试点城市，成为全国推广换电式出租车的标杆城市。截至
2022年底，北京市累计推广换电式出租车2.9万辆，建成换电站289座。
北京市的换电式出租车主要由北京汽车生产、由奥动新能源提供换电服务。

（一）换电站建设成本分析

北京从2016年开始推广换电式出租车，至今已经过3代产品的更新迭
代，根据站型和配置的不同，换电站投资建设成本也有所差异，详见表7。

表7　北京换电站建设成本

单位：万元

项目	投资额	备注
换电设备投资	260~400	—
土建施工投资	10~15	—
电力增容投资	100~250	—
备用电池投资	168~348	二代站和三代站28块、四代站58块
合计	538~1013	

以目前在用换电站中数量最多的单车道、配备28块电池的规格为例，
每站总投资约600万元，每天可服务100~150辆车，均摊成本4万~6万/
辆。同等输出功率，换电站的建设成本是充电站的10倍左右，而换电站的
服务效率又高出充电站数倍，换电站承接的车辆数远远大于充电站。换电站
运营企业前期资金压力过大、社会资本参与积极性不高的现象长期存在。

（二）换电站运营效率

换电站的运营效率取决于换电服务网络的完善程度，按照换电站设施适
度超前的原则，北京市换电站单站服务能力已由早期的288车次/天提升至
960车次/天，单次换电时长由5分钟缩短至1分钟，司机对换电等候时间
的满意度明显提升，服务效率也大幅提升。

与充电服务相比，单站日均换电量6682kWh，约相当于30余根快充型

充电桩的充电量（按快充桩日均充电 200kWh 计算），而 1 个换电站所需土地面积仅是 30 根充电桩所需面积的 1/5。

（三）经验借鉴

1. 加强政策引导

换电站作为一种"重资产"，需要在土地、基础设施建设、运营维护等方面投入大量资金。只有换电车型达到一定规模，才能覆盖先期投入的高额成本。前期，换电车型保有量难以支撑换电站大规模的建设。采用换电模式的车型少，厂商建设换电站的积极性不高；而换电站覆盖率不高，愿意选择换电模式的车主就会更少。换电模式发展初期易陷入互相制衡的僵局，难以通过企业投入、市场化运作等方式取得突破，需要政府制定支持政策予以引导。

2. 强化多部门协同

换电站的建设与运营涉及城市规划、电力、发改、财政、工信、公安等部门。需要明确换电站设备属性认定、对应的审批管理流程及换电站布局，推动换电站建设与电网规划的衔接，提升电力增容便利性，研究制定换电站建设、运营补贴等政策，在推动换电站发展中着力优化管理政策，协同破除发展障碍。同时，靠港船舶使用岸电设施的多部门协同机制也可作为电动船舶换电站推进的机制参考。

3. 完善标准规范

换电站作为换电模式的终端应用，其标准的确定不仅有助于规范换电站的运营，同时也需要上游汽车、电池厂商在前期生产过程中主动遵守准则，多方配合，共同推动换电技术标准的统一，规范换电式电动车的支架结构、电池包络、高低压电气接口标准、高压平台功率及电流、换电接插件安装位置、电池管理软件接口、CAN 通信接口等车辆软硬件标准，促进不同企业、不同车型间的电池互换；统一换电站的消防安全、充电监控等建设要求，以及换电操作流程等运行管理要求，支撑换电站全面标准化管理，为大规模换电站安全、平稳运行提供保障。

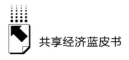

4. 探索全链条合作模式

电动车换电模式的推广应注重引导整车制造企业、换电系统关键零部件企业、换电站运营企业、出租车运营企业、动力电池企业、电池回收利用企业等开展全生命周期的全链条合作，共同探索责任共担、利益共享的合作模式。换电站的建设也需要船舶制造、航运、港口和能源企业等上下游企业加强合作，强化支撑保障。

B.15
城市共享两轮市场容量
测算分析与研究

刘 芳 陶晨亮*

摘 要： 共享两轮的快速发展，有利于在更好地满足公众出行需求、有效解决城市交通出行"最后一公里"问题、缓解城市交通拥堵、构建绿色出行体系等方面发挥积极作用。然而，过量投放对城市非机动车停放秩序产生影响，同时也引发了乱停乱放、潮汐现象严重、停车空间不足等诸多问题，背离了发展共享经济的初衷，为此各地政府逐步完善共享两轮的总量份额管控与动态考核机制。本文试图准确地测算城市共享两轮市场容量，帮助管理部门确定市场总体份额，指导企业合理投放，规范行业发展。

关键词： 共享骑行 空间承载能力 市民出行需求 市场容量

一 研究背景

目前对于如何科学测算城市共享两轮的整体规模和单车、电单车的合理比例，并且根据需求指导城市共享两轮规模维持在合理范围，使之同时满足运营服务企业的可持续发展和政府部门对于城市的可持续规划要求十分重要。因此有必要对城市共享两轮总量进行多维度的考量、研究和测算。

---

* 刘芳，哈啰两轮出行事业部行业研究院院长；陶晨亮，哈啰两轮出行事业部行业研究院副主任。

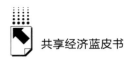

二　研究目的

本次研究目的是多维度考虑影响城市共享两轮总量的因素并建立科学合理的、全面的共享单车/电单车总量评估计算模型，用以确定城市共享两轮的合理总量和比例，以协助城市管理部门科学决策，维护行业的健康可持续发展。

三　参考依据及技术路线

（一）城市共享两轮合理总量

城市共享两轮合理总量的研究是基于经济地理学，采用时空分析方法和社会调查方法，对场景时空特征（包含用户、订单的总体特征和订单的时间与空间特征）进行分析。结合影响因素的研究，如社会经济属性、土地利用布局、交通设施规划和管理运营情况等得出初步测算模型。

初步测算模型的参考依据包括大数据模型基础和城市、用户调研结果，为此，结合政府建议和补贴城市特殊背景调整得到共享单车和电单车合理总量。其中大数据模型基础是在满足适用条件的情况下的运营订单数据和反映运营区空间特征的非订单数据。单车和电单车的订单数据包含借车点经纬度、还车点经纬度、借车时间、还车时间、骑行距离、可用车日均被使用次数。城市、用户调研结果是在对选定城市进行实地调研之后结合线上调查问卷的分析，对所收集的信息和数据进行定性、定量分析而得到的结果。

（二）单车/电单车合理比例

单车/电单车合理比例的参考依据包括选定城市的用户需求及使用偏好、用户骑行距离、城市功能组团分布以及城市公共交通可达性等。

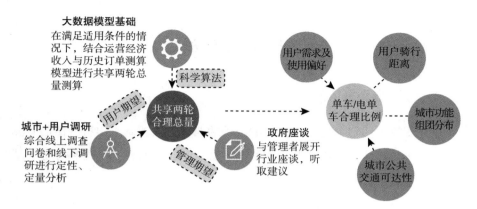

图 1　城市共享两轮合理总量和比例参考依据示意

（三）研究技术路线

本研究采用基于大数据和线上调研的定性与定量相结合的研究方法。

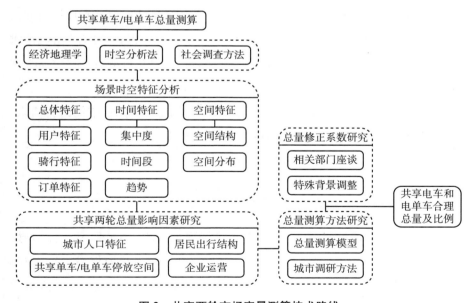

图 2　共享两轮市场容量测算技术路线

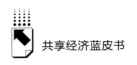
四 研究方法

（一）总量测算方法

总量测算方法包含考虑不同影响因子的四种方法：基于出行峰值的测算方法、基于主城区人口出行结构的测算方法、基于接驳行为的测算方法和基于主城区空间承载能力的测算方法。

（1）基于出行峰值的测算

$$R = \lambda \frac{O \times a}{N}$$

式中，R，城市共享两轮总量；O，主城区单车和电单车总订单量；a，满足出行需求的系数；N，单车日均使用次数期望值。

基于出行峰值的测算模型关注市民对于互联网租赁单车/电单车的需求，尤其是早晚高峰时间段的需求和使用情况。主要参考旺季早晚高峰期时间段内互联网租赁单车/电单车的总订单量，以满足此时间段内60%的出行需求为总量标准，在考虑车辆的日均使用次数之后，得出总量测算结果（60%来源于网上问卷调研受访者对饱和度感知的数值）。

模型在大部分运营城市适用，影响因素包含城市规模、市民出行需求、城市道路通行条件、城市运营能力和行业竞争情况。

（2）基于主城区人口出行结构的测算

$$R = \lambda \frac{P \times M \times C}{N}$$

式中，R，互联网租赁单车/电单车市场容量；P，主城区常住人口数；M，居民日均出行次数；C，互联网租赁单车/电单车出行分担率；N，单车日均使用次数期望值；λ，不同年龄段人群、智能手机普及率及旅游人群数量等影响因素对互联网租赁单车/电单车需求的修正系数。

基于主城区人口出行结构的测算模型主要关注主城区的常住人口数和出行

习惯，结合互联网租赁单车/电单车的日均使用次数，得出总量测算结果。

模型在各个运营城市均适用，影响因素包含城市规模、城市交通设施、市民出行需求。

（3）基于接驳行为的测算

$$R = R_{c1} + R_{c2} + R_i$$

式中，R，互联网租赁单车/电单车市场容量；R_{c1}，与城市轨道交通接驳的互联网租赁单车/电单车总量；R_{c2}，与城市公共交通接驳的互联网租赁单车/电单车总量；R_i，使用互联网租赁单车/电单车独立出行的总量。

其中，与城市轨道交通接驳的互联网租赁单车/电单车总量测算公式为：

$$R = \lambda \frac{Q_c \times O_d}{Q_s \times N \times B}$$

式中，Q_c，问卷接驳比例；O_d，城市日互联网租赁车辆订单量；Q_s，饱和度城市调研结果；N，单车日均使用次数期望值；B，市场占有比例；λ，与订单增加率和市民饱和度感知有关的系数。

模型根据城市使用互联网租赁单车/电单车接驳地铁的订单量，线上调研使用互联网租赁单车/电单车接驳公交车、接驳地铁和独立出行三种方式的比例，以及线下对于地铁周边接驳行为的验证来测算总量。

模型适用于地铁设施完善、公共交通使用率高的运营城市，影响因素包含城市规模、城市交通设施、市民出行需求、土地利用类型、城市停放空间、城市运营能力和行业竞争情况

（4）基于主城区空间承载能力的测算

$$R = \frac{\sum_i S_i}{M}$$

式中，R，互联网租赁单车/电单车市场容量；S_i，每个非机动车公共停车位面积；M，平均每辆互联网租赁单车所占面积。

模型的依据是共享两轮总量受到城市空间的制约。总量超过空间承载能

267

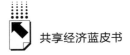

力，则对市民的使用感、车辆的按需调度、城市的管理和城市的公共资源维护造成一定影响。目前共享两轮在道路空间内主要利用人行道和部分公共停放空间进行停放，故模型主要考虑道路及其他公共停放空间的面积，影响因素包含城市规模、道路通行条件和停放空间。

四个模型的具体测算流程和结果调整流程如图3所示。

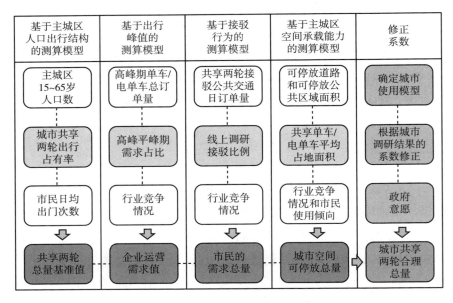

图3 城市共享两轮总量测算流程

城市共享两轮的测算结果结合城市调研结果和系数修正而得到最终值，并根据调研城市的不同背景和与相关部门的座谈结果进行调整。

（二）城市调研方法

城市调研采用现场测量法、拦截访谈法等定性研究城市道路骑行条件、市民出行方式选择倾向以及互联网租赁单车和电单车的使用倾向、车辆的停放空间和整体数量的饱和度。同时调查城市的公共交通和轨道交通客运量、互联网租赁单车/电单车的总投放量和使用比例、使用互联网租赁单车/电单车接驳轨道交通的比例、高峰期各出行方式占比，以便进行定量分析。

方法名称	功能点选择	定量值结论					
	调研地	接驳数量（高/平峰期）	客运量（高/平峰期）	单车/电单车使用比例（高/平峰期）	周边停放饱和度（高/平峰期）	骑行占出行比例（高/平峰期）	非机动车车道状况（高/平峰期）
地点调查法	商务（办公、商圈）	○		○	○		○
	居住	○		○	○		○
	公共服务（医院、政府、公园）	○		○	○		○
	地铁口A/地铁口B	○	○	○	○		○
	公交站	○	○	○	○		○
平面交叉口交通量调查法	交叉口1/交叉口2			○		○	
拦截访谈法	问题设置	结论分析					
	Q1.日常生活中，您更倾向使用单车还是电单车？主要是什么原因？	市民对于单车/电单车的喜好					
	Q2.您在平时需要使用时，单车或电单车好找吗？数量充足吗？	市民对共享车辆饱和度的主观感知					
	Q3.使用结束后，车辆方便停放吗？	市民对车辆停放的难易程度的感知					

图 4 主要城市调研方法

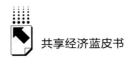

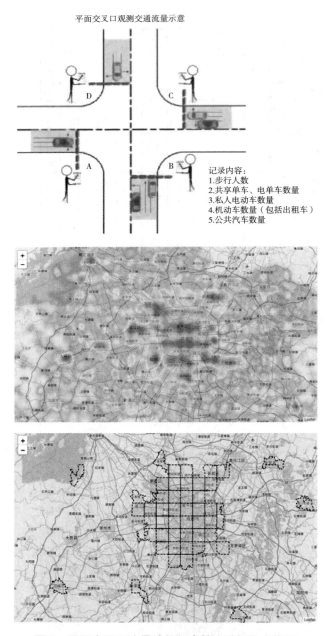

图5 平面交叉口流量计数与高精度骑行需求模型

五　镇江市共享两轮市场容量研究

为满足市民多元化出行需求，镇江市于2018年引入共享电单车，目前按照各区属地化配置车辆份额。随着近年来镇江市城镇化进程不断加快，城市区域不断扩大，老城区与外围片区的联系愈发紧密。共享两轮除了满足市民区内出行需求以外，也需要满足市民越来越多的跨区出行需求。相比于公共单车与共享单车，共享电单车的平均出行距离更长，承担了部分中长距离跨区出行需求。本研究在考虑了市民跨区出行需求的基础上，预测镇江市共享两轮规模。

（一）镇江市共享两轮发展现状

1. 车辆规模

根据官方通报，目前镇江市区各品牌共享单车/电单车共23500辆。其中共享单车7500辆，以哈啰为主，主要投放在京口、润州和高新区。共享电单车16000辆，其中永安行9000辆，主要投放在京口、润州和高新区；青桔2000辆，主要投放在镇江新区；美团2500辆，主要投放在丹徒区；哈啰2500辆，主要投放在高新区。

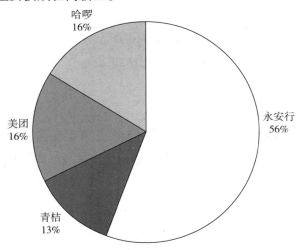

图6　镇江市不同品牌共享电单车市场份额

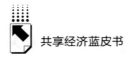

2.骑行目的

根据在线调研问卷,超过一半的镇江市民使用共享电单车通勤通学。相比小汽车、公交车,共享电单车具有可自由使用、可自由规划路线、可避免早晚高峰道路交通拥堵等特点,是市民上下班、接送小孩上下学的首选出行方式。同时共享电单车具有无固定运营时间、使用时间灵活等优点,也是市民夜间与周末休闲娱乐的重要出行方式。

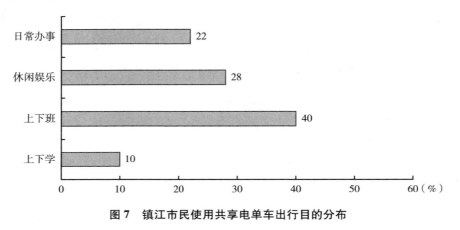

图7　镇江市民使用共享电单车出行目的分布

3.骑行距离

在镇江市居民使用共享两轮骑行距离分布方面,市民使用共享电单车的骑行距离普遍高于共享单车,83%的市民骑行距离超过2km,其中3~5km的占比最高,为34%;超过5km的占比达到22%。

(二)共享两轮容量测算

本次共享单车/电单车总量评估采用大数据模型和线上调研定性与定量相结合的研究方法。总量模型主要考虑城市居民出行结构、居民出行需求和对小汽车的替代性等。

1.城市出行结构的测算模型

城市居民出行结构是城市居民出行量中各种交通方式所占比例,反映了城市交通需求的特点和不同层次、不同性质出行对交通服务水平的要求。可

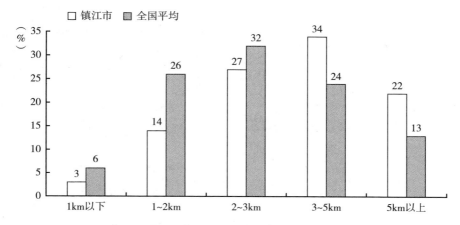

图 8　镇江市民使用共享电单车骑行距离分布

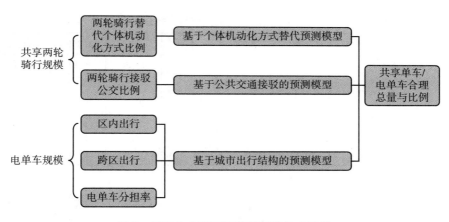

图 9　镇江市共享两轮容量测算技术路线

以通过共享两轮出行量在全方式出行量中的比例，测算城市所需共享电单车总量。随着不同组团之间，居民跨区出行比重越来越高，本次测算考虑了各区内部与跨区两部分出行需求。

根据第七次全国人口普查数据，镇江市区常住人口约126.69万人，其中京口35.58万、润州23.99万、丹徒34.73万、新区26.38万，以及高新区6.01万。根据居民出行调查，市区居民日均出行次数约为2.5次，市区居民日均出行量约为317万人次，其中区内出行量约194万人次，跨区出行量约123万人次。

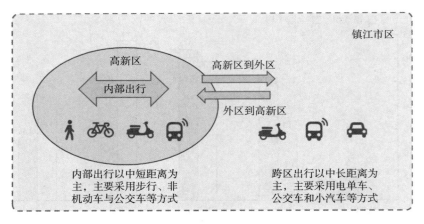

图10　各区内部与跨区出行示意（以镇江高新区为例）

表1　镇江市各区人口与出行量

	京口	润州	丹徒	新区	高新区	合计
常住人口（万人）	35.58	23.99	34.73	26.38	6.01	126.69
日均出行量（万人次）	89	60	87	66	15	317
区内出行比重（%）	70	65	60	50	50	—
跨区出行比重（%）	30	35	40	50	50	—
日均区内出行（万人次）	62	39	52	33	8	194
日均跨区出行（万人次）	27	21	35	33	8	123

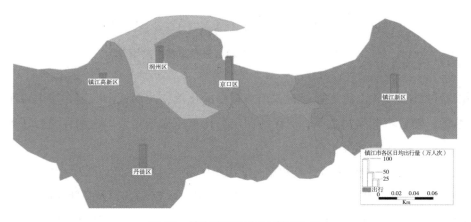

图11　镇江市各区居民出行生成

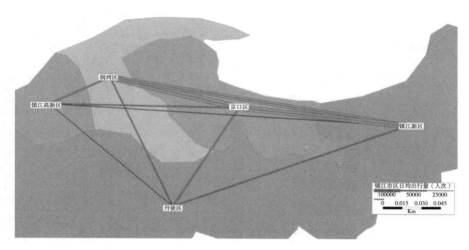

图 12　镇江市各区居民出行分布

共享两轮主要满足区内中短距离出行需求，同时满足部分跨区出行需求。根据调查数据，共享两轮满足 2.5%～3% 的区内日均出行需求，合计 5.8 万人次；承担 1.5%～2% 的日均跨区出行需求，合计 1.8 万人次。根据目前运营能力以及 85% 的可用车比例，测算得到镇江市区共享两轮的需求量约为 2.5 万辆，其中满足区内出行需求的约为 1.9 万辆（占比 76%），满足跨区出行需求的约为 0.6 万辆（占比 24%）。

2. 城市出行需求测算模型

相比于共享单车，共享电单车的骑行距离更长，能满足市民中长距离的出行需求，替代部分私人小汽车、网约车等个体机动化出行方式。同时共享电单车承担部分公共交通的接驳功能，扩大公共交通服务的覆盖范围，推动镇江市建设成为绿色出行城市。

（1）对私人小汽车替代

通过本地调研和实地考察、采访等，可以确定，镇江市共享电单车运营对私人小汽车出行有一定的替代作用。特别的，研究将商圈作为访谈场景，验证了共享两轮对小汽车出行有所替代，进而对停车难问题有缓解作用。很多私家车主愿意选择共享两轮出行，从而使商圈停车位更

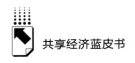

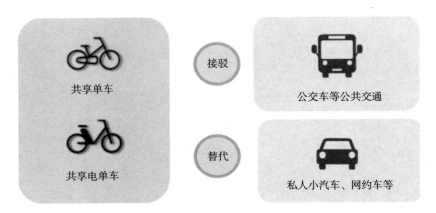

图13　共享单车/电单车与公共交通、私人小汽车的竞合关系

宽裕。共享两轮全面运营后，通过发挥替代出行的作用，使镇江市区小汽车停车位总量的7%（约2.8万个停车位）得以释放，而在主城区商圈至少有能释放20%的停车位的潜力。从个体机动化方式出行替代率的角度考虑，结合当前运营能力以及85%的可用车比例，测算出镇江市区共享两轮的规模为2.2万~2.4万辆。

（2）接驳公共交通

共享电单车成为城市公共交通系统中重要的接驳方式，扩大了公交系统的服务范围，提升了公共交通的吸引力，有利于解决市民出行"最后一公里"难题。镇江市的共享电单车不仅对公共交通发挥着补充和延伸的作用，还通过与其他交通方式联合间接扩大了公共交通站点的服务范围。通过线上调研了解共享电单车接驳公交车和独立出行两种方式的比例，同时结合对公共交通站点周边共享电单车的接驳出行量的调研探勘，验证测算结果。

按照镇江市日均订单量×问卷接驳比例/市场占比，考虑按照85%的可用车比例和每辆电单车期望使用次数2~2.5次测算，满足接驳公交出行需求的共享电单车规模约为0.8万辆，满足独立出行共享电单车规模约为1.6万辆，因此总规模约为2.4万辆。

　　根据以上两种测算方法得到镇江市区共享电单车规模约为2.5万辆。其中根据线上调研问卷，24%的居民偏好使用共享单车，76%的居民偏好使用共享电单车。因此，测算共享单车规模约为0.6万辆，共享电单车规模约为1.9万辆。

（三）结论与建议

　　综合问卷调研与总量测算结果得出如下结论。

　　随着近年来镇江市城镇化进程不断加快，城市区域不断扩大，居民出行距离持续增加，个体机动化出行比重不断提高。为了引导居民选择"公交+慢行"的绿色出行方式，全市公共交通系统与慢行交通设施不断完善。共享电单车替代了部分个体机动化出行方式，同时作为城市公交系统重要的接驳方式，扩大了公交系统的服务范围，提升了公共交通的吸引力。同时共享电单车具有天然的绿色、低碳属性，在提升市民绿色出行体验度、推进绿色出行方面可以发挥积极作用。

　　共享电单车不仅可以满足区内出行需求，而且能满足约24%的中长距离的跨区出行需求。随着镇江新区、镇江高新区等外围产业园区的发展，居住在老城区，工作在新区、高新区等的居民会越来越多。而目前共享电单车的投放主要是各区属地化投放，需要增加满足跨区出行需求的流动性互联网租赁车投放。根据调研问卷，约有28%的市民认为高峰时段共享电单车辆投放不足。综合测算，镇江市区共享单车/电单车的需求规模约2.5万辆，其中共享单车0.6万辆，共享电单车1.9万辆。

B.16
共享两轮车停放技术的发展

崔慧珊　胡佳奇　黄扬　杨海平　秦浩*

摘　要： 近年来，全国各大城市纷纷加快建设慢行交通系统，部分中小城市慢行交通比例也高达 70% 以上。共享两轮车是重要的慢行交通工具，主要替代步行和公交，成为城市绿色出行的重要组成部分。共享两轮车快速发展的同时，出现了车辆随意停放等现象，妨碍了交通秩序、影响了市容市貌。滴滴青桔、哈啰、美团、人民出行等共享两轮车代表企业在车辆停放方面加大研发力度，不断进行技术革新，取得了很大进展。从物理停车桩到蓝牙道钉及虚拟电子围栏，从马蹄锁到智能中控分体锁，共享两轮车的停放技术越来越成熟。本文以上述代表企业为案例，分析了共享两轮车停放技术现状，以期对行业其他企业起到示范作用，促进停车技术不断进步，推动共享出行健康可持续发展。

关键词： 慢行交通　共享两轮车　停放技术

近年来，全国各大城市纷纷加快建设慢行交通系统。"十四五"期间，北京市将五环以内路面宽度 12 米及以上道路全部施划自行车道，打造长约 400 公里的慢行系统，中心城区慢行交通出行比例达 47.8%；深圳市计划每年建成不少于 300 公里的非机动车道，慢行交通比例也由 2016 年的 58% 提

＊ 崔慧珊，交通运输部科学研究院研究员；胡佳奇，滴滴出行政策研究专家；黄扬，哈啰研究院研究员；杨海平，人民出行（深圳）科技有限公司政府事务总监；秦浩，美团交通可持续发展中心主任。

升至 62%；重庆市提出建设"山城步道总里程 2200 公里、自行车道 450 公里"的目标。除上述典型城市以外，部分中小城市慢行交通比例高达 70%以上。

共享两轮车是重要的慢行交通工具，主要替代步行和公交，成为城市绿色出行的重要组成部分。其中共享单车主要专注于 3 公里以内的短途出行，共享电单车主要解决 3~10 公里距离的中短途出行问题，实现地铁、公交等多种交通工具的无缝对接。共享两轮车快速发展的同时，出现了车辆随意停放等问题，妨碍了交通秩序、影响了市容市貌。为了规范停车，各地相继发布了关于共享（电）单车停放的管理要求或管理办法。滴滴青桔、哈啰、美团、人民出行等共享两轮车代表企业在车辆停放方面加大研发力度，不断进行技术革新，取得了很大进展，在一定程度上解决了两轮车乱停乱放等问题。

一　滴滴青桔共享两轮停车技术的发展

作为一家由技术驱动的互联网公司，滴滴青桔致力于用科技手段让市民出行更美好、让城市出行环境更有序，不断通过虚拟电子围栏、分体锁、蓝牙道钉、青桔智能蓝牙 RFID 停车桩、NFC 定位停放方案和手机端引导等技术手段革新和发展，结合违规停放惩罚等运营手段，引导用户规范有序停车，助力城市智慧交通建设，实现了车辆的定点停车和入栏结算，在一定程度上解决了单车乱停乱放等问题。

（一）AI 智能方案守护用户骑行

1. 道路环境安全——AI 识别颠簸路段

通过收集和分析大量车辆传感器数据，识别标记颠簸路段，用以提醒用户骑行过程中注意颠簸，减少事故发生。

2. 骑行行为安全——识别危险行为精准教育

基于海量骑行数据，利用移动互联网技术与机器学习算法，研发出骑行

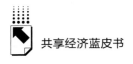

行为感控 SDK 系统。可识别用户在骑行过程中的危险动作，以及超速、逆行等行为，及时予以提醒与管控，降低事故发生。

3. 突发事件救助——守夜人侧摔解决方案

制定守夜人侧摔解决方案，通过系统及时发现疑似情况，确保在事故发生后第一时间给予救助。

（二）虚拟电子围栏

1. 电子围栏技术引导用户精准停放

滴滴青桔采用虚拟电子围栏技术规范用户停放行为，并且使用高精度围栏模式，围栏的坐标通过测绘级手持设备从实体围栏现场采集，保障了用户在入栏停放时的精准性；同时还为用户提供了导航找点、停放是否正常入栏、入栏是否摆正、明确的奖惩标准等提示服务，引导用户能快速规范地停车入栏。

电子围栏可以对用户停放行为进行规范。未来，滴滴青桔将会配合政府管理部门合理划定停车区域，积极引导用户将车停放到电子围栏之中，对将车停入电子围栏的用户进行免单、折扣等订单优惠奖励；对停放不规范的用户进行惩戒，提高其用车成本，以此鼓励用户规范停车。

2. 采用网格化管理、智能化调度

滴滴青桔依托滴滴网约车产品"建议上车点"的策略和技术积累，快速、准确地对城市电子围栏区域进行选择，利用大数据及其学习技术，科学挖掘"推荐停车区域"与"禁停区域"，辅助政府管理部门合理规划停车区域。

滴滴青桔还建立了"青桔智控中心"，并搭建成熟的线下运维管理团队，统一形象，统一服务。"青桔智控中心"将提升运营效率、保障企业资产、大数据分析骑行、智能分派工单、零配件溯源管理优化集于一身，利用大数据分析和深度学习实现用户短途出行需求预测和城市运营问题诊断，不断调整和优化运营区域与投放车辆分布，实现最佳的业务发展。系统根据车辆定位数据，指派线下运维管理人员，及时、高效地解决车辆冷热区调度、

图1　客户端 App 提示就近还车点

淤积及特殊区域规范停放问题，对于政府管理部门提出的实时路面管理要求做到及时响应、及时处理。

（三）高精度分体锁技术

共享单车给城市及政府主管部门管理带来的最大难题是乱停乱放。停放

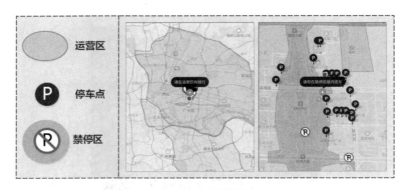

图 2　电子围栏划分

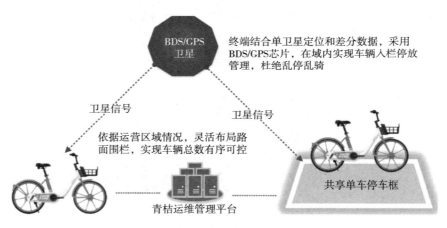

图 3　电子围栏实现

难究其本质是技术问题：车辆单卫星的定位漂移过大，无法实现"入栏结算"，进而无法规范用户停放行为。滴滴青桔投入专业研发团队跳出行业现有技术方式，与武汉导航院在北斗地基增强站网建设、服务接入、标准规范、终端开发、应用推广等方面展开合作，从根本上解决了单车定位难的问题。

滴滴青桔基于北斗高精度差分定位技术，在行业内创新发布了采用"智能中控+分体锁"技术方案的新一代车型，在理想情况下，车辆定位精度可以精准到亚米级别，无需大规模的进场设施，采用虚拟电子围栏，引导用户将车停入电子围栏后方可正常结算。如用户未在要求范围内停放，将被收取额外调度费等。此外，为了避免锁体损坏，滴滴青桔首次将分体锁集成于车轮上，在很大程度上降低了故障维修比例。

具体来说，分体锁支持北斗+GPS高精度差分定位、基站定位。北斗+GPS高精度差分定位主要用于定点停车的入栏结算。基站定位是辅助手段，补充单车定位管理，确保在不同环境和信号强度不同的条件下，各定位方式互相补充矫正，实现最稳定和最精确的车辆定位效果。基于北斗卫星及地基增强站网、GPS卫星及地面CORS站，北斗+GPS高精度差分定位可以实现实时稳定的亚米级高精度定位，满足电子围栏等停放管理要求。

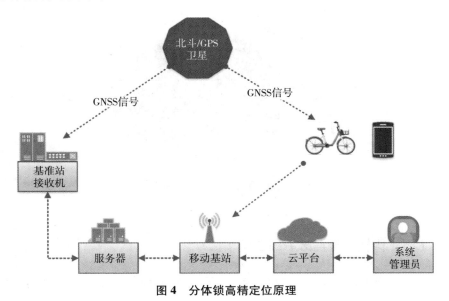

图4　分体锁高精定位原理

（四）蓝牙道钉技术

蓝牙道钉技术是一种常见的近场停车技术，是通过在规定区域内布设蓝牙道钉实现固定点位停车的技术。车锁与蓝牙道钉之间通过蓝牙广播信号进行交互，从而判断车辆位置是否在规定停车区域内，其理论准确度可以达到

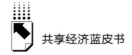

亚米级。

　　基于路面安装的道钉点位，车辆中控通过扫描道钉读取围栏内一个道钉广播内容和信号强度，判断道钉身份和相对距离，随后车辆将广播内容传递至云端，实现入栏结算。蓝牙道钉贴地安装，行走绊倒风险小；道钉电池容量大，续航时间在 3 年以上；同时产品安装反光条，方便夜间可视查找。

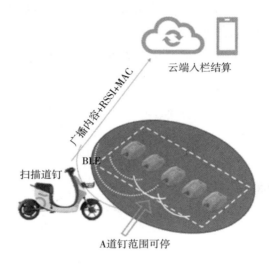

图 5　滴滴青桔蓝牙道钉应用流程

（五）青桔智能蓝牙 RFID 停车桩

　　青桔智能蓝牙 RFID 停车桩具备 RFID 停放识别、蓝牙通信等功能，可帮助政府部门有效管理共享车辆的停放，取得首尾一致、路框同向、间隔匀称等电单车停放治理效果。通信方面，车辆与桩体采用蓝牙通信技术，极大地降低了使用功耗，最短使用时长可达 3 年。订单结算方面，用户订单由系统根据入桩情况控制结算，配合车辆锁止能力，机制上保障用户规范停放。用户使用方面，骑行者在归还时需将车辆推入车桩，桩体感应到车辆入桩且车辆关锁成功后才结束订单，同时上报系统该桩位已有车辆停放，入桩停放精度可达到厘米级（<2cm）；借车时，骑行者扫描车辆二维码，车辆开锁成功，用户将车推离桩位，开始骑行，同时上报系统车辆驶离，桩位可停放其他车辆。

（六）NFC定位停放方案

NFC定位停车方案是利用NFC近场通信原理，将NFC标签做位置标定后，通过NFC读卡器读取，以获得区域性定位功能，从而达到精准停车的要求。NFC是由非接触式射频识别（RFID）和互联互通技术整合演变而来，滴滴青桔借助NFC技术，实现定点停车，停车精度在0.3m，具有稳定性好、精度范围小的优点，当前，广泛适用于青桔电单车VM3.0、VM5.0车型。

二　哈啰共享两轮停车技术的发展

基于共享单车和共享助力车业务场景的需求，哈啰逐渐具备了软硬件技术实力。在硬件研发方面，哈啰单车在2017年推出行业内第一款智能语音锁——哈啰三代锁，将共享单车开关锁成功率提升至99.9%。目前哈啰智能语音锁已迭代升级至第六代，支持北斗+GPS+基站+WiFi+蓝牙五重定位以及4G Cat.1通信，并在智能自诊、低功耗性能上领先于同业。

为了响应行业管理要求，哈啰主要在车辆的定位技术和锁车形式方面进行优化。在定位技术方面，哈啰首家获得北斗高精度认证，研发了高精度停车、蓝牙道钉定点停车、RFID感应入框、AI图像识别入框、垂直停车等停车技术，以提高车辆的定位精度，规范用户的停车行为。在锁车形式方面，哈啰结合高精度定位技术，改变了传统的手动关锁模式，研发了用轮毂模式锁车，用户必须将车停放在框内才能使用App完成还车操作，限制骑车人在非停车点还车。

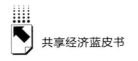

（一）有桩停车技术

哈啰智慧公共助力车基于公共市政需求，对传统公共自行车进行了优化升级，通过哈啰智慧停车桩，引导用户入桩停放，打造新一代共享单车。

图6　有桩停车技术

（二）高精度停车技术

传统共享单车企业普遍使用以 2G+纯 GPS 为主的传统单车定位技术，定位精度差，线下定位漂移现象严重，即使上线电子围栏技术也无法实现精准停放。高精度技术采用 4G 通信网络及北斗差分定位（双频 RTK），同时结合线下的电子围栏精准测绘，全面提升车辆以及站点的精准度，还车精度提升至米级，做到空旷环境下的亚米级定位。高精度停车技术解决了在复杂城市环境下定位精度低、信号漂移严重等问题，目前在深圳、郑州、苏州、无锡、珠海等城市得到应用，在高楼集中的复杂城市环境，定位精度由 25米提升至 3~5 米。

（三）蓝牙道钉定点停车技术

蓝牙道钉定点停车技术是基于电子围栏功能的技术升级。在城市应用场景中，车辆停放区域会固定埋放数个蓝牙道钉，当用户停放车辆

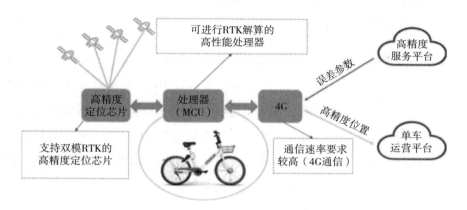

图7　高精度停车技术原理示意

时，蓝牙道钉会与单车智能锁产生信号交互，智能车锁搭载的功能芯片会通过判断蓝牙信号的收发强度进而判断车辆与蓝牙桩的距离，自动识别车辆是否被合理地停放于指定区域内，进而实现车辆有序停放的无人化管理。蓝牙道钉定点停车技术目前在北京、上海、青岛、烟台、汉中等城市得到应用。

图8　蓝牙道钉定点停车技术

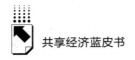

（四）RFID 感应入框停车技术

在设备设置方面，在车辆踏板底部放置 RFID 读卡器，同时在指定停车区域对 RFID 标签进行预埋，在停车区需要铺设 RFID 感应停车线，使用热熔胶、陶瓷颗粒等工艺，在标线施工过程中将 RFID 标签完全覆盖在感应带下方。当用户将车辆推至停车感应线上，车辆踏板 RFID 读卡器会直接感应并语音提示，此时才能进行还车操作。该技术规范了助力车的停车秩序，在安吉、赣州、上虞等城市的共享助力车上得到应用。

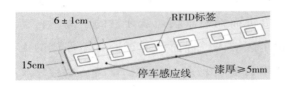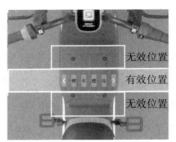

图 9　RFID 感应入框停车技术原理示意

（五）AI 图像识别入框停车技术

在车辆前方加装 AI 摄像头，还车时通过拍摄站点照片，结合 AI 算法，分析停车标识在图像信息中的位置，以及旋转角度，判断车本体是否在停车框内以及是否垂直。停车摄像装置通过分析图像信息中的停车标识符的旋转角度和翻转角度来分析车本体是否横放、垂直，规范助力车还车行为。平台根据位置信息和图像信息的结合，执行还车指令。AI 图像识别入框停车技术主要在丽水、织里、如皋等城市的助力车上得到应用。

（六）垂直停车技术

垂直停车技术主要应用于车辆端，高精度智能锁内置了陀螺仪、加

图 10　AI 图像识别入框停车技术原理示意

速度计、里程计等多种传感器，通过数据融合和 EKF 算法模型，可以实时精准推算车身朝向角度。在站点，服务端可以根据站点形状，海量计算各站点的朝向角度，并且朝向可以根据站点进行配置。用户在还车时，车辆上报朝向角度给服务器，判断车头和电子围栏的方向是否一致，在满足后台预设的还车角度后即可还车。通过应用垂直停车技术改善车辆随意停放堆积状况、减少对市容市貌与行人通行的影响。垂直停车技术主要在杭州滨江区、嘉兴等地得到应用，项目上线后，有利于保证车辆停放整齐，车头方向保持一致，车身和站点 90 度垂直，方便用户取还车。

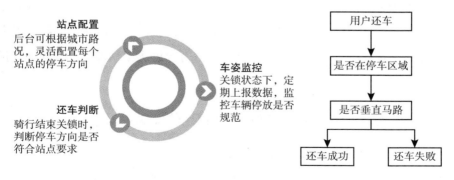

图 11　垂直停车技术还车判断逻辑

图 12　垂直停车实景

三　人民出行共享两轮停车技术的发展

人民出行致力于为市民提供绿色低碳的共享电单车出行服务，为实现"碳达峰、碳中和"的目标打造"未来城市的理想出行工具"。针对共享电单车运营监管中存在的随意停放现象，人民出行通过给每辆车安装具有 GPS 功能的电子锁，应用"电子围栏"等技术对用户停车实行规范化管理。通过 90°定向停车技术、AI 摄像头，以及 RFID+蓝牙模块等设备，能够让电动自行车在指定停车区域内统一停放朝向，可有效解决车辆乱停乱放问题，优化市容市貌。

（一）智能锁采用北斗与 GPS 双模定位模式

人民出行可实时对共享电单车的智能锁定位数据与电子围栏临界点值进行匹配，判断其停入的是停放区域还是禁停区域；可宏观监控区域内共享电单车状态，将电子围栏信息同步至用户手机 App 端，引导用户有序停放；掌控共享电单车投放总量、锁停位置、潮汐热点区域、故障和僵尸车分布等信息。此外，企业建立用户信用体系，将违停纳入信用扣分等智能管理范畴。

（二）90°停车规范系统

人民出行投入使用的90°停车系统通过集成北斗高精度定位芯片+定制RTK差分定位算法+接入高精度定位服务，消除卫星定位的各种误差，将误差缩小至1米以内，进一步减少了用户乱停乱放的可能。90°停车智控技术运用大数据，对所有电子围栏、地图数据信息和用户日常车辆使用情况进行分析，通过智能中控系统，实时监测车辆地磁角度，并进行上报。用户需要将车辆放置在规定的停车点，车身与道路呈90°摆放后，系统才允许还车，结束计费。如果用户将车辆随意码放，将无法成功还车，系统会提醒用户正确摆放停车。该技术可以解决共享电单车的随手丢弃、乱停乱放这一最令运营商和城市管理者头疼的问题。

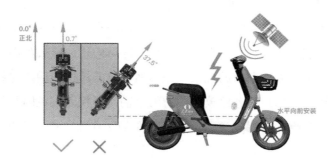

图13　90°停车功能示意

（三）RFID精准定点定向停车

1. RFID功能

RFID定位终端是一款专用于共享电动自行车精准停车业务的产品，已有或新安装智能中控ECU需外加RFID以实现精准停车功能等应用。该产品采用920HZ超高频UHF射频技术+电子标签，与原智能中控配合，通过增

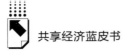
加分体式 RFID 定位终端，实现 RFID 精准停车，从而有效解决由卫星定位精度差导致的车辆乱停乱放、不能精准停车难题，降低企业运营成本，满足政府对共享电动自行车规范管理的要求。

图 14　停车感应线

2. "RFID 识别"与"90°定向停车"

"RFID 识别"与"90°定向停车"功能相结合，实现了定点+定向的规范停车目标，能够让电动自行车在指定停车区域内统一停放朝向。面对部分用户随意停车堵塞人行通道的现象，该方案不仅能让这些用户在站点外无法正常还车，还能让用户整齐停放使用后的车辆，不仅能避免因乱停乱放给品牌运营造成的影响，还能减少运维人员挪车的工作量，提高整体运营效率，减少企业管理成本，提升城市慢行交通的整体形象。

图 15　RFID 识别与 90°定向停车

（四）AI 摄像头规范还车

AI 摄像头可精准识别停车区域、比对设定参数，3 秒即可还车。

AI 摄像头还能自动识别路边违停情况，并向骑行人发出提示，保障骑行者安全，更为城市交通的规范畅通作出贡献。

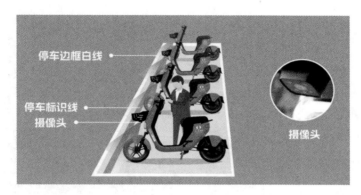

图 16   AI 摄像头规范还车

（五）虚拟电子围栏

1. 明确车辆出行服务区域和可停车区域

人民出行采用无桩式随取随用模式，服务范围内的路边定点公共停车位均可还车，不在服务区域不可还车。用户将首页的地图缩小后，会显示出蓝色覆盖区域，该区域即是人民出行在城区的服务区域。停车位置应为城区"路边划白线公共停车区域"，当附近没有该区域时，可停放在路边不阻碍交通的空旷区域或路边其他电动自行车聚集停放区域。

2. 明确禁停路段和区域

用户开动和锁车时电动自行车喇叭有规范行车及停车的提示用语，利用电子围栏技术设置了绝对禁止通行区域（禁行区域），电动自行车进入该区域直接断电并且无法还车。在社区马路危险地段及人员密集区域设置了禁止还车区域（禁还区域），在该区域用户可以通行但无法还车。

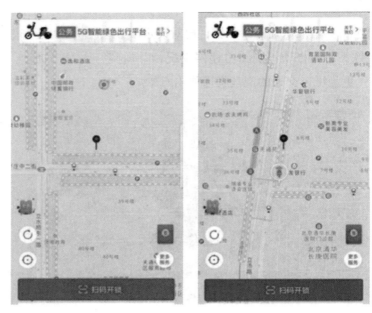

图 17　车辆可停放区域 App 示意

图 18　车辆禁停路段和区域 App 示意

294

（六）违停和处罚

人民出行有完善的用户信用体系和违停处罚规章制度，要求用户将车辆停放在不阻碍交通的公共区域，对于违停行为将处以扣除信用积分的惩罚。

用户还车时，需将车辆停放在马路边的定点公共停车区域，严禁停放在城区内马路、人行道、盲道等影响公共交通的区域，停放在这些区域，属于违规停车。针对违停行为，扣除信用积分 10 分（当信用积分低于 80 分时，每次用车会扣除 10 倍的订单金额），多次违停还会影响信用积分。此外，针对违规特别恶劣的行为扣除全部信用分，如加私锁、骑行载人、停放在私宅/地下室/隐蔽场所及严重影响公共交通区域。

处罚不是目的，有效地防止违停行为发生才是引导规范停车的初衷。要求在定点公共停车区域停车旨在响应政府机构、社区的共享车辆相关管理要求，打造美好共享骑行环境，提升用户体验。

图 19 车辆有序停放实景

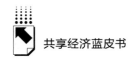

为了方便每一位出行人员，打造方便、安全的出行体验，人民出行配备了专业的运营团队，通过技术手段限制停车区域。同时，每个城市都有专门的风险控制人员通过 GPS 定位，随时关注车辆停放情况，及时处理违停车辆。此外，人民出行还会通过智能出行骑士群，组织用户志愿者监督和举报身边的违停行为，本着"随时举报，及时处理"的原则，最大限度地防止违停行为的发生，助力城市智能慢行交通体系的建立。

四　美团共享两轮车停放技术

（一）4G 通信模组+北斗高精度卫星定位

美团高精度定位方案搭载 4G Cat-1 通信模组，为定位数据交互提供了稳定的网络连接，有效解决定位算法中由网络原因造成的定位误差大、定位收敛时间长等问题，开关锁耗时平均缩短 60%以上，为单车入栏结算精准停放提供了强有力的技术保障和流畅的用户体验，持续保障用户的便捷用车。

美团单车和电单车搭载的北斗高精度卫星定位系统可混合接收北斗、GPS、GLONASS 等卫星定位信号，统一进行混合计算，共同参与定位，定位精度达到亚米级，能够采用高精度电子围栏技术规范用户骑行、停放行为。为进一步提升精度，美团单车和电单车还引入载波相位差分（RTK）技术。通过已知固定位置基站的标准位置，纠正卫星定位系统的位置偏差。RTK 技术能够通过对卫星导航的各项误差进行精密建模，从而消除卫星钟差、星历差、接收机钟差，降低大气折射对定位计算的影响，进一步提高北斗定位精度。2022 年，美团单车和电单车均获得了北斗导航产品认证，针对空旷场景实现定位精度达到亚米级。

（二）RFID 智能停车带和90°停放技术

美团电单车通过在智能停车带应用射频识别技术（RFID），在指定区域预埋 RFID 标签形成停车区的"停车感应线"。车辆底部内置 RFID 读卡

图20　美团单车、电单车获北斗导航产品认证

器。用户将车辆移至智能停车带时，车辆会直接感应并发出停到位提示音，用户即可进行还车操作。该功能可确保用户在指定地点还车，在用户体验和停放秩序上做到"易还、有序"。

美团电单车内置陀螺仪，通过陀螺仪判断车辆与道路夹角是否处于规定范围内，在允许的角度范围内才可关锁结束行程，从而引导用户定向停放，确保车辆垂直朝向道路边缘。

（三）蓝牙道钉与智能桩

为适应更高精度的要求，美团针对单车和电单车也研发了蓝牙道钉技术，通过在停车点区域的地面上设置一定数量的蓝牙道钉，使得用户在关锁还车时，车锁可检测到"蓝牙道钉"发出的信号，自动识别车辆停放区域是否规范。用户若不在停车点停车，车辆将无法关锁，须重新操作入框停放后，才可以正常还车。

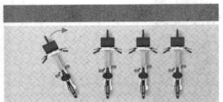

图 21　RFID 停车带与 90°停放引导

　　智能停车桩采用实体桩和射频识别技术（RFID）相结合的方式，实体停车桩配有 RFID 读卡器，可通过读取车辆 RFID 标签识别车辆是否停放到位。停车桩内设机械锁，可以实现车辆精准入位锁死。智能停车桩有助于进入停车区域的电单车有序摆放。

图 22　美团单车、电单车蓝牙道钉与智能停车桩

五　结语

从滴滴青桔、哈罗出行、美团及人民出行等共享两轮车代表企业的车辆停放技术来看，主要通过应用有桩停车、智能锁、虚拟电子围栏、垂直停放等技术来实现规范停车。不同的停放技术有各自的优缺点，详见表1。

表1　共享两轮车不同停放技术对比

停车方案	优点	缺点	定位精度理论值
物理停车桩	定点停车效果好	①点位布设受限于道路环境，不灵活 ②成本高，现有的城市公共自行车有桩模式需政府投资	厘米级
蓝牙道钉	①现有车辆条件达标 ②反应速度快，未在停车点落锁，锁在1秒内就能弹开	①需要在停车点铺设道钉，对路面进行改造需投入一定成本，且道钉的存在可能威胁行人安全 ②无法灵活管理电子停放位点，无法满足临时围栏的需要（会议、重要活动等）	3~10米

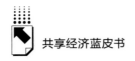

停车方案	优点	缺点	定位精度理论值
RFID	定点停车效果好	①使用寿命仅1年,维护和维修成本较高 ②需在车身上装读卡器,只能适用于电单车	
传统卫星定位技术	虚拟围栏,路面无感	①定位精度低 ②与分体锁相比,无远程关锁功能,易造成车辆资产损失或乱骑乱放	10~100米
高精度定位技术+分体锁	①虚拟电子围栏,路面无感 ②实现"入栏结算" ③建设维护费用低,建设周期短	对于用户停放、用车等行为规范需要宣教	亚米

由此可见,从物理停车桩到蓝牙道钉及虚拟电子围栏,从马蹄锁到智能中控分体锁,共享两轮车的停放技术越来越成熟。随着共享两轮车的发展以及行业管理新要求的不断出台,车辆停放技术将不断进步,乱停乱放等问题将得以解决。

同时也要看到,共享两轮车的停放秩序问题产生的根源是潮汐效应、停放空间不足、用户习惯等。停放技术能在一定程度上解决停放秩序问题,但不能仅仅依赖停放技术,需要政府、企业和用户三方共同努力,创造良好的停放秩序,促进绿色出行发展。

政府层面应完善顶层设计,引导共享(电)单车健康持续发展。制定合理的共享(电)单车管理规范和创造良好的市场环境;科学合理规划确定共享(电)单车停车点数量和位置;以科学的视角引导停放技术发展,鼓励绿色出行,避免退回有桩公共自行车的时代。企业层面应加大创新技术研发力度,加强运营调度,落实停放秩序。积极研发新技术,提升停放精度;引导规范用户行为;强化对重点区域和问题车辆的人工干预。用户层面应做到文明骑行、有序停放。

B.17

2022年中国互联网同城货运
行业发展分析

王学成　段晓红　王　瑛*

摘　要： 2022年中国同城货运市场规模预计为6300亿元，其中互联网同
城货运平台规模达到600亿元左右。互联网同城货运是数字经济
时代城市物流创新发展的重要形式，通过数字技术创新和商业模
式创新，实现了车辆、司机、货物、平台的高效匹配，具有非常
强的共享经济特征。在支持城市高效运转、保障人民生活需求等
方面具有重要的意义。目前，中国互联网同城货运已经进入稳定
发展期，呈现出一超多强格局，货拉拉、快狗打车等头部企业发
展迅速。企业呈现出跨业态经营、跨行业渗透、跨国家拓展等新
的动向。未来，同城货运将重点向经营合规化、业态协同化、车
辆电动化、技术智能化、服务个性化等方向发展。

关键词： 同城货运　城市货运　数字经济

一　互联网同城货运业态分析

（一）业态概念界定

同城货运是指在同一城市内的货物运输服务。同城货运配送物品以大件

---

* 王学成，博士，北方工业大学共享出行研究团队骨干、经济管理学院讲师；段晓红，博士，北
方工业大学共享出行研究团队骨干、经济管理学院副教授；王瑛，快狗打车品牌市场部总监。

货物为主，通常是大于 30 公斤的大件货物，只在一个城市内部进行点到点的短途配送活动，与城市间的公路干线货运分属不同领域。同城货运包含 B2B 同城配送、B2C 落地配、同城转运、C2C 货运等。与其他物流相比，同城货运的优势在于运输距离短、运输时间短、运输成本低，而且可以提供更多的服务，如当日达、夜间达等。

从供应链环节来看，同城货运属于运输配送环节，与包装/分装、装卸等相衔接；按空间维度划分，同城货运属于同城物流，与跨城物流、场内物流等相衔接；从货物类型维度划分，同城货运属于零担货运业务，与整车物流、快递及时配送等相衔接。主要的需求场景包括市内搬家、货物运送、商超配送等。

表 1　物流类型划分

类型	<30kg	>30kg
城际	异地快递	城际快运
同城	同城快递	同城货运

互联网同城货运平台指的是基于互联网技术提供同城货运服务的平台，为货运企业和客户提供快速、高效、安全的服务，包括货运订单报价、货运订单管理、货运路线规划、货物实时跟踪、货运费用结算及代缴税费等服务。

（二）发展历程回顾

1. 萌发起步期

同城货运发展较早，但是其与互联网的深度结合，是在网约车市场出现大爆发进而带动大量传统行业"共享化"之后。最早的同城货运平台闪发车成立于 2011 年，业务架构与当前主流的互联网同城货运平台基本一致，都是基于地理位置、手机终端 App 和平台化的服务，帮助货主和货车实现在线车货匹配。

2013 年，随着移动互联网商业模式的发展，"互联网+"从客运领域快速扩展到货运领域，互联网同城货运平台开始崭露头角。各类互联网货运平台相继成立，通过"短平快"的推广手段，快速抢占市场，形成了市场的基本架构。

2. 爆发增长期

2014年前后，随着"互联网+"的全面推广、金融资本的快速介入，平台企业的发展进入了爆发期。同城货运领域成立了数以千计的公司，200多家平台企业获得融资。蓝犀牛、云鸟配送、1号货的、易货嘀、神盾快运、速派得、快狗打车等都是在这一阶段成立的。之后，进入者在细分领域持续快速增长，出现了驹马、货易帮、千鸟配送、搬运帮等企业。[1]

在行业快速发展的背景下，平台企业的业务重叠情况日益严重，竞争也更加激烈。2015年底行业开始"洗牌"。2016年1月17日，早期知名的神盾快运由于融资失利，宣布暂停所有平台相关业务并开启清算程序，随后多家企业倒闭，同城货运领域的发展开始回归理性。

3. 互联网同城货运成熟期

大批中小玩家倒在2018年的资本寒冬，市场仅剩零星几家企业。同城货运车辆调度和匹配派单成为进阶期精细化管理的重要内容。企业不得不找准自身优势和市场定位，通过提升服务水平来获得更为稳固的用户关系。新进入者大大减少，市场格局也趋于稳定。到2018年，"互联网+"同城货运领域逐渐形成以货拉拉、快狗打车、云鸟配送为龙头的市场结构。货拉拉、快狗打车、云鸟配送分别主要为C类、小B类和大B类用户提供服务，形成自己的基本盘，并向其他领域渗透。

2020年以来，同城货运市场保持了基本稳定的竞争态势，由市场培育期逐渐进入盈利收获期。但是周边业态的影响并没有完全消失。滴滴货运开拓C端市场，满帮集团进入同城货运领域，顺丰同城开启独立运营，这些都对市场形成极大的压力。从业务内容看，互联网同城货运在C端和小B

---

① 石悦：《"互联网+"时代下我国同城货运中间层职能演变的经济分析》，北京交通大学硕士学位论文，2019。

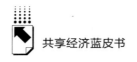

端市场基本饱和，竞争焦点放到大 B 端，尤其是企业版大客户。这就要求行业领先者不断提升服务质量，探索拓展业务边界，以实现新的业务增长。

（三）典型模式分析

1. 个体型

个体型同城货运的主要参与主体为个人、家庭或个体工商户。主要依托货运中心或物流园区中的客户，进行货物分发工作；或者为商品代理机构进行货物终端配送。集散中心或者发货人与本地司机之间的交易，多为半日时间内完成的同城货运。货源大多为到达城市内部，等待进行下一步集散的外地货物；或者即将发往外地的本地货物。司机需要支付给集散中心或者货运介绍人一定的中介费。

个体模式下，司机需要主动到工厂、货场或商超等场所，搜寻适合自己的运输任务，并与工作人员就货物重量、运送地址和运单价格等信息开展协商。在传统模式下，主要依托集散中心、物流中心获得业务信息。在电子化时代，主要通过电子屏幕、实时通信工具等获得业务信息。另外个体司机也会与一些发货频率相对比较固定的客户，形成长期的运输服务关系。例如为小超市、小卖部配送酒水饮料、日用百货等。

由于无法预知货源数量和具体信息，司机需要"蹲点趴活"，存在非常大的不确定性。司机可能面临多日无单可接的状况。即使等到合适的运单，也会因返程空驶率高、信息不透明被压价格等而盈利微薄。

在这种模式下，中间人主要由集散中心管理员或专业中介承担，扮演着促进交易达成的中间层角色。他们只为交易双方提供信息，不对货运服务过程、服务质量负责，向双方中任一方收费，是典型的纯信息类中介组织。

2. 自营型

自营型同城货运一般起家于传统的小规模物流公司，拥有部分稳定的货源。往往有自购的运输车辆、包装材料和搬运设备。为了拓展业务，逐步将服务对象由某个固定的行业或某一块固定的区域扩展到整个城市范围内。

自营型同城货运组织，也不仅仅局限于自有车辆、自有司机、自开发用户。在实践中，往往会有部分个体司机与自营组织之间建立松散的互补关系，在平台运力紧张时，临时承担一些运输任务。

自营型组织在互联网时代也积极拥抱网络，开拓了线上平台、司机群、货主群等新的渠道，但是整体上看，自营型组织在运输资源分配中，依然存在"挑肥拣瘦"现象，这也成为自营型组织长期扩张的主要阻力，成为其与平台型同城货运的显著差异。

同城货运本质上只是信息资源的集中平台，仅供网站的用户随时发布信息。随着信息量的增长，信息交换日趋频繁。供需双方都需要在网站浏览相关信息，并筛选适合自己的信息内容。此时，负责建立网站、在网站发布和管理信息的专人或企业，成为同城货运的中间层组织，但也仅有提供交易信息的职能。

3. 平台型

互联网平台型同城货运拥有同城货运企业和市场零散运力资源，同城货运企业通过合同模式，实现信息匹配、安全保障、资源管理、产业创新的功能。基于物联网、大数据等技术的平台型同城货运，发挥着中间层组织的角色，提供居间服务，实现供需双方的供需匹配。货主通过平台发布运输需求，司机则在线上接单、线下完成货运。平台也可以主动为双方推送适合的信息，促进交易的达成。此外，平台有时候也承担司机和货主的资质审核等责任，对交易中的其他问题承担直接或间接的责任。平台型模式必须有比较强的中立性，既不偏袒货主，也不偏袒司机，这样才能保持资源配置的效率，建立平台的良好口碑，促成平台的自我成长。在实践中，也会存在一些平台小规模购置车辆、雇用司机的现象，但其目的是保障运输任务的顺利完成，多数是应急性的，或者补充常规司机不愿意承担的任务的空缺，这与自营型组织存在非常大的差别。

从派单模式上看，同城货运平台主要分为"会员+派单模式"和"佣金+抢单模式"。自行抢单模式下，用户发布需求后的几秒内司机便可以抢单，基于内部推荐机制等级高、拒单率低、好评多的司机抢单成功率会更

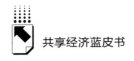

高。但有部分司机即使加入会员，也因"僧多粥少"的问题抢不到单。平台派单模式下，通过智能派单系统，为司机匹配附近的订单，并帮助其最大限度地减少空载里程及能源使用。但是订单匹配是一个非常复杂的问题，存在不公平或者效率较低的现象。

（四）产业生态分析

同城货运平台涉及的要素繁多，包括交通基础设施、运输设备、货主与承运人、运输对象等，因此生态规模巨大。从产业链关系上看，同城货运产业生态分为上游、中游、下游三个部分。

1. 产业链上游

上游主要为发货方，按照业务模式可分为四类。第一类是新零售、电商、O2O平台，包括盒马、多点、每日优鲜、美团、淘宝、京东、拼多多、苏宁易购、唯品会等；第二类是商超、餐饮，包括麦当劳、肯德基、海底捞、大润发、家乐福等；第三类是家具、家电、建材，包括红星美凯龙、美的、格里、华美乐等；第四类是个人用户，主要场景是市内搬家需求。

2. 产业链中游

中游为运营平台，可分为服务平台、技术支持平台、云平台、支付平台等。服务平台可细分为大B服务、中小B服务、C端服务平台。典型企业包括凯东源、驹马物流、易货嘀、唯捷城配、货拉拉、快狗打车、顺丰速递等。物联网技术支持有G7物联等，云平台有阿里云、腾讯云等，支付平台有支付宝、财付通等。产业中游还包括一部分基础设施提供商，主要涉及仓储和物流设施，包括前置仓、中转仓、城市仓、本地仓、分拨中心等。

3. 产业链下游

下游为需求方，品牌商、商超、C端客户、餐饮门店、批发商、经销商、便利店、店面、专柜等都有各自不同的需求。企业消费者主要为商业超市、零售门店、生鲜果蔬和建材服装批发市场。当前，专注于对接企业消费者的同城货运企业有驹马物流、唯捷城配、闪电狗、蚂蚁速运、云鸟配送、易货嘀等。搬家、家电及日用品配送是个人消费者主要的同城货运使用场景，需求以偶发性为主，费用按次结算，使用车型多为中小型面包车。货拉拉、蓝犀牛、搬运帮、快狗打车均为专注于服务个人消费者群体的同城货运企业。

根据《2021年中国同城货运市场分析报告》，中国同城货运行业主要集中在对公领域，市场份额被B端货运、B端快递城配和C端货运占领，分别为92%、5%和3%。在需求场景方面，中国同城货运行业下游主要应用领域为搬家和为小商户拉货，占比分别为48.2%和40.3%；其他市场占比为11.5%。C类和小B类消费者的需求具有时间随机、空间分散的特点。货拉拉的客户群体集中为中小微企业、商家、个人散户，约占90%。其中工厂客户约占44.64%，物流运输行业客户约占12.5%，零售商家客户约占10.71%，电商和个人散户分别约占7.14%、5.36%，其他客户约占19.64%。整体上看货拉拉小B端和C端占比较高，快狗打车大B端占比较高。从价值贡献上看，大B端客户的体量大，但是毛利低。小B端和C端客户的订单比较分散，但每单净利较高。

二 互联网同城货运要素分析

（一）司机要素

互联网同城货运是典型的平台经济模式，因此用工类型也以个体司机为主，就业方式灵活。以货拉拉为例，每周接单的活跃司机数大约占总用户的一半左右，活跃司机的收入平均在7000元以上。与其他互联网平台模式相同，司机通过平台获得了收入机会，但是同时也存在工作不固定、保障缺乏、抵御风险能力较弱等问题。

根据《2021年货车司机从业状况调查报告》，货车司机认为在使用网络货运平台时遇到最多的问题是平台压低运价，这说明货车司机对价格十分敏

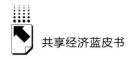
感，日益增长的抽佣率让许多货车司机颇有怨言。① 2021 年，交通运输部、网信办等 16 部门联合印发《关于加强货车司机权益保障工作的意见》，要求围绕广大货车司机的关心关切，着力规范行政执法、畅通投诉举报渠道、改善工作休息条件、优化市场营商环境、健全社会保障体系，切实增强广大货车司机的从业获得感和职业归属感。②

为此，主要互联网货运平台也积极相应政策号召，成立了司机工会以及专门的服务组织。例如快狗打车成立了"司机服务委员会"，由公开选举的快狗打车员工代表和平台司机代表以 1:1 的比例组成委员，就平台运营规则和策略进行决议讨论。快狗打车还在天津成立了网络货运平台第一个货运工会，为加入该工会的司机提供包括重大疾病和灾难情况下的援助、医疗费用补贴、培训、心理咨询和法律援助等各类福利。货拉拉也推出了"安心运"司机保障计划，完善了运费保障、打击假单外挂等一系列保障司机权益的产品功能，升级了听单偏好、悬浮窗、接单检测等产品功能，通过技术手段全面提升司机从业体验。

平台对司机的管理主要分为事前的准入管理、事中的评价管理、事后的问题处理等。其中事中的评价管理最能体现平台和司机之间的关系。平台一般会把评分较高的司机认证为优选司机，优先向其派单。托运人对司机以及平台的满意度也会直接影响司机的收入。自 2020 年底推出优选司机计划以来，优选司机完成订单的比例从 2020 年 11 月的 3.7% 增至 2021 年 12 月的 68.9%，优选司机完成的平均月订单至少是其他司机的 1.7 倍。同时，快狗打车还为司机提供了多项增值服务，以满足司机需求，并提高司机对平台的忠诚度和参与度。

未来，在货运行业司机权益保障方面，还可以将车辆租售系统、司机福利、风险预警、金融服务、租金代扣、车辆保险等整合在一起，帮助货运司机享受到更好的车源、更低的车源价格、更佳的车辆后市场增值服务等。

---

① http://www.chinawuliu.com.cn/lhhzq/202106/29/553128.shtml.
② http://www.gov.cn/zhengce/zhengceku/2021-11/04/content_5648759.htm.

（二）车辆要素

同城货运相对于快递而言，其客户个性化要求更高，服务差异化属性较强，配送需求波动性依实际业务而定。服务商通常拥有少量自有车辆，通过租赁、外协、加盟等方式获取车辆来弥补自营车辆的不足。据统计，24个大中城市城配企业的自有车辆比率不到5%。因此，与第三方企业合作成为城配企业使用新能源物流车的重要选择。

根据运输车辆类型划分，同城货运行业使用面包车、厢式运输车、货车三种车型。面包车多用于为个人消费者提供搬家服务。同城货运行业使用的面包车多来自沈阳金杯、五菱宏光、重庆长安等品牌车企。厢式运输车采用全密闭运输方式，既可避免因遭遇雨雪天气而各类物品被淋湿损坏，如家用大型电器运输，亦可配置冷藏、保温功能，如冷鲜水果、蔬菜运输。其中，中型厢式运输车在同城货运行业应用广泛。货车多用于为消费企业提供大型、不易拆卸的货物运输服务，按车厢长度划分，主要分为6.8米、7.6米、9.6米三类，企业消费者可根据货物的重量、体积选择不同的货车种类。

表2　同城货运行业车型分类

主要使用车型	车型细分	载货体积（立方米）	载重（吨）	平均价格（元/公里）
面包车	小型面包车	2.6	0.6~0.8	6
	中型面包车	4.5	0.8~1	10
厢式运输车	中型厢式运输车	10~15	1.8~3	24
货车	6.8米货车	37.5	8	18
	7.6米货车	43.7	10	20
	9.6米货车	55.2	13	25

从产权上看，互联网同城货运平台的车辆主要由司机所有。部分平台会购置一小部分车辆，用于服务固定的大B端客户，但总量偏少。

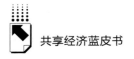

（三）平台要素

互联网同城货运基于互联网信息技术，通过运营模式创新，提升综合服务能力，优化行业供给结构。同城货运的地面组织能力主要体现在招募司机、培训司机以及上线后管理司机的能力。同城货运的运营模式主要分为抢单和派单模式，抢单模式将决定权交给了司机，但易造成挑单、恶性抢单甚至外挂抢单。派单系统追求的是全局最优解，具有高度的调节性，建立在系统的智能化程度上。当有数千辆货车需要调度的时候，智能派单的算法能够使效率最大化。

国内知名的互联网货运平台包括快狗打车、货拉拉、云鸟、易货嘀、驹马物流、凯东源、蓝犀牛、唯捷城配等。从经营内容上看，专业型平台在搬家、商超配送、生鲜运输等单个领域内开展经营，综合型平台则在多个领域内开展经营。从产生背景上看，既有基于互联网信息优势进入货运领域的"互联网+货运"平台，也有基于运输资源开展信息化建设的"货运+互联网"平台。

（四）技术要素

互联网同城货运平台综合应用大数据分析技术、云计算运算技术、物联网追踪技术、移动互联网通信技术、地图定位与导航技术等多种技术。大数据分析技术可用于收集、存储、处理和分析海量数据，从而提高货运平台的运营效率。云计算运算技术可以提供可靠的计算能力，使货运平台能够更快地响应客户的需求。物联网追踪技术可以实现物联网设备之间的互联互通，使货运平台能够更好地管理货物运输。移动互联网通信技术可以提供移动端的服务，使客户可以随时随地访问货运平台。地图定位与导航技术可以实现货物的实时定位，使客户可以更加准确地了解货物的运输情况。这些互联网技术的应用，使货运平台的服务质量显著提升，为客户提供了更加优质的服务。

（五）资本要素

资本在互联网平台发展中起到了重要作用。互联网商业模式与传统货运市场相比，具有明显的"流量经济"特征，服从互联网世界"赢家通吃"的原则。因此谁能率先获得资本支持且获得的资金量大，谁就能在竞争中胜出。因此，资本成为决定互联网同城货运的重要因素。

表3　互联网货运平台部分融资事件

公司	时间	金额	阶段	投资方
蓝犀牛	2014年12月	3300万元	A轮	君联资本
云鸟科技	2015年1月	1000万美元	A轮	经纬创投、金沙江创投、盛大资本
	2015年7月	数千万美元	B轮	红杉资本领投
	2016年1月	1亿美元	C轮	—
	2017年2月	1亿美元	D轮	—
货拉拉	2015年1月	1000万美元	天使轮	极客帮创投、清流资本
	2015年9月	1000万美元	Pre-A轮	清流资本、个人投资者
	2016年5月	1000万美元	A轮	概念资本、之初创投、清流资本
	2017年1月	3000万美元	B轮	襄禾资本、概念资本、清流资本、黑洞资本
	2017年10月	1亿美元	C轮	顺为资本、襄禾资本、概念资本
	2019年2月	3亿美元	D轮	顺为资本、襄禾资本、钟鼎资本、高瓴资本、红杉资本、零一创投、概念资本
	2020年12月	5.5亿美元	E轮及以后	顺为资本、高瓴资本、红杉资本
	2021年1月	15亿美元	E轮及以后	博裕资本、高瓴资本、红杉资本
滴滴货运	2021年1月	15亿美元	A轮	淡马锡、中信产业基金、IDG资本等
快狗打车	2018年7月	2.5亿美元	A轮	华新投资领投
	2018年8月	1.04亿美元	B轮	—
	2021年7月	近亿元	C轮	交银国际

2022年6月24日，快狗打车控股有限公司（以下简称"快狗打车"）正式在香港联交所主板完成上市，发行规模约6.7亿港币（8549万美元）。中

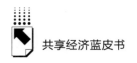
金、瑞银、交银国际和农银国际担任本次快狗打车 IPO 项目的联席保荐人。①
本项目是港股线上同城货运平台第一股，也是 2022 年第一家香港本地独角
兽新创科技企业上市。目前货拉拉等主要同城货运平台也在积极谋求上市。

三 2022年同城货运市场分析

（一）市场规模概述

2022 年国内同城货运市场规模预计为 6300 多亿元，其中互联网同城货
运平台规模达到 600 亿元左右，占同城货运总规模的 9.5% 左右。

同城货运市场与全社会物流发展情况保持一致。中国物流与采购联合会
数据显示，2022 年全年社会物流总额预计超过 340 万亿元，同比增长 3.6%
左右。物流业总收入预计达到 12 万亿元，同比增长 5% 左右。物流业经受住
了疫情的考验，在国民经济和社会发展中起到了重要的作用。从网络货运市
场看，截至 2022 年三季度末，全国网络货运平台总数已达 2382 家；全国即
时物流平台全年订单数预计超过 400 亿单。截至 2022 年 6 月底，全国共有
2268 家网络货运企业（含分公司），整合社会零散运力 515.6 万辆，渗透率
40%；整合驾驶员 462.3 万人。全国网络货运企业共上传运单 4291 万单，
同比增长 51.4%。②

整体上看，互联网同城货运保持了与流通业和物流业整体一致的发展趋
势。一方面，作为保障城市经济社会正常运转的必要环节，具有比较稳定的
基本盘；另一方面，随着城市物流需求向高时效、高附加值发展，互联网同
城货运增速加快，增长空间也不断扩展。

（二）市场恢复情况

随着"新十条"措施的发布，全国各地稳步复工复产，城市系统进入

---

① https：//new.qq.com/rain/a/20220624A04ZBY00.
② https：//m.gmw.cn/2023-02/06/content_ 1303274768.htm.

高速运转状态，作为城市物资流通平台的同城货运行业，也率先实现"复苏"。数据显示，与防疫政策调整前一周相比，快狗打车平台整体订单量环比增长近30%，下单用户数增长近20%。多个城市的同城货运需求显著提升，太原、郑州、武汉、石家庄、上海等城市的下单量环比成倍数增长。仅太原城市订单量增长就达到了此前一周的3倍之多。[1]

商超、农产品批发等关乎民生领域的同城货运需求恢复较快，生活保障物资进一步流通。家电、建材行业受疫情影响较为严重，随着各地相继优化调整疫情防控措施，物流、人员流动限制取消，建材产业也开始加速推进复工复产，仅快狗打车货运用户日活就增长20%左右。快狗打车搬家订单量猛增，搬家用户日活增长了10%。

与此同时，更多货运司机的加入，也加快了物资的流通速度。在"新十条"措施发布后的首周，仅快狗打车平台注册司机数量就增长9%，平台司机整体活跃指数相比于上周提高了25%，接单司机数增长24%，肩负起城市物流运输保障的重要使命。[2]

（三）市场结构分析

互联网同城货运市场继续呈现"一超多强"的竞争局面。根据弗若斯特沙利文2020年的数据，结合2021年、2022年主要互联网同城货运平台披露的经营数据，综合判断。预计2022年，国内前五大同城货运平台规模占据同城货运平台总规模的70%左右，其中货拉拉占比达50%左右，快狗打车占比约8%。

截至2022年8月，货拉拉业务范围已覆盖352个城市，月活司机达66万名，月活用户达950万个。[3] 截至2022年6月30日，快狗打车已在亚洲6个国家及地区的340多个城市开展业务，平台已有约560万名注册司机，

---

① http：//biz. jrj. com. cn/2022/12/10133937203483. shtml.

② http：//biz. jrj. com. cn/2022/12/10133937203483. shtml.

③ https：//m. 163. com/dy/article/HQD075EQ0531M8DN. html.

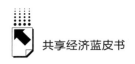
服务用户约 2920 万个，服务企业 44900 多家。[①] 与此同时，原本增长势头迅猛的滴滴货运，则不得不面临业务收缩局面。2021 年 11 月，各城市外包团队开始裁员，12 月裁员涉及自有团队。到 2022 年初，滴滴货运整体裁员比例远超 20%，或将达到 50%。[②]

综合判断，各大互联网同城货运平台的整体市场份额趋于稳定，但是在个别细分领域，竞争仍然很激烈。考虑到外部竞争者入局的可能，未来同城货运市场依然存在很大的变数。

（四）跨界竞争分析

同城货运作为物流中的一个细分业态，与其他业态之间存在非常强的业务交叉性，因此不可避免地存在潜在进入者入场，搅动竞争秩序的现象。随着主要物流公司、快递公司、互联网公司业务边界的扩展，互联网同城货运市场迎来更多的挑战者。

出行服务平台具有比较先进的技术支撑、充沛的用户流量，成为跨界经营的主要参与者。国内外出行平台都将或者曾经将货运作为新业务增长点。以滴滴为例，2020 年，滴滴整合多个业务成立"城市运输与服务事业群"。下设的货运事业部一部负责对接橙心优选的运输业务；二部对标货拉拉、快狗打车等同城货运平台。但是 2021 年以来，滴滴出行整体业务发展受限，营收和盈利承压，货运板块成为业务缩减的重要领域。国际上看，Uber 等巨头，也出现了网络货运业务收缩的情况。

物流企业、快递企业依托自有物流配送资源、服务网点和经营场地等发展同城货运业务，与主要业务之间形成合力，增强全链条的物流服务能力。以顺丰同城为例，顺丰的同城业务于 2016 年正式启动，2019 年该业务实现独立运营，目前已将即时物流版图延伸至同城货运和及时配送等多个业务场景。顺丰同城的 C 端业务收入连续三年以超 150% 的速度高速增长，截至

---

① https：//china.qianlong.com/2022/1223/7922032.shtml.

② https：//www.jiemian.com/article/7237390.html.

2022 年 6 月底，顺丰同城的年活跃商家数量同比增加 31.2% 至 29.9 万家，累计服务品牌客户超 2900 个。其在细分领域解决实际问题，不断探索创新，横跨多元服务平台，为客户打造解决方案，推动客户变革经营模式。

互联网平台企业拥有大量的 C 端用户资源，具有先进的大数据、云计算等技术，通过同城配送等场景，逐渐进入同城货运。美团的互联网货运平台从食品生鲜切入，在做社区团购和快驴等产品线时积累了大量城配司机资源，孵化了"卓鹿"业务，主攻同城配送车货匹配。从媒体报道来看，卓鹿没有信息费、管理费、会员费，外加美团的强大市场运营能力和优惠政策，其他货运平台的业务难免会受到影响。美团配送的竞争实力体现在日均超百万的活跃骑手、背靠本地生活服务这个大流量池和自 2013 年外卖业务上线开始积累的科技优势。

此外专注于城际运输的网络货运服务平台也是同城货运市场的积极参与者。2020 年，满帮集团完成新一轮融资并宣布进军同城货运业务。满帮通过收购省省回头车将原本的干线网嫁接到同城配，由上往下兼容囊括了"最后一公里"业务，直接切入同城业务。满帮此前一直在干线长途货运领域发展，积累了大量的用户、数据和资源。对于对同城货运有运输需求的小 B 端货主和 C 端的消费者而言，满帮的影响力还有待提高。同城货运对平台能力的要求更高。对于干线运输来说，平台需要满足的只有匹配，而对于同城来说，要求从匹配度拓展至速度和灵活度。

（五）国际化分析

中国互联网同城货运平台不仅在国内市场展开了激烈的竞争，也在超前谋划国际市场，将其作为未来获得竞争优势的重要战略部署。

2014 年 7 月，东南亚成为货拉拉出海的首选市场，其积极开拓新加坡、泰国、菲律宾、越南、印度尼西亚、马来西亚、印度、巴西、墨西哥等多个海外市场。2020 年 3 月底，东南亚物流企业 Inteluck 宣布 Pre-B 轮融资 500 万美元，此次投资是货拉拉参与的首笔对外战略投资，致力于为东南亚地区的企业提供更好的货运服务。货拉拉的海外业务已经涉足 9 个国家和地区的

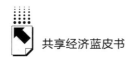
多个城市，完成了对一、二、三线城市的覆盖，正在进一步提高对下沉市场的渗透率。[①] 2017年8月，快狗打车（原58速运）与gogovan合并，快速进入东南亚市场，gogovan专注于香港及海外市场的短途货运服务，并在中国大陆服务多家企业客户。在过去数年，gogovan的业务从香港先后拓展至新加坡、韩国、印度、越南等地。目前，快狗打车已在亚洲5个国家及地区的340多个城市开展业务，包括平台服务、企业服务及增值服务等一系列业务。

快狗打车和货拉拉海外业务重合度高，东南亚市场在文化、电商基础设施等方面与国内市场接近，更容易复刻国内成功模式。而这只是同城货运企业出海的缩影之一，随着快狗打车、货拉拉等业务的推进，同城货运将展开全球化竞争。

四　行业政策梳理与分析

由于同城货运市场涉及面广、要素多，在管理上存在极大的复杂性，对行业主管部门实施科学管理、精细管理形成了较大的挑战。从归口单位上看，同城货运主要由交通运输部门牵头管理，发改系统、住房和城乡建设系统、网信系统等参与政策的制定与执行。地方城市政府在管理上具有较大的灵活性，可以根据本地经济社会发展需求，进行差异化管理，主要政策如下。

《关于深入实施"互联网+流通"行动计划的意见》指出，"互联网+流通"正在成为大众创业、万众创新最具活力的领域，成为经济社会实现创新、协调、绿色、开放、共享发展的重要途径。实施"互联网+流通"行动计划，有利于推进流通创新发展、推动实体商业转型升级、拓展消费新领域、促进创业就业、增强经济发展新动能，是流通领域实现稳增长、扩消

---

① https://new.qq.com/rain/a/20230108A01H8E00.

费、强优势、补短板、降成本、提效益的重要举措。①

《关于加强和改进城市配送管理工作的意见》指出深入贯彻落实科学发展观，按照依法、高效、安全、环保的原则，以满足城市居民和经济社会发展需求为目的，以提高配送效率、降低物流成本为核心，理顺体制机制，落实管理职能，创新管理方式，优化配送模式，全面提升城市配送的公共服务能力、市场监管能力，着力解决城市配送车辆通行难、停靠难、装卸难等突出问题，探索构建服务规范、方便快捷、畅通高效、保障有力的城市配送体系，促进城市配送与城市经济社会发展相适应、相协调。②

《关于加强城市配送运输与车辆通行管理工作的通知》要求对配送车辆在通行时间、区域上采取限制和禁止通行措施的城市交通运输主管部门、公安机关交通管理部门、商务主管部门，要站在保障和改善民生、服务物流业发展的高度，从缓解城市交通拥堵、加强城市生态文明建设的角度出发，坚持"客货并举、便民高效、综合治理"的原则，采取有效措施，推动城市配送运输与车辆通行管理的制度化、规范化、科学化，为加快构建服务规范、方便快捷、畅通高效、保障有力的城市配送体系创造良好的发展环境。③

《数字交通发展规划纲要》提出推动物流全程数字化，大力发展"互联网+"高效物流新模式、新业态，加快实现物流活动全过程的数字化，推进铁路、公路、水路等货运单证电子化和共享互认，提供全程可监测、可追溯的"一站式"物流服务。鼓励各类企业加快物流信息平台差异化发展，推进城市物流配送全链条信息共享，完善农村物流末端信息网络。依托各类信息平台，加强各部门物流相关管理信息互认，构建综合交通运输物流数据资源开放共享机制。④

《关于加强货车司机权益保障工作的意见》要求严格规范公正文明执

---

① http：//www.gov.cn/zhengce/content/2016-04/21/content_ 5066570. htm.
② https：//xxgk. mot. gov. cn/2020/jigou/ysfws/202006/t20200623_ 3315033. html.
③ https：//xxgk. mot. gov. cn/2020/jigou/ysfws/202006/t20200623_ 3315033. html.
④ http：//www.gov.cn/xinwen/2019-07/28/content_ 5415971. htm.

法，畅通货车司机投诉举报渠道，依法打击"车匪""路霸"。简化货车司机办事办证手续，优化调整货车禁限行政策，改善货车司机停车休息条件，推进货车司机参加社会保险。规范网络货运新业态经营行为。完善网络货运平台和货运信息交易撮合平台等互联网道路货运平台管理制度，建立网络货运道路运输经营许可相关线上服务能力联合评估工作机制，加强运行监测和动态管理，压实企业主体责任，规范经营行为。探索推进互联网道路货运信息交易撮合平台备案管理制度，建立社会监督机制，督促平台企业充分听取平台从业司机意见，合理确定和调整信息服务费、会员费、计价规则、竞价机制、派单规则等平台规则，并在平台上公示，不得诱导货主不合理压价和货运车辆超载超限运输，不得诱导货车司机恶性低价竞争、超时劳动。依法严肃查处互联网道路货运平台损害货车司机合法权益等行为。①

《关于组织开展城市绿色货运配送示范工程的通知》提出，加快推动城市货运配送体系绿色低碳发展，进一步加强城市绿色货运配送示范工程管理工作规范化、制度化，保障示范工程建设有力有序推进，不断提升城市绿色货运配送发展水平，更好服务加快建设交通强国等国家战略实施。②

《互联网货运平台安全运营规范》规定了互联网货运平台安全运营的总体要求、平台安全功能、驾驶员与车辆审核、驾驶员安全管理、安全运营、风险管理与隐患排查、应急与处置、网络与信息安全管理、安全事故事件投诉处理、绩效评定与改进等内容。③

整体上看，互联网货运平台领域的政策比较全面，已经出台了大量的实施细则，具有比较强的可操作性。监管倾向于包容审慎的态度，尤其是约谈等非正式管理，起到了重要的规范作用。互联网同城货运平台以信息撮合为主，没有纳入网络货运管理的范畴，导致目前存在业务范畴不清晰、管理标准缺乏等问题。这也将是未来网络货运平台政策调整的主要方向。

---

① http：//www. gov. cn/zhengce/zhengceku/2021－11/04/content_ 5648759. htm.

② http：//www. gov. cn/zhengce/zhengceku/2022－03/16/content_ 5679316. htm.

③ https：//cctaw. cn/jishu/gongzuo/gonggao/13158. html.

五　发展展望

（一）合规经营推进行业生态建设

监管合规是长悬于同城货运企业头顶的"达摩克利斯之剑"。行程、数据及信息安全，计价规则，涉嫌侵害从业人员及客户的合法权益等问题，时常引发市场不满和社会广泛关注。

2021年1月，交通运输部等对多平台随意调整计价规则、上涨会员费、诱导恶性低价竞争、超限超载非法运输等问题进行约谈。4月，上海市交通委执法总队联合交警总队、城管执法局、应急管理局及市场监管局联合约谈多平台，要求注册车辆落实各种检查及防范措施。5月，交通运输部、网信办、发改委等八部门再次联合约谈多平台，直指抽成比例高、分配机制不公开透明、随意调整计价和会员费、垄断货运信息、恶意压价等问题。2022年2月，监管当局对平台修改服务协议和交易规则等实施了行政处罚。上海市交通委执法总队明确要求平台对在沪经营的注册车辆全面复核，确保车辆人员信息真实性，禁止无资质车辆人员进入平台，制定违规车辆清退计划。8月，交通运输新业态协同监管部及联席会议办公室对多平台进行了提醒式约谈，重点关注多重收费、压价竞争、运营不规范等。11月，交通运输新业态协同监管部及联席会议办公室对多平台进行约谈并提醒，要求规范"压价"等行为。此外，收集个人信息、频繁申请权限、过度索取权限等行为，也是工信部监管的重点。

物流、货运、配送是城市内的"血脉"，其重要性不言而喻，同城货运未来的发展空间广阔。目前货运行业的监管，面临法律法规不够完善和标准不够明确的问题。监管要从街面执法转向源头治理，监管部门应由过去的"事后监管"转向"预防监管"，解决不规范经营的潜在风险，研究明确平台的连带责任。

自从接受约谈以来，各平台纷纷出台措施积极整改。货运平台在服务、

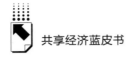

监管、安全等方面还有很长的路要走。各平台认真履行企业主体责任，扎实做好整改工作，提高经营策略的公开透明度，降低货车司机经营负担，畅通投诉举报渠道，健全问题协调处理机制，推动货运新业态规范健康持续发展。

整体上看，同城货运领域需要处理好市场与政府的关系，共同发力。明确业态概念，严守安全底线，划清竞争边界，参照网约车等对车辆、司机进行准入管理，从行业层面平衡秩序与创新需求，综合市场竞争与政府规制，推动行业长期健康发展。

（二）"绿色货运"势在必行

目前货运市场主要是油车，新能源车保有量偏低。但通过价格上的补贴和减税降费予以调剂，同时给予路权倾斜，新能源货车在同城货运中的占比呈现快速上升趋势。目前新能源物流车的销量中，有相当一部分车辆服务于货拉拉和快狗打车等互联网同城货运平台。

政策引导作用凸显，例如《新能源汽车产业发展规划（2021—2035年）》提出，2021年起国家生态文明试验区、大气污染防治重点区域公共领域新增或更新公交、出租、物流配送等车辆中新能源汽车比例不低于80%。[①]"十四五"规划明确了能源汽车的推广目标，到2025年底物流配送领域新能源汽车占比将达20%。

同城货运车辆电动化具有非常明显的优势。新能源车在经济性、便利性、驾驶体验感、智能驾驶、定位服务等方面均具有优势。新能源车在市内运输方面，没有太大的里程焦虑，能满足司机250公里以内的需求。同时，新能源车相对成本较低，新能源货车平均每公里费用仅为0.3~1.2元，较普通汽车每公里油耗下降约67%，[②] 司机每公里收益提升，同时也减少了碳排放。在北京、上海、杭州等大型城市，新能源车的路权比油车路权更高，

---

① http：//www.gov.cn/zhengce/content/2020-11/02/content_ 5556716.htm.
② https：//news.sina.com.cn/sx/2022-12-16/detail-imxwvwhv9949894.shtml.

能够保持业务的连续性。从司机层面看，新能源车司机以"85后""90后"为主，他们在文化上对新能源车的接受程度高，愿意尝试新事物。

2021年9月，快狗打车联合产业链企业共同成立绿色货运产业联盟，希望借此集中发展新能源运力，进而推进行业新能源化、数字化、智能化。对于产业链上下游企业来说，此举不仅打通了多方优势资源，还利用自身优势加快了产业生态搭建。货拉拉的新能源货车占比不断攀升，主要集中为中面和小面。2022年1~7月，货拉拉租车业务在覆盖的城市基本实现100%新能源货车交车，而卖车业务中，新能源货车销量占比超过70%。2022年7月，平台上活跃司机中利用新能源货车跑单的司机占比接近18%，创历史新高。①

互联网货运平台能为新能源货车的集中、精准推广提供窗口，通过制定优惠措施等，激励货车司机优先使用新能源货车配送，加快新能源货车的规模化推广应用，从而形成规模效应。此外，平台还能基于需求数据，帮助车辆生产企业围绕细分需求提升车辆标准化、专业化水平。

（三）智能技术应用成为未来竞争的着眼点

在同城货运行业发展过程中，互联网技术有效解决了产业链上下游企业面临的管理流程不顺畅、信息传输不到位、资源供需不平衡等问题，实现了效率升级、服务提升、用户体验优化。如何把握新的技术增长点、实现长效健康经营，成为企业发展的关键。

主要网络货运平台通过需求预测、智能派单、自动订单定价、优化路线推荐、数字化司机评估和风险管理等，在不投入更多汽车上路的情况下释放空置产能并增加运输供应，从而最大限度提升运营效率与客户满意度。

交通强国是国家在交通领域的重大战略，数字交通的目标是实现货运基础设施数字化、网联化，提升货运智慧发展水平成为今后运输行业的重要发展目标。数字经济进一步渗透至同城货运行业，"智能+"已是大势所趋。

---

① http://www.news.cn/fortune/2022-09-15/c_1129005571.htm.

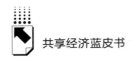
随着互联网巨头的涌入，同城货运技术将进一步成熟，市场竞争将进一步加剧，市场集中度将显著提高。未来资金实力弱、智能化技术研发进程慢、市场应变能力弱的中小企业，可能在竞争中被逐渐淘汰。企业的物流服务应积极横向、纵向扩展，挖掘自身的新发展模式，以客户利益为出发点进行商业模式创新。发挥"智能+"在货物追踪、仓储管理、数据采集、数据分析、价值挖掘等领域的重要作用。

（四）跨界融合拓宽业务发展边界

同城货运是生产、流通与消费三个环节的交汇点，是基础设施、人与物的交汇点，是技术创新、商业模式创新、数字经济创新的交汇点。这就决定了跨界合作具有极强的延展性。

跨界融合首先表现在客运与货运的融合上，双方运输的对象虽然不同，但是核心的运输调度算法具有相通之处，地面推广与营销模式也有比较强的借鉴性。滴滴出行开展客运业务就是重要的表现之一。其次，在重货与轻货的融合方面，不仅专线物流、零担物流积极布局同城货运，快递、及时配送等高净值的轻货领域也出现了同城货运与之相融合的现象。最后，在同城货运与制造领域的协作方面，出现了平台与主机厂共同开发定制车型、开展车队合作等多种新模式。

2020年以来，快狗打车推出"人+车+服务"新模式，以货主和司机为中心，联合多方参与车辆完整生命周期服务，通过与开瑞、华晨雷诺金杯等新能源汽车厂商合作，让无车司机有了低价租用或购买新能源货车的新渠道，进一步降低货车司机就业门槛。吉利商用车与快狗打车的战略合作就非常具有代表性。吉利商用车与快狗打车将发挥双方在物流供应链领域的优势，依托快狗货运平台在"车、货"匹配领域的先进算法和数据，结合吉利商用车的业务，在供应链咨询、绿色智慧物流、车货匹配系统升级、司机赋能、数据共享、车型定制等方面展开一系列深度合作，共同打造"运力科技创新+物流产业创新"的跨业态合作模板。从主机厂、充电平台到运力供给方，快狗打车绿色产业联盟让货运产业上下游各企业进入了丰富的货运业务生态系统，实现信息、资源的集约化、共享化，实现供应链可见、可控，提高供应链响应速度，实现产业协同发展、一体化运作。

从行业的角度来看，在人、车和服务环节中，同城货运的完整生态涵盖了主机厂商、经销商、司机、货主、车队、金融保险伙伴等诸多主体，同城货运平台需要将这些主体有效连接并促成多方共赢。

（五）差异化、个性化服务实现错位竞争

随着近年来电子商务和"新零售"的发展，消费者对"极速、准时"的需求不断升级。门到门、门到户的即时物流正在成为各大企业争夺的重点市场。C 端用户和小 B 端用户更加强调及时需求响应，而大 B 端客户也要求同城货运能更好地配合细分产品的特殊性。

同城货运市场需求方对服务的要求差异大，企业很难仅靠一种或几种模式覆盖整个市场需求。差异化服务涉及多个方面，包括抢先占领下沉市场、扩张业务做大体量、建立特色且符合市场需求的物流价值服务体系、进一步细化优化同城货运模式、提高服务质量、增强客户黏性和品牌忠诚度、强化司机维度的创新等，可以帮助企业在同城货运领域不断提升竞争力。

目前一、二线市场临近饱和，"补贴大战"不可持续，平台全面盈利尚未实现，这就倒逼企业不断进行内部创新。快狗打车就积极在三、四线市场布局，寻找合作伙伴协助其开发客源和招募司机，为企业未来的发展打好基础。依靠大数据和互联网技术提升服务质量与效率，高效整合 B、C 端的客户与服务资源，降低各种物流成本，形成服务模式稳定的差异化竞争优势。

互联网同城货运平台要进一步针对客户，尤其是大 B 端客户，形成制定"解决方案"的能力，发展特定行业、特定地区、特定时段的特定运输服务。同时，互联网同城货运平台要不断将自身优势与金融、制造、流通等相结合，提供覆盖司机、车辆、货物等的"长链"服务，创造良好的发展生态。

B.18
"出行即服务"（MaaS）实践
指南与国际案例[*]

宋苏 钟森晴 谭鼎 许笑天 等[**]

摘 要： 本文介绍了 MaaS 规划与实施框架，详述了如何在可持续出行的
框架下，分步骤实施 MaaS 项目。同时，选取了全球 10 个 MaaS
案例，对其成功要素与特征进行分析与总结。MaaS 成功案例的
共通点包括：目标和战略与当地整体战略保持一致，各参与方需
要共同协商和探讨商业与管理模式，鼓励数据共享并制定相关协
议，融资时考虑项目的未来可持续性，开放市场并合理制定票
价，推动政策、法律、法规的制定。其给中国城市的一些启示与
建议：制定绿色低碳、包容性 MaaS 战略；培育 MaaS 生态圈；
寻找多元化融资方式与金融创新；推动立法与数据共享；开展示
范工程与举办挑战赛，并进行评估；挖掘服务场景和用户群体。
MaaS 在中国乃至全球仍然是较新的出行理念，各项实践均处于
初级阶段，参与方需要不断探索和创新。

关键词： 出行即服务 可持续发展 绿色出行 未来交通

---

[*] 本文是世界资源研究所（WRI）未来交通项目的部分成果，了解项目进展可以查看 https：//
doi. org/10. 46830/wrirpt. 21. 00063。

[**] 课题组成员：宋苏，世界资源研究所研究员；钟森晴，爱丁堡大学；谭鼎，兰州交通大学；
许笑天，香港中文大学；路庆玲，中国农业大学；马佳卉，波特兰州立大学；刘安迪，北京
大学；季钧一，范德堡大学。

一　MaaS 的基本概念

（一）背景

"出行即服务"（Mobility-as-a-Service，MaaS）是"将不同方式的出行服务（包括公交车、地铁、网约车、共享单车、出租车、轮渡等）整合进按需出行的一体化出行服务平台中"的一种服务，通过提供一站式的出行规划和支付等增值服务，为出行者量身定制高效、经济、低碳的出行解决方案。目前 MaaS 在全球的定义并不统一，但交通方式整合、按需出行、一体化规划、预订或订阅模式、一站式支付等都是这些不同定义的关键词。

MaaS 运营商为用户的出行需求提供包括多种交通方式的选择菜单，包括公交车、地铁、网约车（合乘或独乘）、共享单车、需求响应公交等，并规划最具性价比的出行方案，同时为客户整合出行服务的实时信息、票务系统和支付方式等。对于用户而言，MaaS 的主要优势在于可以通过单个票务系统和支付渠道提升出行的便捷度。对于运营商而言，MaaS 丰富了运输服务产品体系，满足差异化（时间、价格、舒适性/敏感性、家庭或群体出行等）的出行需求，并缓解个人出行的不便，提升整个交通服务系统的便捷度。

中国在近几年逐渐重视 MaaS 的探索和发展。交通运输部将推广"出行即服务"理念、发展基于智能终端的"一站式"出行服务写入《综合运输服务"十四五"发展规划》中。不少地方政府也在各自的"十四五"综合交通规划或智慧交通相关规划中对 MaaS 的探索或试点有所强调。

低碳出行与国家中长期发展战略的目标是一致的。在未来的交通发展中，借助一体化 MaaS 平台推动绿色低碳出行，可以成为中国 MaaS 发展的动力之一。然而，MaaS 在中国乃至全球仍然是较新的概念。目前，北京、广州、上海等城市都在对 MaaS 的发展进行探索。欧洲的 MaaS 案例相对较多，但各国的实践都处在初期。因此，通过总结国内外实践经验，对 MaaS 的规划与实施框架进行梳理，并分析关键的要素。

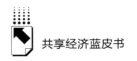

（二）MaaS 生态圈

MaaS 是一种基于公私合作（PPP）的出行服务模式。MaaS 生态圈的参与方众多、类型多样，基于合作与商业模式的不同，其角色和作用也各有不同。生态圈的主要参与方包括政府、MaaS 运营商、出行服务商、金融机构、ICT 技术/数据提供方、MaaS 用户、研究机构等。

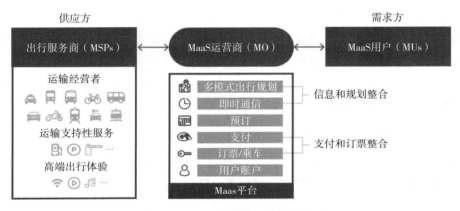

图 1　MaaS 系统是如何整合的

在 MaaS 生态圈中，政府主要通过政策引导等方式整合各参与方资源，为 MaaS 提供良好的发展环境；出行服务商指的是提供出行服务的企业，如公交、地铁、共享出行公司等；而 MaaS 运营商则需要整合各出行服务商的资源，为 MaaS 用户提供便捷、高效的一体化出行服务，并帮助出行服务商扩大市场，增加利润；金融机构可以为 MaaS 提供资金支持和促进企业间的合作。MaaS 还需要 ICT 技术/数据提供方提供地图、大数据、支付等技术支持，保障 MaaS 平台的正常运营。

（三）MaaS 的商业与合作运作模式

国内外实践表明，MaaS 并没有统一的"放之四海而皆准"的商业与合作模式。不同的国家和城市有各自的符合当地市场要求和反映地区特色的商业运营与管理模式。总的来说，MaaS 一般有三种商业模式，分别是"独营"模式、"代理"模式和"运营商"模式。

MaaS 的商业模式取决于一体化平台运营商愿意承担的风险与管理的复杂程度。而不同的商业模式也会影响平台向用户提供的服务和功能。"独营"模式下，平台运营商很可能会逐渐消失或者被其他运营商整合；"代理"模式下，平台运营商将要承担第三方带来的高负债风险，相较之下对用户体验的影响较小，因此预计未来几年"代理"模式会渐渐成为主流；而随着 MaaS 的发展成熟，"代理"模式最终会逐渐被"运营商"模式所取代。

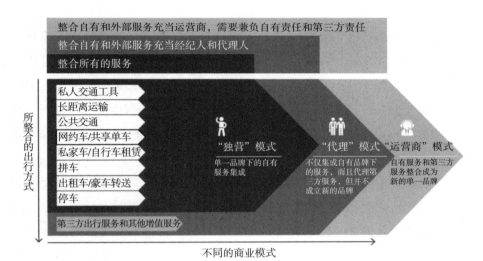

图 2　MaaS 的商业与整合模式

此外，MaaS 的主导者也各有不同，可以分为：由政府、公共机构为主导，由汽车原始设备制造商（OEM）为主导，由技术平台供应商为主导，由出行服务商为主导。

（四）MaaS 带来的机遇与挑战

对于中国乃至全球来说，MaaS 仍是一个新兴的概念。MaaS 的成功实践可以带来很多社会、商业、环境等方面的机遇。MaaS 不仅能为出行者和相

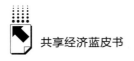

关企业创造价值，而且在与城市可持续发展战略目标相吻合的条件下，也能推动解决社会和环境问题。MaaS 的价值主要体现在：提升出行效率与服务品质（差异化需求的高质量精准响应）、鼓励绿色出行、促进出行系统的数字化转型与开放共享、提高系统韧性。

1. 价值（机遇）

提升出行效率与服务品质：对于个人用户来说，MaaS 可以提供一站式、定制化的出行服务，提高出行效率，节约出行成本。对于整个交通系统来说，MaaS 可以获取出行特征和用户偏好等信息，并不断优化出行和城市服务等，提升用户体验。

鼓励绿色出行：MaaS 能在道路资源有限的场景下，有效分流一部分私家车出行到公共交通；在资源充足的前提下，为共享出行（如合乘、共享单车）增加客流，并提升效率。同时，MaaS 促使出行者更加关注小汽车的使用权而非拥有权，可显著提升小汽车的使用效率，缓解停车资源紧张、拥堵等问题。MaaS 的发展需要与城市低碳、可持续发展战略目标相一致，并在政策上鼓励用户绿色出行。

促进出行系统的数字化转型与开放共享：现有交通系统中，公共交通部门的信息化、数字化水平较低；私有企业交通供应商的数字化水平很高，但是不同企业的数据之间仍是割裂的。MaaS 可以帮助公共交通部门提高数字化水平，提升服务效率；对于私有企业而言，接入 MaaS 意味着能够更好地把握整个出行服务市场，调整发展方向。可以考虑搭建数字化基座，由城市政府或第三方机构统一管理共享数据平台，鼓励数据开放和共同确定共享框架或协议。

提高系统稳定性：对于个人用户而言，MaaS 整合了服务商资源，降低了用户寻找新服务的搜寻成本，能够更为稳定地提供用户所需服务；对于整个系统而言，MaaS 的存在在一定程度上避免了被单个出行服务商垄断的可能性（但后期也要避免被 MaaS 运营商垄断），促使多家企业展开竞争与合作。

2. 挑战

商业模式有待厘清：目前围绕 MaaS 尚未形成清晰的商业模式，各地的实践差异较大，如产业内不同企业间如何分工，从而实现盈利？数据所有权、使用权由谁拥有？这些问题仍有待探索。不同的区域与城市在条件、环境上存在差异，因此在 MaaS 运营主体与机制建设方面难以有可套用的固定模式，各地必须探索与其发展阶段相适应的模式。

多方合作有待扩展：MaaS 将全面整合各类交通产品，涉及多种类型出行服务商，同时还需要网联生态开发者提供网联服务资源，技术提供商提供实现技术突破所必要的支持和各种交通工具生产商的产品等。此外，一些非交通直接相关的企业（如地产开发商、商业、金融机构等）可以共同参与 MaaS 的规划、融资、运营或使用。

技术能力有待加强：目前我国仍难以突破底层操作系统、高性能传感器、高性能计算芯片等技术，严重制约了我国智能汽车、智能交通和智慧城市的发展，这也必将影响 MaaS 的推进速度。

治理体系弹性不足：作为出行领域新旧业态融合的新发展理念，MaaS 在由探索走向成熟的过程中会经历一系列蜕变，治理过程中应采用鼓励创新、包容审慎的柔性治理理念，平衡好安全稳定发展与创新高效发展的关系。

二　如何规划与实施 MaaS

每个城市实施 MaaS 的目的、条件和模式各不相同。要想成功规划与实施 MaaS，首先需要评估城市是否具备引入 MaaS 的条件，然后制定阶段性的实施步骤。

（一）如何评估城市是否适宜引入 MaaS

MaaS 是一个综合、复杂的解决方案，要想成功创建这种互联集成的系统从而实现可持续交通，必须保证关键要素到位。根据 MaaSLab 开发的

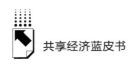

MaaS 成熟度指数（MaaS Maturity Index），可以从五个维度来评估城市是否已经准备好引入 MaaS 系统。

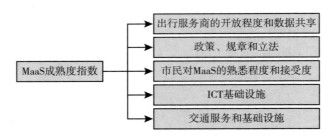

图 3　MaaS 成熟度指数

资料来源：ERTICO-ITS Europe 2019；UCL-MaaSLab 2016。

1. 出行服务商的开放程度和数据共享

实施 MaaS 的先决条件包括开放不同出行服务商的应用程序接口（APIs）和确保各个系统之间的互通性。出行服务商为了从 MaaS 平台和新的销售渠道中获益，应自愿向 MaaS 平台运营商开放和共享数据（如出行计划、预订、票务等数据）。对于 MaaS 平台运营商这样的第三方来说，仅仅获得静态数据（如静态时刻表）是不够的，还需要获得动态权限，如预订座位、发放车票、解锁共享单车等，相关的动态数据（如时刻表延误、行程中断或偏离）也十分重要。在这一维度中，需要评估的内容如下。

数据收集：MaaS 平台运营商需要获取数据（静态数据、实时数据）。

APIs：允许第三方平台（MaaS）通过 APIs 访问出行服务商的数据和系统，同时允许 MaaS 平台为用户提供预订、支付等功能。

开放源：开放源代码。

原始数据或源数据：出行服务商的原始数据、地图、道路数据等。

安全和隐私：数据共享的前提是数据安全，特别是出行者的私人信息，以下是保障出行者数据安全的措施：①数据最小化，收集所需的最小量数据，并对无效数据予以处理；②匿名化，删除与私人信息相关的数据；③信息加密，对信息进行编码，只有通过授权才可访问；④明确"使用条款"，让出行者清楚地了解被收集的信息内容，在共享数据方面赋予出行者选择的灵活性。

2. 政策、规章和立法

支持 MaaS 的相关政策、规章和立法是其取得成功的关键。除了地方政策外，各国政府以及区域性国际组织也可以发挥重要作用（如欧盟等）。在对一些重要内容的监管方面，包括数据安全和隐私、开放数据标准、票务的第三方销售、新出行服务市场准入、竞争法框架和交通补贴等，需要评估的指标如下。

开放标准：开放数据标准、第三方票务销售准则、新出行服务市场准入规定、相关法律框架等。

数据安全和隐私：政府需要制定法律法规以保障数据安全（如规定数据持有者的责任）。

数据传输：政府或企业需要制定数据传输协议，推荐数据传输格式，并保证数据的灵活程度。

第三方代售票务：第三方平台必须能够代理出行服务商出售交通票务。

商业可行性或补贴：商业可行性方面，出台严格的反垄断法是保证市场公平竞争的重要因素，鼓励创新、充分利用资金和提高服务质量；补贴方面，为了使所有的运输模式正常运转，非公共交通（利润较高）应该对公共交通（利润较低）进行补贴。

3. 市民对 MaaS 的熟悉程度和接受度

"熟悉程度和接受度"是指市民的交通出行需求与 MaaS 提供的出行服务的协调程度和市民对 MaaS 这一新型服务理念的接受程度。MaaS 核心模型是围绕智能手机 App 以及各种共享和绿色出行模式构建的。用户通过智能移动终端实现身份认证并绑定个人信息，MaaS 提供交通出行信息服务、票务费用支付等功能，提高出行服务的便捷度和信息对称性。为了让更多用户使用 MaaS，必须降低用户使用 MaaS 的成本，提升用户出行的便利程度及其满足感，逐步减弱用户对私家车的依赖，从而选择 MaaS 出行。在这方面需要评估的指标如下。

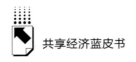
智能技术接受度：市民对 MaaS 服务的接受度、对新技术和 Apps 的接受度。

出行行为习惯：市民是否更加愿意放弃私家车出行并转而选择其他出行方式。

4. ICT 基础设施

MaaS 系统的运行依赖于不同参与者之间的实时数据传输。用户必须通过移动终端设备和可靠的互联网连接来访问数字平台，实现计划、预订和支付行程等功能并且将数据与 MaaS 平台运营商共享。而数据传输依赖于 ICT 基础设施的建设，必须要对以下几个方面进行评估。

移动网络覆盖程度：移动网络需要覆盖整个城市的出行需求（包括地下停车场、地铁运行线路、共享单车停放点等）。

移动网络下载速度：保证数据传输速度，能够实时更新各项出行数据（出行者实时位置、路况等）。

电子票务：可以在 MaaS 平台上预定整个行程的电子车票，并且一次性支付出行费用。

5. 交通服务和基础设施

覆盖一定空间规模的公交服务网络是 MaaS 概念落地的基石，辅以其他出行服务方式，MaaS 可以提供门到门的出行解决方案。在涉及多种交通方式及线路时，将不同空间密度和时间频率的多种交通服务方式整合成无缝衔接的、协同的一体化服务，并且交通服务的覆盖时间也要能够满足用户需求。良好的交通基础设施可以提升用户出行的满意度，如提供安全的换乘设施、便捷的换乘通道和残障人士通道等。在这一维度中，需要评估的指标如下。

交通方式的多样性：城市需要提供多种交通方式，而不是单一的靠小汽车出行。

密度：合理的密度能够最大化提升运输效率、节约运输资源。

发车频率：保证合理的发车频率可以提升 MaaS 服务的便捷性和灵活性。

一体化程度：合理的规划不同交通方式的线路，保证换乘服务质量（换乘便捷性、等待时间等）。

（二）规划与实施 MaaS 的关键步骤

参考欧洲智能交通协会（ERTICO-ITS Europe）《MaaS 和可持续城市出行规划》（Mobility-as-a-Service and Sustainable Urban Mobility Planning）中的四阶段 MaaS 实施框架，详细阐述在城市可持续出行框架下，如何对 MaaS 进行筹备与预评估、制定战略和措施、实施与监控。

该 MaaS 框架对中国具有借鉴意义，只有把 MaaS 的发展放入可持续出行框架下，才能更好地发挥 MaaS 的整合优势，确保 MaaS 的发展与城市可持续交通发展战略目标保持一致，同时尽量避免复杂的行业生态带来的利益冲突和资源浪费。MaaS 规划与实施过程可分为以下四个阶段。

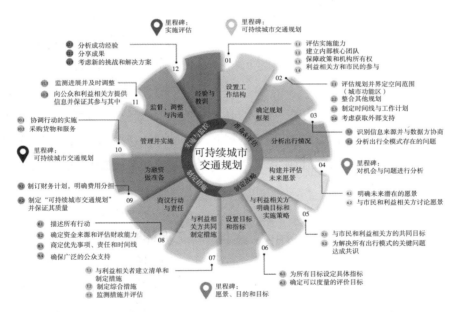

图 4　可持续城市出行规划（SUMP）框架下实施 MaaS 的关键步骤

第一阶段：准备与评估。分析城市交通系统现状，对 MaaS 方案进行评估，建立团队与工作机制，具体包括以下流程：建立可持续出行工作组，评估能力和资源，建立跨部门的核心团队，保障政策和机构所有权，协调利益

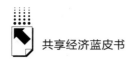

相关方和公众参与；规划并评估实施范围，整合其他规划流程，制定工作计划与时间线，考虑获取外部支持；分析基本出行情况，识别信息来源并与数据提供方协调，分析现有所有出行方式存在的问题。

第二阶段：制定战略。在前期评估的基础上，制定 MaaS 战略发展框架，为 MaaS 确立愿景、目标与度量指标，具体包括以下流程：协调市民和利益相关方的诉求，并进行讨论；明确 MaaS 愿景；明确共同目标，就所有出行需求方式的解决方案达成共识；为所有目标设置具体指标，并确定指标的度量方法。

第三阶段：制定措施。基于 MaaS 战略，制定详细的实施措施和方案，具体包括以下流程：与利益相关方建立 MaaS 实施清单，制定监测措施及评估方案；与合作方商议行动方案与责任；确定资金来源，评估财政与资金能力；制订财务计划和费用分摊方案；商定优先事项、责任与时间线，确保公众支持；制定可持续城市出行规划或类似规划，并确保其质量。

第四阶段：实施与监控。项目的具体实施阶段包括以下流程：采购服务并协调各参与方的行动；监督项目进展并及时调整，与公众和利益相关方共享信息并鼓励其参与；分析阶段性的成功经验，寻找解决方案，并为下一阶段的挑战作准备。

三　MaaS 案例与成功要素

2022 年 11 月，世界资源研究所（WRI）发布《出行即服务（MaaS）实践指南介绍与案例集》[①]，为中国城市在可持续出行框架下发展 MaaS 提供建议，进一步推动"双碳"背景下的绿色、共享、包容性出行发展。其详述了 MaaS 的生态圈及其价值；阐述在城市可持续出行框架下，如何对 MaaS 进行评估、制定措施，并进行监控，明确具体的实施步骤。同时，选取全球

---

① 报告全文详见 https：//doi. org/10. 46830/wrirpt. 21. 00063。

10 个 MaaS 实践案例，对其成功经验进行分析，提炼出其中关键的要素，探讨这些案例对中国的启示。

图 5　《出行即服务（MaaS）实践指南介绍与案例集》封面

资料来源：https：//doi. org/10. 46830/wrirpt. 21. 00063。

（一）案例汇总与参与方

选取了 10 个城市或国家（赫尔辛基、日本、北京、新加坡、广州、洛杉矶、瑞典、荷兰、悉尼、安特卫普），并对这些城市或国家层面的 MaaS 实践进行分析与总结。一个完善的 MaaS 生态圈通常由多个参与方构成。MaaS 的核心参与方一般包括政府（地方政府、国家政府）、公共交通运营机构、共享出行服务商（如网约车服务商、共享单车服务商）、其他传统出行服务商（如出租车服务商）、MaaS 平台服务商、投资机构、技术提供商、研究机构和联盟等。表 1 汇总了各国或城市 MaaS 案例中的主导机构、服务范围与对象、战略目标分类。

通过对上述案例的研究，并结合文献以及国内外专家的访谈，总结案例中的一些 MaaS 实施与治理的核心要素和特点。同时，也参考了 MaaS 治理框架的部分要素。其中，实施与治理的核心要素如下。

表 1　MaaS 案例中的主导机构、服务范围与对象及战略目标

城市或国家	主导机构	服务范围与对象	战略目标分类
赫尔辛基	MaaS Global、Kytti Group	市内出行者(2C)	推动可持续与绿色出行；提升出行质量；增强社会包容性与公平性；培育良好的市场生态
日本	国土交通省、经济产业省	城市内、城市群和旅游交通用户(2C)	提升出行质量；增强社会包容性与公平性；繁荣地区经济
北京	北京市交通委员会、高德地图、百度地图等	市内出行者(2C)	推动可持续与绿色出行；提升出行质量
新加坡	陆路交通管理局、政府科技部门、公共出行服务商	市内出行者(2C)	推动可持续与绿色出行；提升出行质量
广州	羊城通、滴滴出行	市内出行者(2C，包括老年人、学生、游客)	提升出行质量；增强社会包容性与公平性
洛杉矶	加州政府、洛杉矶交通局、洛杉矶大都会交通管理局	洛杉矶地区出行者(2C)	推动可持续与绿色出行；提升出行质量；增强社会包容性与公平性；培育良好的市场生态；繁荣地区经济
瑞典	沃尔沃、查尔姆斯理工大学、哥德堡市政府、Fluidtime	以家庭单位的用户(2C，包括成人和儿童)	提升出行质量；培育良好的市场生态
荷兰	荷兰基础设施和环境部(IenW)	国家层面 7 个区域试点的出行者(2C)，包括通勤者、老年人和出行不便的残障人士等	推动可持续与绿色出行；提升出行质量；增强社会包容性与公平性；培育良好的市场生态

城市或国家	主导机构	服务范围与对象	战略目标分类
悉尼	澳大利亚保险公司（IAG）、悉尼大学、SkedGo、iMove	悉尼大都会地区，IAG 的100 多名员工作为样本用户（2B/2C）	提升出行质量；培育良好的市场生态
安特卫普	安特卫普市政府	市内出行者，2B（企业定制服务）和2C	推动可持续与绿色出行；提升出行质量

战略与目标：MaaS 成功的首要因素是主要参与方需有明确的愿景与目标，并就战略达成共识。愿景与目标务必与当地政府的整体战略目标（如可持续出行）保持一致。

商业与管理模式：参与方事先就合作模式达成共识是必须要素。同时，结合当地政策与投资环境、出行文化等，确定合适的商业模式，以确保商业的可持续性。

数据共享：数据共享和标准化是 MaaS 成功的关键。需要由地方政府（或有影响力的企业）牵头，与参与方一起对共享标准进行定义并达成共识，制定相关政策和制度，推进数据共享。

融资模式：政府和私营机构要确定投资的比例及角色，选择合理的融资模式以便于 MaaS 的实施达到预期目标，确保发展方向和运营模式的可持续性。

票价与市场定位：目标客户、定位及相应的票价都需要和参与方共同商议。优化补贴机制，鼓励一体化绿色出行、帮助低收入人群、补贴公共服务能力薄弱地区。对套餐进行合理定价，保证其对于用户的吸引力。

政策/法规/标准：政府通过制定技术标准、法规、政策等为 MaaS 的发展提供良好的环境。确保在初始阶段建立起健康、良性的 MaaS 生态圈。

结合案例，下文详细阐述这些要素如何在各国的 MaaS 案例中发挥重要作用。同时，也对这些核心要素在中国的适用性及其可能引发的问题进行分析，试图找出差距并识别出一些改进的机会。

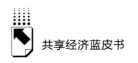

（二）设定明确的目标与战略

由于发展阶段不同，各城市和国家的 MaaS 愿景、目标和战略各有不同。愿景层面最大的共识是提高出行系统效率，提升服务质量，进而提升用户体验（舒适、无缝出行、灵活出行、费用可负担等）。细化的目标和战略依据各地的具体情况而有所不同。政府主导的 MaaS 会更关注系统的可持续和包容性（如北京），而商业机构主导的 MaaS 则更倾向于以盈利与提升系统效率为首要目标，或满足特定用户群体的需求（如悉尼、瑞典）。不同的目标并没有优劣之分。从全球 MaaS 实践来看，无论设定哪种 MaaS 目标，都会与国家或城市的可持续战略目标保持一致，这成为发展现代交通的必备条件之一。

欧洲现有的 MaaS 服务分为三种模式：B2G（Business-to-Government）、B2B（Business-to-Business）和 B2C（Business-to-Customer），每种模型都有对应的 MaaS 项目实例。

B2G 模式：MaaS 平台以服务市民为目的，向政府提供服务（政府采购服务），由私营的出行服务商提供各种交通方式，包括公交车、有轨电车等，基本依靠售票获取收益。

B2B 模式：由 MaaS 平台为一些企业的员工提供定制化的出行解决方案（企业采购服务）。这类模式的需求主要来自一些欧洲大型企业，这些企业通过打包购买出行产品满足其员工的出行需求。这类模式可以帮助企业更好地规划员工出行预算，通过购买绿色、共享出行服务，获得更多的政府减税额度。

B2C 模式：将所有人都作为服务对象。这种模式的核心是通过一个App，为所有人提供一种类似 Uber 的服务。很多出行平台尝试过这种模式，但多数以失败和破产告终。

目前，在上述三种模式中，采用 B2G 模式的平台最多，因为这种模式中公共交通占据的份额最大，可以提供较多的数据信息，因此公共交通运营商和拥有较多公共交通方式的城市正在自主开发 MaaS 解决方案。不过各个

B2G	B2B	B2C
·为本地居民的日常出行提供公共交通服务 ·整合运营商的所有票价信息 ·公共交通部门负责管理 ·配合低排放区提供解决方案	·提供职工出行解决方案 ·撬动公司的融资 ·为区域出行提供MaaS解决方案 ·可以替代企业自有车辆 ·在某些国家可享受税费减免	·以全球用户为目标客户 ·满足长距离出行需求 ·按盈利能力选择运营商 ·整合并提供几类票价 ·专注于大都市

图 6 欧洲现有的 MaaS 服务模式

资料来源：Cottet。

城市都需要个性化定制方案，其大规模开发推广则需要较多的专家参与。

采用 B2B 模式的平台数量排名第二，企业需要定制化的 MaaS 服务方案来帮助其员工解决通勤问题。此外，有些 MaaS 运营商同时采用多种模式（如德国的 FREE NOW），既提供 B2G 模式也提供 B2C 模式。然而，扩大 MaaS 规模的难度较大，需要巨大的时间成本和初始投资，但现实中一般初创企业都非常小，必须接到足够多的订单才可以顺利开展业务。因此以破产告终的采用 B2C 模式的平台不在少数，如 KYYTi、Wondo、Ubigo 等。

我国很重视 MaaS 的发展，并积极开展探索。中央和地方层面关于促进可持续绿色出行以及智慧出行的战略，与国际城市中 MaaS 的发展目标非常相符。此外，多数国家和城市的 MaaS 战略都会鼓励提升服务效率，并强调公共交通在 MaaS 发展中的重要性，鼓励公共交通与共享出行相结合，以提升用户体验。我国近几年也开始重视 MaaS 的探索和发展。2021 年 11 月，交通运输部印发的《综合运输服务"十四五"发展规划》提出，构建协同融合的综合运输一体化服务系统，推广"出行即服务"理念，发展基于智能终端的"一站式"出行服务。2021 年 12 月，国务院印发《"十四五"现代综合交通运输体系发展规划》，提出以满足个性化、高品质出行需求为导向，推进服务全程数字化，支持市场主体整合资源，提供"一站式"出行服务，打造顺畅的服务链。同时，不少地方政府也在"十四五"综合交通

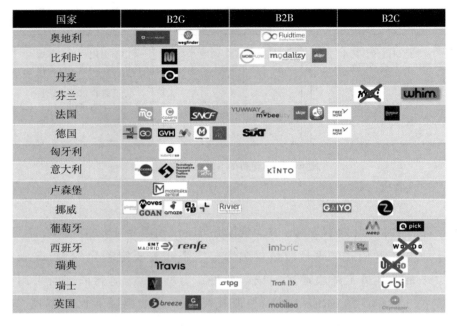

国家	B2G	B2B	B2C
奥地利		Fluidtime	
比利时		modalizy	
丹麦			
芬兰			whim
法国	SNCF	mvbee	
德国	GVH	SIXT	
匈牙利			
意大利		KINTO	
卢森堡			
挪威	Moves GOAN	Rivier	GAIYO
葡萄牙			pick
西班牙	renfe	imbric	
瑞典	Travis		
瑞士		tpg	Trafi
英国	breeze	mobilleo	

图 7　欧洲三种模式对应的 MaaS 项目/平台

注：打叉标志该 MaaS 项目失败和公司破产。
资料来源：Cottet。

规划或智慧交通、智慧城市的相关规划中，对 MaaS 的探索或试点予以强调
（如北京市、上海市、江苏省、广东省等）。

（三）商业与管理模式

MaaS 的商业与管理模式会根据当地的政策和市场状况，以及当地总体
的出行战略而有所不同。分析各国案例可以发现，不同国家和城市，由于市
场环境的差异，以及新型的公共服务载体的生命周期不同，MaaS 的商业与
管理模式非常不同，MaaS 生态圈不同利益主体发挥的作用也各有特色，大
致可以分为以下几类。

1. 公共交通公司主导的 MaaS 平台

新加坡：Zipster 是由 Mobility X 公司开发的 MaaS 平台。Mobility X 公司

早期由新加坡公共交通公司 SMRT 投资推动，主要是提供一体化的多模式出行解决方案。Zipster 整合了公共交通、网约车、共享电动车、共享单车、定制公交车等多种交通模式。

2. 科技公司或 TNC 主导的 MaaS 平台

美国洛杉矶：MaaS 的 App 应用程序由市场各方（如 TNC）提供，为多种出行服务提供查找、预订和支付功能。政府在制定规则、要求和标准方面发挥着积极作用，以实现社会目标为准则对私营部门进行监管，TNC 主要由州政府监管。

芬兰赫尔辛基：MaaS 平台 Whim 由私营公司 MaaS Global 制定技术标准，并负责运营。MaaS Global 是由芬兰多个交通组织共同筹建的运营商企业。Whim 包含公共交通、城市自行车、电动滑板租赁和共享汽车，用户可以通过 Whim 使用所有的出行方式并一次性支付各种费用。平台通过开放接口，先后接入出租车公司、公共交通公司、共享单车服务商、共享汽车服务商等独立出行服务平台，由面向消费端的单一平台转向面对出行服务平台的综合接入平台，并在此基础上集成开发新的出行服务。

3. 其他商业主导的 MaaS 平台

日本丰明市：Choisoko 由该地区的爱信经销商（OEM）创建，主要由私营公司推动，并外包给当地出租车公司运营。超市、便利店、餐厅、医疗机构、银行等地方企业可以成为 Choisoko 赞助商。区域赞助商可以设置一个 Choisoko 站。Choisoko 不在传统出行服务商的服务范围内提供服务，而是与公共交通公司协作，在缺乏公共交通服务的地区提供按需响应公共交通服务。与此同时，Choisoko 与出租车公司合作，将一些出行服务外包。在联合公共部门方面，Choisoko 通过区域公共交通会议，从社会服务角度优化 MaaS 服务，如通过 MaaS 提供社区巴士服务，减少社区公共支出。该种模式的优点在于有明确的服务人群，且能获得线路周边商业机构的资助；缺点是服务水平可能会低于由 TNC 主导的 MaaS。

4. 政府主导的 MaaS 平台，其他公司参与

荷兰：MaaS 试点项目由地方政府和 IenW 共同出资。初创企业资金基本

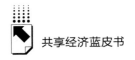

由公共部门提供，旨在帮助初创企业打造可盈利的 MaaS 商业模式。

中国北京：北京模式本质上是"政府搭台，企业唱戏"的模式，政府不直接参与 MaaS 运营。北京的 MaaS 系统由政府牵头统筹平台建设、数据共享等，由高德地图、百度地图等公司参与，在各自平台上提供服务，并与北京市交通委员会 MaaS 平台数据共享。北京市交通委员会 2019 年发布《北京市交通出行数据开放管理办法（试行）》，推动交通出行数据向社会开放共享，制定了北京交通出行数据开放目录清单，这些数据在北京市交通委员会原始数据的基础上进行了必要的清洗、脱敏和加工处理。这种合作模式的优点在于可以有效整合各方的优势，为用户提供高效的服务，且与政府的可持续发展战略相协调；缺点在于项目后期私营企业缺乏动力，融资创新不够。

欧盟委员会：最大的 4 个项目是 MaaS 4EU、My Corridor、IMOVE、IP4 MaaS。这类项目是为欧洲大陆的出行者提供一体化出行服务，尤其是城市间的长途出行服务，以及对铁路系统的整合。

根据中国城市现状，MaaS 的发展主要依靠政府，或政府和大型出行企业（如滴滴出行）/科技企业（如高德地图）合作。多数中国城市可能会倾向于选择由政府主导、其他公司参与的商业模式（如北京），或者由公共交通公司主导的商业模式。其主要原因是保障公共交通在 MaaS 系统中的主导地位，以便与城市的绿色可持续出行战略目标相一致。运营这类平台最大的优点是简单与可控，在定价方面能兼顾更多的出行用户需求。同时，这类平台也能在一定范围内控制出行市场的管理风险，并保障出行数据的安全性，防止泄露给第三方。然而，选择这类商业模式也会面临一些缺陷，例如，政府或公共交通公司主导的 MaaS 平台往往因各交通方式主管部门体系分割等原因，不能充分整合其他私营出行服务，导致 MaaS 的整体使用体验降低，但在某些方面也避免了科技公司、TNC 等主导平台的排他性或垄断性；比起其他私营出行服务商，这类平台可能比较缺乏市场活力和竞争力；这类平台的开发、运营往往需要政府资金支持，导致公共财政负担较重。

（四）数据共享

数据共享和数据标准化是 MaaS 获得成功的重要因素。各国的案例中，荷兰国家层面的 MaaS 项目、美国洛杉矶的 MaaS 试点，以及芬兰赫尔辛基的 MaaS 项目都在数据共享和标准化方面提供了很好的经验借鉴。

芬兰赫尔辛基：芬兰 MaaS 项目的特点是通过立法确保数据共享。2015 年，芬兰《交通服务法案》（Act on Transport Service）出台，并于 2017 ～ 2019 年逐步生效，从制定到实施共历时 5 年。该法案强制规定芬兰所有的出行服务商开放 APIs 共享交通时刻表、路线、票价、实时位置等数据。这不仅涉及公共部门和私营企业的相互作用，而且也涉及各部门、机构、地方和国家政府之间的相互作用。这一进程通过广泛利益相关方的协商和信息互通得以推动，基于立法改革的必要性，并就 MaaS 的发展潜力达成共识。芬兰交通与通信局负责新法规的实施，并与出行服务商和其他利益相关方就数据共享指南和技术规范进行讨论。2018 年 1 月，芬兰政府启用新《交通条例》（The Transport Code），强制要求所有出行服务商开放数据，并为第三方提供 APIs。2018 年 5 月，欧盟出台的欧洲数据隐私条款《通用数据保护条例》（GDPR）正式实施，用于保护用户数据安全。MaaS 平台 Whim 将赫尔辛基划分成四块环形区域，为用户提供区域票制，在定价时仅以圈层作为基本单元。政府强制要求所有出行服务商提供 APIs，分享必要的数据，向第三方 MaaS 平台分销授权，从立法层面保证了交通数据的可获得性。

荷兰：荷兰政府制定了国家层面的数据标准以推动数据共享，并为小型和后发企业的进入提供公平的竞争环境。荷兰基础设施和水管理部（IenW）与 24 家 MaaS 平台运营商共同签署的框架协议中对数据共享和标准化进行了明确的规定，包括规定了相关 APIs 的开源性质，在保护各方知识产权和用户隐私的前提下，最大限度地推动数据共享。数据共享的前提在于数据标准化，IenW 支持数据标准化的主要措施包括：为打造 TOMPTO - MP API（一种通过公开 Github 连接出行服务商和 MaaS 平台的应用程序编程接口）创造基础；与 TO-MP、五大城市共同开发基于移动数据规范（Mobility Data

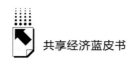

Specification，MDS）的城市出行数据标准（City Data Standards for Mobility，CDS-M）。

美国洛杉矶：洛杉矶交通局委托私营公司开发移动数据规范（MDS），是一个开源的版本化数据共享标准，允许出行服务商和 LADOT 之间进行双向数据交换，所有利益相关方都可以进行讨论。MDS 明确了私营公司和政府之间的数据共享要求，在监督管理中作为衡量工具，允许城市收集、分析和比较来自 MaaS 的实时数据。例如，MaaS 平台运营商是否通过显示自行车和滑板车所在位置的实时数据，满足公平分配资源的要求。MDS 提供了交通工具的实时状态信息，目前用于电动滑板车（e-scooter），并将扩展至出租车，最终应用于所有共享出行模式。

（五）融资模式

MaaS 项目的初期融资非常关键，同时，MaaS 的融资模式与商业模式息息相关。各国案例中，各地的初期融资来源与模式各不相同，大部分都是通过政府和社会资本合作的形式共同投资 MaaS 项目，只不过有些是以财政资金（国家或地方政府）为主导，有些是以社会资本为主导。

同数据共享类似，融资模式的选择取决于城市发展 MaaS 的目的及其商业模式。政府主导的以推动可持续出行为目标的 MaaS 平台，往往倾向于使用财政资金进行初始融资。这种方式的好处是在初期确保资金用于支持绿色出行政策落实，缺点是试点结束后如果没有其他资金的支持，MaaS 很难持续运营下去（或之后依赖于政府补贴）。科技公司、TNC、车企或相关服务企业推动的 MaaS 平台，往往由社会资本主导融资。这种方式的好处是融资方式灵活，可以确保 MaaS 的营利性与市场活力，不足之处是往往倾向于更为盈利（而不是绿色）的出行服务，如租车、网约车，这可能与政府的绿色出行政策目标相悖。

以欧洲的案例来看，目前 MaaS 项目大体可以分为三类。第一类是由欧盟委员会投资和发起的项目，其中最大的 4 个项目是 MaaS 4EU、My Corridor、IMOVE、IP4 MaaS。这类项目是为欧洲大陆的出行者提供一体化出行服务，尤其是城市间长途出行服务，以及对铁路系统的整合。第二类是由国家政府出资发起的项目，如荷兰政府投入大量资金招标 MaaS 供应商在阿姆斯特丹、鹿特丹等城市进行试点，且应用场景各异（包括大城市通勤场景、机场/港口—市中心场景、大学城场景、边境城市出行场景、乡村出行场景）。英国和意大利也通过政府资金来支持 MaaS 项目，其中意大利规定试点城市的运营商必须把相关数据接入国家数据平台，只有这样才能获得财政资金支持。国家数据平台对这些出行信息进行整合，并对所有城市开放，为出行者提供更加优化的解决方案。第三类是国家不直接投入资金，而是通过减税的方式予以支持。德国和法国允许企业为员工提供可持续出行资金，这些资金适用于减税政策。这类方式特别适用于采用 B2B 模式的 MaaS 解决方案，且在很多欧洲国家有可观的发展前景。

中国仅有的几个 MaaS 试点项目（如广州）都没有确定清晰的融资或盈利模式，政府和企业以技术合作的形式发展 MaaS。目前，我国城市可能更倾向于财政资金为主导的 MaaS 初期融资模式，同时鼓励社会资本参与，并探索与金融领域的融合创新（如北京）。

（六）法规、政策与标准

总结各地经验，推动 MaaS 的相关政策主要集中在数据（包括数据共享、数据标准、数据开放、数据隐私等）、融资、培育生态圈、开放市场（包括公平竞争、放松管制等）等方面。最为突出的是各国针对数据共享的政策以及针对开放市场的政策。

数据共享政策。国家或地方在推动 MaaS 以及一体化智慧出行时，通常通过立法或制定政策的方式，要求合作方开放共享指定数据，并和出行企业一起制定标准。例如，芬兰的赫尔辛基通过立法确保数据共享。立法是芬兰MaaS 发展的核心要素，目标是消除 MaaS 进入市场的障碍，并使私营企业和公共交通供应商开放数据，建立互通的票务、支付系统。2017~2019 年逐步生效的芬兰《交通服务法案》强制规定所有的出行服务商开放 APIs，并共享交通时刻表、路线、票价、实时位置等数据。芬兰交通与通信局负责新法规的实施，并与出行服务商和其他利益相关方就数据共享指南和技术规范展开讨论。同时，芬兰的《国家交通系统规划》也明确了相关的法律要求和所需预算。荷兰政府基础设施和水管理部的《框架协议》（Framework Agreement）则是通过与多家 MaaS 平台运营商合作，对数据共享和标准化进行明确的规定，包括相关 APIs 的开源性质，在保护各方知识产权和用户隐私的前提下，最大限度地推动数据共享。北京出台的《北京市交通出行数据开放管理办法（试行）》规定了交通出行数据开放目录，促进交通行业和互联网企业深度融合，优化和改善出行引导服务，为市民合理选择出行时间、出行方式和出行路线提供高品质、精细化的服务。

开放市场政策。该类政策在欧洲国家使用较多，主要集中在反垄断和促进市场开放方面。例如，比利时安特卫普市在立法层面提出，出行服务商的服务应面向不少于 2 家 MaaS 平台，防止 MaaS 平台间的恶性竞争。荷兰也制定了相关的消费者与市场管理法规，加强反垄断监管。虽然我国在这方面并没有明确的规定，但在智慧出行的实际应用方面，也在关注"一家独大"的现象，力争避免垄断或恶性竞争的出现，并对市场予以高效监管。

四　给中国的启示与建议

全球 MaaS 的探索实践各有成绩与不足。通过研究全球案例，对其成功要素与特征进行分析，可总结出六方面的成功经验：制定绿色低碳、包容性 MaaS 战略；培育 MaaS 生态圈；寻找多元化融资方式与金融创新；推动立法与数据共享；开展示范工程与举办挑战赛并进行评估；挖掘服务场景和用户群体。

（一）制定绿色低碳、包容性 MaaS 战略

MaaS 的发展应当与国家总体可持续发展战略目标相契合，把推动绿色低碳出行放在首位；建立以公共交通为主体的 MaaS 服务，适当降低对私家车的依赖；提升 MaaS 的包容性和平等性，使其对弱势群体更为友好。

中国北京：MaaS 发展与城市可持续出行战略目标紧密结合，首次结合碳普惠方式鼓励市民绿色出行。用户骑行、步行或选择公交、地铁出行，均可获得碳减排能量。平台汇总减排量，并在北京碳市场交易，所得交易额全部以公交优惠券等形式反馈给践行绿色出行的用户。

日本丰明市：MaaS 项目与国家老龄化、乡村经济发展问题相结合，强调包容与公平性。提供以改善健康为目的出行服务，增加老年人出行需求，改善其健康状况。

中国广州：MaaS 服务以公交、地铁出行为核心，优先鼓励步行与共享骑行。尤其关注社会弱势群体，对接老年人、中小学生的出行需求。

（二）培育 MaaS 生态圈

网约车、共享单车等出行服务商是 Maas 系统最初的主体，其需要与公共部门和其他私人企业分享资源。在 MaaS 系统建立之初，需要让所有利益相关方进行开诚布公的讨论，了解彼此的诉求，找到让所有人利益最大化的平衡点，确保努力方向一致。MaaS 的各方参与者成立行动联盟，共同探讨商业与管理模式，包括：明确共同愿景和战略行动、资源与数据共享、引领创新、孵化创新企业、推动政策标准的制定、推动技术与解决方案的应用、共同宣传、监督与评估考核、树立品牌等。

芬兰赫尔辛基：由科技出行企业主导，政府及各类企业共同构建生态圈。芬兰交通部等部门出台相关政策，加快基础设施建设，通过金融工具为 MaaS 提供初始资金，更多私营企业参与后期投资；平台运营商联合各出行企业，制定技术标准并负责运营；通信企业提供通信服务，并与支付商合作，实现一体化购票。

日本丰明市：主要由地方私营企业推动，并外包给出行企业运营。地产开发商、物业服务商、社区商业既可以作为本地 MaaS 的共同投资者，也可以成为 MaaS 协同开发的受益者或者直接用户。"MaaS 导向的商业开发"有利于拓展更多的商业模式和场景，并使城市从由 MaaS 带动的周边经济繁荣中获益。

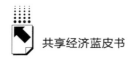

（三）寻找多元化融资方式与金融创新

很多人会错误地认为 MaaS 系统只是一个简单的、不需要耗费太多资源的 App。事实上，MaaS 系统的预算取决于开发者的愿景，野心过大而又缺乏合适的预算方案，则项目必然会以失败告终。在预算和投融资方面，政府主导早期融资，通过资金鼓励用户更多地选择 MaaS 平台上的绿色出行服务，并帮助初创企业实现营利。同时，鼓励金融创新，推动商业、金融机构参与绿色出行、碳普惠活动，为 MaaS 的绿色可持续发展赋能。除此之外，在后期运营环节，也要意识到 MaaS 的重心是公共交通，其利润率本身就很低，如果想要整个系统实现可持续运营，就需要维持恰当的利润率，同时也需要一个利润再平衡的有效机制，确保资金合理使用。

荷兰：国家与地方政府主导发起的试点项目，通过迷你赛筛选出 24 家企业开展 7 个项目试点，并与其签署《框架协议》，明确各自的责任。试点资金主要用于前期项目培育，试点结束后政府不再提供资金支持。

澳大利亚悉尼：采取社会资本为主导的融资模式。初创企业 Skedgo 进行种子轮融资，由公司联合创始人投资；之后逐年进行了天使轮融资、A 轮融资，均由社会资本（如澳大利亚头部汽车销售企业）投资。

（四）推动立法与数据共享

数据是 MaaS 的核心，只有高质量的、实时的、可持续的并且能够得到安全保障的数据才能持续吸引用户使用。在公共交通层面持续生成高质量和实时的数据也是非常重要的。乘客希望像使用 Uber 那样，在地图上实时了解公交动态。而管理数据者需要考虑什么类型的数据适合或必须在何种范围（公共或私人层面）开放，即在什么样的情况和模式下、谁有权力获取、由谁负责。政府和企业可以为 MaaS 提供立法支持，设立数据共享标准，消除体制与合作方面的壁垒。合作建设城市交通"数字底座"，加强数据服务和创新，优化数据共享和应用框架、管理制度、流程规范、接口标准、数据种类、考核评价体系、数据安全等，并完善相应的数据管理机制。

欧盟：欧盟条例强制规定各成员国设立"国家数据接口"，交通管理部门、出行服务商等必须为动态、静态和历史原始数据提供"接口"，开放相关 APIs。数据必须在成员国之间无差别共享，并定期接受合规检查。

中国北京：交通委员会发布《北京市交通出行数据开放管理办法（试行）》，推动静态和动态交通出行数据向社会开放共享，制定了数据开放目录清单，并进一步加强城市数字底座建设。

美国洛杉矶：交通局的移动数据规范（MDS）是一个允许出行服务商和政府之间进行双向数据交换的开源数据共享标准，允许城市收集、分析和比较来自 MaaS 的实时数据。

（五）开展示范工程与挑战赛并进行评估

MaaS 示范工程或挑战赛可以由政府主导，或由企业或行业协会组织主导。挑战赛可以促进生态圈形成，并吸引投资。在 MaaS 实施过程中，城市需通过第三方机构对其效果进行定性、定量相结合的评估，评估结果用于考核企业的服务质量并提升项目的可持续性。

澳大利亚悉尼：新南威尔士州交通局发起 MaaS 挑战赛，挑选全球 MaaS 运营商在悉尼试点 MaaS 项目。

荷兰：政府通过迷你竞赛筛选出 24 家机构（包括公共交通企业、技术公司、保险公司、银行等）进行 7 个项目试点。

瑞典：立足环境、经济和社会三方面，瑞典的 KOMPIS 项目系统地设计了微观、中观和宏观层面的 MaaS 评估框架。

中国北京：针对 MaaS 的碳普惠减排效益，建立了较为完善的评估体系和方法学，并逐步探索更全面的 MaaS 指标评估方法。

（六）挖掘服务场景和用户群体

就服务对象而言，MaaS 方案是为了帮助终端用户，所以终端用户需要在项目设计之初就被纳入。MaaS 项目的设计需要考虑到：谁会使用、谁会最先使用、谁会最后使用，以及谁会成为项目推广者。基于此，决定 MaaS

需要优先考虑哪些功能。MaaS 需要融合多种出行方式，为多样化的用户群体提供服务。但 MaaS 终究只是一个供用户自行选择服务的接口，简单来说就是人们自己的选择，这是设计 MaaS 方案时必须明确的。MaaS 不可能解决所有的问题，其无法取代私家车。如果想要 MaaS 带来根本性的出门改变，需要花很长的时间。需要思考人们为什么会使用私家车，以及如何减少私家车的使用。停车是其中很重要的因素，将停车和公共交通换乘环节纳入 MaaS 系统，才能够真正触及终端用户的核心需求。

而对于 MaaS 服务应用的范围和场景，不同规模的城市会有所不同。大城市有很多的出行服务商，如多家共享单车或网约车公司在同一个城市运营，因此用户可以有多样化的选择。多数出行服务商都在大城市运营，而其需要可以接入的第三方平台。相较之下，中小城市用户在出行方面没有太多选项，因此能够较容易地要求这些出行服务商提供针对某一群体的服务。此外，即使同一城市也存在新旧出行方案整合问题，旧的实体设施和数字化设施可能无法马上兼容。

这就要求针对不同用户群体实现差异化的精准服务，参与方不局限于交通企业，也可以考虑针对企业的 2B 服务。城区 MaaS 可以以集约化出行为主，乡村地区则以提高可达性为目标。通过社区开发商、商业企业推动 MaaS 的局部试点，提高其在经济上的可持续性。

日本丰明市：MaaS 服务主要面向老年人、残障人士、指定区域的小学生。应用场景包括城市群、乡村和交通不便地区。满足弱势群体和交通不便地区居民的外出需求。

比利时安特卫普：提供定制化出行服务（包括一体化出行定制和自行车出行定制），如个人出行建议、即时信息推送等，开拓 MaaS 除交通功能之外的社会功能。

澳大利亚悉尼：通过大企业推动 MaaS 2B 服务的局部试点。为 IAG 集团员工提供通勤套餐，其中针对公共交通优惠幅度较大。这类 2B 的定制服务适用于企业的实际需求，将出行服务与工作结合起来，是 MaaS 落地的可行方案之一。

　　对于很多城市来说，MaaS 仍是一个新兴概念。MaaS 的成功实践不仅能为出行者和企业创造价值，而且也能在与城市可持续发展战略目标相吻合的条件下，推动社会和环境问题的解决。我国城市可以在研究已有案例的基础上，发展适合本地的 MaaS 项目，促进新兴出行方式的发展。未来，我们会看到更多的 MaaS 项目在我国启动，并逐渐成为人们日常生活的一部分。不过，情况也会因城市而异。这些因素导致每个城市乃至国家的 MaaS 系统和政策都会不一样。我们期待看到多元化的 MaaS 实践，探索更多的可能。

B.19
Robotaxi 无人驾驶出租车发展现状及趋势展望

吴　钊[*]

摘　要： Robotaxi 在远期有望变革人们的出行方式，随着现存痛点问题逐步被解决，我国 Robotaxi 已临近商业化前夕。然而，企业的商业化尝试尚未形成明确方向，关于开展商业化的条件也未有定论。本文旨在通过对 Robotaxi 商业化摸索初期的一些关键产业生态和挑战进行分析，总结成本、技术、服务、监管和市场接受度等方面亟待突破的瓶颈，并探讨未来基于企业、模式、服务和生态等维度的中国式商业化发展路径。

关键词： Robotaxi　无人驾驶出租车　自动驾驶

一　Robotaxi 发展现状

Robotaxi 即无人驾驶出租车，是基于高级别自动驾驶技术提供的新型共享出行服务。作为自动驾驶商业化落地最核心的场景之一，无人化和智能化的 Robotaxi 将极大改变人们的出行方式，带来巨大的商业价值想象空间，未来 Robotaxi 行业规模预计将达万亿级。因此全球各汽车产业大国均在政策、技术、配套产业等方面不断尝试与突破，力争率先实现高级别自动驾驶技术的大规模、商业化落地。同时，消费者的信心和期待也在逐步提升，希望获得更为安全、高效且低成本的出行体验。

---

* 吴钊，罗兰贝格全球合伙人，大中华区副总裁。

图 1　Robotaxi 发展演变与定义

资料来源：罗兰贝格、如祺出行：《自动驾驶出租车（Robotaxi）商业化前景展望》。

（一）政策发展现状

政策法规对 Robotaxi 的支持是其商业化落地的重要前提，中国在此方面优势突出。

政策的支持是 Robotaxi 实现落地的关键，包括适度宽松但严格把控的 Robotaxi 测试与商业运营准入资格、较大力度的激励与补贴政策、清晰划分的责任制度、及时的当地配套产业资源的"牵线搭桥"等。目前制定与颁布政策的主体是政府，其对 Robotaxi 行业的支持力度不尽相同，主要基于技术成熟度、当地资源、乘客和行人的安全保障能力、政府产业发展诉求等方面做出差异化决策，这将直接影响到各国 Robotaxi 的发展进程。各国具体的政策放开步伐一般沿着从郊区特定区域到城市中心的试点运营、从不允许载人出行到常规的载客出行、从免费乘坐到常态化的收费运营、从车内有安全员到限定条件下的无人值守进行演变。

图 2　各国 Robotaxi 政策的开放进度

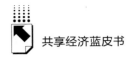

综观各国的 Robotaxi 政策开放程度，美国和中国是第一梯队的"领头羊"——已放开无驾驶员的商业化运营。其中，美国亚利桑那州的凤凰城于 2022 年上半年开放了东北部城市中心区域，允许面向公众、付费且无安全员的无人驾驶出租车业务运营，并在同年 11 月批准了凤凰城天港国际机场到市中心的 Robotaxi 运营路线。领先企业如 Waymo 已率先在凤凰城进行运营，并提供 7×24 小时全天候服务。而在我国，部分政策领先城市已在 2022 年上半年允许"主驾位无安全员、副驾有安全员"的 Robotaxi 商业化收费服务运营，小马智行等企业已率先获得运营资格并实现落地。不仅如此，我国各级政府通过运营、财政、设施、人才等多方面的政策支持和激励，鼓励企业在 Robotaxi 运营的同时，大胆探索车路协同的技术匹配与发展。

韩国和新加坡已开放面向公众的 Robotaxi 试运营，但仍规定需要配备主驾安全员，处于第二梯队。在韩国，首尔最早于 2021 年底在市区上岩洞的数平方公里区域内放开面向大众的 Robotaxi 收费运营服务，但仍配备主驾安全员。首尔在未来 Robotaxi 商业化方面计划将首尔市区更多的中心城区纳入 Robotaxi 开放运营区域。新加坡于 2016 年开启全球首个面向公众的 Robotaxi 试营业，在一条 6 公里长的道路上免费提供由雷诺和三菱改装的 Robotaxi 车辆的运营服务。同时，新加坡政府对于 Robotaxi 相关法规的完善也十分积极，致力于与学术界和企业共同推动法规完善。

其他国家如德国、以色列、英国等均已发布或即将发布相关法案，允许 Robotaxi 的测试和试运营，推动其商业化落地。如德国早在 2017 年就发布了《道路交通法（第八修正案）》，对 Robotaxi 和自动驾驶车辆的定义、事故责任以及赔偿细则等方面给出了原则性指导，并积极推动在 2022 年前推出无驾驶员 Robotaxi 在特定道路的上路许可；以色列于 2022 年通过法案，允许无驾驶员 Robotaxi 搭载乘客进行试营业；英国同样于 2022 年开始在伦敦市区进行 Robotaxi 的测试，旨在打造 Robotaxi 示范区，为今后全国范围内的 Robotaxi 运营打下基础、绘制发展蓝图。

总体而言，中国的 Robotaxi 政策法规环境更为开放，且已处于全球领先的位置，这将有望提升中国 Robotaxi 生态圈内各企业的布局积极性与发展可持续性。

（二）产业生态发展现状

Robotaxi 的成功商业化落地伴随着整个产业生态的演进，其中"金三角"模式成为典型发展范例。

Robotaxi 产业生态已初具雏形，根据不同企业的功能定位出现三大圈层。生态使能圈作为核心根基，提供不可或缺的产品、技术与服务，成为推动整个产业生态发展的关键力量，位于其中的三大核心企业积极推进 Robotaxi 商业化的落地与整体生态的成熟，并且孕育衍生出不同的创新商业模式；生态赋能圈保障产业链的顺利落地与完整运作，同时帮助提升关联企业的协同效应和价值空间，在整个生态圈中扮演着重要的支持作用；生态辅助圈企业为产业链提供更多样化的产品方案、商业模式以及相关设施保障，一定程度上推动产业正向发展与全生命周期的价值挖掘。

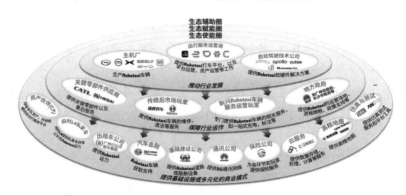

图 3　Robotaxi 商业化发展生态

资料来源：罗兰贝格、如祺出行：《自动驾驶出租车（Robotaxi）商业化前景展望》。

其中，由于生态赋能圈企业占据最为重要的战略地位且不可替代性强，三大类企业进行紧密合作或成大势所趋，以共同构建"金三角"模式。此模式下，主机厂提供定制化的 Robotaxi 车辆；出行服务运营商打造 Robotaxi

打车平台进行商业变现，并同时负责平台运营、资产运营等工作；而自动驾驶技术公司则专注于提供 Robotaxi 所必需的高级别自动驾驶软硬件技术解决方案，并通过自建或合作测试车队收集数据，不断进行方案的优化迭代。典型"金三角"模式代表企业有广汽集团+如祺出行+小马智行/文远知行、上汽集团+享道出行+Momenta、通用汽车+Lyft+Cruise 等，各方通过战略投资、战略合作或收购等方式形成深度绑定，并发挥自身所长，以实现资源聚焦与保持行业领先地位。

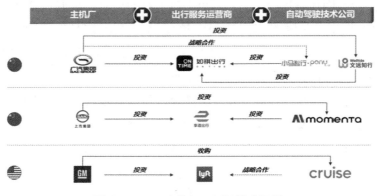

图 4   Robotaxi "金三角"模式示例

　　未来，Robotaxi 产业生态圈层将进一步发展、丰富和完善，在各类企业的共同助力、通力协作下，最终实现 Robotaxi 的成功商业化落地。

（三）技术发展现状

　　目前无人驾驶技术仍以特定范围内、低速且保守的无人行驶模式为主，距离大规模商业化应用仍有一定的距离。

　　全球各自动驾驶技术公司均致力于核心技术瓶颈的突破，从运行成果来看，目前领先的自动驾驶技术公司更多的是在划定的范围内进行 Robotaxi 的小规模运营，距离真正的城市级大规模商业化落地依旧需要一定的时间。具体而言，Robotaxi 技术需经历循环往复的迭代：技术初步迭代—为升级技术进行安全兜底—推动新区域的政策开放和标准建立—获得新区域的测试/运营资格—增加 Robotaxi 车队数量—新区域的运营/测试—获得新场景的长尾数据—技术新一轮迭代。其中技术迭代的本质在于通过海量驾驶场景的测试数据，模拟重现各种突发场景并推演最优解决方案，以实现算法与策略的升级，因此不断进行路端测试以获得长尾数据成为现阶段各自动驾驶技术公司的工作重心。

根据加州交通管理局（DMV）发布的自动驾驶报告，在加州测试的自动驾驶车辆总里程数 2021 年达 640 万公里，比 2020 年的 310 万公里翻了一倍。其中，美国与中国的自动驾驶技术公司居测试里程数榜首，包括 Waymo、Cruise、小马智行、文远知行、AutoX 等企业。值得注意的是，该榜单未能完全反映各企业的真实测试工作，如 Waymo 在凤凰城和底特律等地的测试运营数据并未被记录，中国企业如百度、AutoX 等均已将测试重心移回国内，以聚焦本国市场。综合而言，全球各领先企业均在大力推进自动驾驶技术的测试迭代和优化，在接管率、事故率、百公里接管次数等技术指标上持续取得突破，以 Robotaxi 为代表的高级别自动驾驶商业化变现已"箭在弦上"。

不仅如此，在技术指标达到行业和政府标准要求的基础上，还需在 Robotaxi 乘坐舒适性、运行效率、路线合理性等维度达到有人驾驶车辆水平，才标志着 Robotaxi 商业化目标的真正实现。目前 Robotaxi 车辆的行驶逻辑因考虑安全问题而以低速与保守为特征，技术成熟度有待提升。为实现 Robotaxi 乘坐体验达到有人驾驶车辆的程度，Robotaxi 车辆在感知系统和决策算法等层面均需要进一步优化迭代，同时可进一步结合路端的基础设施基于车路协同做出更为合理科学的决策规划。

（四）消费者接受度现状

全球各国消费者对 Robotaxi 的接受程度不断提高，56% 的受访者对 Robotaxi 服务持欢迎与接受的态度。

纵观全球，各国消费者对于 Robotaxi 出行服务的接受度均显著提升，根据数据统计，全球有 56% 的消费者愿意接受并使用 Robotaxi 服务。其中亚洲消费者的接受度最高，2020年9月达到了70%；而北美消费者接受度的增长幅度最为显著，从2019年6月的27%增至2020年9月的43%。

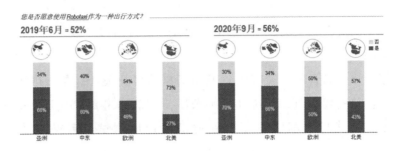

图5　全球各地区对Robotaxi服务的接受度

资料来源：罗兰贝格：《汽车行业颠覆性数据探测》，2021年10月。

从单个国家的角度而言，中国、印度和阿联酋等国的消费者对Robotaxi的接受程度最高，大部分受访者持欢迎态度。同时，美国、德国、英国、荷兰、瑞典、比利时等欧美国家的消费者对Robotaxi的接受程度的提升幅度最为显著。

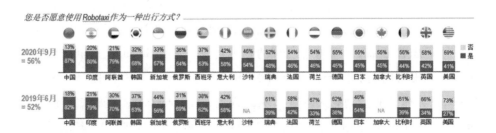

图6　全球各国对Robotaxi的接受度趋势

资料来源：罗兰贝格：《汽车行业颠覆性数据探测》，2021年10月。

消费者对Robotaxi的接受度不断提升且持续开放态度，为产业生态的变现构建了坚实的基础，使得产业生态中各企业的商业化变现努力不再仅仅是纸上谈兵，前景愈发明朗。

二 Robotaxi 发展难点和挑战

Robotaxi 产业仍处于商业化阶段初期，成本、技术、服务、监管和市场接受度五大方面构成了其进一步发展成熟的主要挑战。

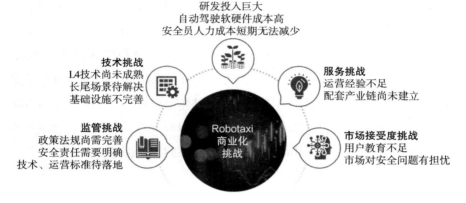

图7 Robotaxi 商业化面临的挑战

资料来源：罗兰贝格、如祺出行：《自动驾驶出租车（Robotaxi）商业化前景展望》。

（一）成本挑战

高额的车辆+自动驾驶套件成本和运营成本成为 Robotaxi 商业化的核心阻碍，全方位的降本将成为行业未来探索的重要课题。

为满足 Robotaxi 所需的高级别自动驾驶汽车制造与软硬件套件搭载，以及日常运营所需的安全员、车队管理、出行平台管理等需求，且考虑到发展初期的产业规模化不足，目前 Robotaxi 的单位服务成本仍远高于有人驾驶的网约车服务，成为 Robotaxi 大规模商业化落地的核心阻碍。

车辆成本为 Robotaxi 最主要的资本投入之一。为实现高级别自动驾驶功能，Robotaxi 车辆均会配制大量价格昂贵的智能化软硬件，包含高性能计算芯片、激光雷达、毫米波雷达、摄像头、IMU、高精度地图、智能线控底

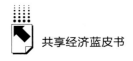

盘，以及相应的感知、决策与执行软件算法。同时，为确保安全性和可靠性，传感器和其他系统的冗余部署也将进一步增加整车成本。不仅如此，在技术路线尘埃未定的背景下，目前 Robotaxi 车辆的生产制造主要依赖后装改造，难以借力工业化规模量产快速且低成本的实现 Robotaxi 生产制造，导致 Robotaxi 的单车成本达百万元级水平。在此情况下，关键部件的集成优化、产业链的本土化、规模化生产制造等潜在路径将成为未来整车降本的关键。

运营成本方面，安全员人力成本是目前占比最大的一环。由于安全监管的政策要求和技术水平的不成熟，安全员的配备对于全球大部分区域而言仍将持续一段时间，这也导致 Robotaxi 无人化的优越性在短时间内难以体现。除此之外，Robotaxi 的车队资产不再由司机拥有，因此带来的车队资产支出以及出行平台管理支出也将提升 Robotaxi 的整体运营成本。相应的降本方案仍处于早期探索阶段，其中安全员的逐步取消以及成熟的车队资产管理和出行平台搭建方案将成为凸显 Robotaxi 运营经济性的重要措施。

（二）技术挑战

长尾场景的覆盖进度决定了 Robotaxi 商业化的落地速度，另外配套的自动驾驶软硬件和路端基础设施仍有待进一步完善。

目前自动驾驶技术在感知和决策算法层面仍有提升空间，接管率、事故率、平顺性等指标水平仍在部分场景下无法完全满足人们对于 Robotaxi 的期待。技术的不成熟也直接影响了政府对于 Robotaxi 的开放态度和企业可实现的商业化落地节奏。

长尾场景的覆盖与解决将决定 Robotaxi 商业化落地的速度。目前自动驾驶技术可实现基本的单车智能和 90% 以上驾驶场景的覆盖，然而难以预测且变化多端的长尾场景成为自动驾驶技术完全成熟的核心瓶颈。因此，虽然全球多地已开展试运营，但仍有大量的路测数据积累和算法迭代工作亟须开展，以满足接管率低于 0.02%、事故率接近 0 的商业化目标。

智能化软硬件方面，感知能力、计算能力等也存在提升空间。安全作为消费者和政府的最大顾虑，Robotaxi 未来需在实现无人驾驶的基础上，以保证乘客安全和行人安全为先决条件。因此，Robotaxi 搭载的软硬件需要完全满足功能安全、预期功能安全、网络安全等要求，并确保车载操作系统、环境感知、高精地图与定位、预测决策与规划、控制与执行、车路协同等模块的零技术缺陷与适当冗余，最终实现 100% 的行驶安全保证。

除 Robotaxi 车端的技术升级迭代以外，路端的基础设施尚不完善。车路协同以路侧系统和车载系统为基础，通过无线通信实现车路信息交互和共享，发挥路侧的感知甚至决策功能，与车辆进行协同感知决策，以减少交通安全事故并提高交通效率。车端与路端 + 云端的信息交互也将进一步提升 Robotaxi 的性能表现与安全性。然而相比我国庞大复杂的交通道路网络，当前支持自动驾驶服务的路端设施严重不足，相关配套设施的完善仍需时日。

（三）服务挑战

Robotaxi 既带来了车辆技术的演进更迭，也将催生出围绕无人出行服务的多元化创新商业模式，相关模式的探索也将成为绑定消费者、构建差异化竞争优势的关键所在。

Robotaxi 的商业模式同样处于探索阶段，对于其衍生出的新型商业模式，包含平台运营、资产管理、车辆服务管理和用户体验等，仍需要大量数据积累和模式探索，以提升模式的可落地性与对消费者的吸引力。

平台运营方面，由于目前运行里程和消费者数量有限，平台在运力调度和突发状况处理方面尚未经过系统性验证。同时还需考虑在运力调度过程中的高效混合派单逻辑，以有效统筹无人 Robotaxi 和有人驾驶的网约车辆，提升整体运营效率。

资产管理方面，随着 Robotaxi 车队规模的扩大，车队资产的管理与资金的支持将成为另一重要问题。单一公司将难以独自持有城市级规模的 Robotaxi 车队资产，因此政府、主机厂、自动驾驶技术公司和社会力量通过合资、租赁、融资等方式实现车队资产的共同持有将成为有效的解决方案。

车辆服务管理方面，Robotaxi 行业需要规模化的车辆前端生产和专业且低成本的后端服务体系作为支撑。前端生产包含车辆改装和标定，而后端服

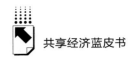

务体系则涉及充电、维修、保养、清洁等一系列后市场环节。现阶段暂缺针对 Robotaxi 的专项配套服务，体系仍有待建立。

在用户服务方面，车辆行驶过程中的用户体验将是 Robotaxi 出行服务运营商体现差异化的重要环节。网约车时代主要依靠司机为用户进行各项车内服务，提升乘坐体验，而无人车辆如何为用户提供额外的增值服务将成为一大新课题。

（四）监管挑战

如何平衡对行业安全性的持续追求与宽松环境下产业的积极推进成为政府监管中的首要难题。

政府在 Robotaxi 的政策监管力度和开放程度上面临挑战。一方面，各地政府希望营造宽松的监管环境，以积极推进 Robotaxi 产业在当地的迅速发展，以成为首批商业化运营示范城市。另一方面，面对 Robotaxi 技术暂未成熟的状态，政策方面也倾向于以稳为先，在牌照发放、运营区域、运行时段、安全员配备等方面作出相应限制。如何在吸引产业内企业在当地投资运营的同时，正确把握监管力度以保证社会交通安全成为政府监管中的重大难题。在此基础上，政府需要分阶段制定明确的支持鼓励政策、安全责任划分和技术运营标准。目前各地政策依旧是以大力支持的态度为主，并不断完善配套政策标准和提升管控能力。Robotaxi 的商业化落地处于有序且积极推进的过程中。

（五）市场接受度挑战

考虑到用户仍待培育、安全性仍待提升和价格仍待优化等因素，市场端对于 Robotaxi 的接受度仍有持续提升空间。

目前，Robotaxi 的市场接受度相比网约车仍有待提升，主要源于三大层面：一是目前运营的区域和场景有限，较低的曝光度导致用户培育不足、认知度不高；二是技术尚未得到大规模市场化验证，民众对于其安全性仍存在顾虑；三是高昂的成本支出引发消费者对 Robotaxi 收费价格的担忧。

根据罗兰贝格《汽车行业颠覆性数据探测》，Robotaxi 的安全保证成为各国消费者选择该出行模式的重要前提，尤其是在中国，有55%的受访消费者认为在技术的安全性和成熟度被验证后将愿意使用 Robotaxi。同时，相对低廉的价格费用也是 Robotaxi 商业化的重要前提，当其价格低于现有的有人驾驶网约车或公共交通服务时，消费者乘坐的意愿度将显著提升。

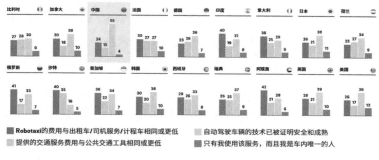

图8 消费者愿意使用 Robotaxi 的原因分析

资料来源：罗兰贝格：《汽车行业颠覆性数据探测》，2021年10月。

三　Robotaxi 未来趋势展望

随着行业内技术成熟度、企业模式、单位成本、政策态度等格局的不断演变，Robotaxi 产业将出现四大核心趋势：新企业、新模式、新服务和新生态。展望未来，Robotaxi 的技术成熟与商业化落地将激发出整个汽车行业新的发展生机，并围绕其所带来的巨大价值空间实现商业化变现与利润挖掘。

（一）新企业

专注于前端自动驾驶车辆生产制造，以及后端车队运营维护的专业解决方案提供商将出现。

随着 Robotaxi 技术的成熟以及车队规模的扩大，Robotaxi 在前端的规模化量产制造以及后端运营维护等方面将需要新企业提供专业的解决方案，以

保证车队在车辆购置成本、运营效率、全生命周期成本、车辆使用率、服务专业性等方面具有竞争力。新企业将定位于专门围绕 Robotaxi 前端车辆制造与后端维保服务需求提供定制化解决方案。

对于前端车辆制造而言，主机厂将对其所生产的 Robotaxi 车辆质量进行把关，同时也希望尽可能的降低成本以提升市场竞争力并获得更高的利润。因此在部分可外包的领域，如线控改装、参数标定、车辆测试等环节将积极寻求第三方进行合作，以实现更低成本下完成车辆生产改装，同时利用第三方在全国的网络资源进行区域化适配改装与标定部署。

在后端车辆日常维护方面，网约车时代的执行主体更多的是驾驶员。而进入 Robotaxi 时代，大量的无人车如何有效、迅速、低成本的进行卫生清洁、日常保养、充电补能、维修维护、出车/收车检验等将成为一大挑战。针对这个相对空白的领域，传统后市场企业、车队管理方、出行服务运营商甚至初创企业均有机会进入，通过自身资源优势探索合理的商业模式，完成车辆运营的后端闭环。

（二）新模式

未来在资产管理端将出现减轻运营方车队资产负担的资产分离模式，在运营端将出现政府更加放开的全面许可模式。

随着 Robotaxi 商业化的规模落地，其车队规模需覆盖整个城市的大部分区域，车辆购置对运营方而言将成为较大的资产负担，而资产分离模式有望成为 Robotaxi 车队资产管理的主流解决方案。在未来政策开放的环境下，每个大型城市将出现数个具备资金实力的车队资产管理方，包括拥有丰富当地资源的地方性资产管理方、拥有多地网络布局且资金雄厚的大型全国性资产管理公司和融资租赁公司。运营方可将部分车队资产转移给资产管理伙伴持有，大大减轻自身资产负担，可将有限的资源投向市场开拓、客户培育与平台运营等方面，以轻量化模式快速抢占市场先机。

同时，政府也将不断弱化自身在产业链中的参与度，逐步转变成产业链的监管者，并在合理框架下全面许可企业进入 Robotaxi 的运营市场。全面许可模式下，开放的市场将更能激发各企业在商业模式、差异化产品、增值服务等方面的创新活力，打造可持续发展的市场环境。

（三）新服务

Robotaxi 时代将围绕用户乘车前与乘车中衍生出众多创新服务模式与利润机会。

未来以用户体验为核心的全生命周期服务运营，将成为各 Robotaxi 出行企业的主要差异化维度，因此如何发现消费者需求，并针对性的提供定制化增值服务将成为关键要素。Robotaxi 服务包含乘坐前的调度体系以及乘坐中的车内体验两大方面。

调度体系的核心为运营平台的派单和车辆调度算法。与网约车相类似，其派单速度、打车费用预估、上车地点精准度等将极大影响用户对平台的评价。而在 Robotaxi 时代，有人驾驶网约车与 Robotaxi 的共存将在一段时间内成为常态，混合派单的需求将进一步提升派单问题的复杂程度。为用户提供稳定且迅速的有人驾驶网约车与 Robotaxi 的接驾组合将成为 Robotaxi 时代的新型服务。

网约车时代的乘车体验以专业贴心的司机服务为主，而 Robotaxi 实现无人化后的用户乘坐体验将推出更大的盈利空间，包括个性化的座舱调节，如对车内的温度、灯光、湿度、香气、背景音乐等根据用户喜好进行自动控制；多样化的娱乐方式，如人机交互、游戏娱乐、AR 和 VR 体验、社交、特色驾乘体验等服务。此外，对于办公、用餐、休息等场景的扩展将成为未来潜在的发展方向。

（四）新生态

随着 Robotaxi 商业化的落地以及技术和政策的日趋成熟，汽车行业现有企业将涌入 Robotaxi 赛道，以推动行业生态多元化发展。

现有的传统汽车企业也将围绕 Robotaxi 赛道与赋能/辅助生态圈进行积极转型，提供针对 Robotaxi 车辆与服务特点的定制化服务。其中针对

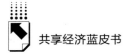

Robotaxi 和自动驾驶相关的保险公司与险种产品，预计将在责任分配方式明确后大量出现，基于消费者和车辆数据，为生态圈中各企业和消费者提供保障；各大金融公司也有望积极推出针对 Robotaxi 制定的各类金融方案，降低运营方资产负担的同时，也可根据服务对象提供如车辆状态追踪的数字化赋能；闲置的个人 L4 自动驾驶车辆和出租车公司的 Robotaxi 车辆也将为运营平台提供灵活运力支持，以减轻车队购车的资产负担。传统后市场企业也将为 Robotaxi 提供专业的后端全生命周期服务，包括针对无人化特点的批量维修保养、充电补能、清洁卫生、二手车回收等解决方案。

图 9　Robotaxi 未来趋势展望

B.20
2023年城市居民交通出行调查报告

孙 磊 范文清*

摘 要： 技术的变革正在改变出行行业，同时也在影响城市居民的出行方式。本调查发现，私家车、公交、地铁仍是居民最为习惯的出行方式，城市出行仍存在停车及道路交通资源紧张，现有出行手段无法完全满足城市居民需求等问题。在此背景下，叠加技术升级、市场需求、政策引导、经济推动等因素，我国的出行新方式随之诞生，其不仅满足了用户的差异化、多场景出行需求，同时也让居民在出行最为频繁的 50 公里半径内可选择的出行方式变得更加丰富。随着网约车、顺风车、汽车租赁等细分市场不断发展，整个出行服务市场正在不断更迭与升级完善。

关键词： 城市交通出行 网约车 顺风车 汽车租赁 共享单车

一 城市出行调查背景

作为连接社会经济、消费生活的重要一环，交通出行在社会发展、能源转型中扮演着重要角色。了解当前人们出行需求，展望人们出行习惯偏好和未来变化趋势，有助于为形成更智慧的城市交通出行解决方案建言献策。

与此同时，后疫情时代，随着公共交通的放开，市民对于出行工具

---

* 孙磊，《每日经济新闻》汽车频道编辑；范文清，《每日经济新闻》汽车频道编辑。

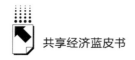

的选择越来越多。但公交或地铁等人员密闭环境，使得许多人开始考虑更加便捷的出行方案，网约车、顺风车、互联网汽车租赁等成为新的出行选择。

那么，当前国内的出行方式呈现怎样的形态呢？人们在出行中有哪些痛点和畅想？由《每日经济新闻》和"共享出行蓝皮书"编委会开展的"2023城市交通出行问卷调查"（以下简称"调查问卷"）结果显示，私家车、公共交通和网约车为当下城市居民交通出行的主要方式，但停车、道路交通资源紧缺仍是城市发展中亟待解决的问题。

本次调查共收回1176份问卷。其中，填写问卷的男性为539名，女性为637名。年龄方面，分别有99名"00后"（8.42%）、690名"90后"（58.67%）、329名"80后"（27.98%）、43名"70后"（3.66%）、15名"60后"及以上（1.27%）的城市居民参与调查。城市分布方面，来自一线及新一线城市的居民占比为55.7%，来自二线、三线和其他城市的居民占比分别为23.64%、11.56%和9.28%。

二　城市出行方式的选择

互联网技术快速发展，其影响力已渗透到生产生活的方方面面，也深刻地改变了人们的出行方式。经过近十年的发展，移动出行进入新的发展阶段，城市层面的出行方式也在发生改变。

（一）私家车是当前居民最为习惯的出行方式

调查问卷结果显示，在所有出行方式中，有35.89%的参与者认为私家车是最为习惯的交通出行方式。同时，另有19.63%、15.64%及14.42%的参与者分别表示地铁、网约车/出租车、公交同样是习惯使用的交通出行方式。此外，使用自行车和电单车出行的参与者占比达12.57%，还有1.84%的参与者习惯步行外出。

交叉分析来看，在没有私家车的参与者中，有39.47%的参与者习惯使

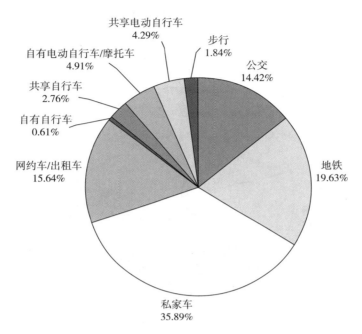

共享电动自行车
4.29%

步行
1.84%

自有电动自行车/摩托车
4.91%

公交
14.42%

共享自行车
2.76%

自有自行车
0.61%

地铁
19.63%

网约车/出租车
15.64%

私家车
35.89%

图1 城市居民日常出行交通方式选择

用公交出行，有 21.05% 的参与者习惯使用地铁出行，有 15.79% 的参与者选择网约车/出租车；在拥有私家车的参与者中，除私家车外，其更青睐于使用地铁和网约车/出租车出行，其选择公交出行的意愿要低一些。

从城市分布来看，在以北京、深圳、成都、武汉为代表的一线与新一线城市中，除私家车外，参与者最常选择的出行方式是地铁，其次是网约车/出租车和公交；而在二线城市中，除私家车之外，参与者最常选择的出行方式是网约车/出租车和公交，其次是地铁；在三线城市中，参与者最常使用的出行方式是公交，其次是网约车/出租车、地铁和共享单车。

（二）便利性是日常出行交通方式选择时最为关心的要素

对于选择交通工具出行优先考虑的因素，便利、时间短、安全、舒适、

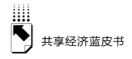

花费低成为参与者最为关注的要素，在所有出行方式因素中占比分别为
23.7%、14.7%、14.5%、13.8%、12.0%。

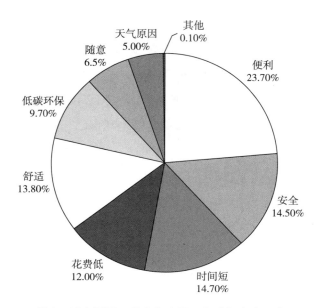

图2　城市居民日常出行交通工具选择考虑因素

三　城市交通出行的满意度分析

在出行过程中，城市居民遇到的问题，排前五位的分别是停车难、出行
花费高、出行距离远、出行不便利、出行不环保。这表明时下出行中仍存在
停车及道路交通资源紧张、现有出行手段无法完全满足城市居民需求等
问题。

在一线与新一线城市及二线城市中，参与者认为停车难是其出行过程中
的首要难题，其次出门距离远和出行花费高也困扰着相当一部分参与者；三
线城市中，除了出行距离远和出行花费高外，出行不便利也是参与者遇到的
出行难题。

不仅如此，另一项关于道路通勤时长的调查也有助于理解城市居民出行

中的现实难题。调查问卷显示，有 50% 的参与者日常通勤时间在 30 分钟至 1 小时，6.14% 的参与者每日需要花费超过 1 小时的时间在路上。

对于没有私家车的参与者而言，其中 44.74% 的通勤时间在 30 分钟以内，另有 52.63% 的参与者的通勤时间在 31~60 分钟，时常在 1 个小时以上的占比较小；而对于拥有私家车的参与者而言，通勤时间多数在 1 个小时之内，但相比没有私家车的参与者而言，通勤时间超过 1 个小时的占比较高。

在城市方面，在一线与新一线城市及二线城市中，参与者的通勤时间也均控制在 1 个小时内，且 30 分钟至 1 小时的参与者占比要高于通勤时间在 30 分钟内的参与者占比；在三线城市中，有 67.5% 的参与者通勤时间在 30 分钟以内，仅有 30% 的参与者的通勤时间在 30 分钟至 1 小时。

事实上，出行市场存在一些根本性的问题，其中车辆和道路方面的矛盾凸显。以北京为例，每平方公里的车辆数量已接近 4000 辆，超过了纽约的车辆密度。一线城市上下班通勤时间段，车辆有将近一半时间因拥堵而停滞不动，达到将近 40 分钟。

在通勤距离方面，有 32.82% 的参与者通勤距离为 5~10 公里；其次 3~5 公里的通勤距离的参与者占比为 22.39%。19.94% 和 14.72% 的参与者的通勤距离分别为 5~10 公里和 1~3 公里。

调查数据显示，在一线与新一线城市中，参与者的通勤距离为 5~10 公里的居多，占比 32.79%；在二线城市中，通勤距离为 5~10 公里的占比为 41.03%，其次 21.31% 的参与者为 10~20 公里的通勤距离；三线城市中，通勤距离为 1~3 公里和 5~10 公里的参与者占比相当，均为 27.5%，其次是 3~5 公里的。

值得注意的是，虽然目前在出行过程中存在不少问题，但参与者对其所在地区的交通出行状况有着不错的评价。从调查结果来看，26.69% 的参与者给出了 8 分，其次 20.86% 的参与者给出了 7 分，而 6 分、9 分和 10 分的占比分别为 12.27%、20.55%、9.51%。此外，10.12% 的参与者认为其所在地区的交通出行状况还未达到及格水平。

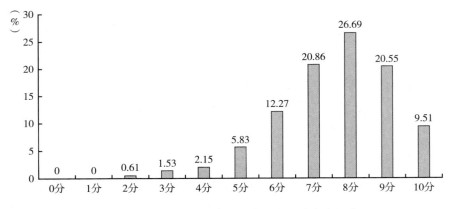

图3 城市居民所在地区交通出行状况满意度评分

在一线及新一线城市中，给出 8 分的参与者占比最高，其次是给出 9 分和 7 分的参与者；在二线城市中，给出 8 分的参与者占比最高，其次是给出 7 分和 9 分的参与者；在三线城市中，给出 7 分和 9 分的参与者占比相当，均高于给出 8 分的参与者占比；在其他城市中，给出 7 分的参与者占比最高。由此可见，交通出行方式齐全的一线及新一线城市的居民，对于其所在城市的交通出行满意度较高。

在没有私家车的参与者中超三成的参与者给出了 7 分的评分，占比最高，其次是给出 8 分的参与者；在有一辆私家车的参与者中，其给出的评分相对较高，主要集中为 8 分、9 分；在有二辆及以上私家车的参与者中，给出 7 分、8 分、9 分的参与者占比相差无几。总体来看，拥有私家车的参与者对于其所在地区的交通出行状况更为满意。

从上述调查结果可以看出，出行市场当前面临问题的破解之道或将出自移动出行新方式，即通过结合地铁、公交的固定供给，加上网约车、顺风车等的弹性供给，缓解出行供需矛盾，进而满足整体出行需求。

而针对目前的出行需求，23.2% 的参与者希望城市引入地铁来解决道路拥堵、通勤时间过长等问题；16.5%、15.8%、12.8%、11.9% 的参与者分别希望引入公交、共享电动自行车、网约车/出租车、共享自行车来解决上述问题。

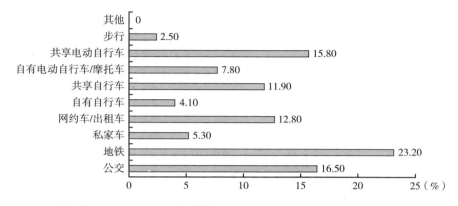

图4 城市居民希望所在地区优先增加的出行方式

与此同时，私家车、自有自行车、自有电动自行车/摩托车等出行方式也被参与者认为可以用于解决出行难题。

从城市分布来看，在以北京、深圳、成都、武汉为代表的一线与新一线城市及二线城市中，参与者更希望引入的是地铁，其次是网约车/出租车、共享电动自行车和公交；在三线城市中，地铁同样是参与者最希望引入的出行方式，其次是共享电动自行车、网约车/出租车和公交。

无论是没有私家车的参与者，还是有私家车的参与者，地铁都是其最期望引入的出行方式，而这与上述结果相一致。不同之处在于，拥有两辆及以上私家车的参与者希望引入共享电单车的意愿要强于无私家车和仅有一辆私家车的参与者。

此外，在引入公交方面，无私家车的参与者意愿要强于有私家车的参与者；有私家车的参与者相比无私家车的参与者更希望引入网约车/出租车来解决交通出行问题。

四　居民对新出行方式的态度

据了解，新出行方式通过解决出行痛点可有效提升用户黏性。汽车租赁可有效解决用户长距离交通需求痛点（大于50公里），网约车可有效解决用户中距离交通需求痛点（10~50公里），而共享单车及共享电单车可有效解决用户短距离交通需求痛点（0~10公里）。

事实上，在建设交通强国的背景下，良好的政策环境催生了共享单车、共享电单车、网约车、汽车租赁等交通运输新业态。调查结果显示，38.2%的参与者认为，与其他公共交通相比，其偏好新出行方式的关键原因是便利和节省时间。

除此之外，14.2%的参与者认为新出行方式乘坐（使用）舒适；15.8%的参与者认为新出行方式费用低；6.6%的参与者认为新出行方式服务体验更安全；15.2%的参与者认为新出行方式更符合绿色出行理念。

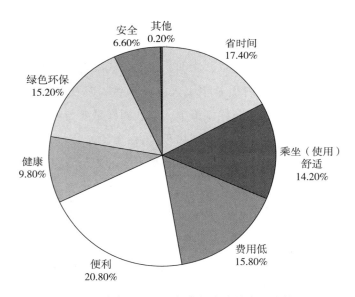

图 5　城市居民认为新出行方式的主要优势

值得注意的是，疫情改变了人们对出行方式的偏好。调查问卷显示，55.52%的参与者认为疫情让其选择新出行方式的次数相对增加；25.46%的参与者认为疫情让其选择新出行方式的次数相对减少；18.1%的参与者认为疫情让其选择新出行方式与公交、地铁的次数都减少。

从城市分布来看，一线与新一线城市的参与者在疫情期间选择新出行方式的意愿更加强烈，而相对于一线与新一线城市、二线城市、三线城市，其他地区参与者认为选择新出行方式的次数相对减少的占比较高。

疫情让更多没有私家车和仅有一辆私家车的参与者选择新出行方式的次数相对增加。而对于有两辆及以上私家车的参与者而言，疫情让其选择新出行方式与公交、地铁的次数都减少。

事实上，在国家"双碳"目标下，新出行方式也成为出行新趋势，相关部门已出台相关政策，鼓励新出行方式等发展。在此背景下，76.38%的参与者认为政府应该鼓励增加新出行方式，同时9.51%的参与者认为政府应该限制增加新出行方式，14.11%的参与者不确定是否要限制增加新出行方式。

面向未来，25.6%的参与者会增加共享电单车的使用频次；22.5%的参与者会增加网约车的使用频次；20.2%的参与者会增加共享单车的使用频次；增加顺风车、定制公交、无人驾驶出租车的使用频次的用户占比分别为16.3%、8.7%和5.5%。

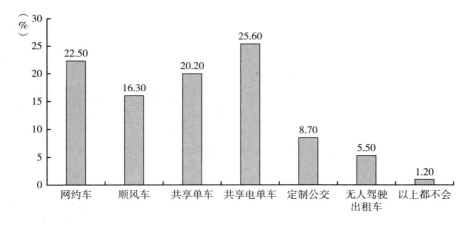

图6　城市居民未来增加出行方式的选择

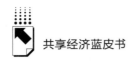

事实上，新出行方式背后的市场潜力也很可观。公开数据显示，2019 年中国新出行市场规模大约为 2700 亿元，2020 年受疫情影响增速首次出现下滑，2021 年恢复增长，达到 2344 亿元，预计 2022 年中国新出行市场规模达到 2436 亿元，业内普遍预计该市场未来将持续保持增长态势。

五　用户对网约车出行的态度：私家车车主更愿意使用网约车

在所有的新出行方式中，网约车成为参与者选择最多的新出行方式。调查问卷显示，39.26% 的参与者更加偏好这种出行方式。

在人们日常出行需求不断增加的背景之下，其个性化和快捷性的要求也持续提高。网约车作为具有一定消费能力人群出行的选择之一，可以为用户提供方便、舒适和灵活的服务。

在使用网约车的人群中，便利、省时间以及乘坐（使用）舒适是其认为网约车最显著的优势所在，分别有 24.3%、22.3% 和 19.9% 的网约车用户选择了这三项。

从城市来看，在偏爱网约车的参与者中，来自以北京、深圳、成都、武汉为代表的一线与新一线城市的参与者更多，其次是二线城市、三线城市及其他城市，占比分别为 55.04%、24.03%、13.18% 及 7.75%。

事实上，上述数据也反映了网约车下沉市场的渗透率仍然较低的现状。公开数据显示，2020 年巡游车客运量中，三线及以下城市的占比仅为8.0%；2020 年滴滴出行、首汽约车和曹操出行三家平台的用户中，在三线及以下城市的用户占比分别为 16%、5%、5%。

从用户年龄分布来看，"90 后"是网约车用户的绝对主力，达到了56.59%，其次是"80 后""00 后""70 后""60 后"及以上，占比分别为 31.78%、6.98%、3.10% 和 1.55%。

此外，在使用网约车的参与者中，更多的是家里拥有一辆私家车，

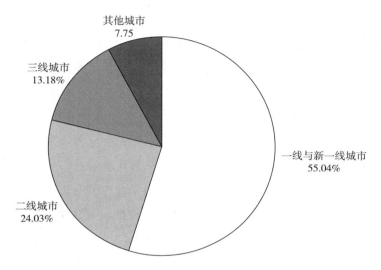

图7 使用网约车城市居民所在城市分布

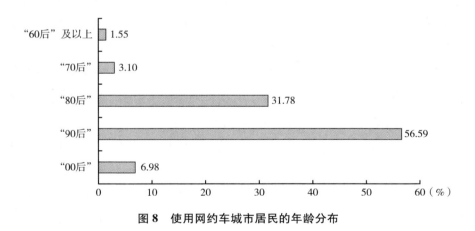

图8 使用网约车城市居民的年龄分布

而非无车家庭,其在所有参与者中占比达到了 78.29%。对比之下,12.40% 的无车参与者和 9.30% 的拥有两辆及以上私家车的参与者青睐于网约车。

随着网约车平台向规范化运营转变,用户黏性得到各平台的重视。网约车行业用户启动次数和使用时长逐步增长,用户黏性不断提升。

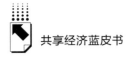

从问卷调查的结果来看，滴滴出行依旧是网约车乘客首选的出行平台，在所有偏爱网约车这种出行方式的参与者中，80.4%的乘客更加青睐于这一平台，其次是高德与美团打车。根据公开数据，尽管滴滴出行市占率有所下滑，但其2022年9月的市场占有率仍达77%，这在一定程度上与问卷调查结果相呼应。

之所以选择自己偏爱的网约车平台，45.7%的参与者认为应答速度快是首要考虑因素。同时，41.3%的参与者称只熟悉其所偏爱的平台，而安全性高、司机服务好同样是网约车乘客在选择出行平台时的考虑因素。

在网约车的使用层面，网约车乘客普遍对价格较为敏感。在从A点到B点的所有解决方案中，网约车能直接提供端到端、不需要换乘接驳的服务，这无疑是其明显的优势，但用户也关注为此所需支付的费用。

调查问卷显示，超六成的参与者希望网约车的价格更低一些。据了解，滴滴出行等平台在过往的几年中对高峰时段的起步价、里程费和时长费等费用标准进行了数次不同程度的调整，乘客在网约车方面的花费较之前增加了不少。

与此同时，在影响网约车使用体验的众多因素之中，52.2%的参与者关心车辆等待时间，占比仅次于价格。其次分别是司机素质、车型车况、安全系统，这些因素均受到了30%以上参与者的关注。

值得一提的是，在享受网约车带来的出行便利的同时，27.0%的参与者认为网约车可以提供社会价值，增加社会就业。《中国网约车新就业形态发展报告》显示，网约车新业态已经覆盖全国400多个城市，带动大量劳动力投入其中。广东、江苏和山东的网约车就业量排前三名，其中广东省的网约车司机总量最大，超过157万人。分城市看，东莞、北京和成都三个城市的网约车就业量居全国前三位。

此外，20.4%的参与者认为推进节能减排是网约车带来的好处。值得一提的是，越来越多的网约车平台正在加大新能源汽车的投放使用力度。某网约车平台公布的数据显示，共投放纯电动汽车近10万辆，2022年全年碳减排量高达62万吨。

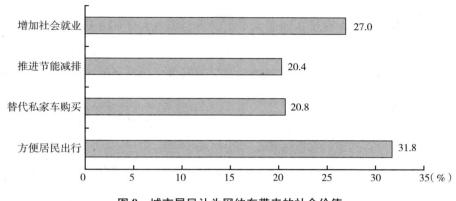

图9 城市居民认为网约车带来的社会价值

不过，65.95%的参与者认为政府需要控制网约车数量，并应该根据城市交通情况予以灵活调控。交通运输部的数据显示，截至2022年12月31日，全国共有298家网约车平台取得了网约车平台经营许可，全国共有509万人取得了网约车驾驶证。

面对当前网约车平台及车辆数量的增加，34.05%的参与者认为网约车数量应由市场调节，无须政府干预。事实上，随着网约车规模逐渐见顶，过去烧钱补贴的扩张策略逐渐失效，网约车行业未来竞争的关键将从流量竞争转向服务能力竞争，需要更加重视用户服务，才能在激烈的市场竞争中脱颖而出。

六 对顺风车的使用调查：在年轻人群中更受青睐

作为所有共享经济中唯一不给社会造成新的资源浪费、环境污染、不占用额外停车资源的出行业态，顺风车也在新出行方式中扮演着重要的角色。

通常来说，顺风车应当符合以下要求：一是应以车主自身出行需求为前提、事先发布出行信息；二是由出行线路相同的人选择合乘车辆；三是不以营利为目的，分摊部分出行成本或免费互助；四是每车每日合乘次数应有一定限制。

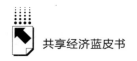

通常在早晚高峰期间公共交通工具会出现供不应求，出租车、网约车等出行方式的应答率会降低，而顺风车由于主要场景为日常通勤，运力供给最为充分。顺风车平台通过大数据和算法，将车上空座精准匹配给有出行需求的人，从而能有效疏解早晚高峰时期的交通压力，缓解潮汐拥堵，尤其是满足公共交通较难覆盖的部分出行需求。

值得注意的是，顺风车并不以营利为目的，越来越多的年轻人认识到顺风车与费用较高的网约车服务相比是更具吸引力的替代方式，顺风车逐渐成为年轻消费者出行的首选。事实上，如何提升顺风车的即时性也成为诸多平台关注的重点。有顺风车平台表示，缩短顺风车订单平均应答时长，以及帮助乘客更快上车成为其业务发展的重点。

对于顺风车平台的选择，参与者中无论是乘客还是车主，他们的选择绝大多数集中为嘀嗒、哈啰和滴滴三个平台，而这三者也占据了国内顺风车市场的绝大部分份额。

不过，值得注意的是，疫情使顺风车行业的运营规模受到了影响，用户使用顺风车的频次有所降低。在疫情防控新阶段，沉寂已久的顺风车业务又重新回归大众视野。有顺风车平台数据显示，2023年春节期间，网约车出行的需求量以及供给量均大于2022年，自2023年1月7日启动春运出行保障工作以来，该平台累计接到的顺风车乘客发单数量较2022年增长超过105%。

据了解，国内四轮出行市场包括出租车扬召和出租车网约、网约车和顺风车，顺风车虽然只占1%的份额，但增长态势强劲。公开数据显示，预计未来五年，顺风车将是增长最快的细分市场之一。

七 汽车租赁的使用场景：旅游自驾最常见

汽车租赁业被称为交通运输服务行业，具有无须办理保险、无须年检维修、车型可随意更换等优点，以租车代替买车可以有效控制企业成本，而这种外企十分流行的管理方式，正慢慢受到国内企事业单位和个人用户的青睐。

据了解，我国汽车租赁市场主要经营模式有长期租赁、短期租赁和分时租赁，三种模式在使用对象、使用场景、租赁方式和车型特征等方面存在显著差异。我国租车市场中长期租赁应用场景以企业用车为主，短期租赁和分时租赁均以个人用户短期用车需求为主。

其中，短期租赁主要应用于中短途自驾场景；分时租赁则在城市内日常通勤、临时出行场景应用较多。而从调查结果来看，旅游自驾成为参与者选择汽车租赁最多的应用场景，占比为 29.7%。

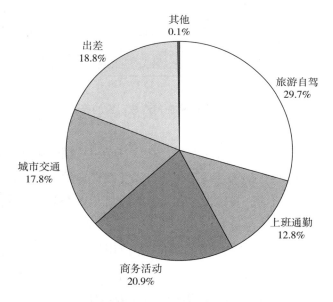

图 10　城市居民使用汽车租赁出行的场景

目前，汽车租赁已成为自驾游产业链中重要的组成部分，近两年该市场保持高速增长。公开数据显示，2020 年汽车租赁市场规模约为 1000 亿元，同比增长 9.05%。2021 年，汽车租赁市场规模约为 1107 亿元，同比增长约为 10%。

除旅游自驾外，在商务活动、城市交通、出差等场景下，也有不少参与者表示会使用汽车租赁，占比分别为 20.9%、17.8% 和 18.8%。

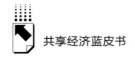
对于选择汽车租赁的原因，能够体验更多品牌、车系的车型是偏爱汽车租赁的参与者最为看重的要素，占比达34.2%。此外，30.1%和31.8%的参与者分别认为汽车租赁相比于购车更加实惠和到达目的地时更加方便。

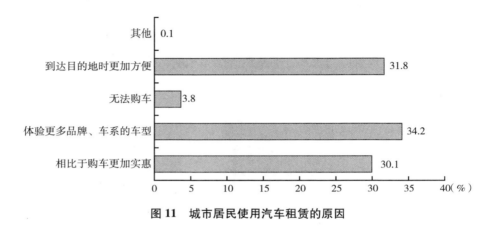

图11 城市居民使用汽车租赁的原因

值得注意的是，互联网快速发展，在线汽车租赁模式逐渐兴起，尤其是在短租自驾和分时租赁市场，移动化、自助化趋势愈发凸显，行业整体呈现多元化发展特征。目前，我国汽车租赁存在传统租赁企业的互联网模式、租赁平台模式、P2P模式等模式。

从调查结果来看，46.98%的参与者在使用汽车租赁时会将神州租车、一嗨租车等大型连锁汽车自营租赁企业作为首选。而选择携程、飞猪等综合互联网旅游出行平台的汽车租赁服务的参与者占比为34.91%。其他参与者则会选择以悟空、租租车为代表的纯互联网租赁平台，以及以凹凸出行等为代表的P2P租赁平台等。

我国的汽车租赁行业还处于发展初期，主要活跃用户为企业、政府和相对高收入人群，普通消费者还没形成租车消费的习惯，并且对价格高度敏感。调查数据显示，汽车租赁男性用户占比较高，要比女性高出7.92个百分点。

同时，汽车租赁也呈现出正在获得年轻人认可的趋势。在所有参与者

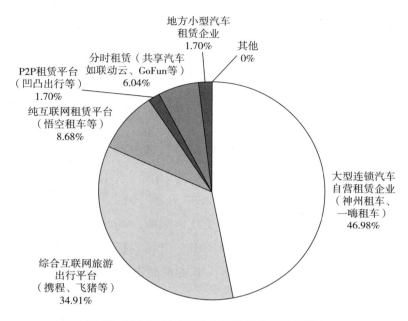

图12　城市居民对于汽车租赁平台的选择情况

中，汽车租赁的用户多为"80后"和"90后"，其中，"90后"用户占比最高，达59.43%；"80后"的占比为29.62%。

据了解，汽车租赁受消费者收入水平和消费理念的影响较大，而我国各地区消费者的收入水平又有较大差距，因此，汽车租赁市场也呈现出较为明显的区域化差异。一线城市是汽车租赁的主要用户市场，北京、上海、广州、深圳四大城市的市场渗透率较高，也是各大连锁经营企业布局的重点。无论是在网点数量、租赁车型还是消费规模等方面均居全国前列。

公开数据显示，北京、上海、广州、深圳的车辆平均出租率一般可以高达70%，而有的二、三线城市只有30%~40%。因此，一线城市在一定时期内仍然是汽车租赁市场竞争的主战场，而对于二、三线城市更多基于战略性布局考虑。

近年来，我国汽车租赁行业潜在客户群体日益庞大，我国汽车保有量与

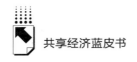

汽车驾驶员数量之间的差距逐年扩大。根据国家统计局公布的数据，2012~2021 年，我国持有汽车驾驶证人数与私人汽车拥有量之间的匹配缺口逐步扩大，表明我国有证无车人群增加，这部分人群将是汽车租赁市场的主要潜在用户。截至 2021 年底，中国私人汽车拥有量为 2.62 亿辆，持有汽车驾驶证人数为 4.44 亿人，有证无车人群达 1.82 亿人，同比增长 4%，这将带动汽车租赁市场需求的增加。

在行业政策持续利好、市场供给充足，且潜在需求群体日益庞大的背景下，我国汽车租赁市场规模增加。《中国汽车租赁行业发展趋势分析与投资前景预测报告》显示，从 2017 年到 2019 年我国汽车租赁市场规模从 754 亿元增长至 924 亿元；受疫情影响，2020 年汽车租赁市场规模下降至 653.27 亿元；2021 年我国租车市场规模回升至 849.24 亿元，同比增长 32.8%；预计到 2025 年，市场规模将达到 1585 亿元左右，年均复合增长率约为 13%。

八 共享两轮车：日常短途出行受到青睐

在新出行方式领域中，共享单车、电单车进入稳步发展阶段，特别是碳中和、健康出行等倡议的提出，使得绿色出行更受青睐。交通拥堵让共享单车和电单车逐渐成为绿色出行市场的主力军。

从调查结果来看，共享单车提升了生活便利度，公众对共享单车需求量较大。数据显示，37.8% 的参与者会在日常短途出行的场景下使用共享单车；21.9% 和 21.2% 的参与者分别会在接驳公交地铁和上班通勤时使用共享单车。

越来越多的人开始重视健康，对于工作繁忙、没有太多时间健身的人群来说，通勤交通工具选择共享单车成了两全其美的做法。

值得注意的是，无论是上班通勤、日常短途出行还是接驳公交地铁或锻炼身体等场景，以北京、深圳、成都、武汉为代表的一线与新一线城市的居民都更加青睐使用共享单车出行。而在各场景中，使用共享单车的一线与新

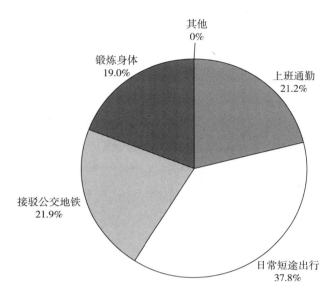

图13　城市居民使用共享单车出行的场景

一线城市居民的占比分别为53.25%、56.36%。

在具体的城市中，日常短途出行是一线与新一线城市，以及二、三线城市居民使用共享单车最常见的场景。但在其他场景下，不同城市的居民使用共享单车的场景占比出现了差别。

例如，在一线与新一线城市中，参与者除日常短途出行外，在接驳公交地铁时也愿意使用共享单车；而在二线城市中，上班通勤和接驳公交地铁是除了日常短途出行外最常见的场景；在三线城市中，上班通勤是共享单车第二高频次的使用场景；四线城市的参与者则更热衷于使用共享单车来锻炼身体。

与共享充电宝调价一样，共享单车的骑行价格近年来也一路上扬，从刚进入市场时的0.5元每30分钟到目前多个品牌涨至3~4.5元/小时，最高的甚至达到6.5元/小时。

在此背景下，66.56%的参与者认为当前共享单车价格合适，32.21%的参与者认为当前共享单车价格偏高。值得一提的是，在经历多次涨价之后，部分共享单车的用户将单次支付车费改为购骑行卡，进而降低整体花费。

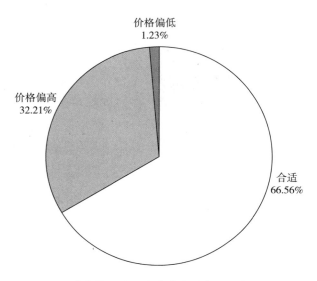

图 14　城市居民认为当前共享单车价格合适程度

在车辆投放数量方面，接近 42.94% 的参与者认为目前共享单车数量比较合适，接近 52.45% 的参与者认为需要增加共享单车数量。

此外，随着机动车保有量的持续增长和人口的聚集，城市公共交通问题日益突出。随着共享单车市场的发展，社会对绿色共享的两轮出行方式的接受度逐渐提高，然而共享单车所能满足的出行需求相对有限。得益于物联网、人工智能、大数据等技术的应用，针对 3~10 公里中短途出行痛点，共享电单车应运而生。

调查结果显示，替代步行是共享电单车出现频次最高的场景，占比达 24.5%；其次 22.8% 的参与者会放弃乘坐公交而使用共享电单车。

"互联网+交通出行"模式下的共享电单车，相对于网约车和共享单车具有较大的优势。共享电单车产生的费用更低，对路况也没有什么要求，骑行起来更省力，花费时间更短。调查结果显示，20.1% 的参与者会使用共享电单车替代共享单车。

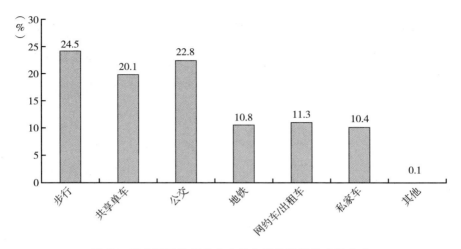

图15　城市居民使用共享电单车代替的其他出行方式

从城市来看，由于市场布局、面积等多方面原因，在一线与新一线城市中，共享电单车更多的是替代步行、公交和共享单车；在二、三线城市中，共享电单车更多的是替代步行和公交；在四线城市中，参与者则更愿意使用共享电单车代替公交。

作为"最后一公里"的出行补充，共享电单车能够使出行便捷，减缓公共交通压力，但其存在的安全隐患同样不容小觑。在目前技术攻关不足、引导管控相对缺乏的情况下，针对共享电单车的有序管理依然任重道远。

调查数据显示，尽管有超过一半的参与者认为共享电单车比较安全，但也有接近四成的参与者认为共享电单车的安全性一般，9.82%的参与者认为共享电单车比较危险。据了解，行驶速度过快、未成年人扫码骑行无法识别、共享电单车电池充电安全等是用户的关注点所在。

从不同年龄段来看，"70后"认为共享电单车安全性一般的居多，占比达64.29%；"80后""90后"则认为共享电单车比较安全。较为意外的是，身为年轻一代的"00后"，接近44%的参与者认为共享电单车的安全性一般，更有20%的参与者认为共享电单车比较危险，在各个年龄段中占比

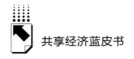

最高。

　　作为城市出行的刚需，数量日益增加的两轮新出行工具，成为不少参与者出行必选项，但其也存在相应的安全隐患。目前，许多城市正在探索如何让共享电单车规范地融入城市系统，但共享电单车要在安全、规范的条件下为市民提供便利，仍需各方努力。

案 例 篇

B.21
绿色出行与模式创新案例分析

许 研　张 硕　王 静*

摘　要： 近年来，各地政府都在加快优化调整交通运输方式，推动传统出行转型升级。本文分析了其中是有代表性的案例，包括北京和上海的 MaaS 出行、深圳的绿色出行，以及雄安新区的需求响应公交模式创新。

关键词： MaaS　绿色出行　需求响应公交　城市案例

一　北京市：绿色 MaaS 出行平台

"我通过高德地图进行骑行、步行导航，行程结束后就可以收集碳减排

---

　*　许研，博士，北方工业大学共享出行研究团队骨干、经济管理学院副教授；张硕，中交雄安城市建设发展有限公司董事长；王静，北方工业大学汽车产业创新研究中心。

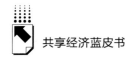

能量球了。"北京市民张女士这次的行程是从西直门附近出发前往望京某大厦。出发时开启高德地图骑行导航，骑行 1 公里前往地铁站，随后乘坐 15 站地铁，再开启导航步行 0.5 公里到达目的地，全程获得了 5 千克左右的碳减排能量球。

"我的公交卡和平台是绑定的，上下班乘坐地铁能自动计算碳减排量。每日通过潘家园到清河之间的地铁往返大概可以收集 7.2 千克碳减排能量球，像常见的地铁 1 元折扣券只需要 3 天就可以兑换。"北京市民王先生认为这样的能量收集十分有趣，对他选择公交出行有激励作用。

家住北京市丰台区方庄的赵先生也是一位绿色出行"达人"，其工作地点在朝阳区酒仙桥路，每日通勤距离 20 公里，往返 40 公里。通过高德地图参加绿色出行活动后，每日乘坐地铁往返可获得 10 千克左右碳减排能量球，若如此坚持绿色通勤 4 个月左右，即可积累 1000 千克碳减排能量球，可以在高德地图兑换 100 元北京交通一卡通充值码。在限时半价活动期间，更是只用两个月的出行累积能量抢兑了 100 元的现金充值码。

在北京，市民在高德地图、百度地图或腾讯地图 App 中的绿色出行模块（北京 MaaS 平台入口）中进行出行打卡后，可以获取一定的碳减排量。注册个人绿色账号，使用骑行导航、步行导航或用公交、地铁方式出行，均可获得相应的碳能量。用户个人收集到的碳能量可用于公益性活动或兑换礼品，也可在高德地图内兑换公共交通优惠券、购物代金券等多样化礼品。而由平台企业收集统计的碳减排量可出售给相关企业。也就是说，每一个市民都通过绿色出行的方式参与碳减排交易。通过碳交易带来的碳能源反馈，让绿色出行的用户感受到收集能量的乐趣和获得实实在在的优惠。

（一）一个全新的体验

在这一单单绿色出行的背后是一种全新出行方式——出行一体化服务 MaaS（Mobility as a Service，出行即服务）平台。

MaaS 的概念最早出现在 2014 年的芬兰赫尔辛基欧盟智能交通系统大会上，已在全球范围内被认为是未来城市交通变革的重要探索方向。MaaS 是以数字化技术为基础，对除私家车以外的各种交通出行服务，包括公交、地铁、自行车、步行等方式进行一体化的及时响应和精确匹配。

但一体化出行涉及各个出行服务运营商的配合，涉及各企业间数据、支付和调度等各个环节的打通，并且改变居民的出行习惯也并非易事。北京MaaS通过与碳普惠结合，为 MaaS 推广提供了一种全新的解决思路。

2020 年 9 月 8 日，北京市交通委员会、北京市生态环境局联合高德地图基于北京 MaaS 平台推出国内首个绿色出行碳普惠激励措施，如图 1 所示。北京市民采用公交、地铁、自行车、步行等绿色出行方式出行时，利用App 进行路径规划及导航，出行结束后即可获得对应的碳能量。

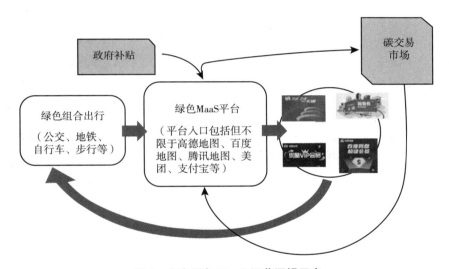

图 1　北京绿色 MaaS 运营逻辑示意

市民如果选择步行、骑行，打开注册账户的地图导航即可采集减排行程，积攒碳减排量。如果选择乘坐公交、地铁出行，注册用户时要填写与"亿通行""北京公交"App 一致的手机号码，日常使用市政一卡通乘车的可以绑定卡号，此后正常刷码乘车就可以积攒碳减排量。

绿色出行获得的碳能量根据《北京市低碳出行碳减排方法学（试行）》综合计算确定。该方法学中的二氧化碳排放核算方法由北京市 MaaS 参与各方共同参与确定，基本保证了碳核算数据的准确性和安全性，由北京市生态环境局发布。基于该方法学研发的减排计算体系由北京交通委信息中心开发。经过这套计算体系得出来的所有碳减排量，要经过北京市交通委、北京市生态环境局相关单位的进一步审核，确保每一次出行的碳减排量计算都是准确无误的，再由北京市生态环境局来进行碳额度的确认，证明其合法有效性。1g 碳减排量＝1g 碳能量。例如，步行 1km 可获得 0.3kg 碳能量，乘坐 5 站公交可获得 2.5kg 碳能量，骑行 1.5km 可获得 0.4kg 碳能量。

在碳减排量达到一定规模后，地图平台将收集到的市民绿色出行所产生的碳减排量，作为绿色出行碳交易代表，经主管部门审核后，在北京碳市场进行交易。在 2021 年服贸会上，高德地图与北京市政路桥建材集团有限公司就"北京 MaaS 平台"碳普惠活动产生的 1.5 万吨碳减排量达成交易。

除了碳交易所得的金额全部返还用户以外，"基于市场调节和政府的相应补贴，市民通过绿色 MaaS 碳普惠得到的实惠得到了放大。例如，按照市场情况，1kg 碳排放的价值大约为五分钱，但经过企业的放大后，用户实际上能获得两角钱左右的奖励，可以说非常有吸引力。"北京交通发展研究院特聘总工程师刘莹介绍道。在高德地图平台，积攒 10 千克碳减排量就能兑换 1 元北京一卡通充值码或者天猫超市 1 元现金兑换码；攒够 60 千克碳减排量可以兑换 7 日优酷 VIP 会员；攒够 500 千克碳减排量可以兑换 100 元北京一卡通充值码。在百度地图平台除了兑换一卡通充值码外，还有网盘月卡、百度文库年卡等特色奖品。

通过碳普惠的方式，北京在推广 MaaS 的过程中不仅完成了全球首笔绿色出行碳普惠减排交易，形成了碳交易激励低碳行为的正向激励闭环，也通过物质和精神激励，将个人绿色组合出行方式收集在 MaaS 平台之中。通过构建乘客出行碳账户的方式，将市民的组合出行行为凝聚在了 MaaS "一块屏"中，最大限度地吸引了更多的城市居民选择 MaaS 出行服务，保障了北京 MaaS 体系的稳定运行。

北京 MaaS 用不到三年的时间，探索了一条具有特色和可持续发展意义的绿色 MaaS 路线。

（二）冬奥会的短期探索

2022 年 1~2 月冬奥会和冬残奥会期间，北京 MaaS 平台上线了冬奥专用道导航、场馆周边停车引导、出行信息发布、无障碍出行服务等特色功能。市民在使用高德地图进行出行规划时，即可同时查询到相关车次和道路的管控情况。同时，MaaS 平台上线北京市区内重点区域周边 105 个停车场动态信息，打开地图，输入重点区域目的地即可查询到停车场价格、停车场车位总数、停车场车位饱和度、停车场距离目的地步行距离等信息，也可以直接在停车场详情页里发起导航。同时，在奥运场馆附近的停车场推出停车预约功能，市民足不出户即可预约车位，确保到达目的地时"有位可停"。

无障碍出行服务。为服务更多乘坐地铁的残疾人、老年人等出行不便的人群，出行者打开高德地图，搜索地铁站点，即可在地铁站的详情页查看该地铁站的无障碍设施情况，如无障碍直梯、无障碍通道等；详情页也标注了地铁站内是否有无障碍卫生间。

通过奥运期间的特色功能探索，北京 MaaS 既在国际舞台展示了自己的出行服务能力，又实现了平台服务功能的迭代升级。

（三）复杂的 MaaS 生态系统

MaaS 的商业模式和服务内容清晰且具有吸引力，但实践并不容易。绿色出行背后是一个复杂的 MaaS 生态系统。

MaaS 出行服务要有一个大数据平台来管理所有注册用户的日常出行数据。要具备出行规划、预约和支付三大功能。以上功能的实现离不开实时路径规划、车队实时调度、移动支付集成等技术支持，以及一个强大的数据开发团队支持。研究者根据功能将 MaaS 系统分为交通基础设施层提供商、出行服务供应商、MaaS 集成商、MaaS 运营商和终端用户五大类参与者。

将 MaaS 系统的运行分为两种主导模式，一是市场主导模式，即 MaaS

平台运营商向出行服务供应商采购服务。这种模式发展相对容易，但平台方与供应商之间容易形成竞争。滴滴主导的 MaaS 平台还无法打通公共交通、跨城火车、飞机等运营商的底层数据；高德也推出过个性定制化出行的"易行"功能，但并未跨城打通公交地铁、网约车、火车、飞机等运营商的底层交通数据，无法从根本上推动业务落地，最终不得已取消了该业务。

二是政府主导模式，即政府与有能力的 MaaS 平台签订协议，为其提供交通系统运行数据，要求其提供服务，并设置指标体系对其进行定期考核。这种模式下，凭借政府监管可确保出行服务的公平与质量，同时有利于引导城市交通有序发展。瑞典哥德堡的 UbiGo 项目和芬兰的 Whim 项目都是政府、公共部门相关主体占绝对主导地位。

北京 MaaS 属于政府主导模式，初步实现了交通底层信息的整合。

1. 北京 MaaS 的数字底座

北京市政府工作报告中提出，要加快建设全球数字经济标杆城市，加快智慧城市建设。交通领域启动的北京交通绿色出行一体化服务（MaaS）平台作为数字出行的代表，成为北京市智慧城市建设的着力点。同时，在北京市以新基建为抓手、推动新一代信息技术和城市基础设施深度融合、数字城市基础底座加速建设的过程中，北京 MaaS 数字底座完成快速部署。

目前通过编制并发布《北京市交通出行数据开放管理办法（试行）》，交通主管部门和互联网企业实现深度融合，北京 MaaS 的数字底座已经实现了地面公交、停车、路网等公共交通数据面向社会的共享，具体见表 1，为 MaaS 平台建设奠定了坚实的数据基础。

在将交通数据分享给互联网企业的同时，北京 MaaS 集成方（交通主管部门）也强化了对互联网企业的绩效评价。如表 2 所示，北京 MaaS 要求委托运营的互联网企业聚焦五大核心绩效，并开展了 MaaS 数据应用的年度评价，评价结果作为 MaaS 数字底座资源共享的重要依据。

表 1　北京 MaaS 数字底座共享的数据

类别	数据类型	数据名称
地面公交	静态数据	公交路线信息
	静态数据	公交站点信息
	动态数据	公交到站预报信息
	动态数据	公交拥挤度
轨道交通	静态数据	轨道线路信息
	静态数据	轨道站点信息
	动态数据	轨道站点拥挤度
	动态数据	轨道区间拥挤度
静态交通	静态数据	路侧停车位基础信息
	动态数据	综合交通枢纽停车场信息（大兴国际机场）
	静态数据	公租自行车停车位基础信息
	动态数据	公租自行车可停放车辆数
动态交通	动态数据	实时路况信息

资料来源：马毅林：《北京 MaaS 实践经验》，世界资源研究所 MaaS 分享会，2023 年 1 月。

表 2　对 MaaS 运营商互联网企业的绩效评价指标

一级指标	公共服务引导	服务运营与安全管理	数据产生效益	出行服务功能提升	承担社会责任情况
二级指标	开放数据使用程度	服务质量评价	公共出行用户量提示情况	出行方式的一体化程度	对城市交通规划与管理工作的支持
	服务引导能力	用户意见响应	新增用户中公共出行占比	方式衔接的无断链程度	对绿色、低碳等出行方式的引导
	公共交通服务获取费力度	运营人员配置	用户黏性提升情况	用出行支付的便捷程度	满足城市重大场景的运输保障
		数据应用安全	用户满意情况		
		数据安全管理			
		安全防护措施			

资料来源：马毅林：《北京 MaaS 实践经验》，世界资源研究所 MaaS 分享会，2023 年 1 月。

　　经过三年的实践北京 MaaS 数字底座建设初见成效。基于交通行业大数据中心，基本形成北京 MaaS 数据底座。根据《北京市交通出行数据开放管理办法（试行）》，实时计算并向互联网平台开放四大类、14 小类交通运

行数据并常态化开展 MaaS 数据应用年度评价；实现了多源异构交通出行数据的关联融合，全面形成了绿色出行碳普惠机制的激励闭环，为北京 MaaS 2.0 的建设打下了深厚的基础。

2. MaaS 的运营商

在北京市交通委的指导下，高德地图、百度地图、滴滴出行、美团和腾讯地图等作为 MaaS 运营平台向市民提供一站式出行服务。从 2019 年参与北京绿色交通一体化出行平台 MaaS 研发推广工作开始，其在 2020 年绿色 MaaS 正式发布后，以政企合作模式逐步建设 MaaS 可持续运营机制。以高德地图为例，在北京 MaaS 的体系下，高德地图推出了一系列场景化服务，为公众提供"行前智慧决策、行中全程引导、行后绿色激励"的全流程服务体系。高德地图依据北京 MaaS 具有公益属性的底层逻辑，将北京 MaaS 打包成碳普惠权益绿色能量累积活动项目，为公众提供通过兑换参与公益的渠道。通过加强绿色出行碳普惠宣传、拓展碳普惠场景、区域协同发展以及强化绿色出行激励来实现碳普惠的创新升级，全面支持北京 MaaS 生态建设。

3. MaaS 的出行服务供应商

交通出行领域主要涉及城际交通、城市交通等 9 种出行方式，每一种出行方式背后都有数个乃至数十个运营服务商。目前北京 MaaS 绿色出行服务覆盖步行、骑行、公交和地铁 4 种出行方式的所有组合。北京轨道交通发挥着骨干支撑作用，为 MaaS 平台提供了静态数据及动态运营数据支持。北京 MaaS 生态圈的建设也取得明显的成果，实现了传统运输企业与互联网企业的合作，共同创造商业价值。从实现功能来看，绿色 MaaS 出行实现了"公交+单车""地铁+单车"等组合出行方式的行程查询。例如在支付宝 App 中可以实现"公交+地铁+哈啰单车"组合出行方式的统一支付。

4. MaaS 的终端用户

北京日均出行人数约 4000 万人次，30%的市民的通勤时间超过 60 分钟，这是北京 MaaS 面对的基础市场。2022 年 9 月服贸会期间，北京 MaaS 平台智慧大屏吸引了不少市民。2020 年同济大学中国交通研究院的上海市 MaaS 使用意愿调查显示，500 名被调查出行者中有高达 85%的人对于绿色出行的奖励很感兴趣。可见，北京 MaaS 聚焦的绿色出行市场的需求规模也是非常可观的。

（四）北京 MaaS 发展历程

2019 年 11 月，北京推出国内首个绿色出行一体化服务平台（以下简称"MaaS 平台"），整合地铁、地面公交、步行、骑行、自驾、网约车等出行方式，向公众提供全流程、一站式出行服务。北京市依托高德地图等社会化出行服务平台，建立了全国首个 MaaS 平台，率先制定交通出行数据开放管理办法，向 MaaS 平台开放多项公共交通数据，在保障安全的前提下实现出行数据共享。

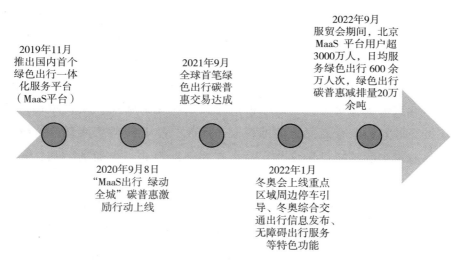

图 2 北京 MaaS 发展历程中主要事件

2020 年 9 月 8 日，北京制定基于 MaaS 的绿色出行碳普惠机制，上线"MaaS 出行 绿动全城"碳普惠激励行动，引导公众绿色出行。碳普惠是在 MaaS 平台推出一年后上线的，2020 年 7 月中国在第七十五届联合国大会上提出，二氧化碳排放力争于 2030 年前达到峰值，努力争取 2060 年前实现碳中和。这就意味着，不只是交通拥堵问题，北京 MaaS 还要从出行一体化的角度承担交通减碳的探索任务。如何能够激发城市居民绿色出行、低碳出行的积极性？北京市交通委、北京市生态环境局联合高德地图等机构推出绿色出行碳普惠激励措施。此后，北京 MaaS 平台在世界范围内首创基于 MaaS 的碳普惠机制。9 月北京启动"MaaS 出行 绿动全城"行动，在全国首推以碳普惠方式鼓励市民选择绿色出行。市民选择公交、地铁、自行车、步行等绿色出行方式时，通过高德地图、百度地图 App 绑定"绿色出行—碳普惠"账号后，即可累积碳减排量，兑换公共交通优惠券、购物代金券等奖励。在碳减排量达到一定规模后，MaaS 运营平台可在碳市场进行交易，交易金额全部返还用户。

2021 年 9 月，全球首笔绿色出行碳普惠交易达成，形成绿色出行碳普惠激励机制闭环。2021 年 9 月中国（北京）国际服务贸易交易会期间，全球首笔涵盖多种绿色出行方式的碳交易达成。高德地图与北京市政路桥建材集团有限公司在"碳中和与交通运输可持续发展论坛"上就"MaaS 出行 绿动全城"碳普惠活动产生的 1.5 万吨碳减排量举行了签约仪式。此次碳减排交易将个人绿色出行方式转化为物质和精神激励，搭建了社会效益和公众意愿之间的桥梁。同时，随着碳普惠活动的持续开展，将有更多的碳减排量参与交易，有利于助力北京交通碳中和、碳达峰目标的实现。

2022 年 1 月，冬奥期间上线重点区域周边停车引导、冬奥综合交通出行信息发布、无障碍出行服务等特色功能，累计服务上亿人次。借助冬奥会和冬残奥会的国际平台，智慧绿色 MaaS 出行取得了良好的示范效果。

2022 年 3 月，北京市市长陈吉宁对《今日舆情专报》86 期"北京 MaaS 碳普惠注册用户超百万 MaaS 2.0 倡导'绿色出行更美好'将引领全球绿色智慧交通发展"做出批示"可研究 2.0 版提升工作方案"。为此交通领域启动北京交通绿色出行一体化服务平台（MaaS）2.0 建设。

2022 年 9 月，中国（北京）国际服务贸易交易会期间，北京 MaaS 平台用户超 3000 万人，日均服务 600 余万人次的绿色出行。碳普惠减排量 20 万余吨。图 3 展示了北京绿色 MaaS 平台累积的碳减排总量的变化趋势。

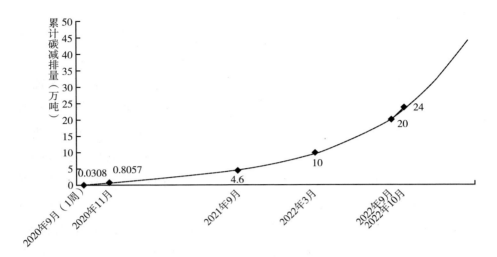

图3　北京 MaaS 累积碳减排量增长趋势

资料来源：根据网络资料整理。

（五）未来可实现的规模和场景

1. 出行情景整合

北京市正在研究制定《北京 MaaS 2.0 工作方案》。MaaS 2.0 阶段，将聚焦服务场景功能拓展、互利共赢生态圈构建、多场景无感式碳赋能、品牌标杆打造等方面，持续优化以"轨道+"为核心的城市出行、跨区域出行以及"交通+生活"等场景出行服务；将小汽车停驶、合乘等低碳出行情景纳入碳普惠激励范围。

在将小汽车停驶、合乘等低碳出行情景纳入碳普惠激励范围方面，有自愿减排意愿的用户可在北京 MaaS 平台申报停驶小汽车，北京市交通委员会将联合多部门，基于多源大数据建立技术体系，结合私家车工作日的日均行驶里程，计算相应的碳减排量。此外，北京市交通委员会还将创新停驶用户保费优惠、停车费减免优惠、高速公路费优惠、大型活动门票与绿色出行联动优惠等政策，为小汽车停驶碳普惠赋能。

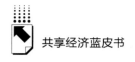

2. 服务升级

MaaS 理念中还包含着人们出行不再是简单地从 A 到 B 的位移，而是一种消费升级和服务升级。

MaaS 用于生活服务，使各出行企业都具备了创造力。丰田为了实现基于汽车的 MaaS，开发了在特定条件下实现汽车自动化驾驶的 Level 4 自动驾驶纯电动汽车。设想用于共享汽车和移动店铺等多种用途。丰田旗下企业出资的初创企业 Nuro 开发了将生鲜品等送至用户家的配送用自动驾驶汽车，还与达美乐比萨和大型零售商沃尔玛展开合作。日本的铁路运营商小田急电铁 App 针对环游箱根等日本的旅游景点，除了往返区间的铁路车票外，还能购买到能在温泉和旅游设施等处享受优惠与折扣的套票等。在 App 内，可以显示带有购买信息的旅游路线，还能显示折扣和优惠对象。美国优步（Uber）App 除了提供出租网约车等服务之外，还提供 "Uber Eats" 等餐饮外卖、接送患者往返医院等服务。

目前，北京 MaaS 模式还处于起步阶段，随着政企联动的深入以及外部资源的进入，其发展潜力还非常大。清华大学孟庆国教授认为未来 MaaS 可以整合来自公安交管、消防、医疗等跨部门的数据资源，在满足出行服务的同时保障智慧城市运行。专属于中国的 MaaS 模式会不断发展，以改善城市居民的出行体验，为出行增值。

3. 扩展生态圈

随着北京 MaaS 的迭代更新，生态圈将使行业上下游企业、研究机构等更多相关生态圈成员更加紧密地联系在一起，共同为美好出行、绿色出行贡献力量。一方面，打通城市出行链，围绕 "轨道+" 场景，拓展与单车、出租车等的组合，并丰富低碳类出行服务场景。另一方面，完善同城服务，聚焦京津冀地区跨城出行需求。将北京 MaaS 模式升级为京津冀模式，满足区域内一体化交通出行服务需求。开展与航空/铁路连接的出行服务场景建设等。此外，要升级一体化能力，探索北京 MaaS 一体化出行中预约、一体化支付、无障碍导乘等重要功能。

MaaS 平台中更多组合出行数据的积累，可以弥补乘客全链路出行方式的数据空白，从而反哺生态圈，让所有生态圈成员获益。北京轨道交通路网的孙琦认为"未来还可以借助 MaaS 平台促进多源交通数据融合，发现衔接不畅、衔接次数过多的出行廊道，用数据指引路网规划建设"。要实现跨部门数据综合应用，其关键是制定数据价值回馈机制，确保"谁贡献、谁收益"，激发数据生产者的积极性。

二　上海市：随申行

2022 年 1 月 25 日，上海随申行智慧交通科技有限公司（以下简称"随申行"）成立，注册资本 8 亿元。"随申行"的成立，标志着上海城市级 MaaS 系统建设工作正式启动，其中囊括了两大公共交通企业——上海申通地铁集团有限公司与上海久事（集团）有限公司。

（一）创立合资公司启动 MaaS

在上海随申行智慧交通科技有限公司背后，上海汽车工业（集团）有限公司相对控股 35.02%，上海久事（集团）有限公司持股 30%，上海申通地铁集团有限公司持股 30%，上海仪电（集团）有限公司、上海城建投资发展有限公司、上海市信息投资股份有限公司分别持有 1.66% 的股份。上海申通地铁集团主要运营全市所有轨道交通，上海久事（集团）有限公司主要负责地面交通的运营服务，上汽集团作为上海最大的市属国有企业一直参与上海市共享汽车和共享出行等出行服务。六大国资股东中，除上海城建投资发展有限公司、上海市信息投资股份有限公司两家有少量非上海本地国资参股之外，其余均为上海国资委及下属单位 100% 全资控股的市属国有企业。

上海 MaaS 项目也属于政府主导模式。这种模式下，凭借政府监管可确保出行服务的公平与质量，同时有利于引导城市交通有序发展。2021 年初，上海市交通委就针对 MaaS 项目制定方案，根据上海市政府工作报告，上海轨道交通运营线路总长从 2017 年的 666 公里增加到 831 公里、继续保持全

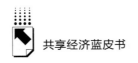

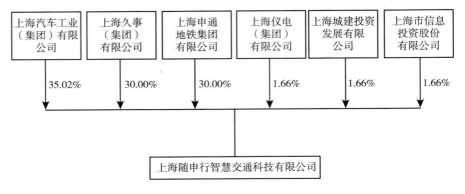

图4　上海随申行股权结构

球城市第一。上海作为中国首个"世界智慧城市"，要用数字化造福民生。因此，率先建成5G和固定宽带"双千兆"城市，形成便捷就医服务、为老服务一键通、出行即服务（MaaS）等一批数字生活场景。上海MaaS就是服务于上海的绿色低碳转型、数字化转型等目标。上海随申行的建立得益于上海市政府希望在数字经济建设中打造世界领先的数字中心。MaaS一体化出行服务将成为在超大型城市中打通企业间数字壁垒、以数字化技术提升公共事业运行效率的交通领域的先行者。

根据功能MaaS生态系统可分为交通基础设施层提供商、出行服务供应商、MaaS集成商、MaaS运营商和终端用户五大类参与者。上海MaaS项目的集成商是随申行公司。"随申行"是由上海市交通委主办、市国资委参与、市国企三家行业头部企业领衔的城市治理体系现代化项目，是国内第一家政府自主建设的超大城市级出行服务数据平台公司，是政府支持下的企业合作。

相较于北京MaaS将服务入口交给了一些互联网企业，随申行自建了服务App。随申行App与现有的出行App不存在绝对的竞争关系。未来上海MaaS也将与互联网公司合作，如将服务入口嵌入百度等地图平台、支付宝等生活服务平台。让城市出行用户只需建立一个MaaS账户，就可以在任意平台实现"一码出行"。未来上海MaaS与互联网公司的合作将进一步加强，既相互引流又有利于向互联网企业学习更多数字服务行业的先进经验。

上海 MaaS 可以集中的出行服务供应商包含公交、地铁、出租车和轮渡等城市主要交通参与主体，以及交通基础设施层提供商。上海申通地铁集团有限公司是一家集轨道交通投资、建设、运营管理、资源开发和设计咨询于一体的大型国有企业集团，是上海轨道交通投资、建设和运营的责任主体。上海久事（集团）有限公司是上海市属大型公共服务类国有企业集团，是上海最大的地面公交、出租公司。另外，上海城建投资发展有限公司是隧道股份的全资子公司。可以预想上海 MaaS 得到各方的支援和配合相对容易，未来也将快速完成交通底层信息的整合。

（二）发展历程

在上海全面推进城市数字化转型和交通强市建设的背景下，交通出行一体化 MaaS 成为上海交通行业数字化转型的重要发展方向。上海市交通委提出上海 MaaS 的特色理念：推进交通信息共享化、运输模式一体化、出行服务人本化、绿色出行低碳化。

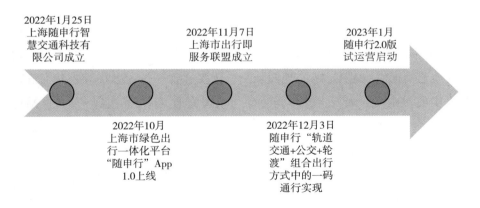

图 5　上海随申行发展历程中主要事件

2022 年 10 月，上海市绿色出行一体化平台"随申行"App 1.0 版正式上线。App 聚焦公交、轨道交通、轮渡等公共交通及一键叫车、智慧停车等

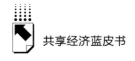
出行服务。

2022 年 11 月 7 日，在上海市交通委员会主办的"第二届智能交通上海论坛"上，上海市出行即服务联盟正式成立。在联盟中，随申行已对接上海市大数据中心、市交通委、申通地铁、久事公交、交通卡公司、申程出行等多个行业重要数据平台，搭建了国内首个涵盖交通出行领域"供给端"和"需求端"数据的大数据平台，具备本市交通领域公共数据运营的基本能力。

基于该联盟，随申行公司与多家联盟内单位达成战略合作意向，打通数据孤岛、挖掘数据价值，持续探索创新产品。例如，随申行与上海 IPTV 业务平台百视通共同推出家庭电视数字化出行助手"TV 智享出行产品"，在业内首次实现出行服务的"大小屏联动"，打通社区出行服务的"最后一公里"。为交通生活数字化转型发挥示范引领作用。目前客户规模比较稳定，用户满意度较高。又如，为进一步建设交通数据要素市场一体化运行机制，随申行与上海数据交易所达成战略合作，共同探索交通领域公共数据授权运营，加快推进数据产品挂牌交易，最大限度地实现交通大数据反哺市民、反哺企业和城市治理，实现城市交通的可持续发展。

2022 年 12 月 3 日"随申行"一码通行实现。上海市民可使用随申行 App、随申办 App、上海交通卡 App 等渠道的"随申码""乘车码"在市内全线轨道交通（含磁悬浮）、地面公交、轮渡（含三岛客运）等公共交通工具上实现"刷码"通行，并享受公交与轨道交通（不含磁悬浮）间换乘优惠。为了推进 MaaS 的建设，在 2021 年"10+1"条线路试点基础上，2022 年 11 月 25 日市交通委会同申通集团完成上海轨道交通全网 20 条线（含磁悬浮）共 10517 台检票机升级改造工作。在疫情防控的特殊场景下，"一码通行"还实现了一码展示"乘车码"、"健康码"和"核酸检测结果"的状态。市民使用随申行 App、随申办 App、上海交通卡乘车码时均无须重复扫描"场所码"，无须切换 App，享受一个 App 上实现公交、地铁、对江轮渡的"一码通行"。在进入商场等设置数字哨兵的公共场所时，可使用随申行 App 与随申办 App 的"随申码"完成防疫信息登记。

上海 MaaS 在"轨道交通+公交+轮渡"的组合出行方案中实现了数据查询、行程规划、票务、支付等环节的打通。

2022 年 12 月 21 日，随申行"上海 MaaS 绿色出行一体化服务平台"入选国家工业信息安全发展研究中心的 2022 年度数据要素典型应用场景优秀案例名单。该名单横跨了数字经济、数字政府、数字社会等重点领域，在全国范围筛选了 15 个优秀案例，为解决数据要素共享、流通、应用难题提供有益的参考。

（三）未来规划

2023 年 1 月，随申行 2.0 版试运营启动，在 1.0 版的基础上，新增了网约车服务、共享单车服务、全上海停车换乘服务指引等功能，以及一键拖车、ETC 无感支付等生活服务，并实现了航空、铁路、轮船等数据及功能接入。

出租车界面显示的第三方打车服务平台为申程出行，网约车界面显示的第三方打车服务平台为享道出行。考虑到打车结算、共享单车结算时，很少有司机扫码结算的习惯，一般是用户自行扫码结算，在出租车、网约车和共享单车服务中推行"一码支付"功能的实用价值不大。目前随申行 2.0 版可作为出租车和网约车服务的一个服务入口为申程出行和享道出行引流，类似于聚合打车服务。汽车票、船票、火车票和机票购买服务方面，同一行程的优惠票价和携程网上显示的最低票价一致。随申行的"车主服务"方面，用户一键添加爱车信息后，可体验停车预约、缴费、充电、拖车等服务，以及停车导航和附近维修厂导航服务。

在"出行+生活"服务层面，2023 年春节前，随申行新增"逛逛"功能。该功能打通了上海市内的浦江游览信息，用户只需点击对应的游览类别，按照提示获取游船门票和游玩攻略等信息。"逛逛"作为随申行从"出行服务"拓展至"衣食住购娱服务"的标志，未来将逐步构建上海生活服务生态圈。但目前，随申行的相关生活服务优惠、折扣、多品牌联合促销等活动较少，市场推广工作刚刚起步。

未来的随申行账号对上海市民来说将作为一个数字生活入口，不仅承担

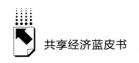

着出行一体化服务的任务，而且是看病就医、信用查询、领取补贴和社会福利等生活刚需服务的一体化集成数字账户。

基于上海市数字交易所的平台，随申行还将探索市民组合出行产生的数字信息如何交易，通过设计"谁贡献、谁受益"的数字共享机制，反哺生态系统中的参与企业。

（四）上海 MaaS 的碳普惠探索

回顾绿色出行低碳转型的初心，2022 年 11 月第五届中国国际进口博览会期间，随申行向展商与观众开放了"零碳会议"功能。每一位使用该功能的用户都能够上传个人进博会期间的绿色出行数据，自动呈现碳减排量，获得进博徽章。进博会期间，随申行还深度挖掘 MaaS 的出行数据，实现进博交通出行碳排放的实时展示。

2023 年 1 月，上海市绿色出行碳普惠平台试行版在支付宝小程序上线。在本次上线的上海市绿色出行碳普惠平台试行版小程序的个人碳账户中，用户可查询个人名下碳减排总量、碳减排获取来源和明细，如一次公交或地铁出行 10 公里可减碳约 1kg。上海市绿色出行碳普惠平台实现的是用户普惠前置，可以做到真实记录和量化每一次减碳出行。

目前，随申通暂未实现个人碳减排量的上市交易。随申行正在联合生态局开发各种绿色出行方式对应的减碳量的系统算法。一旦明确计算方法体系，打通碳减排交易环节，用户就可以将碳减排量兑换成"绿色积分"，在随申行 App 的积分商城内使用。届时随申行也能够形成可持续的绿色出行激励"闭环"。

（五）总结

经过一年时间的小步快跑，上海 MaaS 已经在提高出行体验、提升支付效率等方面取得了很多成就，在一体化功能实现的维度上甚至处于领先位置。总的来说，上海 MaaS 发展之初就主打政府支持的企业合作模式，因而在整合资源和企业合作方面发展得更快。

从发展路径来看，北京走了一条"打造数字交通底座——与出行服务企业共享数据——将绿色 MaaS 嵌入互联网企业平台向社会发布——对使用数字底座并承担 MaaS 服务入口的企业进行监管和考核"的绿色 MaaS 发展道路；上海走的是一条"打造数字交通底座——自建 MaaS 服务入口，推广'一码通行'——与互联网企业相互引流合作"的发展道路。北京路径具有足够的智慧，借力智慧城市数字底座的打造，借助互联网企业的力量，完成了 MaaS 的初期运营，并且形成了在一段时间可持续的碳普惠出行激励闭环。上海的路径有魄力、眼光和决心，且发展较快。短短一年时间上海就打通了信息和支付环节，真正提升了老百姓的出行体验和支付效率。完全靠国资企业合作的力量，用一年时间让城市居民看到了数字出行的美好未来。两条路径均借助了本城市数字经济发展的红利，特色鲜明，切实地壮大了MaaS。两条路径也互有借鉴，未来两大城市有希望会师在城市居民大规模MaaS 出行的辉煌图景中。

两条路径在现实经营模式中需要关注的难点各有不同。北京 MaaS 路径中对互联网企业的监督和管理能力有限。高德地图和百度地图已经在主页上找不到北京绿色出行的入口，只能在点击步行或骑行功能后才能看到绿色能量球或低碳计划入口。只有腾讯地图的主页上还有明显的"绿色出行"入口。并且碳减排激励力度也由发展初期的 0.2 元/千克碳减排回归到 0.05元/千克碳减排。北京 MaaS 像一个看不见的手隐藏在一个个互联网企业 App之后。出行用户很难觉察到使用了 MaaS 服务，继而也很难对北京 MaaS 产生归属感和亲近感。北京 MaaS 需注重提升 MaaS 这种先进出行服务的知名度，提升品牌在市民群体出行方式选择中的公信力和影响力。上海 MaaS 自己站到台前，做 App 做运营，但运营的产品和服务的商业化水平都需要向互联网企业看齐。在解决好数字技术之余，需实时关注用户是否满意，保障一体化出行服务的先进性和质量。

还有两个问题对两大 MaaS 项目的未来发展而言都十分关键。一是尽快探索组合出行数据反哺生态圈成员的优秀案例，增强生态圈企业成员的黏性；二是在绿色出行定位的基础上探索出更多样的特色应用场景，聚焦更多的特色出行群体，增强终端出行用户的黏性。

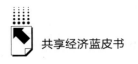

三　深圳市：绿色出行典范城市

（一）深圳市城市出行情况

深圳已基本形成"轨道交通为骨架、常规公交为网络、慢行交通为延伸"的多层次公共交通体系。截至 2022 年 11 月底，深圳城市轨道交通线网规模达到 16 条（含有轨电车），运营总里程 529 公里，地铁线网密度位列我国内地城市第一。据深圳市统计局的《深圳统计年鉴 2022》，2021 年出租小汽车共 21127 辆，同比降低 1.08%；公共汽车客运总人数达 109037 万人次，同比增加 3.47%；轨道交通线路长度达 431 公里，同比增加 1.89%；轨道交通客运总量达 218554 万人次，同比增加 34.06%；轨道交通线路条数达 13 条，其中轨道交通客运总量同比增幅最大。

表 3　深圳公共交通部分数据

项目	出租小汽车（辆）	公共汽车客运总人数（万人次）	轨道交通线路长度（公里）	轨道交通客运总量（万人次）	轨道交通线路条数（条）
2020 年	21358	105377	423	163022	12
2021 年	21127	109037	431	218554	13
同比增长（%）	-1.08	3.47	1.89	34.06	—

资料来源：《深圳统计年鉴 2022》。

深圳交通运输局的数据显示，2022 年全市公交客运量 27.41 亿人次，同比下降 24.02%，日均 750.92 万人次。其中，常规公交客运量 7.39 亿人次，同比下降 32.18%。2022 年地铁客运量 17.51 亿人次，同比下降 19.64%。2022 年巡游出租车客运量 2.46 亿人次，同比下降 25.78%。2022 年有轨电车客运量 472.01 万人次，同比下降 31.61%。受疫情影响，深圳市公交、地铁、巡游出租车、有轨电车等的客运量都出现不同程度的下降，并且下降幅度较大，其中降幅最大的是有轨电车。

深圳市共有 3 家公交特许经营企业，即巴士集团、东部公交、西部公交，截至 2021 年公交车 16222 辆，公交线路 924 条，运营线路总长度 2.10 万公里。而且，2021 年巡游出租车企业共有 64 家，且均为经营纯电动出租车企业，其中全市纯电动巡游出租车 21127 辆。据 2021 年深圳市公共交通服务发展报告，深圳市共有注册道路客运企业 120 家，其中班车客运企业 25 家，旅游包车企业 120 家，全市客运站 26 个，道路客运车辆 5338 辆（新能源车 1635 辆）。巡游出租车、公交等已实现大规模电动化运营。

（二）深圳积极推动车辆电动化

深圳在全国范围内最早实现全部公交车、出租车、网约车的纯电动化。深圳市统计局数据显示，截至 2022 年 7 月 13 日，深圳城市交通绿色出行分担率达 77.42%，高峰期间公共交通占机动化出行的 62.6%。全市约有 1.6 万辆纯电动公交车、2.2 万辆纯电动出租车、7.3 万辆纯电动网约车。2009 年，深圳市开始大力推广纯电动汽车，并制定节能与新能源汽车示范推广方案，加大新能源汽车示范推广财政扶持力度，随后深圳市持续推出一系列措施推动车辆电动化。

1. 巡游出租车电动化

2010 年，深圳市逐步推出纯电动巡游出租车。深圳市交通运输委员会发布《深圳市新能源出租车推广应用政策实施细则》，提出燃油出租车同产权更新置换为纯电动出租车，并给予置换数 10% 的纯电动出租车指标奖励。此外深圳市还给予多重补贴，其中每辆车可获购置补贴 6 万元、使用环节补贴 2 万元、推广应用补贴 5.58 万元，总金额达 13.58 万元。深圳市还加快充电基础设施建设，截至 2010 年底，深圳供电局已建成投运大运、和谐、机场、福田等 4 个充电站以及 180 个充电桩，且面向鹏程电动出租车公司和个人开放服务。

2017 年，深圳市发布《深圳市纯电动巡游出租车超额减排奖励试点实施方案（2017—2018 年度）》，主张可对符合条件的纯电动出租车给予一次性超额减排奖励 16.48 万元/年，并对提前更新为纯电动出租车的提供额外奖励。

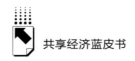

《2018年"深圳蓝"可持续行动计划》提出深圳市将于当年12月31日基本实现巡游出租汽车纯电动化。据深圳市交通运输局数据，截至2018年底，全市共有出租车指标数21689个，其中纯电动出租车指标21485个，已运营的纯电动出租车20135辆，占94.21%，仍有1350辆电动出租车将在充电配套后逐步投入运营。2018年深圳市巡游出租车实现全面电动化，且正式成为国内唯一实现巡游出租车纯电动化且运营数量最大的城市。

2. 公交电动化

2015年，深圳市委、市政府提出"三年内实现公交全面电动化、100%使用纯电动公交"的目标任务，深圳三大公交特许经营企业不断加大纯电动公交车辆投入。其中，东部公交率先推出"互联网+新能源+传统公交"的e巴士服务模式，深圳巴士集团推出"网式快捷充电"、"融资租赁"车辆及"一线一营运方案"等多种模式。

2017年，深圳市实现公交全面纯电动化，成为全球纯电动公交车规模最大、应用最广的城市，而且还建成全国第一个100%公交纯电动智能化的高层公交停车场——月亮湾综合车场。据深圳市交通运输部数据，截至2017年底已累计推广应用纯电动公交车16359辆。全市专营公交车辆已全部实现纯电动化，是全国乃至全球特大城市中首个实现公交全面纯电动化的城市。2022年底，深圳已在900多条公交线路投入纯电动公交车15986辆。

3. 网约车电动化

2016年，深圳市政府发布《深圳市网络预约出租汽车经营服务管理暂行办法》，明确规定网约车必须为纯电动小汽车。2018年，深圳市交通运输局要求"深圳新注册网约车必须为纯电动"。截至2020年底，私人购置新能源小汽车累计超25万辆，深圳市新能源汽车保有量达48万辆，约占全市机动车保有量的14%。2020年，深圳市实现网约车全面纯电动化。

2021年，深圳市发展和改革委员会发布《深圳市新能源汽车推广应用工作方案（2021—2025年）》，提出到2025年累计建成公共和专用网络快速充电桩4.3万个左右、基础网络慢速充电桩79万个左右，新能源网约车5.5万辆左右，新能源环卫、泥头车0.8万辆左右，全市新能源私家车保有量 78 万辆左右。此外，还提出将大力建设新能源汽车充电基础设施，推广应用柔性充电等新型智能化充电技术。

（三）数字化赋能低碳发展

2017 年，腾讯推出"实时公交"与"乘车码"服务。2021 年 11 月，腾讯地图上线"绿色出行"公交门户，全面整合乘车码、实时公交、公交地铁导航、步骑行导航、共享单车等公共出行功能，完全实现"一张图"打通用户公共出行全场景。用户可直接在腾讯地图 App 内选择任何公共出行方式，无须切换，且可以在一个 App 内完成线路查询、规划、支付、换乘甚至共享单车"最后一公里"等一站式公共出行。

在首页布局上，腾讯地图纳入公交地铁、打车、商旅酒店、美食及优惠加油等版块，可实现公交出行人车路实时无缝链接。据深圳市交通运输局数据，2021 年，深圳市民通过腾讯地图绿色出行平台搭乘公交和地铁绿色出行实现减少二氧化碳排放约 50 万吨。

图 6　腾讯地图出行场景

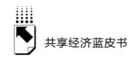

此外，由数字技术支撑的碳普惠、碳账户等平台也已经成为城市公共交通的重要延伸领域，如北京 MaaS 平台、深圳"低碳星球"小程序、郑州"碳易行"小程序、浙江碳普惠平台、青岛"青碳行"等。如深圳的"低碳星球"小程序，截至 2022 年 6 月已有近 100 万深圳市民通过"低碳星球"参与减碳行动。

据《数字化工具助力公众绿色出行研究报告》（以下简称《报告》），未来将持续完善"政府主导、市场调节、各方参与、全民行动"的多元化碳普惠机制，通过更多趣味化的数字减排及记录工具，促进绿色化、低碳化的智能公共交通体系的建设。

1. 碳普惠相关政策

2020 年 11 月，深圳市人大常委会颁布《深圳经济特区绿色金融条例》，提出应当完善碳普惠制度，并建立深圳排放权交易机构运营碳普惠统一平台。

2021 年 7 月，深圳市人大常委会颁布《深圳经济特区生态环境保护条例》，提出应建立碳普惠机制，并对小微企业、家庭和个人的节能减排行为进行量化，引导全社会绿色低碳生产和生活。

2021 年 11 月，深圳市人民政府办公厅颁布《深圳碳普惠体系建设工作方案》，提出打造"双联通—四驱动"碳普惠体系，推动低碳行为数据平台与碳交易市场平台互联互通，政策鼓励、商业激励、公益支持和交易赋值四驱联动。此外，提出碳普惠体系跨区域合作，深入深圳碳市场开展交易。

2021 年 12 月，深圳市生态环境局颁布《深圳市低碳公共出行碳普惠方法学（试行）》。该方法学的基准线情境主要为私人小汽车（汽油/纯电动/混动式）、出租汽车、公共汽车和地铁等交通工具。在减排量计算上，分为基准线情境排放因子和项目情境排放因子。在碳普惠减排量计算上，低碳公共出行碳普惠行为分为纯电动公共汽车出行和地铁出行两个计算公式，并监测每个注册用户（个人）的相关参数和数据。截至 2022 年，试行的该方法学已经覆盖了公交、地铁两个主要场景，未来还将推广至共享单车等绿色出行领域。

2022 年 3 月，经深圳市生态局多次研讨后，发布《深圳市碳普惠管理办法》，提出碳普惠核证减排量全生命周期管理和统一平台建设等，并进一步明确公众、小微企业等节能减碳行为所产生减排量的管理流程和使用规则。

2.碳普惠平台设置

2021年，深圳市生态环境局、深圳排放权交易所与腾讯联合打造全国首个面向公众的碳普惠互动平台——"低碳星球"。该小程序通过建立个人碳账户、商业激励、政策鼓励和核证减排量交易等公众低碳行为正向引导机制，链接消费端减排和生产端减排，现已成为碳金融创新的重要领域。

深圳市民只需在微信界面搜索"低碳星球"小程序，并注册开通个人碳账户，即可通过腾讯地图App与腾讯乘车码刷码参与公共出行。随后通过二氧化碳减排量的科学核算，积累相应碳积分。用户在"低碳星球"首页选择"碳账户"选项卡，即可查看积累的碳积分，并用碳积分在商城兑换地铁乘车券。

图7 "低碳星球"小程序页面

在"低碳星球"小程序中，分设沐光之森、绿能群岛、海绵绿都等9大主题星球，并且对每个主题设置不同彩蛋，让用户亲身感受从灰霾城市到

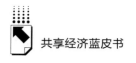

低碳家园的神奇变化，进一步激发碳普惠用户的参与热情。

根据《深圳低碳公共出行碳普惠方法学（试行）》，与一般市内交通出行相比，市民乘坐纯电动公共汽车，每人每公里可减少 26.9g 碳排放，乘坐地铁出行，每人每公里可减少 46.7g 碳排放。深圳市交通运输局、深圳市生态环境局相关数据显示，公交车实现全面纯电动化后，每年可减少二氧化碳排放量约 135.3 万吨，出租车实现纯电动化后，每年可减少二氧化碳排量约 60 万吨。

（四）积极推动综合交通发展

2022 年以来，深圳交通运输局着力于打造大城市交通设施管养的全国样本，道路设施综合完好率达 98.35%。2023 年，按照深圳市委、市政府部署，深圳市交通运输局将聚焦"物流中心"建设，夯实"四梁八柱"，聚焦"争一流"量化 20 个交通发展指标和"要干成"细化 178 项工作措施，以促进深圳市交通发展。

2022 年，深圳市先后推出多项交通建设政策，推进深圳市综合交通的高质量发展。2022 年 5 月 6 日，深圳市交通运输局正式发布《深圳建设交通强市行动计划（2021—2025 年）》（以下简称《行动计划》）。《行动计划》明确到 2025 年建成"开放畅达、立体融合、低碳智慧、安全宜行"的交通强市，加快推进各层级轨道交通规划建设运营管理模式创新研究，以 TOD 综合开发理念为导向，探索枢纽站城一体开发新模式，形成可操作、可复制推广的枢纽统一规划、设计、建设、管理的一体化工作流程。2022 年 10 月 31 日，深圳市人民政府办公厅印发《深入实施交通强国战略　建设更高质量国家公交都市示范城市三年行动方案（2022—2024 年）》（以下简称《方案》），旨在加快推动城市公共交通高质量发展，更好地服务人民群众交通出行。《方案》明确提出枢纽支撑、创新枢纽场站的综合开发和运营管理，以 TOD 理念为导向促进站城一体化发展。并且《方案》提出以西丽、机场东、罗湖北、坪山等枢纽为试点，采用国铁集团与地方政府合建模式，加强设施设备共建共享，创新"枢纽+社区+产业"融合发展模式。

四 雄安新区：需求响应型公交

（一）评价指标

1. 订单执行率

订单执行率指标可反映出行需求与运力供给之间的动态关系，当订单需求量远大于运力供给量时，订单执行率大概率会走低，此时，通过对数据的及时监控，第一时间调整运力投放数量，可以更好地平衡供需关系，确保服务质量。

2. 满座率

针对系统拼单效率、车辆座位利用效率等核心要素，设定"满座率"考核指标，即满座率＝SUM（单笔订单人数×单笔订单里程）/SUM（车辆座位数×载客里程），其中，载客里程＝总里程−空驶里程。

3. 空驶率

空驶率指标在一定程度上反映了路线规划的载客效率。车辆有客情况下所行驶的里程称为"载客里程"，未载乘客行驶的里程称为"空驶里程"，空驶率＝空驶里程/总里程，总里程＝空驶里程+载客里程。

4. 响应时间

响应时间是指乘客下单后到系统成功分配车辆的用时。

5. 乘客等待时间

乘客等待时间是指从系统成功分配车辆到车辆到站的用时。

（二）雄安新区弹性公交项目现状

中交集团积极参与雄安新区建设和发展，于 2019 年 5 月 17 日率先在雄安新区试点运营需求响应型公交——弹性公交服务，并于 2020 年 8 月 4 日中标容东片区建设期交通运营服务项目，包括定线接驳车服务、弹性接驳车服务及临时 CEC 运营服务。

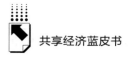

项目运营以容东片区、市民中心、容城城区为起点，引领雄安新区智能交通发展和功能提升，为周边起步区、启动区建设提供支撑和配套服务。项目肩负探索新区多元化交通模式和积累经验的重要使命。

1. 运营范围及站点

运营范围包括容东片区、市民中心片区、容城城区，截至2023年3月，共计开设站点291个，其中容东片区160个，市民中心片区11个，容城城区120个，站点布局基本覆盖区域内主要社区、学校、商场、办公场所、交通枢纽等区域。

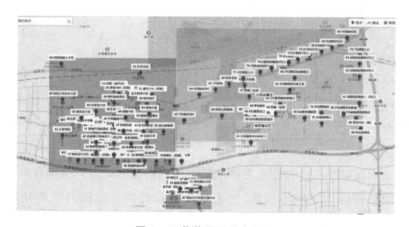

图8　运营范围及站点示意

2. 运营车辆

运营车辆23辆，其中，新能源中巴车3辆，新能源轿车23辆。

3. 调度系统

利用移动互联网、云计算、大数据、车联网等先进技术和理念，结合"互联网+公交"，实现"线上资源合理分配、线下高效优质运行"的新业态和新模式，最大限度提升出行体验、出行效率，提供人性化、综合化、智慧化、绿色节能的出行服务。平台利用车联网技术对车辆进行信息化改装，实现车辆实时响应、高效调度、订单监控、安全管控"四位一体"的用车解决方案。

图 9　公交车示意

图 10　轿车示意

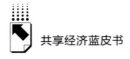

图 11 调度系统示意

4. 客流统计

截至 2023 年 3 月，弹性公交累计完成约 65 万单，累计接驳 83 万人次，日均接驳约 1000 人次。

（三）部分数据

弹性公交 2023 年 2 月 20~26 日的运营数据如表 4 所示。

表 4　2023 年 2 月 20~26 日弹性公交部分运营数据

序号	订单日期	下单量(单)	完单量(单)	完单人次(人次)	投入车辆(小时)	订单执行率(%)	车均下单量(单/小时)	车均完单量(单/小时)	车均接驳人次(人次)	中巴接驳空驶里程(公里)	中巴有单行驶里程(公里)	小车接驳空驶里程(公里)	小车有单行驶里程(公里)	乘客等待时长(分)	司机等待时长(分)	系统响应时长(秒)
1	2023-02-26	768	581	770	124.8	76	6.2	4.7	6.2	36	112	484	888	9.1	2.1	2.1
2	2023-02-25	797	525	661	97.9	66	8.1	5.4	6.7	0	0	441	798	9.5	1.0	2.2
3	2023-02-24	1245	885	1021	201.2	69	6.2	4.2	5.1	28	71	609	1423	9.0	1.1	2.7
4	2023-02-23	1015	772	944	196.6	76	5.2	3.9	4.8	11	34	677	1494	8.0	1.0	2.4
5	2023-02-22	1047	750	953	180.7	72	5.8	4.2	5.3	23	47	584	1501	8.4	1.0	2.7
6	2023-02-21	1101	723	895	163.4	66	6.7	4.4	5.5	20	46	627	1344	9.2	0.8	3.2
7	2023-02-20	1008	745	876	179.1	74	5.6	4.2	4.9	23	73	626	1378	8.9	1.1	7.2

B.22
出租车管理创新案例分析

纪雪洪　曹宏林　费闻鋆*

摘　要： 本报告主要选择了四个典型城市——广州市、杭州市、舟山市和哈尔滨市，探讨了网约车和巡网融合等的政策创新和管理创新案例，包括在聚合管理、网约车合规管理、一车两价以及适老出行等方面取得的突破。

关键词： 网约车　政策创新　巡网融合　一车两价

一　广州市：聚合模式政策管理

（一）聚合模式引发的争议

2017年，高德地图推出高德打车服务，开创了聚合平台模式，此后，携程用车、美团打车、百度打车等聚合平台相继出现，2022年，互联网龙头企业华为、腾讯也纷纷推出聚合模式，甚至行业头部企业滴滴出行也加入了进来。

聚合平台模式相对于网约车自营模式有着显著的优势。与传统自营平台不同，在聚合模式下，网约车平台表现为"平台的平台"，加入平台的各个服务商共享巨大的客源，通过合作形成了规模优势，保障服务的可靠性。同时，网约车行业准入门槛高，而在聚合模式下不同网约车服务公司形成整

---

* 纪雪洪，北方工业大学共享出行研究团队负责人、汽车产业创新研究中心主任，教授；曹宏林，北方工业大学汽车产业创新研究中心；费闻鋆，北方工业大学汽车产业创新研究中心。

体、资源共用，降低了准入门槛，有利于促进网约车市场的良性竞争。此外，网约车行业是高风险行业，安全事故往往会给服务商造成致命打击，而采用聚合模式能够降低或者分散风险。

但是，聚合模式也存在诸多问题。在广州市交通运输局公共交通处处长苏奎看来，包括以下突出问题：一是聚合模式可能会导致市场失灵，难以，甚至是无法淘汰劣质企业、僵尸企业；二是聚合模式下服务关系复杂，主体责任不明，乘客有时候投诉无门，各方推诿不时出现，对监管也提出了新的挑战；三是相对于自营平台来说，聚合模式安全合规成本低，不利于行业公平竞争。他认为，要弄清楚聚合模式是什么，其边界在哪里，哪些能做而哪些不能做。政府应鼓励有序的、创新的、公平的竞争，而不是碎片化的、无序的恶性竞争；既要保障消费者的权益，也要推动行业结构优化和鼓励企业进行服务创新、升级。

2022 年 8 月，交通运输新业态协同监管部际联席会议办公室对 11 家主要网约车平台公司进行了提醒式约谈，并对聚合平台作出要求：要确保接入的网约车平台符合有关规定，督促对接入的网约车平台公司加强车辆和人员管理。出现安全事件时，聚合平台公司要依法履行先行赔付责任，并和涉事网约车平台公司共同做好事故处理工作。

（二）第一个聚合模式的地方管理办法

2022 年 12 月 9 日，广州市交通局发布了《广州市交通运输局关于进一步规范网络预约出租汽车聚合经营行为的通知（征求意见稿）》（以下简称《通知》），拟明确网约车聚合平台经营者和网约车经营者的权利和义务，这是地方政府第一个针对聚合模式提出的管理办法。

《通知》明确指出聚合平台是指依托具有技术和用户优势的互联网平台，为乘客、驾驶员提供网约车服务的电商平台，即广州市将聚合平台定义为电子商务平台经营者，网约车服务商为平台内的经营者。因此，其参考的法律依据除了网约车管理办法外，还包括《电子商务法》《广东省市场监管条例》《网络交易监督管理办法》等有关法律法规。

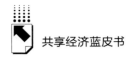

广州市交通运输局公共交通处处长苏奎表示,"从定义上来看,聚合平台至少符合电子商务法的电子商务平台定位,聚合平台提供了经营场所、交易撮合、经营服务,所以聚合平台应该是电子商务平台经营者。《网络交易监督管理办法》对于这个也进行了定义"。根据这一基调,《通知》提出聚合平台应当履行对接入网约车平台的核验、登记以及定期核验更新与监督平台合法经营的义务,若聚合平台不履行规定义务,交通运输部门可根据《电子商务法》等有关规定进行处罚。

其次,《通知》明确要求从事网约车经营应提交"三证"(《网络预约出租汽车经营许可证》《网络预约出租汽车运输证》《网络预约出租汽车驾驶员证》),且聚合平台应承担网约车平台有关经营许可审核义务,同时要求网约车经营者存在严重安全隐患以及非法营运现象的,聚合平台不得再向其提供聚合服务。这一规定也符合国家对网约车行业合规化要求和趋势。

在乘客权益保障与投诉机制的问题上,《通知》要求聚合平台建立便捷、有效的投诉与举报机制,乘客与平台内网约车服务商发生争议时,聚合平台应当积极建立有关机制,协助乘客维护合法权益,乘客合法权益受到损害时,聚合平台不能提供涉事网约车公司有效联系的,应当承担先行赔偿责任。同时,鼓励聚合平台建立有利于乘客权益保护的服务质量担保机制。在这一方面,有企业付出了实践。2022年12月7日,上海美团打车高峰好叫车联合办公室宣布设立"1亿保障基金",主要面向上海司机、车辆、调度提供充足的资源支持和运营激励,保障运力。面对司机,推出司机增收计划,包括司机高峰期出车奖励、热区接单奖励和周末做单赢免佣卡活动等;面向乘客,美团打车也将持续推出面向不同人群的补贴方案。

在备受关注的定价机制和司机抽成问题上,《通知》要求聚合平台应当会同平台内网约车企业,落实平台企业抽成"阳光行动",主动公开计价规则,合理设定并公开抽成比例上限,在驾驶员端实时显示每笔订单抽成比例。这一要求既保障网约车司机的合法权益,也有利于行业的公平竞争和健康发展。

（三）征求意见采纳情况

2023 年 2 月 6 日，广州市交通运输局发布了《关于〈广州市交通运输局关于进一步规范网络预约出租汽车聚合经营行为的通知〉征求意见情况的说明》，将 1255 条实际意见归纳为实际表达意见 18 项，并且展示意见内容和是否采纳的理由（见表 1），其中，拟采纳意见 5 项，部分采纳 6 项，基本采纳 2 项，不采纳 5 项。

采纳意见包括：聚合平台所展示的合作网约车平台公司的信息应真实、准确、完整，不得允许无资质的网约车平台借用、挂靠第三方经营许可与聚合平台合作；不得通过派单倾斜、默认勾选等方式限制平台内经营者的订单流量；在用户选择平台内经营者提供运输服务时，需在 App 展示界面的显

表 1　《广州市交通运输局关于进一步规范网络预约出租汽车聚合经营行为的通知》意见征集和采纳情况

序号	意见内容	采纳情况	理由
1	建议第三条增加:所展示的合作网约车平台公司的信息应真实、准确、完整,不得允许无资质的网约车平台借用、挂靠第三方经营许可与聚合平台合作	拟采纳	
2	建议第四条增加:对于聚合平台未及时采取措施的,交通运输主管部门有权责令聚合平台限时予以下架处理	拟部分采纳	市交通运输主管部门将根据《中华人民共和国电子商务法》等法律法规依法进行处罚,具体处罚措施根据相关法律法规规定处理
3	建议第五条增加:合作网约车平台调整价格机制,需至少提前 7 日通过聚合平台向社会公布,接受社会公众监督	拟采纳	
4	第六条建议增加:当司机、乘客权益受到损害且涉事网约车平台未能依法履责时,聚合平台应当依法履行先行赔付责任。聚合平台可依据责任划分或相关协议约定向涉事网约车平台和其他相关方追偿	拟基本采纳	已根据《中华人民共和国消费者权益保护法》第四十四条规定,规定聚合平台对乘客受到损害的合法权益承担先行赔偿责任的情形

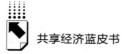

续表

序号	意见内容	采纳情况	理由
5	按照《通知》第二、三条所言,其中要求已经超出了电子商务平台经营者的范畴,应属于网络预约出租车经营范畴。同时如果按照《通知》要求,让聚合平台对于网约车进行监管,会大大增加聚合平台的运营成本。聚合平台作为电子商务平台经营者,应该对网约车企业进行管理。参照淘宝天猫的运营模式,对经营不规范的企业进行处罚,而不是直接管理每台车辆	拟部分采纳	第二条修改为"聚合平台应当要求申请进入平台提供服务的网约车企业提交其身份、地址、联系方式、与其经营业务有关的行政许可等真实信息,进行核验、登记,建立登记档案,并至少每六个月核验更新一次。……" 第三条法律依据为:《网络预约出租汽车经营服务管理暂行办法》第十九条、《中华人民共和国电子商务法》第十五条及《网络交易监督管理办法》第二十六条,有明确的法律依据,并未增加网约车聚合平台的法定义务
6	建议将第二条修改为"聚合平台应当要求申请进入平台提供服务的网约车企业提交其身份、地址、联系方式、《网络预约出租汽车经营许可证》等真实信息,进行核验、登记,建立登记档案,并至少每六个月核验更新一次。为确保信息更新及时、有效,鼓励每个月核验更新一次。需要通过市交通运输局许可数据进行核验的,可在广州交通运输局官网进行注册后进行核验或在广州市交通运输局网约车综合业务管理平台注册后进行核验"	拟采纳	
7	建议考虑罚则公平性、合理性的问题,调整处罚标准	拟部分采纳	《中华人民共和国电子商务法》第八十条对有关违规行为的处罚有明确规定,《通知》不能对法律规定进行调整。下一步将在制定具体处罚自由裁量标准时,在法律法规规定的处罚标准内,根据具体违法违规情况,合理确定处罚的自由裁量标准
8	建议进一步明确聚合平台对网约车企业的检查监督责任,一是确保接入的网约车平台具备健全的线下服务能力;二是对三方平台的运费计价规则进行监测与抽查;三是聚合平台应监督网约车企业的司机端价格公示情况	拟部分采纳	《通知》第三条已规定了聚合平台对平台内网约车企业信息公示提供技术支持及核验的义务,第五条增加了"平台内网约车企业调整价格机制的,需至少提前7日通过聚合平台向社会公布,接受社会公众监督" 其余意见无法律依据,增加了聚合平台的法定义务

续表

序号	意见内容	采纳情况	理由
9	建议明确聚合平台维护公平竞争环境相关责任,不得通过派单倾斜、默认勾选等方式限制平台内经营者的订单流量	拟采纳	
10	建议进一步明确聚合平台对乘客的合法权益保障责任,在用户选择平台内经营者提供运输服务时,需在 App 展示界面的显著位置进行风险提示"订单车辆运输服务非聚合平台提供,为第三方平台提供"。详细提示订单对应的运输合同承运人主体非聚合平台	拟采纳	
11	建议明确聚合平台的企业安全生产主体责任,一是设立在广州的分支机构和地化安全管理团队;二是完善企业安全管理制度;三是每半年组织安全隐患排查治理;四是组织制定并实施本单位的交通安全事故应急救援预案;五是建立公安线上调证 7×24 小时配合机制;六是规范聚合平台运营数据管理要求	拟部分采纳	《通知》已规定聚合平台要对平台内网约车企业及其提供的网约车服务建立检查监控制度,发现平台内网约车企业及其提供的网约车服务有安全隐患时的处理措施
12	严管以聚合之名变相从事网约车经营的行为,一是严禁以聚合平台名义进行司机招募;二是严禁直接开展供需匹配或侵犯乘客选择权;三是严禁直接调度或控制运力;四是严禁聚合平台直接或通过第三方 Saas 平台对合作商家进行价格指导	拟部分采纳	《通知》已规定不得以聚合平台名义从事或变相从事网约车经营服务活动。部分具体措施由于暂未有法律法规依据,将在未来制定有关法规时统筹考虑

著位置进行风险提示"订单车辆运输服务非聚合平台提供,为第三方平台提供",详细提示订单对应的运输合同承运人主体非聚合平台。在价格机制上,合作网约车平台调整价格机制,需至少提前 7 日通过聚合平台向社会公布,接受社会公众监督。同时,文件也表示《通知》已规定不得以聚合平台名义从事或变相从事网约车经营服务活动。部分具体措施由于暂未有法律法规依据,将在未来制定有关法规时统筹考虑。

此外,有意见表示《通知》第二、三条的要求已超出电子商务平台经

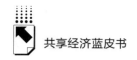

营者的范畴，应属于网络预约出租车经营范畴。这一建议的反馈是该条款有法律依据，并未增加网约车聚合平台的法定义务，但《通知》第二条进行了调整，修改为"聚合平台应当要求申请进入平台提供服务的网约车企业提交其身份、地址、联系方式、与其经营业务有关的行政许可等真实信息，进行核验、登记，建立登记档案，并至少每六个月核验更新一次。……"

根据现有的进展，预计 2023 年上半年，《广州市交通运输局关于进一步规范网络预约出租汽车聚合经营行为的通知》将落地执行，其实践将为企业城市和区域开展聚合模式的管理提供借鉴，为部委层面出台相关政策法规提供参考。

二　杭州市：网约车合规管理

杭州网约车行业发展起步于 2012 年本土诞生的网约车平台"快的打车"，但快的打车于 2015 年与滴滴打车合并。这十多年来，作为"互联网+"和平台经济的典型领域，杭州网约车的快速发展一方面对传统出租车市场造成巨大冲击，另一方面市场的巨大动荡并不利于行业整体的健康和社会的稳定发展。因此，依照国家顶层设计，即 2016 年 7 月交通运输部发布的《网络预约出租汽车经营服务管理暂行办法》，结合当地网约车发展特点，杭州在网约车管理上也不断创新实践，可圈可点，围绕传统出租车企业改革和网约车规范发展两方面，推进新旧业态融合发展。2022 年，在全国 36 个主要中心城市网约车平台订单合规率 12 次月度排名中，杭州市共 8 次获得第一名。

（一）立法为先，鼓励公众参与

杭州市在针对出租汽车行业的政策和法规制定上，一直走在行业前列。2016 年 11 月，《杭州市网络预约出租汽车和私人小客车合乘管理实施细则（试行）》正式颁布，是国内省会城市中第一个出台的细则。2018 年 2 月，经过一年多网约车管理工作实践，杭州市优化了网约车管理细则，并发布《杭州市网络预约出租汽车经营服务管理实施细则》；同年 5 月，《杭州市客运出租汽车管理条例》出台，是国内第一部将网约车与巡游出租汽车一并纳入立法规范对象的城市地方性法规，意味着网约车监管工作真正实现了有法可依，为今后的网约车管理工作提供了法律保障。

2023 年 1 月 9 日，杭州市发布了《关于〈杭州市网络预约出租汽车经营服务管理实施细则（征求意见稿）〉征求意见情况汇总》，对 1228 条实际意见归集为实际表达意见 35 项。文件中，对 35 项意见采纳 8 项，部分采纳 3 项，不予采纳 24 项，并且展示了具体意见和是否采纳的理由。

（二）简政放权，发挥市场配置资源作用

2018 年修订的《杭州市客运出租汽车管理条例》充分体现"放松管制""开放市场"等特点，为全面推进出租汽车行业市场化改革提供了法律保障。一是放松对运力、运价的管制。对网约车不设总量和价格管制，实行市场调节；对巡游车数量实行动态调整，对运价实行政府定价或政府指导价，逐步实行市场调节价。二是市场准入由封闭式走向开放式。允许存量巡游车经营权转让交易，符合条件的单位和个人均可受让出租车经营权，持有一定数量经营权的企业可以申请获得巡游车经营许可证，这些规定为社会力量依法参与出租车经营服务打开了大门。三是放宽驾驶员准入门槛。比如放宽了申请从业资格考试人员的户籍或居住证要求，有利于增加驾驶员队伍供给。

在 2023 年《关于〈杭州市网络预约出租汽车经营服务管理实施细则（征求意见稿）〉征求意见情况汇总》中，同意采纳"为巡游出租车增加网约订单并实行同城统一价格规则"这一建议并回复：将依法加快推进巡网融合发展，具体实现方案由市场作出选择，由市场主体探索推进；同时也采纳了"遏制网约车低价、一口价、特惠价等行为，价格监督部门对价格违法行为、不正当竞争强化打击"这一建议。

（三）科技赋能，强化信息化监管

在网约车监管上，杭州市强化事中事后监管，注重出租车服务质量的监管，要求网约车平台企业做到机构落地、团队落地、数据落地、订单全部合规，并运用吊销经营许可证等法律手段推进平台企业合规进程。顺应科技发

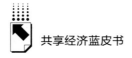

展潮流，采用网上申请、就近办理、数据共享等方式，提高办事效率。借助搭建"杭州市网约车办证服务信息系统"、一车接入多平台等措施，加速网约车纳入管理，为巡网融合发展奠定基础。杭州市网约车平台、车辆和驾驶员截至目前基本实现全合规，人要考证、车要办证、平台要合法已成为行业共识。

（四）统筹管理，明确分工职责

在网约车、出租车管理工作中，杭州市实行多部门联合监管综合治理方式，明确交通、价格、质监、税务、公安、市场监管等部门的分工与职责。比如，价格主管部门应当加强出租车价格监管、完善定价机制、查处价格违法行为；税务机关负责出租车税收征收管理工作，依法查处不按规定开具发票的违法行为；质监部门应当加强计程计价设备的监管，依法查处非法改装、破坏计程计价设备等违法行为；公安机关负责出租车行业治安管理工作，协助做好驾驶员审查和车辆管理工作，依法查处占用出租车专用通道、泊位的违法行为；市场监管部门负责依法查处出租车经营中的不正当竞争、非法网络交易等违法行为。

（五）巡网融合，坚持创新探索

2022年10月，吉利控股集团旗下的出行品牌"礼帽出行"落地杭州。礼帽出行定位为高端网约车，采用一个平台、一款车型、统一标准、定制化出行的服务模式。在"网约车+巡游出租车"双模式运营下，礼帽出行将"车找人"的巡游出租车模式和"人找车"的网约车模式结合在一起，线下具备巡游出租车功能，路面上可以招手打车，运价机制与巡游出租车相同；线上使用礼帽出行App、小程序或者电话进行约车，按网约车计价规则收费。这是杭州市在"巡网融合"方向上的创新尝试，也意味着同一经营主体可以同时具备巡游出租车、网约车两种营运资质。此外，"两证合一"、巡网服务设施保障同待遇、统一车辆技术标准等举措，也为创造巡网一体融合发展环境提供了条件。

（六）两考合一、两证合一

2017 年 11 月 30 日，在"最多跑一次"改革大背景下，初步实现出租汽车行业从业人员"两考合一"，即出租汽车驾驶员从业资格（包括巡游出租汽车驾驶员和网约车驾驶员）全国公共科目与杭州区域科目这两考试科目在一次考试中完成。2018 年 5 月修订的《杭州市客运出租汽车管理条例》首次提出，出租汽车驾驶员从业资格证实行"两证合一"，驾驶员通过考试后，不仅获得驾驶网约车的资格，同时也获得出租车资格。这一举措减少了行业壁垒，推进了新老业态的融合发展，让杭州市合规驾驶人员数仅 2018 年就增长了 3 倍以上。

近年来，杭州市扫除了网约车与巡游出租车经营主体介入对方服务范围的制度障碍，使得出租汽车市场更为开放，为平台企业、出租汽车公司等不同市场主体自发探索融合路径创造了有利条件，在巡网一体融合发展不断进行创新实践。同时，杭州市致力于为社会公众提供更好的服务。春运期间，杭州火车东站附近还设有网约车专用候客区域，解决了乘客不知道在哪里等网约车的困扰和火车站站前的拥挤问题。

杭州市道路运输管理服务中心副主任卢伟表示，"十年来，杭州坚定不移朝着市场化路径和群众满意目标深化出租汽车行业改革，在已经完成巡游车改革和网约车规范发展这两步的基础上，接下来，将在全面推进巡网一体融合发展上再下功夫，尽力为全国出租汽车行业高质量发展提供更多杭州实践、杭州案例"。

三　舟山市：出租车"一车两价"

（一）舟山市出租车合规管理情况

浙江省舟山市是一座旅游城市，各景区分布较为分散，外来游客很多，依托现有的市场需求，巡游出租车行业和网约出租车行业蓬勃发展，合规建

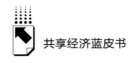
设也在不断推进中。

2016年11月，舟山市出台了《网络预约出租汽车经营服务管理暂行办法》，规定网约车开展营运必须先取得三项许可，即《网络预约出租汽车经营许可证》、《网络预约出租汽车运输证》和《网络预约出租汽车驾驶员证》，要求平台持证运营、司机持证揽客、车辆持证通行，"三证"缺一不可。

2017年1月23日，舟山市组织了面向驾驶员的第一场网约车从业资格证考试，并且在2月发放了首批《网络预约出租汽车驾驶员证》，从考试到发证时间间隔不到1个月。各平台也纷纷在舟山争取经营许可，2017年11月，深圳万顺平台取得了舟山市的《网络预约出租汽车经营许可证》。2018年2月12日和13日，"斑马快跑"平台和"滴滴出行"平台也分别在舟山落地。2018年3月，《网络预约出租汽车运输证》亦开始发放，这意味着"三证合一"的规定得到落实，舟山网约车合规管理也由此全面展开。

2021年，舟山市交通运输局稳步落实省市有关文件精神，在出租车行业管理上深化执法改革，规范执法行为，强化执法监督，重视法治宣传。在合规方面，以市区巡游出租车服务质量投诉集中受理为抓手，集中严管出租车行业，巩固完善出租车司机红黑榜、出租车油补退坡资金综合考核奖励等机制。2021年舟山市交通运输局累计受理有效投诉举报案件290余起，查处各类违规行为58起，处罚金额35400元，列入驾驶员红榜2人、驾驶员黑榜121人。舟山市政府以查处违规和红黑榜的形式，从根源上树立从业人员的合规意识，巩固合规行动，同时强化网约车管理，开展网约车平台失信问题专项治理行动，累计查处无证经营网约车84起，罚款86.5万元，全市持《网络预约出租汽车运输证》车辆增至1060辆，网约合规车数量大幅增长。表2整理了舟山市近几年网约车相关政策情况。

（二）"一车两价"政策的提出

近几年来，网约车的兴起打破了巡游出租车在本地出租车市场的垄断地位，其所具备的精准载客、及时响应、低价运营成本等优势对传统巡游出租

表 2　浙江省舟山市出租车相关政策汇总

发布时间	发布单位	政策文件或会议	要点
2021 年 9 月	舟山市交通运输局、舟山市发展和改革委员会	关于印发《舟山市区巡游出租车巡网融合数字化试点改革意见》的通知	①推进巡游出租车数字化改革②实行运价计费方式改革
2022 年 1 月	浙江省交通运输厅	关于印发《浙江省交通运输法治政府部门建设实施意见(2021—2025 年)》的通知	坚持问题导向,加大车辆严重违法超限超载、"黑客车"、"黑出租"、站外揽客、网约车非法营运、内河船舶非法参与海上运输、违规动火作业等重点领域执法力度,确保通过执法一次、规范一片深入贯彻党中央、国务院决策部署,切实维护依托互联网平台从业的网约车司机、货车司机等群体的合法权益,妥善解决从业人员合理诉求,营造良好的从业环境
2022 年 2 月	舟山市交通运输局	关于征求《舟山市巡游出租汽车经营服务管理办法(征求意见稿)》与《舟山市网络预约出租汽车经营服务管理办法(征求意见稿)》意见的公告	《巡游》第 6 条:鼓励巡游车企业转型提供网约车服务《巡游》第 53 条:巡游出租汽车已被租用的,驾驶员应当按照规定使用里程计价表(网召线上计价模式除外)《网约》第 27 条:网约车只能通过网络预约方式提供出租汽车经营服务,除执行政府指令的应急疏运任务外,不得巡游揽客、轮排候客,不得进入巡游车专用候客通道
2022 年 5 月	舟山市交通运输局办公室	关于印发《2022 年全市交通运输系统法治工作要点》的通知	深化法治政府部门建设、完善交通制度体系、持续深化综合行政执法改革、推进行政执法能力建设、优化营商环境和推进信用交通建设、加强法治保障
2022 年 7 月	浙江省人民代表大会常务委员会	浙江省人民代表大会常务委员会关于修改《浙江省道路运输条例》的决定	网约出租车驾驶人员不得巡游揽客巡游出租车经营者通过网络预约方式揽客的,可以按照计价器显示金额收取运费,也可以按照网约车计价规则收取运费,但应当事先在平台以醒目方式告知乘客。巡游出租车经营者按照网约车计价规则收取运费的,应当事先加入网约出租车平台,按照网约出租车相关规定从事经营活动,平台经营者依法承担承运人责任

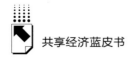

车行业造成巨大的冲击，巡游出租车面临着经营管理成本上涨、被抢占市场份额等困境，因此改革势在必行。

2021年9月18日，《舟山市区巡游出租车巡网融合数字化试点改革意见》的出台，标志着舟山市"一车两价"政策正式落地，也是全国实行巡游出租车巡网融合"一车两价"数字化改革的第一步。同年10月中旬，试点改革应用网约出租车线上透明运价收费机制、社会化评价机制和司机积分派单机制，优化出租车获客途径；出租车在接入网约车平台提供网约服务时，不再使用计价器计价，改变传统计价模式实行网约平台线上计价，同步对接（安装）打票机，由驾驶员即时出具出租车车费票据，试点改革期间，运价标准不高于政府定价标准。

这一政策有以下几个亮点。

其一，多机制联动。采用网约车社会化评价机制和司机积分派单机制，从平台端和司机端切入，供给侧改革以提升服务质量和效益。

其二，维持巡游出租车经营性质不变。将巡游出租车接入网约车平台作为互联网电召，但运营过程中仍安装计价器，由驾驶员即时提供出租车票据。

其三，采用网约车透明运价收费机制。以往巡游出租车的定价透明但费用计算过程模糊，新政策规定了在巡游出租车提供巡游服务时采用计价器计价，提供网约服务时不再采用传统计价模式，从根源上有效减少因定价规则不清而产生的纠纷。

其四，两类定价均遵循一定依据。巡游出租车在巡游状态执行政府定价（或指导价）、提供网约服务时实行市场调节价，改革试点期间不高于政府定价，发挥其价格优势，两类定价都有规章制度和市场价格可遵循。

（三）"一车两价"政策解读

"一车两价"政策并不意味着两种出租车业态的融合是不加区分的同化。所谓的"一车两价"的"一车"指巡游出租车，而"两价"指的是巡游接单采取巡游车的定价、网络预约接单则采取平台定价，简言之是由接单形式决定定价方式。这一政策具有以下意义。

1. 贯彻国家级、省级的文件精神

《国务院办公厅关于深化改革推进出租汽车行业健康发展的指导意见》（国办发〔2016〕58 号）及《交通运输部 国家发展改革委关于深化道路运输价格改革的意见》（交运规〔2019〕17 号）等国家文件从 2016 年起对全国出租汽车行业合规经营作出重要指示。浙江省出台的《浙江省交通运输法治政府部门建设实施意见（2021—2025 年）》《浙江省道路运输条例》等省级文件进一步落实了国家文件精神，同时也响应了数字化改革工作要求。

2. 合理利用巡游出租车资源，更新城市出租车业态

传统的巡游出租车受到信息技术限制，只能在有限的范围内揽客，乘客的需求无法快速传导至司机端，供需关系不协调，对司乘人员来说都会耗费不必要的时间与精力。此外，近几年来网约车不断发展，因其低价和便利性等优势，挤占了巡游出租车的部分市场。巡游出租车行业势必要进行改革和提升，才能稳定出租车驾驶员群体、优化行业营商环境。

3. 维护出租车行业秩序

值得注意的是，2022 年浙江省人民代表大会常务委员会在文件中规定，网络预约车不得巡游揽客。同年，舟山市交通局也在《舟山市巡游出租汽车经营服务管理办法（征求意见稿）》中强调，网约车只能通过网络预约方式提供出租汽车经营服务，不得巡游揽客、轮排候客，不得进入巡游车专用候客通道。一方面是由于网约车大多是私家车，不具备巡游揽客的标识；另一方面，一旦网约车可以通过巡游接单，会干扰出租车平台的市场与规则，不利于出租车行业良性发展。省市以文件形式对网约车提出营运规范，有助于维护这两类出租车行业秩序。

（四）"一车两价"政策效果

"一车两价"政策落地以来，巡游出租车网约订单大幅增加，高峰期订单由 3000 单增至 6000 单，且服务质量有所提升，具体表现在线上计价新模

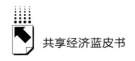

式无有效投诉。"一车两价"试点为出租车巡网融合行业改革转型发展提供了舟山样本，有效推动传统巡游车和新兴网约车的融合发展，优化出租车行业的运营环境，推进巡游出租车数字化改革与转型，促进出租汽车行业服务体验提升，更好地实现出租车市场的公平竞争，也更好地满足了人民群众多样化的出行需求。

截至 2022 年底，舟山市共有巡游出租车企业 25 家，巡游出租车 1208 辆，从业人员超过 2000 人；网约出租车平台公司 26 家，网约出租车 1482 辆，从业人员超过 1700 人。

同年 12 月，舟山市巡游出租车行业工会联合会和网约出租车行业工会联合会成立大会暨第一届委员会第一次全体会议举行，意味着舟山全市近 4000 名出租车司机有了共同的组织。工会旨在发挥行业引领作用，化解行业内部的矛盾，关心出租车群体的诉求，心系群体、服务群体，为从业人员提供安全保障、维护合法权益，维持司机群体的稳定性，有助于出租汽车行业整体健康发展。

四　哈尔滨市：95128智慧出行

95128 是我国交通运输部推出并大力推广应用的全国统一约车服务电话。为了积极推动落实《关于加快推广应用95128 出租汽车约车服务电话号码的通知》（交办运函〔2021〕952 号）的相关要求，由全国 95128 负责单位——交通部直属单位中国交通通信信息中心下属国交信息股份有限公司牵头，联合中电信数智科技有限公司、语仓科技有限公司与哈尔滨交通集团有限公司签订了《关于在哈尔滨试点 95128 约车平台推动交通运营服务新模式的合作意向书》。哈尔滨成为交通运输部中国交通通信信息中心 95128 智慧出行交通运营服务新模式在全国的第一个试点城市。

此次试点体现了以下三个突出特点。

一是普惠民生。试点功能得到极大拓展，大力推动共享交通、政府公务用车、学生安全用车、多式联运、定制公交乃至跨境货（客）出行等新服务类型与95128深度融合，低成本覆盖民生和经济社会发展的更广领域，这对于搭建城市级智慧出行综合服务平台、全方位提高市民出行感受、提升哈尔滨城市品质、建设"宜居之都"具有重大的功能性意义。

二是智慧出行。自然语言科技加持95128出行平台。哈工大是中国自然语言生成技术重要的研发高地，其技术水平处于国内领先和国际第一集团。自然语言生成技术的加持叠加中电信数智的强大算力支持，会使95128的使用体验、功能效果得到极大的提升，真正实现科技助老、普惠智慧出行，进而为整个出行产业赋能，推动其实现整体性提升。

三是数据安全、出行安全。智能安全技术穿透完整数据流和应用场景前后台，以最高的标准确保群众出行安全和个人数据隐私安全。

（一）试点基础与试点需求

1. 试点基础

行业基础：国交信息股份有限公司是交通部直属单位中国交通通信信息中心下属公司，是交通部指定的95128负责单位，并拥有95128平台、全国网约车监管平台、全国驾培监管服务平台及全国小微车租赁服务平台。哈尔滨交通集团有限公司是哈尔滨市委、市政府批准成立的国有独资公司，公司全面整合了现有国有交通行业资源，拥有可提供保障公众出行的大量各类车辆及动产服务基础。

科技基础：中电信数智科技（原中国电信集成公司）依托中国电信拥有的覆盖全国的通信及信息化基础设施及市场资源。语仓科技是依托哈工大技术发展起来的AI高新技术公司，哈工大拥有世界领先的NLP技术，并拥有部级及省级两个交通行业重点实验室及哈工大交通学院。依托中国电信的基础设施大型算力、哈工大及语仓科技在NLP技术上的积累，创新基于语言智能技术的新型95128智慧出行平台。利用中国电信的市场能力、哈工大在交通行业的理论研究和模式创新能力，创新交通出行新模式、开拓95128延伸市场。

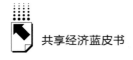
2. 试点需求

（1）运力资源统一调配、行业监管能力提升

实现国有公共交通及市场运力资源的统一调配，促成形成良性互补、共同发展，同时整合构建一个能听党指挥听国家调度、快速应急反应的运力资源网络，便于行业监管能力提升。

（2）城市动产服务带动交通场景产业链延伸

基于人（货）的运输服务+动产载体+动产配套设施，像城市的血管一样覆盖城市发展的方方面面，并为城市及其相关产业的发展提供源源不断的动能与推力。城市发展亟须智能出行平台统筹配置这些资源，大幅提升政府服务公众出行能力，延伸交旅融合、交邮融合等产业，提高产业链就业承载能力，增加区域税收收入。

（3）国家法律对出行安全及数据安全提出更高要求

近年来随着一系列国家法规的制定和实施，在法律层面对出行安全和出行数据安全提出更高要求。

（4）以智慧出行场景应用引领中国语言智能（NLP）技术的强势发展

AI 是与工业革命比肩的世界级技术革命，是大国科技竞争的战略制高点。最近美国推出的 ChatGPT 就是使语言智能技术和超大算力相结合的新型对话机器人和新型搜索工具。语言智能加行业应用场景模式是 AI 赋能产业的典型模式，将跳跃式地提升相关产业发展水平，成为 AI 领域国际竞争的关键赛道。

95128 及智慧出行平台的核心就是基于语言文字理解和互联网地址搜索的客服，是 NLP 最佳的行业实践领域，是 AI 赋能交通领域的典型平台级应用，将极大地提升交通服务经济、社会发展的水平，促进现代交通产业发展。

（二）总体思路与主要任务

1. 总体思路

以国家战略需求为导向，充分发挥政府指导作用，围绕"建设 1 套平台、开展 3 项服务、实现 1 个统筹"的主要工作内容，在哈尔滨市试点创新 95128 运营和技术平台模式，深度挖掘、发挥城市动产资源价值，以智慧出行、普惠民生为核心和牵动，全面提高城市运营水平，为全国推广树立样板。

"1 套平台"：基于语言智能的新型 95128 智慧出行平台。

"3 项服务"：一是更广泛、更智慧的公共出行服务；二是交旅融合、交邮融合，促进交通出行延伸服务，带动地方经济发展；三是交通出行服务提供更强大、更迅速地社会保障和应急保障服务。

"1 个统筹"：城市动产资源一体化统筹，智能化管理，高效化运营。

2. 主要任务

立足哈尔滨、服务黑龙江、面向全中国贡献 95128 创新运营模式试点经验。

构建基于语言智能技术的 95128 智慧出行平台，全面提升 95128 服务能力：通过语言智能技术，实现智能对话、智能小程序、App、5G 消息等终端，全方位升级司机、乘客网召业务。降低电召平台运营成本，提升平台服务质量。同时将新 95128 智慧出行平台延伸建设成统一出行数据安全服务平台，进一步融合多种服务建设城市动产服务资源配置平台。

探索"电召+"长效运行机制，实现与现有网约车差异化、良性融合、高度互补服务。利用多种方式运营，实现以下服务：①精准公益性的弱势群体出行服务。②低成本的大众通勤出行服务。③安全可靠的政府企业定制化公务出行服务。④学生安全通学服务，解放家长陪护时间。⑤探索公交、地铁、网约车、单车多式联运及定制化服务模式，最大化利用并节约资源，满足多种出行方式需求。⑥特需出行及车辆作业服务：及时的应急车辆服务、特殊医疗出行服务、特殊路线出行服务、特种车辆租赁使用服务、农机调度租赁服务等。⑦承载退伍军人等特殊群体就业的网约车服务。

引领公众出行服务规范化，制定一套可推广的 95128 电召服务行业标准。研究融合平台约车评价制度、区域配套政策措施和行业标准，构建行业监管诚信体系，编制哈尔滨市电话约车行业标准，为公众出行提供更方便、

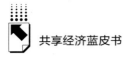
更安全、更贴心的客运和特需动产服务。

3. 试点效益

本试点旨在利用"科技引领+政策支持+市场推动"的手段，探索95128交通运营服务新模式，提升哈尔滨市出行公共资源配置和监管能力，在更高层次上打造城市动产经营、普惠出行服务的新标杆，成功后可在全国予以推广。

通过试点，希望保障哈尔滨市交通出行数据总体安全；推动区域运力资源一体化统筹、智能化调配，打造交通强市。打造语言智能产业应用典型场景模式，占领国际AI竞争制高点，拉动万亿级产业链。打造一个基于智慧交通出行的产业园区（国家级创新孵化基地）、孵化一个本地上市公司、带动百家以上企业集聚发展。推动城市交通综合治理水平显著提升，AI服务城市发展、城市运营水平显著提升。打造形成中国式现代交通、现代城市发展的重要科技支撑平台。

B.23
互联网租赁（电动）自行车
治理创新案例分析

沈立军　赵培昌　郭　煜　王　静　苏慧敏*

摘　要： 如何对互联网租赁（电动）自行车进行科学化、精细化、智能化管理，正在成为城市治理的重要课题。本报告选取了成都、北京和重庆三个城市，对其政策创新和管理创新进行了案例研究。

关键词： 互联网租赁（电动）自行车　监管模式　城市案例

一　成都市：共享单车综合治理

（一）基本情况

互联网租赁自行车，也称共享单车，作为"互联网+交通"的新业态，可有效解决城市公共交通"最后一公里"问题，有效缓解城市交通压力。2016年，共享单车进入成都，摩拜单车、一步单车、小蓝车、永安行等企业开始加大在成都市的单车投入力度。2017年2月底，成都市中心城区共享单车投放总量30万辆，累计服务人数超过3000万人次，同年7月就已有123万辆共享单车投入成都市场。然而，随着单车数量急剧增加，潮汐式拥

---

* 沈立军，城市智行信息技术研究院院长；赵培昌，城市智行信息技术研究院研究经理；郭煜，城市智行信息技术研究院战略发展部主任；王静，北方工业大学汽车产业创新研究中心；苏慧敏，北方工业大学汽车产业创新研究中心。

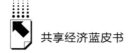

堵、乱停乱放等城市管理问题也越来越严重。

为规范共享单车的管理，成都市推出各项政策，并积极引进高新技术系统，数字化赋能共享单车管理新模式。2017 年以来成都市陆续制定"暂停投放""企业配额管理""电子围栏试点"等政策。截至 2019 年，全市共享单车数量达 180 万辆，增速明显下降。2021 年底，成都市全域范围内共享单车数量达 88.95 万辆，全市共享单车日均骑行人数超过 200 万人次，共享单车数量得到了明显的控制。此外，成都市还积极引进多种高新技术系统，如共享单车饱和度监测系统、近程物联感知技术等，打造互联网租赁自行车序化管理平台，以进行智能监测和实时调度。此外还大力推进全域号牌管理，以实现共享单车的科学化、精细化、智能化管理。

（二）管理举措

为进一步加强城市管理，维护公共交通秩序，成都市一直积极探索"共享单车"的有效管理模式。成都市始终坚持"企业主责、政府主导、条块结合、多元共治"原则，强化互联网租赁自行车管理工作。

政府主导，多项政策法规强化成都市共享单车管理。2017 年 3 月，成都市出台全国首个共享单车规定——《成都市关于鼓励共享单车发展的试行意见》，鼓励相关运营企业应建立使用者个人信用评价体系，加大监督力度。同年 4 月，成都市交委、公安局和城管委等联合发布《关于进一步加强共享单车管理的工作方案》，建立"3+7+N"共享单车会议协调制度，每半月定期研讨共享单车相关问题。同年 5 月，对成都市 5 家共享单车运营企业实施"划段负责制"。2017 年 9 月，交通运输部等十部门联合出台《关于鼓励和规范互联网租赁自行车发展的指导意见》，提出用户实名制、电子围栏等综合措施，成都成为全国首批试点城市，并率先设立 4 个点位。2018年 3 月，成都市交委会、公安局联合制定并发布了《成都市共享单车运营管理服务规范（试行）》和《成都市共享单车服务质量信誉考核办法（试行）》，强调对运营企业进行年度考核并打分，以确定企业的共享单车投放份额以及是否取缔。2020 年 10 月，成都市交通运输局等联合发布了《成都市关于促进互联网租赁自行车健康发展的实施意见》，将"包容开放、市场配置"调整为"总量控制、配额管理"，并提出将共享单车配备唯一性"身份编码"。2021年7月，成都市交通运输局印发《成都市互联网租赁自行车行业经营服务规范》，新增企业准入机制，明确互联网租赁企业需通过官方申请审核，才能试点运营。

数字赋能，互联网租赁自行车序化管理平台创新管理模式。2018年，全国首批共享单车管理试点区域选定成都市成华区。2019年11月，成都市互联网租赁自行车序化管理平台通过验收，正式投入使用。该平台通过卫星定位、天网和蓝牙道钉标识等技术，实时监测共享单车停放情况和投放数量，并利用饱和度进行总量控制，实现单车的智能调度，以达到不同点位之间的动态平衡。例如，2021年成都市"5+2"中心城区共享单车容量测算为59万辆，并以此数字为基准点进行动态调整。此外，平台会根据容量基准和实际数量，分设4种颜色，以代表不同的分布状态，比如红色即超量，黄色即趋于饱和，蓝色即车少，绿色即正常。如果某地区出现红色并持续很长时间，控制中心则会联系相关企业及时进行清运。截至2022年，中心城区锦江区、青羊区、高新区等大部分地区都已推广使用互联网租赁自行车序化管理平台。

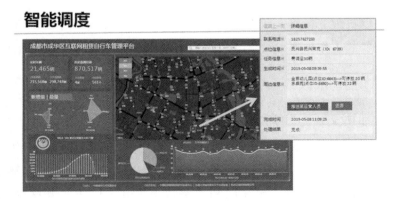

图1 成都市成华区互联网租赁自行车管理平台示意

资料来源：中国城市公共交通协会。

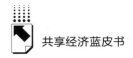

双向互动，政企联合共同调配各区共享单车的清理调度。①额度分配，单车上牌。成都市城市管理委员会利用互联网租赁自行车序化管理平台中的闲置率、废弃率等数据，综合考虑市场容量，科学计算企业共享单车投放额度并配发专用号段。2020年成都市通过与第三方机构合作，综合城市道路空间承载能力以及公众出行需求等因素，明确成都"5+1"中心城区（锦江区、青羊区、武侯区、金牛区、成华区、高新区）最优投放总量为45万辆，其中美团配额24万辆，青桔13万辆，哈啰8万辆，其后将依据互联网租赁自行车服务质量信誉考核结果进行配额调整。2021年"5+1"中心城区投放总量55万辆，其中美团配额19.2万辆，青桔配额23.8万辆，哈啰配额12万辆。而2022年上半年"5+2"区域企业服务质量信誉排名依次为哈啰、美团和青桔。此外成都市还实行全域号牌管理，一车一牌，并针对不同投放量设置不同号牌号段，如24万辆投放量则号段为0000001到0240000。如果共享单车没有上牌或其编码不对则判定为违规车辆，会即时联系企业清理。②小程序管理，规范号牌。成都市开通"成都共享单车秩序处置"小程序，市民可通过扫码，以了解车辆信息，核对号牌，从而杜绝共享单车运营企业违规投放现象。③一区一色，避免跨区运营。为了解决中心城区与郊区之间的共享单车管理问题，成都市给紧邻中心城区的双流、龙泉驿、郫都、温江、新都5个城区设定不同的号牌颜色，以实行"一区一色"，形成隔离带，从而提高各区单车清理调度和日常监督的工作效率。

（三）目前成效

据成都市交通运输局数据，通过共享单车创新管理模式，成都市"5+2"中心城市区共享单车闲置率下降30%，使用率提升50%，仅2023年2月，成都市成华区共享单车数量就从14万辆降到7万辆左右，闲置车辆比例大幅下降，单车的利用率显著提升。依托"互联网""大数据"等信息技术手段，成都市共享单车的精细化、智能化管理水平有了很大幅度的提升。

二 北京市：联合惩戒管理

（一）基本情况

2016 年，北京迎来了第一辆共享单车。高峰时期，北京共有 16 家品牌企业，超 230 万辆。随着市场的不断发展及优胜劣汰，目前仅剩美团、哈啰、青桔三大巨头。目前，共享单车已经成为人们日常出行的常用工具之一，但是也给城市管理带来了一系列问题，轨道站点周边共享单车堆积、占用步道影响行人通行等现象频频发生。为此，北京市坚持问题导向，不断探索新业态长效化管理机制，引领共享单车行业规范健康发展。

近几年，共享单车行业不断进行规范化调整，车辆的使用效率和骑行量都有效提升。数据显示，2022 年北京市共享单车骑行量已达 8.67 亿人次，日均骑行量 294.4 万人次，同比增长 10.91%。

（二）管理措施

实施联合限制骑行措施。共享单车在缓解交通拥堵、助力减排降碳等方面发挥了积极作用，但也产生了很多城市管理问题，其中一个重要原因是骑行人常为图便利、随意停放，导致停放秩序混乱。以往，企业通常不愿对不文明用户采取惩戒措施，担心导致客源流失、客户投诉，因此各企业对违规停放行为的约束措施少、惩戒力度弱。

为了解决共享单车乱停乱放问题，2022 年 1 月 26 日，北京市自行车电动车行业协会，连同美团、哈啰和青桔单车运营企业，共同推出《北京区域互联网租赁自行车行业规范用户停放行为联合限制性公约（试行）》，对不文明用户进行联合限制。

随后，四方主体又联合组建专门团队，专门负责采集每日违规信息，并进行整理分析，及时更新北京区域互联网租赁自行车用户禁止停放区违停联

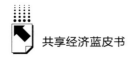

合限制骑行名单。按照公约规定，被纳入限制骑行名单的用户，企业在违停当月即通过短信、App 等多种形式提醒骑行人文明骑行、有序停放。公示期后，将对用户采取联合限制骑行约束措施，限制期限为 7 个自然日。

截至 2022 年 12 月，已有 657 人被纳入"北京区域违规停放联合限制骑行名单"。2022 年下半年共有 143 人被联合限制骑行，较上半年减少 72%，共享单车用户规范停放习惯正逐步养成。

细化治理政策。北京市推出《互联网租赁自行车系统技术与服务规范》地方标准、《北京市互联网租赁自行车行业信用评价标准》，为共享单车企业规范化管理，提供全链条、多方位、一体化的业务指导，以规范市场秩序。

全链条的综合监管措施。北京积极探索事前、事中、事后全链条的综合监管措施。构建"信用+风险""分级分类+协同""科技+共治"新型监管体系，最大程度减少政府行政干预，更好激发市场主体活力。事前由企业承诺并签署合规承诺书，建立信用档案；事中分级分类，科学精准监管；事后依据事中监管结果，实施差异化监管措施。

"科技+数据"助力城市管理。北京建成市级监管服务平台，车辆从信息接入平台起，每一次装卸、调运、骑行记录均"有迹可循"。形成政企联动快速响应机制。此外，利用科技手段开展监测管理。通过卫星定位、蓝牙感知技术，对车辆投放规模和使用情况进行实时监测。

（三）目前成效

目前，随着服务品质的不断提升和政策的深入人心，北京的共享单车市场环境明显改善。共享单车运营范围由五环内逐渐扩大至全市所有行政区，形成"1+N"格局，运营企业由"无序竞争、超量投放"转变为"公平竞争、精准投放"，投放合规率达 98%、动态位置接入率达 95%，周转率由日均 0.9 次提升至 3.3 次，淡季车辆使用效率较 2020 年提升了 80%，市场环境得到改善。

三　重庆市：共享电单车综合治理

（一）基本情况

2017年1月，ofo共享单车进入重庆，首批数千辆单车在重庆大学城、西永微电子产业园等地投放。截至2021年8月，重庆市城市管理局数据显示，中心城区共有5家共享单车运营企业，总量约9万辆。其中，两江新区4.1万辆，重庆高新区3万辆，大部分在大学城区域，占中心城区总量的80%左右。

在共享单车的市场培育下，社会逐渐接受了绿色共享的两轮出行方式。随着大数据等技术的发展，为解决中短途出行痛点，共享电单车加快发展。2018年，喵走出行强势入驻重庆，并研发生产了整车质量55千克以下、蓄压电池48伏特以下的自行车，以克服上坡动力不足的问题。随后，美团、青桔、小溜共享等8家共享电单车企业在重庆主城区内投放共享电单车达6万余辆，高新区和两江新区投放数量最多，且大多投放于轨道交通站点沿线、城市公园等人流量较大的区域。

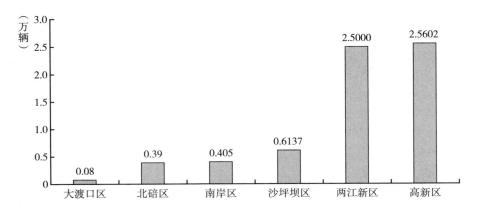

图2　重庆主城区共享电单车数量

资料来源：《2021年重庆市共享电单车年度发展报告》。

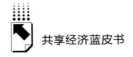

然而，随着共享电单车在重庆市的快速发展，"公共交通+共享电单车"逐渐成为市民选择的出行方式之一，但是共享电单车的发展中也出现了一些问题。

第一，骑行方面，部分投放车辆性能有待改善，部分用户表示车辆容易出现打滑或刹车失灵问题，长时间的露天停放影响电池安全；多数路段未设置非机动车或共享电单车专用车道，存在大量共享电单车与机动车争抢路权现象；部分划分了单独非机动车道的路段，但是标志标线不完善、管理措施不健全。

第二，停放方面，随意占用城市道路设施，轨道站点及公交站点用车潮汐现象凸显，在衔接需求量大的站点，共享电单车占用人行道停放的乱象突出，引发交通拥堵和安全隐患。

第三，运营维护成本高，一方面用户私自加锁、损坏二维码将电单车私用、窃取电单车零部件等行为不断增加共享电单车运营维护成本。另一方面，由于部分用户素质有待提高，出现了不少共享电单车没有停在规定区域内，甚至内环等高速公路上也出现了停放的共享电单车，这也提高了共享电单车回收时的运营成本。

（二）管理措施

为规范全市共享电单车停放管理，维护城市道路设施安全和市容环境秩序，重庆市相关部门出台了很多针对性政策。

2021年5月13日，重庆市城管局提出，中心城区将开展共享电单车规范发展专项整治行动，重新规划停放点位。停车点位不阻碍行人通行、不影响公共安全、不破坏城市景观。在轻轨站、公交车站、办公集中区域等地，会适当多施划部分车位，保证用户使用需求。

2021年7月23日，重庆市城管局制定的《中心城区共享电单车停放秩序现场考核评分标准》共分三个部分：一是停放秩序考核，凡在车行道停放的，每辆扣0.2分，在人行道停放的，每辆扣0.1分；二是车身整洁考核，凡车身破损、污损及标识（含二维码、提示牌）缺失的，每辆扣0.2

分；三是应急响应考核，接到现场考核人员通报车辆乱停乱放，相关企业运营维护工作人员未在 15 分钟内到达现场整改的，每辆扣 0.5 分。

2022 年 2 月 3 日，城管局推出《重庆市城区互联网租赁自行车停放区设置技术导则（试行）》（以下简称《导则》），解决共享电单车乱停乱放难题，提出因地制宜、安全有序、便民利民、协调美观四个原则，通过了全市统一停放区域设置标准，将停放区分为接驳换乘类停放区、生活通勤类停放区、休闲游憩类停放区及调度综合类停放区。此外，还结合重庆市地形地貌特点，重设共享电单车停车点位。督促中心城区城市管理部门加强共享电单车停放点位管理，会同有关企业开展车位选点、施划，杜绝随意占用人行道设置共享电单车停车点位现象。

2022 年 5 月 10 日，重庆两江新区管理委员会发布关于渝北区政协十六届一次会议第 326 号提案办理情况的答复函，主要明确了以下几个方面内容。

一是制定了《两江新区共享单车停放秩序管理工作方案》，明确无论是招商引资还是自行前来新区拟投入运营的共享单车企业，均需向新区城市管理局备案，城市管理局查看企业资质、了解其运营能力及相应条件后，根据辖区实际情况核定投放量。投入运行前需将拟投放车辆信息上传至两江新区共享单车监管平台接受监管，还需与新区城市管理局签订停放管理协议，承诺服从管理。投入运行后，城市管理局每月对停放秩序进行考核，对考核为良好和差的企业，分别扣减 1000 辆和 2000 辆投量，连续 3 次考评为差的企业限制投放或责令退出。

二是再划设部分停车位，同时配备相应的标识、电子围栏和蓝牙道钉等设施设备，进一步规范车辆停放，满足停车需求。利用信息化管理，采购共享单车监管平台软件，适时查看各企业投放数量、站点满桩等情况，同时利用"觅单车"小软件抽查，防止企业不传信息、擅自投放。利用数字城管信息采集员每天采集乱停放、摆放不整齐等问题，作为案件派发给企业处理，要求每天处置率不得低于 95%。

三是加大宣传和日常管理力度，要求各街道把共享单车停放秩序监管作为城市管理日常工作，加强日常巡查监督，发现停放不整齐、乱停乱放的及时通知企业整改，督促企业履行主体责任。坚持每月约谈企业，针对停放管理等问题提出要求。企业积极履行主体责任，通过开锁语音提示、悬挂提示牌等方式，加强"文明骑行、规范停放"宣传，共同维护停放秩序。

（三）目前成效

经过综合治理，共享电单车总量得到有效控制。2022 年 12 月，中国城市规划设计研究院西部分院等部门联合发布的《2021 年重庆市共享电单车年度发展报告》（以下简称《报告》）显示共享电单车总量在 6.6 万辆左右。

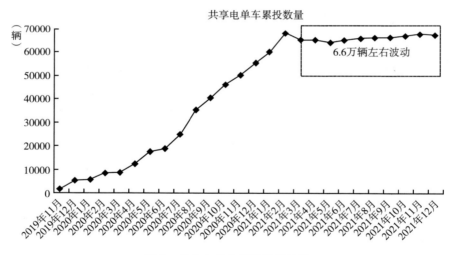

图 3　共享电单车累计投放数量

资料来源：《2021 年重庆市共享电单车年度发展报告》。

在改善民生方面，共享电单车作为一种"互联网+车辆租赁+清洁能源+数字技术"融合发展的新型服务业态，已成为城市共享交通和非机动化出行的重要载体，弥补了"最后一公里"的服务短板。"80 后""90 后"用户是共享电单车的主力军，这些人群也是上下学、上下班的主力人群。相比传统轨道周边"10分钟步行范围"服务圈层，重庆轨道周边共享电单车服务圈层扩大到"3公里"，进一步扩充了轨道站点周边区域的辐射范围。

在保护环境方面，相较私人小汽车，重庆共享电单车活跃用户每年在通勤上可平均减排56.72kg，减碳效果明显。按《共享骑行减污降碳报告》所载指标计算，共享电单车使用者每年可在通勤出行中有效减排33.24～69.45kg。

四　总结

从成都、北京和重庆的实践探索看，地方政府在共享两轮车监管方面的探索取得了一定的成效。成都市较早引进高新技术系统，数字化赋能共享单车管理新模式。北京市联合企业开展实施联合限制骑行措施，推动美团单车、哈啰单车、滴滴青桔单车3家企业共同签署了《北京区域互联网租赁自行车行业规范用户停放行为联合限制性公约（试行）》，对存在多次违规停放共享单车等不文明行为的用户实施联合限制措施，重庆市专门制定了《中心城区共享电单车停放秩序现场考核评分标准》以及停放管理考核导则，着力破解共享电单车乱停乱放难题。

社会科学文献出版社

皮 书

智库成果出版与传播平台

❧ 皮书定义 ❧

皮书是对中国与世界发展状况和热点问题进行年度监测，以专业的角度、专家的视野和实证研究方法，针对某一领域或区域现状与发展态势展开分析和预测，具备前沿性、原创性、实证性、连续性、时效性等特点的公开出版物，由一系列权威研究报告组成。

❧ 皮书作者 ❧

皮书系列报告作者以国内外一流研究机构、知名高校等重点智库的研究人员为主，多为相关领域一流专家学者，他们的观点代表了当下学界对中国与世界的现实和未来最高水平的解读与分析。截至2022年底，皮书研创机构逾千家，报告作者累计超过10万人。

❧ 皮书荣誉 ❧

皮书作为中国社会科学院基础理论研究与应用对策研究融合发展的代表性成果，不仅是哲学社会科学工作者服务中国特色社会主义现代化建设的重要成果，更是助力中国特色新型智库建设、构建中国特色哲学社会科学"三大体系"的重要平台。皮书系列先后被列入"十二五""十三五""十四五"时期国家重点出版物出版专项规划项目；2013~2023年，重点皮书列入中国社会科学院国家哲学社会科学创新工程项目。

皮书网

（网址：www.pishu.cn）

发布皮书研创资讯，传播皮书精彩内容
引领皮书出版潮流，打造皮书服务平台

栏目设置

◆ **关于皮书**

何谓皮书、皮书分类、皮书大事记、
皮书荣誉、皮书出版第一人、皮书编辑部

◆ **最新资讯**

通知公告、新闻动态、媒体聚焦、
网站专题、视频直播、下载专区

◆ **皮书研创**

皮书规范、皮书选题、皮书出版、
皮书研究、研创团队

◆ **皮书评奖评价**

指标体系、皮书评价、皮书评奖

◆ **皮书研究院理事会**

理事会章程、理事单位、个人理事、高级
研究员、理事会秘书处、入会指南

所获荣誉

◆ 2008 年、2011 年、2014 年，皮书网均
在全国新闻出版业网站荣誉评选中获得
"最具商业价值网站"称号；
◆ 2012 年,获得"出版业网站百强"称号。

网库合一

2014年，皮书网与皮书数据库端口合
一，实现资源共享，搭建智库成果融合创
新平台。

皮书网

"皮书说"
微信公众号

皮书微博

权威报告·连续出版·独家资源

皮书数据库
ANNUAL REPORT(YEARBOOK)
DATABASE

分析解读当下中国发展变迁的高端智库平台

所获荣誉

- 2020年，入选全国新闻出版深度融合发展创新案例
- 2019年，入选国家新闻出版署数字出版精品遴选推荐计划
- 2016年，入选"十三五"国家重点电子出版物出版规划骨干工程
- 2013年，荣获"中国出版政府奖·网络出版物奖"提名奖
- 连续多年荣获中国数字出版博览会"数字出版·优秀品牌"奖

皮书数据库

"社科数托邦"
微信公众号

成为用户

　　登录网址www.pishu.com.cn访问皮书数据库网站或下载皮书数据库APP，通过手机号码验证或邮箱验证即可成为皮书数据库用户。

用户福利

- 已注册用户购书后可免费获赠100元皮书数据库充值卡。刮开充值卡涂层获取充值密码，登录并进入"会员中心"—"在线充值"—"充值卡充值"，充值成功即可购买和查看数据库内容。
- 用户福利最终解释权归社会科学文献出版社所有。

社会科学文献出版社 SOCIAL SCIENCES ACADEMIC PRESS (CHINA) 皮书系列

卡号：994338655734
密码：

数据库服务热线：400-008-6695
数据库服务QQ：2475522410
数据库服务邮箱：database@ssap.cn
图书销售热线：010-59367070/7028
图书服务QQ：1265056568
图书服务邮箱：duzhe@ssap.cn

基本子库
SUB DATABASE

中国社会发展数据库（下设 12 个专题子库）

紧扣人口、政治、外交、法律、教育、医疗卫生、资源环境等 12 个社会发展领域的前沿和热点，全面整合专业著作、智库报告、学术资讯、调研数据等类型资源，帮助用户追踪中国社会发展动态、研究社会发展战略与政策、了解社会热点问题、分析社会发展趋势。

中国经济发展数据库（下设 12 专题子库）

内容涵盖宏观经济、产业经济、工业经济、农业经济、财政金融、房地产经济、城市经济、商业贸易等 12 个重点经济领域，为把握经济运行态势、洞察经济发展规律、研判经济发展趋势、进行经济调控决策提供参考和依据。

中国行业发展数据库（下设 17 个专题子库）

以中国国民经济行业分类为依据，覆盖金融业、旅游业、交通运输业、能源矿产业、制造业等 100 多个行业，跟踪分析国民经济相关行业市场运行状况和政策导向，汇集行业发展前沿资讯，为投资、从业及各种经济决策提供理论支撑和实践指导。

中国区域发展数据库（下设 4 个专题子库）

对中国特定区域内的经济、社会、文化等领域现状与发展情况进行深度分析和预测，涉及省级行政区、城市群、城市、农村等不同维度，研究层级至县及县以下行政区，为学者研究地方经济社会宏观态势、经验模式、发展案例提供支撑，为地方政府决策提供参考。

中国文化传媒数据库（下设 18 个专题子库）

内容覆盖文化产业、新闻传播、电影娱乐、文学艺术、群众文化、图书情报等 18 个重点研究领域，聚焦文化传媒领域发展前沿、热点话题、行业实践，服务用户的教学科研、文化投资、企业规划等需要。

世界经济与国际关系数据库（下设 6 个专题子库）

整合世界经济、国际政治、世界文化与科技、全球性问题、国际组织与国际法、区域研究 6 大领域研究成果，对世界经济形势、国际形势进行连续性深度分析，对年度热点问题进行专题解读，为研判全球发展趋势提供事实和数据支持。

法律声明

"皮书系列"（含蓝皮书、绿皮书、黄皮书）之品牌由社会科学文献出版社最早使用并持续至今，现已被中国图书行业所熟知。"皮书系列"的相关商标已在国家商标管理部门商标局注册，包括但不限于LOGO（ ）、皮书、Pishu、经济蓝皮书、社会蓝皮书等。"皮书系列"图书的注册商标专用权及封面设计、版式设计的著作权均为社会科学文献出版社所有。未经社会科学文献出版社书面授权许可，任何使用与"皮书系列"图书注册商标、封面设计、版式设计相同或者近似的文字、图形或其组合的行为均系侵权行为。

经作者授权，本书的专有出版权及信息网络传播权等为社会科学文献出版社享有。未经社会科学文献出版社书面授权许可，任何就本书内容的复制、发行或以数字形式进行网络传播的行为均系侵权行为。

社会科学文献出版社将通过法律途径追究上述侵权行为的法律责任，维护自身合法权益。

欢迎社会各界人士对侵犯社会科学文献出版社上述权利的侵权行为进行举报。电话：010-59367121，电子邮箱：fawubu@ssap.cn。

社会科学文献出版社